印尼、馬來西亞、新加坡、菲律賓四國佛教史

淨海法師——著

序

一

東南亞在中國以南、印度以東，分為兩個區域，越南、緬甸、泰國、柬埔寨、寮國五國，稱之為東南亞的陸地國家；而將印度尼西亞、馬來西亞、新加坡、汶萊、菲律賓五國（或再加上東帝汶），稱之為東南亞的海島國家。

據學者考證，印度人早在公元前五、六百年，已向東南亞的印度尼西亞（以下簡稱印尼）、馬來亞、緬甸等地經商。至二世紀，印度南部沿海一帶商業發達，移民開始大規模湧入東南亞，從事經商活動，同時帶來了宗教文化，因而便建立了一些印度化國家。宗教文化的傳入，先是婆羅門教，其次是佛教。婆羅門教一般在宮廷和王族主持儀式，而佛教普遍在民間流行。

佛教約於二、三世紀時傳入東南亞，與位於中南印度的案達羅（Andhra）古國有密切的關係。案達羅位於哥達瓦里河（Godavari R.）與奎師那河（Krishna R.）之間，由南印度人所建，與北方大月氏人所建的貴霜王朝（Kuṣana），成為印度的南北朝時代。東臨孟加拉灣的案達羅，為當時向外國傳布佛教的中心。案達羅的阿摩羅鉢底（Amarāvatī）藝術與北方貴霜王朝的犍陀羅、秣菟羅並稱為印度三大佛教藝術流派。在東南亞地區，如泰國中部、占婆、蘇島、爪哇、西里伯群島（Celebes），都曾發現阿摩羅鉢底形式的佛像，其特色為衣著之褶紋精巧顯露。三世紀前葉，案達羅滅亡後，印度東南跋羅婆國（Pallava）興起，據建志補羅（Kāñcīpura）為都城，亦為當時佛教中心。所以最初移居至東南亞的印度人，都是印度東南隅的人民。

至五世紀，南印度建志補羅小乘佛教盛行，而印度北方則為笈多王朝佛教藝術的輝煌時代。笈多王朝形式的佛像，在泰國中部、馬來亞西北部、婆羅洲（Borneo）等地都曾有發現，這是經由建志補羅城越過孟加拉灣而向東南亞傳布的。跋羅婆人在東南亞保持商業和政治上的影響力，直至七五〇年頃為止。

據法顯《佛國記》所載：五世紀初，爪哇及蘇門答臘等島，「其國外道婆羅門興盛，佛法不足言」。可知五世紀初以前，都在婆羅門教支配之下。稍後於四二三年，求那跋摩（Guṇavarman，中譯功德鎧）抵爪哇，王與母都皈依受戒，佛法乃流行。七世紀後葉義淨抵達爪哇時，各島已「咸遵佛法，多是小乘；唯末羅遊（Malayu，指今蘇島的占碑）少有大乘耳」。義淨在這裡所指的小乘佛教，是以根本說一切有部為主。其流行的小乘佛教，是由南印度的跋羅婆傳來的。

至於大乘佛教，約在五世紀時，先傳入印尼蘇門答臘南部，與原來的印度教競爭，到八世紀，佛教取代印度教而成為東南亞地區主流信仰。六二七年，在蘇門答臘北方的商業大國扶南已經滅亡，承繼的真臘無力擔當國際的貿易角色，七世紀中葉，蘇門答臘以巴鄰旁（Palembang，即今巨港）為中心，趁機興起，雄踞馬六甲海峽和巽他海峽的中途，地理位置優越，而形成一個強盛的室利佛逝王朝（Srivijaya），從七世紀延續到十三世紀（九〇四年，宋時改稱三佛齊），成為東南亞地區最大的海上強權。

七五〇年前後，中爪哇的夏連德拉王朝（Sailendra，亦中譯嶽帝）興起，所奉行大乘佛教，則是由東印度之波羅王朝（Pāla）傳來的。夏連德拉九世紀前期，曾控制馬來半島，並侵入中南半島，至九世紀末，國勢由盛而轉衰，但大乘佛教在爪哇流行達四百年，且曾越海傳至馬來半島北部、柬埔寨、泰國南部和北部，以及蘇門答臘等島，廣為流傳，至十二世紀始式微。爪哇大乘佛教式微的原因，主要是馬打藍王朝（Mataram）在中爪哇的興起，後來兼併了夏連德拉，便重建婆羅門教濕婆教派的勢力，取代了大乘佛教的信仰。不過這時的佛教並不是滅亡，而是濕婆教派教理，已經混入大乘佛教而形成一個新的教派，即所謂「濕婆佛教」，這也影響到柬埔寨等地。到十二世紀中期，東印度波羅王朝由衰微而滅亡，婆羅門教在印度復興。因此印度大乘佛教不能再繼續扶持海外，而且印度後期的佛教，密宗盛行，與外道日益混雜，佛教與婆羅門教混雜後，已經變成不是很純正的佛教了。

十五世紀初，馬來半島上馬六甲王國興起，隨著商業的發達及伊斯蘭教的傳布，遍及王國大部分地區，而且透過各種方法，將伊斯蘭教傳入對岸的蘇門答臘及爪哇，婆羅門教和佛教就急速地衰落下來，逐漸滅亡。

二

東南亞海島國家的印尼、馬來西亞、新加坡、菲律賓佛教的興起，是從十七世紀以後，由中國及斯里蘭卡、緬甸、泰國移民再傳入而發展起來的，具有多元化的特色，這與早期傳入的佛教沒有任何的關聯。

二十世紀六十、七十年代，當我正在編寫《南傳佛教史》時，因蒐集資料，注意到印尼和馬來西亞古代的佛教，自二、三世紀至十三、十四世紀，特別是在七至十一世紀佛法很盛行，甚至超過印度本土。因此，在一九六七年，我首先編寫了一篇〈馬來西亞早期佛教史略考〉，登載在馬來西亞《無盡燈》第三十七期。再後，一九七八年，我又編寫了一篇〈印尼古代佛教史考〉，登載在香港《內明》第七十五期至七十九期。二〇一六年，這兩篇文稿也被收錄在法鼓文化出版的《佛教史叢談散集》裡。

二〇一八年春，我正式自德州佛教會退休後，雖然覺得年歲已高、身體老邁，但腦筋還勉強可用，因此不想過著悠然清閒的生活，再鼓起勇氣來，又繼續編寫了〈印尼近代佛教史〉和〈馬來西亞近代佛教史〉；然後再與以前的〈印尼古代佛教史考〉及〈馬來西亞早期佛教史略考〉二篇文稿，設法合併起來，而成了現在的〈印尼佛教史〉和〈馬來西亞佛教史〉。這樣做來，兩國佛教都涵蓋了古代佛教史和近代佛教史，前後比較具有完整性。之後，我接著又加寫了〈新加坡佛教史〉和〈菲律賓佛教史〉。後者這兩國，依考證說來，確實沒有較明顯的古代佛教史，只有近代佛教史。最後，我將四篇文稿合併起來，就構成了這本《印尼、馬來西亞、新加坡、菲律賓四國佛教史》。

在我開始編寫本書時，首先注意的是加緊蒐集這四國佛教史的資料及網路訊息，其中最缺乏的是印尼的近代佛教史，幾乎沒有中文的論著和專文介紹，有些零星的資料和訊息，都是浮光掠影一般，多數不足採用。幸運的我遇到了印尼青年華僧法隆法師，目前在美國留學，就住在我們德州佛教會玉佛寺，因此有機會得到他的協助，依據印尼文和英文等資訊，提供給我印尼漢傳佛教和南傳佛教（上座部）僧團組織及僧人弘法活動的情形，並協助為我編寫好的〈印尼佛教史〉，做了多次的修正。

其次，馬來西亞的開諦法師，素昧平生，經過開印法師的介紹後，開諦法師贈送給我他的四本《南遊雲水情——佛教大德弘化星馬記事》鉅著，分正篇、續篇、附錄篇上、下冊，內容是蒐集多年以來中國多位傑出僧尼南遊新、馬弘法的紀錄及傳記，附錄篇上、下冊更是蒐羅新、馬過去漢傳佛教寺院庵堂建築的老照片，及剪貼祝賀喜慶和弘法活動的訊息，都是珍貴的第一手資料（一九六五年以前，新加坡乃屬於馬來西亞聯邦的一州）。還有馬來西亞的陳秋平教授，也是經過開印法師的介紹，由本會王欣欣居士幫助聯絡，陳教授給我郵電寄來他的重要著作：《移民與佛教——英殖民時代的檳城佛教》（碩士論文）、《獨立後的馬來西亞佛教研究》（博士論文），以及其他多篇有關佛教史的專題論文。最近開印法師又再蒐集到《馬來西亞佛教國際研討會論文集》（第一屆至第六屆），集合多位教授及專家學者參加，其中有多篇論文及研討會紀錄，我又酌量採用一些新發現的珍貴資料。

再次，新加坡的能度法師在數年前贈送給我他主編的：《新加坡漢傳佛教發展概述》一鉅冊，資料非常豐富，分為六個單元，每個單元下再分多個細節。後來我在臺北三民書局又購得一本許源泰著：《沿革與模式：新加坡道教和佛教傳播研究》（博士論文），研究很深入，資料也頗為詳盡。當我有了這兩本書後，再加上其他的參考資料，就編了〈新加坡佛教史〉

最後，關於菲律賓的佛教，當我在網路上搜索多時，發現了兩篇重要的碩士論文，因而我請臺灣香光圖書館館長自衍法師，協助找到釋傳妙著：《菲律賓佛教之傳入與發展（一九三七—二〇〇八）》，著者是玄奘大學宗教學研究所碩士，一九九二年透過學佛親友的引領，有機緣到菲律賓進住大岷區計順市的普濟寺，依廣純法師出家。次年，傳妙法師即回到臺灣受戒，參學十多年，但每年都會回菲參加兩次常住寺院的法會，做短暫的停留，並安排前往三大群島各個寺院採訪，做為論文資料準備，編寫菲律賓佛教史。其次我又託住在中國大陸南京的侄兒石先平居士，找到廣西民族大學王漉洱著作的《二十世紀以來菲律賓漢傳佛教研究》。著者在編寫論文之前，也曾於二〇一八年八月往菲律賓馬尼拉做田野調查，臨時住在馬尼拉信願寺，蒐集資訊，加上其他的材料，將菲律賓佛教歷史的內容，又加長延伸至二〇一九年。

由於以上各位法師及居士熱心的協助，我將所獲得的資料，依內容進行分析處理，經過三年多時光的努力，終於完成了這本《印尼、馬來西亞、新加坡、菲律賓四國佛教史》的著述，在此，我深深地表達內心的感激！

另外要談的一個課題，近代印尼、馬、新、菲四國的佛教，除了以漢傳佛教傳入為主以外，同時南傳佛教和藏傳佛教，也於近代傳入以上這四個國家，所以我也盡量努力蒐集南傳佛教和藏傳佛教在這四個國家活動的情形。而在印尼和馬來西亞的南傳佛教和藏傳佛教，其中都有一個特殊現象，南傳和藏傳佛教的寺院或佛教社團，大多數信徒仍以華裔漢族人為主，甚至成為主要護持者，而斯里蘭卡、泰國、緬甸等族裔信徒，後來反而變成少數者（除了馬來西亞北部與泰國鄰接的四省，因有泰裔八萬人）。而且，印尼和馬來西亞近代南傳佛教出家的僧人，也以華人後裔子弟為多，有些受過良好的教育，都非常優秀傑出，有十多位能在國外弘法教學。這樣看來，未來印尼、馬來西亞兩國漢傳、南傳、藏傳佛教三大系統的傳承，在強大的伊斯蘭教勢力下（佛教徒僅占最少數），多少還是要靠華裔佛教徒的努力。佛教如若一旦衰弱下去，前途則頗令人堪憂。而印尼族人和馬來族人，都是伊斯蘭教信仰者，幾乎沒有一個人改變他們的宗教信仰。新加坡南傳和藏傳佛教道場，這種現象略好一點。至於菲律賓的佛教，主要是漢傳佛教，但也有少數南傳和藏傳佛教的道場，可惜我搜尋到的資料很有限，所以在書中描述不多。

在兩、三年前，我本有一個計畫，當此書編著接近完成時，很想往以上四國做一次訪問，那裡認識的師友也多，可在各國分別作客住一、兩個星期，希望能搜索到一些新的資訊，再加以補充內容，可惜因為新冠病毒疫情在世界各地蔓延，加以我年老不便，而無法成行了。

三

最後，我要特別感謝的，是臺灣法鼓山法鼓文化編輯總監果賢法師，他非常歡迎我的書在法鼓文化出版，列為「智慧人」叢書系列。現在想起，十年時間已經很快地流逝過去，前後共有九本書在該處出版，質量方面以佛教史為多為重，每本書都是先由果賢法師等謹慎審定，再經編輯群精心籌畫設計、細心校對，要求嚴格，以達到最佳效果為止。他們非常專業，對每本書原有的著者極尊重，如遇到書中文義、字句、引用資訊，甚至錯別字等，有時總不免出現錯誤，於是他們提供修改意見，都透過電郵與著者共議很快解決，這十多年來我們合作非常愉快，增進了許多友誼。其次，德州佛教會會友王欣欣居士，一向學佛精勤不懈，長期參加佛教文化義工、佛學讀書會、禪坐會等。特別近五、六年來，更協助我在英文方面尋找佛教史材料和網路訊息，以及我寫好的文稿，做整理潤飾工作。以上這麼多的善因緣，在此，我要致以最誠摯的感恩與謝意。

由於筆者才疏學淺，自知平庸，而學海無涯，佛教史又是一門極深廣的學問，所謂「學，然後知不足」。這本《印尼、馬來西亞、新加坡、菲律賓四國佛教史》的出版，當然會有欠缺不足的地方，資料若有失實或錯誤之處，希求高明者多批評及指正。

二〇二一年五月十五日於休士頓玉佛寺

目錄

第一篇

印尼佛教史

第一章　早期諸小國與室利佛逝王朝（二世紀初至七五〇年）

一、簡介：地理、人口、宗教、語言

印度尼西亞（Indonesia），簡稱印尼，橫跨赤道，位於印度洋和大西洋之間，是世界上最大的列島國家，包括蘇門答臘、爪哇、加里曼丹、蘇拉威、巴布亞等五大群島，合計共有大小一萬七千五百多個島嶼所組成，總面積將近兩百萬平方公里，占東南亞海島國家的大部分。分布於北緯六度、南緯十一度，東經九十五至一四一度之間。

人口現已達兩億八千多萬，是世界上人口第四多的國家（次於中國、印度、美國），為三百多個族群的發源地。有一半以上的人口由爪哇人及巽他人組成。

信仰方面，印尼是宗教相對寬容的國家，居民可以選擇國家允許存在之宗教的任何一種。約有百分之九十的人口是伊斯蘭教徒，大多數穆斯林屬遜尼派；其他則是基督徒和印度教徒，及少部分是佛教徒；此外，也有許多人遵循傳統原住民的宗教習俗。印尼華僑（以下簡稱「華人」）約有八百萬，是全球華僑人口最多的國家，百分九十五以上已經加入印尼國籍。華人以佛教信仰為主。

國人使用的語言超過七百種，一般通用的語言是印尼語，它是以馬來語為基礎發展出來的，不過大多數人平時也說家鄉話。

今天，印尼總人口約百分之二為佛教徒（包括儒、道二教及一些民俗宗教信仰，因他們也報稱是佛教徒，實際上佛教徒只約百分之一略多），兩個佛教傳統，大乘佛教和上座部幾乎數量相仿。他們都零星地在全國傳播。然而，上座部佛教的傳播似乎已經確立了它在城市和農村地區的影響力。大乘佛教只在較大都市中發展，而且以華人信仰為主。

根據二〇〇〇年的人口普查，印尼佛教徒約占總人口百分之二，約有四百萬人。大多數佛教徒居住在雅加達，儘管還有其他省分，例如廖內省、北蘇門答臘省和西加里曼丹省。但是，考慮到儒家思想（直到一九九八年）和道教在印尼不被視為正式宗教，因此這個數字可能太高了，因此在普查中他們被視為佛教徒。

二、中印文化對印尼的影響

今日印尼是一個伊斯蘭教勢力國家，這是自十三世紀後葉才開始。在這以前，佛教曾在印尼興盛達七、八百年之久，婆羅門教也很流行，可惜印尼早期歷史記載很少，或者淹沒了。現在可以根據三方面資料來補充印尼古代佛教史的重建：一是中國古籍中的一些紀錄，二是印度古典文學詩歌中的傳說，三是印尼及東南亞古代遺跡及碑銘的發現，經過現代學者對印尼古代史的研究考證。依據這三方面資料來編寫〈印尼古代佛教史〉，當然也不太可能求得其史實完整性和時間連貫性。

公元前三世紀，印度阿育王為了統一全印，將勢力伸向南印度，攻打羯陵伽國（Kalinga），在公元前二六一年攻克羯陵伽時，屠殺了十五萬士兵，俘虜為奴亦約十五萬人。這使得羯陵伽人大批逃亡到外國去，據稱有逃到下緬甸得楞族區的，與當地孟族人通婚混血；也有逃亡到馬來西亞和蘇門答臘北部的，與當地的部落居民通婚混血。印度人以蘇門答臘為金洲，以印度支那半島為金地。這一戰爭打開印度人向東南亞移民運動，開闢與中國的貿易往來，跟著佛教和婆羅門教也傳到東南亞❶。

印尼古代史無可考。但因東南亞介於中、印兩大國之間，為古代中、印海上交通所必經之地，印尼為重要交會地點之一。到一世紀前後，中國人和印度人已抵達印尼，建立了外交和商業的關係，一世紀初，印度教和佛教已傳入印尼❷。中國通過使節不斷地往返，而印度移民卻直接帶進他們的文化和宗教，因此在早期的印尼史上，曾先後建立許多個印度化國家，影響最為深遠。

中國與印度的交通，起源極早。尤以佛教的傳入，自漢朝以迄唐朝，其所經通道，不外乎西域和南海兩道。今就南海而言，當時中國高僧往印度求法，或由南方來華譯經的外國沙門，其行程多經海道。中國史籍中所稱的南海或南洋，大致即指現在的東南亞一帶。

印度人對東南亞的認識，在公元前二世紀完成的《羅摩衍那》（*Rāmāyaṇa*）史詩中，就記有大麥島（Yava-dvīpa）和金銀島（Suvarṇa-rūpyaka-dvīpa）二地名[3]。據學者考證，前者指今日印尼的爪哇（Java）或蘇門答臘（Sumatra），後者指今日緬甸至馬來亞一帶。到一、二世紀，印度移民更開始大量湧入東南亞，從事商業活動和文化宣揚。

史詩中所稱的大麥島，是由梵文 Yavadvīpa 組成；Yava 譯為穀粒、大麥，dvīpa 譯為島、嶼、洲，合譯為大麥之島。這可能是印度人初到印尼時，見到島上種植生長許多麥粒而起的名稱。又梵文 Yavadvīpa，古爪哇語轉讀為 Javadvīpa，所以後來 Java 中譯為爪哇。

據萊佛士爵士（Thomas Stamford Raffles）所著《爪哇史》（*History of Java*）記載印尼古代建國傳說：「訶陵（Kling，即 Kalinga）昔曾遣戶口二萬往爪哇島，彼等既至，人口增加，日趨繁榮，其時人民尚未開化[4]。」訶陵建國約在公元初，建國者是來自南印度的羯陵伽（《大唐西域記》作羯餕伽）族人。因印度人移居到外國時，常以本國地名為新到之地所起名稱，所以現在印尼人仍有沿稱印度人為羯陵伽人。

另據《爪哇史》傳說：公元七十八年有一印度人阿提沙迦（Ādisāka）至爪哇，統一全島，為第一位開國君主❺。

公元前二世紀至二世紀，佛教在印度興起，而婆羅門教仍舊盛行，在南印度的羯陵伽及注輦（Coḷa，亦譯朱羅）等地，則為婆羅門教勢力的根據地，佛教徒常受到壓迫。當南印度人移居印尼（等地）時，自然就帶進婆羅門教信仰，據此推測這是婆羅門教比佛教更早傳入印尼的原因。

但現代學者從印尼古代遺物考察研究認為，是佛教先傳入，之後才是婆羅門教。由於阿育王統一印度後，以佛教為國教，乃傳播佛教於海外。據斯里蘭卡《大史》記載，阿育王曾派遣九組僧團赴外地傳教。其中有摩哂陀至斯里蘭卡，蘇那（Soṇa）與鬱多羅（Uttara）二人到金地。有學者指出金地大約是現在的緬甸、泰國至馬來亞一帶。在印尼從遺物中考察首先傳入的也是佛教，之後才為婆羅門教，再後是佛教與婆羅門教混合並存。❻

中國與東南亞海上的交通，為時很早；有關和印尼的來往，首先記載的是《後漢書．南蠻西南夷列傳》卷一一六：「順帝永建六年（一三一），日南徼外葉調王便遣使貢獻，帝賜調便金印紫綬❼。」這裡的葉調，即爪哇島，是梵文 Yavadvīpa 的對音。

其後如《佛國記》稱耶婆提，《宋書》作闍婆婆達，《高僧傳》作闍婆，都可與梵文對音。直至元代《島夷志略》一書，才新譯為爪哇。這些不同的譯名，在歷史上都泛指現在印尼的爪哇或蘇門答臘，是因為政治勢力和國土範圍，時常有發生變動。古時亦有稱爪哇島為大爪哇，蘇門答臘為小爪哇。這在以下文中，還要提到這些不同的譯名。

二世紀後葉，希臘地理學家托勒密（Ptolēmēe）著《地理志》（*Geographike Syntaxis*）一書，卷五至卷七志亞洲地理，卷七中說：「耶婆調（Iabadiou）此言大麥島，地土饒沃，多產金。」此耶婆調一名，與梵文 Yavadvīpa 對音亦相合❽。

三九二年，迦留陀伽在東晉譯出的《十二遊經》中說：「海中有二千五百國……五國王，一王主五百城。第一王名斯黎國，土地盡事佛，不事眾邪。第二王迦羅……第四王名闍耶（即爪哇），土地出華茇、胡椒❾。」這是佛經中最早提到南海中的爪哇。據學者考證，這些在海中的國家，斯黎國或即斯里蘭卡，全國信佛。迦羅（Kala）即馬來半島的吉打。闍婆則為爪哇無疑，因華茇，即為長胡椒，是爪哇的出產❿。

在印尼曾發現各種不同的佛陀像，在爪哇的任抹發現一尊銅像，高四十二公分。還有一尊更大佛像，在蘇拉威西的西海岸錫肯登地方發現，從頭部至大腿有七十五公分。在巴鄰旁附近的西貢唐山上，也發現一尊佛陀石像。這些佛像藝術風格是屬於二、三世紀印度阿摩羅缽底派（Amarāvatī）的作品。如果說這些銅佛像是在三世紀以後從外地帶來，而巨大的石佛像，依當時情形則不可能從印度用船運來[11]。

印尼最古老的國家，除前述爪哇的訶陵以外，還有從碑銘可考證的兩個古國，其一是在加里曼丹的古戴王國，其二是在西爪哇的多羅磨王國（Taruma）。在古戴王國一帶發現有四世紀的四塊石碑，這些石碑用梵文記載了一個由印度人或印度化的王族統治的國家。國王以印度式名字結尾為跋摩（Varman），記述了兩次由祭司們提供的婆羅門教的獻祭，還記述了國王慕拉跋摩賜給僧侶土地二百零一畝與黃牛一千頭，這裡的僧侶是指婆羅門。銘刻用的南印度文字，與統治東南印度的跋羅婆王朝（Pallava，三〇〇至八〇〇年）所用的格蘭塔字母（Grantha Alphabet）基本一樣，其中心位置在印度馬德拉斯一帶，盛行婆羅門教，以濕婆教為主，碑銘中未提到佛教。

其次，約在四〇〇年，印尼最早古國多羅磨（Tarumanagara）建立，據有西爪哇沿海一帶；因在茂物（Bogor）附近的巴都都里斯（Batutulis）發現一塊岩石，上面刻有二足印，並附梵語銘文說：「此乃以忠誠無敵之多羅磨國補羅那跋摩（Pūrṇavarman）陛下之御足印跡。陛下爰舉義師，助摧敵。」從這簡短的刻文，可知當時印尼的西爪哇，有好幾個國家，時常戰爭，而以多羅磨國最強。並且國王補羅那跋摩為一梵名，來自印度，或是早期印度人移往爪哇的貴族後裔[12]。

發掘於雅加達北邊的杜固（Tugu）紀念碑銘文[13]，是多羅磨王國的銘文之一。碑文描述了補羅那跋摩國王在位第二十二年期間，開鑿運河水道，以緩解自然洪水以及冬季缺水。落成儀式由婆羅門主持，國王布施一千頭牛給婆羅門僧人。可得知當時多羅磨國信奉婆羅門教。

佛教也在一世紀時傳入印尼，在蘇門答臘的巴鄰旁（亦譯巨港）、爪哇和蘇拉威西，都曾發現三世紀前的印度風格的銅佛像和石佛像⑭。在加里曼丹卡普斯地區，發現一幅在岩壁上的佛塔雕刻畫，雕刻得十分優美，畫裡還有些梵文，是用五世紀跋羅婆字體書寫的，其中有些佛教經典的句子。同樣在中爪哇的馬吉冷區梅巴巾附近，有一條土克馬斯河，在上游的岩壁上刻有大約是五世紀梵文跋羅婆字體的宗教頌讚，其意說：「這條淨潔的河水，是來自岩石和有許多白蓮花的沙洲。它從這裡經流出來，已經成為一支導引灌溉河渠……像恆河一樣。」並且在岩上還刻有三齒輪、淨瓶、法螺、法輪和開放著的蓮花，這些是受到佛教影響的產物⑮。

後魏楊衒之《洛陽伽藍記》卷四曾記有南海中有歌營國云：「南中有歌營國，去京師甚遠，風土隔絕，世不與中國交通，雖二漢及魏，亦未曾至也。今始有沙門菩提拔陀（Bodhibhadra，亦有稱 Buddhabhadra，中譯覺賢）至焉。自云：『北行一月，至勾稚國，北行十一日，至典孫國，從典孫國北行三十日，至扶南國。方五千里，南夷之國，最為強大。民戶殷多，出明珠金玉及水精（晶）珍異，饒檳榔。從扶南國北行一月，至林邑國。出林邑，入蕭衍（梁武帝）國。」歌營亦稱加營，這個國家或有佛教的存在，但地理位置尚未考定確實，伯希和、馮承鈞認為是爪哇，許雲樵、王任叔認為是蘇門答臘，藤田豐八等認為是在南印度⑯。按菩提拔陀於後秦弘始十年（四〇八）頃已抵達長安，由此看來，菩提拔陀到達歌營，又略早於法顯到達耶婆提（Yavadvipa，即爪哇）數年。後在廬山慧遠處數年，譯出《達摩多羅禪經》。義熙十一年（四一五）至南京，翻譯佛經，與法顯合譯《摩訶僧祇律》、《大般泥洹經》、又獨譯出《大方廣佛華嚴經》六十卷等，凡十三部，一二五卷⑰。

法顯法師，於晉朝隆安三年（三九九），遵陸路往印度求法，在外十五年，義熙十年（四一四），循海道歸國。他於東晉義熙八年（四一二）離開斯里蘭卡歸國途中，遇到颶風，船漂至耶婆提，即當時的爪哇，也有人推測或許在印尼的加里曼丹或蘇門答臘，總之都不出印尼一帶。《佛國記》記述如下：「即載商人大船，上可有二百餘人……如是大風，晝夜十三日，到一島邊，潮退之後，見船漏處，即補塞之。於是復前……九十日許，乃到一國，名耶婆提（Yavadvipa）。其國外道婆羅門興盛，佛法不足言。停此國五月日，復隨他商人大船……東北行趣廣州⑱。」

從上面碑文和《佛國記》記載，在四一二年前，當時印尼的爪哇、蘇門答臘等地，是盛行婆羅門教，佛法不足言。可以推知，佛教已經傳入，但未得到發展，是屬於少數，影響力不大，而婆羅門教興盛，所以才說佛法不足言。大約到了五世紀，佛教才逐漸獲得發展。

三、小乘佛教的傳入

在法顯法師之後，有罽賓國（Kaśmir，今克什米爾）三藏法師求那跋摩（Guṇavarman）抵達印尼，度化王母及國王皈依佛教，佛法就開始盛行起來。依《高僧傳》卷三〈求那跋摩傳〉記述如下：「求那跋摩，此云功德鎧……二十出家受戒……至年三十……辭師違眾，林棲谷飲，孤行山野，遁迹人世。後到師子國（斯里蘭卡），觀風弘教，識真之眾咸謂已得初果，儀形感物，見者發心。後至闍婆國（Yava），初未至一日，闍婆王母，夜夢見一道士飛舶入國，明旦果是跋摩來至。王母敬以聖禮，從受五戒。母因勸王曰：宿世因緣，得為母子，我已受戒，而汝不信，恐後生之因，永絕今果。王迫以母勅，即奉命受戒，漸染既久，專精稍篤。頃之隣兵犯境，王謂跋摩曰：外賊恃力，欲見侵侮，若與鬪戰，傷殺必多，如其不拒，危亡將至，今唯歸命師尊，不知何計。跋摩曰：暴寇相攻，宜須禦悍，但當起慈悲心，勿興害念耳。王自領兵擬之，旗鼓始交，賊便退散，王遇流矢傷腳，跋摩為咒水洗之，信宿平復。王恭信稍殷，乃欲出家修道，因告群臣曰：吾欲躬棲法門，卿等可更擇明主。群臣皆拜伏，勸請曰：王若捨國，則子民無依，且敵國凶強，恃險相對，如失恩覆則黔首奚處，大王天慈，寧不愍念，敢以死請，申其悃愊。王不忍固違，乃就群臣請三願，若許者當留治國。一願凡所王境，同奉和上；二願盡所治內，一切斷殺；三願所有儲財，賑給貧病。群臣歡喜，僉然敬諾，於是一國皆從受戒。王後為跋摩立精舍，躬自引材，傷王腳指，跋摩又為咒治，有頃平復。導化之聲播於遐邇，隣國聞風，皆遣使要請。時京師名德沙門慧觀、慧聰等，遠挹風猷，思欲餐稟，以元嘉元年（四二四）九月，面啟文帝，求迎請跋摩。帝即次勅交州刺史，令汎舶延致觀等。又遣沙門法長、道沖、道儁等往彼祈請，并致書於跋摩及闍婆王婆多加（Wathaga）等，必希顧臨宋境，流行道教。跋摩以聖化宜廣，不憚遊方，先已隨商人竺難提舶，欲向一小國，會值便風，遂至廣州……元嘉八年（四三一）正月，達于建鄴（今南京）[19]。」

從上面引文中，我們可以知道在五世紀初，求那跋摩至印尼傳播佛法，是非常成功的，得到王母和國王婆多伽的皈依，求受五戒，建立精舍，護法弘揚佛法，最後全國人民都信佛受戒了。

依王任叔著《印度尼西亞古代史》上冊說，求那跋摩由印度到斯里蘭卡轉程至闍婆（爪哇），時在三九六年，在闍婆住了二十年左右，勸說闍婆國王信佛。這一闍婆國，大概不在蘇門答臘，因為在這時期，蘇門答臘的佛教國家，在南部有呵羅單、幹陀利，在北部有婆利，而求那跋摩勸說闍婆國王改信佛教，必是沒有佛教的爪哇，闍婆也成為中爪哇第一個佛教國家。求那跋摩於四二四年離開闍婆國，隨商人竺難提船舶，稍後抵達廣州[20]。

四三五年，印尼曾派遣使者來中國宋朝入貢，《宋書．闍婆婆達》卷九十七說：「闍婆婆達國，元嘉十二年（四二五）國王師黎婆達駝阿羅跋摩遣使奉表曰：宋國大主大吉天子足下，敬禮一切種智，安隱天人師，降服四魔，成等正覺，轉尊法輪，度脫眾生，教化已周，入于涅槃，舍利流布，起無量塔，眾寶莊嚴，如須彌山，經法流布，如日照明，無量淨僧，猶如列宿……王有四海，閻浮提內，莫不來服……我雖在遠……常遙臣屬……今奉微物，以表微心。」表文之中，多用佛教之語，可證知當時闍婆王是信仰佛教的。

考闍婆婆達國名，稍晚的《高僧傳》卷三始去其衍文「婆達」而稱闍婆（Yava，轉讀Java），或稱闍婆達（Yavadvipa／Javadvipa）亦可，「婆」字為重出。同時在宋書中又記載，在闍婆王師黎婆達拖阿羅跋摩奉表之前後，又有訶羅單國、槃皇國、槃達國，數往中國朝貢，可證當時印尼不止一個國家。

《宋書．訶羅單》卷九十七記載，四三〇至四五三年通使中國，說它統治闍婆洲，那麼這個國家不是在爪哇，就是在蘇門答臘。它是一個佛教國家，因為在一些表文中常使用「如來」、「舍利」、「正覺」、「須彌山」等詞。這個訶羅單在三世紀時，也許是合併了歌營和諸薄兩國，是在占碑和巴鄰旁一帶[21]。

《宋書》卷九十七，記載在四五五年，南海有幹陀利國派使者通好中國，至五二〇年復遣使貢獻方物。這個幹陀利大致肯定在巴鄰旁一帶，起初可能是印度人的一個商業居留地。二、三世紀時，已有佛教的傳播，如前所說在巴鄰旁的西貢唐山上已有巨大的石佛像，具有阿摩羅鉢底的藝術風格，而為當地的印度石工所雕刻的，不可能從印度運來。《梁書．干陀利傳》卷五十四說它或者不久之後，竟征服訶羅單有之，在南海洲上，其俗與林邑、扶南同。可能是印度人建立的佛教國家[22]。

前節中所說的訶陵國，到了六四〇年，在中爪哇日漸強盛起來，為諸國之首。《新唐書．訶陵傳》卷二二二說：「訶陵（Kling，即羯陵伽 Kalinga）亦曰社婆（Java）、曰闍婆（Java），在南海中，東距婆利（Bali 今峇里），西墮婆登，南瀕海，北真臘（Kamboja，今柬埔寨）……王居闍婆城，其祖吉延東遷於婆露伽斯城，旁小國二十八，莫不臣服。」[23]

七世紀時，曾在印度那爛陀寺大學任教三十年的達摩普羅（Dharmapāla），從康居到蘇門答臘弘法[24]。

訶陵為一印度化國家，當時佛教已流行，以小乘為主，依唐義淨法師所著《大唐西域高僧傳》一書可獲得證實，今節錄其中經印尼求法的高僧如下：

有新羅僧二人，自長安出發，後汎船至室利佛逝國（Śrivijaya，初建國蘇島的勃淋邦Palembang，今巴鄰旁）西婆魯師國（蘇島西岸），遇疾俱亡。

常慜禪師，并州人，附舶往訶陵國（Kalinga／Java），又往末羅瑜（Malaya，今蘇島中部的占碑），欲詣印度，途中舟沉身亡；有弟子一人亦同亡。

明遠法師，益州清城人，先至交趾，得交州人窺沖為弟子，同船至訶陵國，次至斯里蘭卡和印度。後在印度而終。

會寧律師，成都人，麟德年中（六六四—六六五），汎船至訶陵（《宋高僧傳》卷二，亦作波淩），停住三載，與訶陵國多聞僧人若那跋陀羅（Jñānabhadra，此云智賢），共譯《大般涅槃經後分》（二卷），遂令小僧運期奉表齎經往中國，後還訶陵，回復智賢、會寧，於是會寧方往印度，後客死。亦有記載說，會寧曾從印度回到訶陵（爪哇和巨港）定居，並終老於印尼。

運期師，交州人，與曇潤從智賢受具。旋迴南海十餘年，善崑崙音[25]，頗知梵語，後便還俗，住室利佛逝國。

曇潤，洛陽人，南行交趾，欲往印度，船舶至訶陵北渤盆國，遇疾而終。

彼岸、智岸二法師，同是高昌人，少長京師，後欲往印度，與使人王玄廓（應是王玄策之訛）相隨，汎船海中，遇疾而亡。所帶漢本瑜伽等經論，留在室利佛逝國。

無行禪師，江陵人，與洛陽智弘律師為伴，泛船至室利佛逝國。國王見大唐天子處來，倍加欽敬。後乘王舶，經十五日達末羅瑜洲，又十五日到羯荼國（Kedah，今馬來西亞之吉打），後至印度。

以上節錄求法高僧十四人：計新羅二人，中國九人，交趾二人，訶陵國一人[26]。他們比義淨時間稍早。所應注意的，當時印尼（訶陵）有一位多聞博學高僧若那跋陀羅（智賢），及室利佛逝國王對華僧的禮敬，可見當時印尼佛教的盛行。

義淨法師，年十五便萌志西遊求法，至三十七乃成行，咸亨三年（六七二）初發足番禺（今廣東省縣名），得法侶數十人，及將登舶，餘皆退罷，淨奮勵孤行，備歷艱險，經二十五年，歷三十餘國，於證聖元年（六九五）歸國。

義淨《大唐西域求法高僧傳》卷下記述行程說：「于時咸亨三年（六七二）……至十一月遂乃面翼軫，背番禺……未隔兩旬，果之佛逝（Śrivijaya，今 Palembang），經停六月，漸學聲明，王贈支持，送往末羅瑜國（Malaya，今 Jambi；原註云：今改為室利佛逝也）。復停兩月，轉向羯荼（Kedah），至十二月舉帆還乘王舶，漸向東天矣。從羯荼北行十日餘，至裸人國（Nicobar 島）……從茲更半月許，望西北行，遂達耽摩立底國（Tāmralipti），即東印度之南界也……十載求經，方始旋踵言歸，還耽摩立底……過羯荼國，所將梵本三藏五十萬餘頌，唐譯可成千卷，權居佛逝矣。」

同書卷下〈貞固傳〉說：「淨於佛逝江口升舶……遂於永昌元年（六八九）七月二十日達于廣府……所將三藏五十餘萬頌，並在佛逝，終須覆往……有僧貞固……斯為善伴……即以其年十一月一日附商舶去番禺，望占波（越南）而陵帆，指佛逝以長驅。」

從上面兩段引文中，我們可以考察義淨往印度求法，曾三次在印尼（佛逝國）停留，時間共達十年以上：第一次於六七一年冬自廣州出發，在佛逝經停六月，先學聲明（梵文），至次年十二月乘王舶往印度。第二次在求經十載後，經還佛逝權居，約在六八三至六八九年之間，然後返廣府。第三次六八九年再往佛逝，目的為取回三藏經論，至六九五年始歸國[27]。

義淨法師在佛逝居留十年以上，對當時南海各國情形，尤其是佛教，必知道很詳細，可惜沒有留下專書記載。但我們從他所著的《大唐西域求法高僧傳》和《南海寄歸內法傳》兩書中，仍可獲得概要的描述。

首先關於室利佛逝國的起源，有一考察的必要。室利佛逝譯名不一，或作尸利佛逝，或簡作佛逝（《唐書》）、佛誓（《冊府元龜》），或作三佛齊（《宋史》）等。室利佛逝為蘇島一印度化古國，五、六世紀常遣使朝貢中國；一般學者認為初建國於蘇島巴鄰旁；至七世紀後葉，勢力漸強大，向外擴張，征伐巴鄰旁，六七二年，室利佛逝之名，才為義淨所知。其次也可從出土四塊碑銘獲得證實，碑刻是用爪哇語（亦稱古馬來語），為一種梵文和古爪哇語的混成文字，但字體很近一種南印度文。

第一塊碑銘是在巴鄰旁附近凱杜肯布吉（Kedukan Bukit）出土，刻文記述為六八三年，國王於四月十三日出兵二萬，乘船向末羅瑜（今占碑）進攻，至五月八日戰勝[28]。

第二塊碑銘是一九二〇年於巴鄰旁之西塔廓土島（Talang Tuwo）發現，誌明立於六八四年正月十七日，敘述闍耶那沙王（Jayanāśa）曾命令建一所「祇樹給孤獨園」（即僧人莊園，亦有譯放生園），名叫室利刹多羅（Śrikṣetra）。碑上並附有祈願文；「一切眾生，常行布施、持戒、忍辱、修習精進、禪定、智慧。」又說：「彼等正見堅固，得大士金剛身（Mahāsattva vajraśrira）、無比力，勝利、宿命智、諸根不缺，身相完滿、安樂、欣悅、安靜、正直、梵音。又彼等生男子，皆獨立生存；成如意珠寶藏（Cintāmaṇinidhāna）；戰勝生（死）、業、煩惱，成無上現正等覺。」從祈願文考察，當時室利佛逝亦流行大乘佛教。而且這種僧人莊園的出現和組織，似乎是從室利佛逝國開始，尤盛行於八、九世紀的爪哇，是屬不納稅的自由土地區，以供給出家人生活[29]。

又有學者從碑文中證知，六八三至六八四年間，闍耶那沙王虔信佛教，熱心佛教教育，曾正式皈依三寶[30]。

另兩塊碑文，都是六八六年立，一在占碑發現，譴責邦加島（Banka）等地，藐視王法。一在邦加島出土，記述闍婆國（中爪哇）不肯輸誠，室利佛逝誓師越海征討。

現在我們再來回顧義淨法師在印尼所見的佛教情形，《南海寄歸內法傳》卷一記當時印度及南海佛教，主要分為四部，即大眾部（Mahāsaṅghika）、上座部（Sthaviravāda）、根本說一切有部（Mūlasarvāstivāda）、正量部（Sammatīya）。關於南海佛教又說：「然南海諸洲有十餘國，純唯根本有部，正量時欽，近日已來，少兼餘二。（原註云：從西數之，有婆魯師洲、末羅遊洲，即今尸利佛逝國是、莫訶信洲、訶陵洲、呾呾洲，盆盆洲、婆里洲，掘倫洲、佛逝補羅洲、阿善洲，末迦漫洲，又有小洲，不能具錄），斯乃咸遵佛法，多是小乘。唯末羅遊少有大乘耳。諸國周圍，或可百里，或數百里，或可百驛，大海雖難計里，商船串者准知㉛。」

依日人高楠順次郎英譯《西域南海求法高僧傳》（J. Takakus: *A Record of the Buddhist Religion as Practised in India and the Malāy Archipelago.* 1896），其中「導言」第三十九頁解說國名及推定方位如下：婆魯師洲（Baros）在蘇島的西岸；末羅遊洲（Malāyu 即室利佛逝）在蘇島東岸的巴鄰旁一帶；莫訶信洲（Mahasin）在爪哇中部；呾呾洲（Kelantan）位於今馬來西亞吉蘭丹；盆盆洲（Pranpuri）在汶萊島南岸；婆里洲（Bali）即今峇里島；掘倫洲（Gurun）在孟加錫海峽之沿岸中心地方；佛逝補羅洲

（Vijayapura）在汶萊島北岸；訶善洲在汶萊島東北岸；末迦漫洲在汶萊島東北岸中部[32]。

義淨居住於佛逝期間（六八七—六九五），在《南海寄歸內法傳》卷一中，對南海諸洲情況頗有所報導外，同時對南海半島（印支半島）各國，亦略有提及，同書卷一註中有云：「從那爛陀東行五百驛皆名東裔，乃至盡窮有大黑山，計當吐蕃（西藏）南畔。傳云：是蜀川西南，可行一月餘便達斯嶺。次此南畔逼近海涯有室利察呾羅國，次東南有郎迦戍國，次東有社和鉢底國，次東極至臨邑國，並悉極尊三寶[33]。」室利察呾羅國在緬甸勃朗和庇古一帶，大致指下緬甸；郎迦戍國即狼牙修國，在馬來西亞吉打和吉蘭丹及泰國南部；社和鉢底國即墮羅鉢底，在泰國中部華富里和佛統一帶；臨邑即林邑，在越南南部古占婆國。

再考義淨所譯《根本說一切有部百一羯磨》卷五中夾註說：「從斯（南印度）兩月汎舶東南到羯荼國（馬來西亞之吉打），此處佛逝……到末羅遊洲，今為佛逝國矣……又南海諸洲咸多敬信，人王國主崇福為懷。此佛逝廓下僧眾千餘，學問為懷，並多行鉢，所有尋讀，乃與中國（此指印度佛化的中國）不殊，沙門軌儀，悉皆無別。若有唐僧，欲向西方為聽讀者，停斯一二載，習其法式，方進中天，亦是佳也[34]。」

又《南海寄歸內法傳》卷四敘述印度、中國各地著名三藏法師，其中有「南海佛逝國，則有釋迦雞栗底（Śākyakīrti，中譯釋迦稱；原註云：今現在佛誓國），歷五天而廣學矣」。當時有很多學僧前往研究佛法；義淨亦曾親筵學習[35]。釋迦雞栗底與當時印度羯羅陀寺、那爛陀寺大德齊名，並通因明、瑜伽、中觀、有部諸學，著有《手杖論》，七一一年，義淨譯成中文一卷，現存《大正藏》第三十二冊，第五〇五至五〇七頁[36]。同書又說南海十洲，齋供更比（印度及華夏）殷厚[37]。南海諸國，亦有尼眾，居尼寺，並皆乞食資身，居貧守素，但利養稀少[38]。

《大唐西域求法高僧傳》中，與義淨同在佛逝，或有法侶關係者，記有五人。

大津法師，澧洲人，六八三年振錫南海，汎船達尸利佛逝。停留多年解崑崙語，頗習梵書。六九一年五月十五日，義淨遣其歸國，附新譯《雜經論》十卷，《南海寄歸內法傳》四卷，《大唐西域求法高僧傳》兩卷。

貞固律師，鄭地滎州人，六八九年與義淨同往佛逝，收取所齎梵本；六九五年同返廣府。

貞固弟子一人，俗姓孟，名懷業，隨師至佛逝，解崑崙語，頗學梵書，後戀居佛逝，不返番禺。

道宏者，汴州雍丘人，與義淨、貞固等共至佛逝；同返廣府。

法朗者，襄陽人，隨義淨同船至佛逝。學經三載，梵漢漸通，往訶陵國，在彼經夏遇疾而卒[39]。

綜觀前文，可得知一概要。自四二四年（可能更早些），罽賓（亦稱迦濕彌羅）國求那跋摩至印尼遊化，佛法遂開始盛行。再從義淨各種著錄，及印尼本身出土碑文，得知室利佛逝於七世紀後葉，乃漸強盛，為南海各國中稱雄，勢力範圍包括今日印尼本國各島，亦伸展至馬來半島和婆羅洲。而當時十餘洲（國），咸遵信佛法，多是小乘，且以根本有部為主，正量部亦受到尊敬，亦兼研究大眾部和上座部。其中室利佛逝佛法更是興盛，僧眾千餘人，以研究教理為重，且有一位著名三藏法師釋迦雞栗底，當時有許多僧人前往親近就學。義淨更勸誡中國西行求法華僧，應先停經佛逝（印尼）一、兩年，學習軌儀及梵文，然後再往印度，可見當時佛教的盛況。

四、大乘佛教的傳入

如前面所述，義淨說南海諸國，「斯乃咸遵佛法，多是小乘；唯末羅遊少有大乘耳。」此一末羅遊，在室利佛逝未強大前，應為一獨立國家，位置在今蘇島占碑（Jambi，載籍作詹卑）。曾在六四四年遣使至中國進貢，據《冊府元龜》記載：「貞觀十八年（六四四）十二月，摩羅遊國遣使貢方物[40]。」此摩羅遊，應即義淨所說之末羅瑜（或末羅遊）。義淨約在六七二年，由佛逝至末羅瑜，停留兩月。此外求法高僧經末羅瑜的，還有常慜、無行、智弘等。

義淨記述南海諸國，多是信奉小乘，唯末羅遊少有大乘，可見大乘佛教亦由印度傳入當時印尼的占碑等地。末羅瑜的衰亡，是由於室利佛逝的興起。前節第一碑文，曾說明室利佛逝國王於六八三年發兵二萬，而戰勝末羅瑜。《南海寄歸內法傳》亦說「末羅瑜洲，即今尸利佛逝國是」，證明已被兼併了。

又今日考古發掘所得的證據，末羅瑜和室利佛逝二國，當時中心地是在占碑和巴鄰旁，已無疑義[41]。如果前者被後者所吞滅，並占有其土地，則大乘佛教亦在室利佛逝繼續流傳。

再證之前節第二塊碑銘祈願文，修學六波羅蜜，而至最後證得無上現正等覺，這都是大乘佛教思想的傳播。尤其有「大士金剛身」等語，更與密宗有關係。

同時在布吉西甘坦（Bukit Siguntang）一地發掘出一尊南印度樣式的大佛像，下面亦刻有如前節第二碑銘的祈願文，亦可證明室利佛逝有大乘佛教的流傳[42]。

義淨在《南海寄歸內法傳》的〈受齋規則〉說，南海諸洲供僧的情況，比印度更為豐盛。他說南海齋僧習俗，於前一天便送來「檳榔一顆及片子、香油並米屑少許」。還用金瓶盛水，灑洗於地。第二天則「擊鼓樂，設香花，延請尊儀。棚車輦輿，轎旗映日，法僧雲奔，引至家庭」。家中擺設極為華麗，「張施帷蓋，金銅尊像，瑩飾皎然，塗以香油。」於是「盛設香燈」，請和尚上座說法。第三天又請僧人往家供齋，肴饌至少也有二、三十種。並說「此乃貧窶之輩也。若是王家及餘富者，並授銅盤銅碗及葉器，大如席許。肴饌飲食，數盈百味。國王乃捨尊貴位，自稱奴僕，與僧授食，虔敬徹到」。據稱供食如有剩餘，僧人有隨從者可帶回住處[43]。

密宗傳入印尼，始於何時不可考。七一九年，來中國傳密宗之金剛智（Vajrabodhi，六六九—七四一），曾經室利佛逝等國，滯留室利佛逝國五個月。國王嘗以金傘蓋、金床奉迎[44]。《宋高僧傳》卷一〈金剛智傳〉說：䟦日羅菩提（Vajrabodhi），此云金剛智，南印度摩賴耶國（Malaya）人。遍聽十八部律，學小乘諸論，及瑜伽三密陀羅尼門，全通三藏。曾遊至獅子國，登楞伽山，泛海東行佛誓裸人等二十餘國，七三二年卒於洛陽，年七十一。

又阿目佉䟦折羅（Amoghavajra），此云不空金剛，略稱不空，北印度人。幼隨叔父來中國觀光，年十五師事金剛智。智歿，空奉遺旨令往五印度及獅子國。七四三年冬，與弟子含光、慧辯等二十七人附舶經訶陵而達獅子國，次遊五印度境。七四六年返京，七七四年卒，年七十[45]。

金剛智和不空，曾先後到過佛誓、訶陵等國，當然會在沿途各地傳播密教。因此，我們從各種記載推測，其時室利佛逝國境內，分別有小乘佛教、大乘佛教和密宗流行，但以小乘根本有部為主；同時婆羅門教亦存在。

本章敘述古代印尼佛教的情形，大多是根據中國史籍，特別是佛教史傳部分，為最珍貴的資料。至於佛教怎樣由印度傳入印尼，或當時所稱的南海諸國，現在再做一簡單的探討。

二、三世紀，印度佛教正興，位於中南部哥達瓦里河（Godavari R.）與奎師那河（Krishna R.）之間的古國案達羅（Andhra），為南印度人所建，東臨孟加拉灣，是當時向外國傳布佛教的中心。三世紀前葉，案達羅滅亡，印度東南跋羅婆國（Pallava）興起，據建志補羅（Kāñcipura）為都城，亦為當時佛教中心。而移居東南亞的印度人，大多是印度東南隅人。在五世紀時，建志補羅小乘佛教更盛行，印度佛教文化和藝術，由建志補羅越過孟加拉灣而向東南亞傳播。跋羅婆國人在東南亞勢力的影響直至七五〇年止。求那跋摩出生及出家於迦濕彌羅（罽賓），向為有部學派重地，求那跋摩雖然學通大、小乘三藏，但推測可能屬小乘有部系統，所以五世紀初前後抵闍婆開教，弘揚根本有部教義。義淨抵爪哇時，各洲已咸遵佛法，多是小乘，而純以根本有部為主。至於義淨多種譯著，尤與迦濕彌羅有部系（根本有部）有深切關係。七五〇年前後，爪哇大乘佛教漸興，則是傳自東印度的波羅王朝（Pāla）[46]，到下章中再做敘述。

❶ 王任叔著：《印度尼西亞古代史》上冊，第二五三頁。

❷ 《簡明不列顛百科全書》中譯本，第九卷，第五九八頁。

❸ 《羅摩衍那》為印度二大史詩之一，長二萬四千頌，分為七章。第四章四十．三〇〇中記載：「至大麥島七寶莊嚴，金銀島金礦為飾。」又說：「大麥島有七個國家，富於金礦。」見許雲樵著：《南洋史》，第五十三頁。及日文書龍山章真著：《南方佛教的樣態》，第二三七頁。此二史詩中的地名，有學者將前者 Yava-dvīpa 譯為金銀島，後者 Suvarṇa-rūpyaka-dvīpa 縮譯為金地，因古時下緬甸、泰、爪哇、蘇島都出產金銀。

❹ 許雲樵著：《南洋史》上冊，第一二四頁。

❺ 阿提沙迦曾為印度象邑王般陀羅（Pandara）的宰相；傳說於大曆元年（「大曆」，印度曆法一種，稱塞伽〔Śaka〕，晚於〔公元曆〕七十八年，曾輸入東南亞）至爪哇為王。

❻ 王任叔著：《印度尼西亞古代史》上冊，第二八二頁。

❼ 《後漢書》卷六，帝紀引註中，亦有類同記載。

❽ 龍山章真著：《南方佛教的樣態》，第二三八頁。又許雲樵著：《南洋史》上冊，第五十三頁。

❾ 《大正藏》第四冊，第一九五號《佛說十二遊經》。

❿ 王任叔著：《印度尼西亞古代史》上冊，第三〇六—三〇七頁。

⑪ 同上，第三一五——三一六頁。

⑫ 1.許雲樵著：《南洋史》上冊，第一七〇頁。
2.王任叔著：《印度尼西亞古代史》上冊，第三二九——三三一頁。

⑬ 出處：https://en.wikipedia.org/wiki/Tugu_inscription。

⑭ 賀聖達著：《東南亞文化發展史》，第一一七頁。

⑮ 王任叔著：《印度尼西亞古代史》上冊，第三三七——三三八頁。

⑯ 1.王任叔著：《印度尼西亞古代史》上冊，第三一八——三一九頁。
2.許雲樵著：《南洋史》上卷，第九十八——九十九頁。

⑰ 慈怡主編：《佛光大辭典》中，第二七三九頁。

⑱ 《大正藏》第五十一冊，第八八六頁上。

⑲ 《大正藏》第五十冊，第三四〇頁。

⑳ 王任叔著：《印度尼西亞古代史》上冊，第三四一——三四三頁。

㉑ 同上，第三四六頁。

㉒ 同上，第三四七——三四九頁。

㉓ 《舊唐書》卷一九七〈訶陵傳〉，有類似之記載，但較簡略。

㉔ 慈怡主編：《佛光大辭典》上，第二二〇五頁。

㉕崑崙音即崑崙語，是當時做為了解印度梵文的溝通語，流行於南海，包括占婆、扶南、馬來亞、印尼，參見王任叔著：《印度尼西亞古代史》上冊，第三七〇頁。

㉖上列十四位高僧，詳見《大正藏》第五十一冊，第二—九頁。

㉗義淨所述行程，見《大唐西域求法高僧傳》卷下，《大正藏》第五十一冊，第七—八頁，又〈貞固傳〉，見同書第十一頁。

㉘碑文記明佛逝於六八三年四月十三日戰勝末羅瑜，所以義淨於六七二年，曾由「王贈支持送往末羅瑜（原註云：今改為室利佛逝也）」；及南海諸洲條「末羅瑜洲，即今尸利佛逝國是」，是記六八三年以前事，當時末羅瑜國還存在，到六八三年，末羅瑜被佛逝兼併，遂改稱室利佛逝，所以義淨所記是不矛盾的。

㉙1.龍山章真著：《南方佛教的樣態》，第二四九—二五〇頁。
2.王任叔著：《印度尼西亞古代史》上冊，第三七四—三七五頁。

㉚釋慧海著：〈印尼之佛教〉，收錄於張曼濤主編《現代佛教學術叢刊》第八十三冊《東南亞佛教研究》，第三一三頁。

㉛《大正藏》第五十四冊，第二〇五頁。

㉜龍山章真著：《南方佛教的樣態》，第二四三頁註（一）。

㉝義淨著，《南海寄歸內法傳》，見《大正藏》第五十四冊，第二〇四—二三四頁。

㉞《大正藏》第二十四冊，第四七七頁下。

㉟《大正藏》第五十四冊，第二二九頁下。

㊱宋立道編著：《世界佛教》，第一六七頁。

㊲《大正藏》第五十四冊，第二〇九——二一一頁，〈齋供規則〉條。

㊳同上，第二一六頁，〈尼衣喪制〉條。

㊴上列五人，詳見《大正藏》第五十一冊，《大唐西域求法高僧傳》卷下，第十——十二頁。

㊵許雲樵著：《南洋史》上冊，第一八二頁。

㊶同上，第一八二頁。

㊷龍山章真著：《南方佛教的樣態》，第二五五頁。

㊸王任叔著：《印度尼西亞古代史》上冊，第三八三——三八四頁。

㊹《中華佛學百科全書》4〈印尼佛教〉條，第一八九六頁。

㊺《宋高僧傳》卷一〈金剛智傳〉、〈不空傳〉，詳見《大正藏》第五十冊，第七一一——七一四頁。

㊻淨海法師著：《南傳佛教史》初版序，第四——五頁。

第二章　早期大乘佛教的興盛

（七五〇至一二二二年）

一、夏連德拉王朝大乘佛教的興盛

七五〇年前後，在印尼中爪哇興起一個強盛的國家，這就是夏連德拉（Sailendra，亦中譯嶽帝）王朝❶。這一王朝與大乘佛教傳播有很深的關係。

在印尼的歷史中，有關夏連德拉王朝的記載，最早出現在發掘於日惹附近的卡拉珊村（Kalasan Village），一塊豎立於七七八年的石碑（現存於雅加達的國家博物館）。碑銘以梵文記述：一位夏連德拉王國的國師，說服國王波能迦蘭王（Kariyana Panangkaran）為多羅（Tārā）菩薩興建一座聖殿（即現在的卡拉山寺），並為僧侶建造精舍。碑文中還提到波能迦蘭王將整座卡拉山村落贈與佛教僧侶❷。另外，泰國南部洛坤出土，撰於七七五年的碑石（Ligor Inscription），銘文中也提到室利佛逝的國王達磨杜都（Dharmasetu）和夏連德拉的國王毘濕奴（Vishnu）❸。

還有，在中爪哇東部，卡帝魯易村（Kadiluwih）的坎加爾濕婆神廟（Canggal

Temple）發掘到刻寫於七三二年的坎加爾碑銘[4]，以梵文記載：馬打藍王國（Mataram，古譯馬塔蘭）的國王山闍耶（Sanjaya）興建了一座濕婆神廟，信奉崇拜濕婆神。接著記錄了由賢明的國王桑納（Sanna）統治的爪哇島是一個非常繁榮的島嶼，盛產金礦和水稻，國政昌榮，後由兒子山闍耶繼承王位。在中爪哇帝巖高原（Dieng Plateau）上留下多座八世紀前葉婆羅門教神廟的遺跡。但過了不久，中爪哇發生政治變動，別有一信奉佛教的夏連德拉王朝興起，馬打藍即淪為附庸，從帝巖高原東移至三寶壟（Semarang），於是二王朝同時存在於中爪哇，一為濕婆教王朝山闍系，一為佛教王朝夏連德拉系。

據在東爪哇瑪琅（Malang）附近的迪諾約（Dinoyo）發現一撰於七六〇年的梵文石碑，碑文記述坎朱魯漢王國（Kanjuruhan）一位著名的國王伽闍耶那（Gajayana），興建巴杜特塔（Candi Badut）[5]紀念南印度婆羅門教著名僧侶瑪哈·西·阿格斯塔蒂亞（Maha Rsi Agastya）。

大乘佛教在整個東南亞擴大傳播，成為八世紀下葉的一件大事，這與八世紀中葉東北印度波羅王朝在孟加拉和摩揭陀的興起同時發生，有學者研究認為，兩處都受了那爛陀寺的影響。傳入東南亞的大乘佛教，如像在孟加拉一樣，顯示為佛教與印度教信仰的混合，含有真言宗神祕的傾向。佛教傳到印尼夏連德拉王朝也在同一個階段出現的[6]。

夏連德拉王朝既興，中心位於帝巖高原，而東境達到泗水（Surabaya）。夏連德拉王朝世系可考的為跋奴王（Bhanu），據沙拉笛加（Salatiga）附近頗波難村（Plumpungan）一塊刻於七五〇年的梵文石碑❼，記載跋奴王賦予該村免除任何稅收義務。

室利佛逝先曾兼併了占碑和邦加島，控制了馬六甲南端，繼又向北伸張，將馬來半島淪為屬地；七七五年時，更征服了洛坤（Ligor，現屬泰國南部）。據泰國南部洛坤於七七五年出土之一碑石記載，在碑石正面有梵文十偈，稱讚室利佛逝國王室利毘舍耶因陀羅闍（Śrivijaya Indra Rāja）建築了三座優美的佛塔，供奉釋迦牟尼佛（碑文刻著能殺魔者 Māranisūbana）、蓮華手（Kajakara）菩薩、金剛手（Vajri）菩薩。在反面已經殘缺，僅存四行偈文，是稱頌夏連德拉國王毘濕奴戰勝敵人的功勳❽。

毘濕奴王是一位建築佛塔和陵廟的推動者，七七五年在中爪哇馬吉蘭（Magelang）南面一山麓上，動工開始建築世界著名雄偉的婆羅浮屠佛塔（Borobudur），以後經過四十多年才完成。又據一碑文記載，他曾於七七八年命令興建卡拉珊（Kalasan）佛塔，位於日惹（Yogyakarta）郊外西北方四十二公里，供奉多羅（Tārā，密宗救度佛母之意，認為是觀音化身之一）菩薩，並在附近建有僧院。這一建築工程，是由屬國馬打藍國王波能迦蘭來執行，建築形式及浮雕畫面，都具有印度藝術的風格❾。在同一地區的伽盧拉克（Kelurak），又發現一塊梵文石碑，記載因陀羅王（Indra Rāja）下令，延聘印度孟加拉的大乘法師鳩摩羅瞿沙（Kumāraghoṣa），並建築一寺供奉文殊師利菩薩，此寺被確認是塞烏寺（Sewu Temple），刻文記明是七八二年。此二碑文，均以梵文天城字體以前的一種文字（Pre-Nāgari Script）書寫，可證明是受到孟加拉文化的影響❿。塞烏寺位於中爪哇省克拉滕區普蘭巴南分區的武吉山村，是僅次於婆羅浮屠的第二大佛教寺院。

毘濕奴死後，由子因陀羅（Indra，亦稱 Dharanindra 或 Sri Sanggrama Dhananjaya，七七五—八〇〇）嗣位，繼續婆羅浮屠的工程，另外又完成了門杜（Mendut）和巴旺（Pawon）兩座塔寺，都在日惹馬吉蘭，離婆羅浮屠佛塔不遠，這將在本章第三節文中再敘述。

夏連德拉王朝由毘奴至因陀羅期間，曾多次對外執行擴張政策，更武裝侵略東南亞陸地國家。如《安南通史》載：「丁未（七六七），崑崙、闍婆來犯陷城，闍婆陸接真臘，西近東天竺，北挾林邑，東南界海。闍婆來犯時，經略使張伯儀乞援於武定都尉高正平，破闍婆軍於朱鳶。」所誌地名，大約為現今柬埔寨、泰、緬一帶⓫。又如《占婆史》說：「七七四年，賊侵占婆之古笪，其人產於異地，黑瘦凶暴如鬼……賊以舟來掠釋利商菩神祠，取諸神物飾品，金銀、寶石……以去，神居既空，以火焚之。」又說：

「七八七年，馬來海盜又入占婆，焚毘羅補羅（Virapura）西方神祠，掠其寶物。其他戰士奴婢，皆為殺掠[12]。」很顯明地，這些入侵的軍隊是來自爪哇。

又建中初（七八一），訶陵國僧辯弘從其國來華，將銅鈸一具奉上長安聖佛院，螺兩具、銅瓶四，奉上惠果阿闍黎，求授胎藏毘盧遮那大法（見《大唐青龍寺三朝供奉大德行狀》）。這是有印尼僧來中國學習密教的記載[13]。

因為夏連德拉王朝的政治勢力拓展至東南亞大陸，沿馬來亞、泰南而達柬埔寨及越南沿海一帶，所以這時大乘佛教，也在這些國家傳布。夏連德拉王朝信奉的大乘佛教，是傳自東北印度波羅王朝，含有密宗的教義及形式，那時，東南亞這些國家亦同受影響[14]。

因陀羅約死於八一二年，或說八四二年，其子三摩羅東伽（Samaratungga，八一二—八三二）嗣立，是為爪哇夏連德拉王朝十一世，也是一位熱心建築者。當他在位時，婆羅浮屠佛塔完工落成。

八五二年，山闍耶統治者畢卡丹（Pikatan）擊敗了波羅補多羅（Balaputra，夏連德拉君主三摩羅東伽和室利佛逝公主多羅〔Tara〕的後代），結束了夏連德拉在中爪哇的統治。波羅補多羅逃往母親的娘家室利佛逝，日後成為室利佛逝最重要的統治者。畢卡丹的繼任者拉凱．卡尤旺吉（Rakai Kayuwangi）於八五六年在中爪哇濕婆神廟銘文

（Shivagrha Inscription）⓯中，記載了巴拉普特拉的失敗和畢卡丹的勝利。（此銘文保存於雅加達的印尼國家博物館）

二、三佛齊（室利佛逝）王國的佛教

室利佛逝為蘇島一印度化古國，在前面第一章中已詳說。但至七七五至八六〇年間，史蹟不詳，只知爪哇夏連德拉王朝時期，與室利佛逝雙方通好和親，關係密切。尤其到了八三五年，夏連德拉後裔王子波羅補多羅提婆（Balaputradewa），繼承了室利佛逝的王統。

唐時稱室利佛逝，或略稱佛逝；至九〇四年以後，史籍中就只稱三佛齊了。其實三佛齊與室利佛逝都是梵語 Śrivijaya 的音譯，在歷史上應是同一個王朝。即前期稱室利佛逝，後期稱三佛齊⓰。

爪哇自夏連德拉王朝衰亡後，馬打藍山闍耶系王朝便統治了中爪哇大部分，這一變動，使興盛一時的大乘佛教為之中止，婆羅門教獲得復興。雖然佛教仍繼續存在，而重要的中爪哇濕婆教替代了佛教。在昔日夏連德拉王國中心的普蘭巴南（Prambanan）附近，曾發現卡尤旺吉王於八五六年，建造濕婆廟崇拜濕婆神的碑文（Shivagrha

Inscription），該銘文中提到了一個偉大的濕婆神廟群。到了巴里棟王（Balitung，八九八—九一〇）及達夏王（Daksha，九一〇—九一九）時期，在普蘭巴南更大興土木，建築了普蘭巴南塔（Candi Prambanan 或 Candi Rara Jonggrang），包括約有一百九十座（亦說二百四十座）大小建築物，中心主要是三座大神殿。以奉祀大梵天（Brahma，創造神）、大自在天（Śiva，濕婆，破壞神）、徧入天（Viṣnu，毘濕奴，守護神）。塔牆壁上刻有極精美細緻的浮雕，多為印度風格英雄史詩《羅摩衍那》的故事，有各種神、人、動物、植物等。全部建築物周圍約三百九十公尺，中央神殿高四十七公尺。神座之下為國王的陵墓。其他還有佛教寺院普勞珊塔（Candi Plaosan）、沙濟萬塔（Candi Sojiwan）等⑰。

爪哇婆羅門教復興後，佛教信仰並未從此絕跡，而是婆羅門教，特別其中濕婆神的崇拜，與佛教漸有混合的趨勢，以致後來形成一種濕婆佛陀（Śiva-Buddha）的信仰。今日在普蘭巴南附近發掘的結果，證明婆羅門教的得勢，佛教失去民眾支持而致沒落的過程。其中也象徵了佛教被印度教（五世紀後葉，婆羅門教經過改革形成印度教）同化吸收，認為佛陀也是毘婆奴神的化身⑱。

在上列普蘭巴南建築群中，也有兩座寺院是佛教的，這就是普勞珊塔（Candi Plaosan）和沙濟萬塔（Candi Sojiwan）。普勞珊塔由於奇特而引人注意，地方很是狹窄。兩所寺院各有三個房間，每一個房間的靠後都有座壇供奉佛像。房間外面的牆壁上有浮雕畫像，刻著國王和王后，還有武裝的隨從。此外還有高僧像，由一人撐著一幅傘蓋。又有一個戴僧帽的僧人和九個婆羅門教徒，從這幅像對比之下，可顯明見到佛教的衰落⑲。

位於蘇門答臘廖內省（Riau）金寶郡（Kampar）的穆阿拉塔庫斯塔寺群（Candi Muara Takus），是蘇門答臘最大、保存最完好的古塔寺建築群之一。一九八三年，學者提出穆阿拉塔庫斯塔寺群興建於十一世紀，是三佛齊王朝時期的佛教寺院。已向聯合國教科文組織世界遺產中心申請列入世界遺產⑳。

九世紀中葉，蘇島三佛齊已強大，成為海上霸王。日後阿拉伯人蘇萊曼（Sulaiman，九一六年）記述道：「（Zabag，闍婆，即爪哇）城主曰摩訶羅闍（Mahārāja）……王亦為其他各島之君主……所君臨諸地中，有國曰三佛齊（Srivijaya），有小島曰羅彌（Rami），指蘇島北部之亞齊（Aceh）……以及海國哥羅（Kedah，吉打），乃大食與中國交通之半途。凡往來亞曼（Oman）之舶，皆至此。」另一阿拉伯人馬修帝（Masudi，九四三年）亦記述道：「闍婆島之王所經臨之地，有哥羅、蘇門答臘，以及南海中其他各島。此摩訶羅闍之國，人口眾多，勝兵無數。即航行最速之船，亦不能於兩年內遍歷各島㉑。」

據此當時吉打已成為三佛齊的第二個國際大商港，可能還包括今日霹靂的一部分。在霹靂的堅打區的邦加蘭地方，曾挖掘到一尊八世紀時室利佛逝的銅佛像，與巴鄰旁河發現的類似，和銅佛像同時挖掘到的還有一個銅製佛座。另一事件，三佛齊又曾征服真臘，可見當時的強大㉒。

三佛齊自九世紀中葉至十世紀中葉，雖多次遣使至中國貢物，但關於政治及宗教的情況，記載不詳。

至於中爪哇的馬打藍王朝，到了申釋王（Mpu Sindok，九二九—九四七）時代，政治中心已由中爪哇遷移至東爪哇，統治區域包括現今泗水南部，諫義里（Kediri）北部及瑪琅一帶。在那裡從事海外貿易和海上勢力的發展，而與三佛齊抗衡。申鐸是一位毘濕奴神信仰者。在附近的婆利（即峇里）仍為一獨立國家，佛教和濕婆神同被崇拜；九八五至一〇〇六年間為馬打藍所統治㉓。

申鐸王留有一塊碑銘，是由一系列梵文詩和古爪哇文做註解構成的。梵文詩是從佛經抄錄下來的，都是有關密宗的理論和要點。碑銘還提到申鐸王是一位佛學通家，對後來東爪哇大乘佛教的興盛是有關係的，看來對收容來自中爪哇的佛教徒，做了避難的措施㉔。

九八三年，有高僧法遇自印度取經，回經三佛齊，遇印度高僧彌摩羅失黎

（Vimalaśri），表示願來中國譯經。《宋史．天竺傳》卷四九〇說：「（太平興國）八年（九八三）僧法遇自天竺取經回至三佛齊（都城在巨港，Palembang），遇天竺僧彌摩羅失黎，語不多，命附表願至中國譯經，上優詔召之。法遇後募緣製龍寶蓋袈裟，將復往天竺，表乞給所經諸國敕書，遂賜三佛齊國王遐至，葛古羅（Kākula）國主司馬佶芒，柯蘭（Kūlan Quilon）國主讚怛羅，西天王子謨馱仙書以遣之㉕。」

一〇〇三年，三佛齊遣使至中國，《宋史》卷四八九記載說：「咸平六年（一〇〇三）其王思離朱囉無尼佛麻調華（Śrī Cūḷamunivarmadeva）遣使李加排副使無陁李南悲來貢，且言本國建佛寺以祝聖壽，願賜名及鐘。上嘉其意，詔以承天萬壽為寺額，並鑄鐘以賜㉖。」

九九〇年後，三佛齊和東爪哇為了互爭霸權，兩國常發生戰爭。但在一〇一六年，三佛齊出兵擊敗東爪哇，占其國都，夷為平地，東爪哇名王達摩溫夏（Dharmawangsa，九九一—一〇一六）亦陣亡。如此三佛齊在十一世紀初，就成了海峽各島區域的霸主。

一〇〇六年，三佛齊與南印度的注輦人關係尚友善，曾在科羅曼得海岸納格巴登（Negapatam）建造一佛寺，名朱羅摩尼跋摩寺（Cūḷamunivarman-vihāra），為摩羅毘舍耶東伽跋摩王（Māravijayotuṅgavarman）所建，是為紀念父王的，寺即冠以父王名。

當十、十一世紀三佛齊最盛的時代，佛教亦大興，如日中天，而這時印度的佛教已受到排擠，中國佛教亦日趨式微，所以三佛齊成為各地佛教徒前往研究佛法的中心，佛教立為國教，地位極高，名聲遠播，在朱羅摩尼跋摩王（即《宋史》稱思離朱囉無尼佛麻調華）治世時，三佛齊曾出現一位傑出高僧法稱（Dharmakīrti，盛年約在九八六—一〇二四之間），他出身三佛齊王族，出家後赴印度留學，在菩提伽耶於吉祥寶（Śrīratna）門下受教。學成歸國後，致力宣揚佛法，他可能就是促使三佛齊佛教興盛的人物，根據《西藏大藏經》的資料，法稱論著有如下四部翻譯成藏文。

1.《現觀莊嚴般若經注難解語義疏》（日本東北大學《西藏大藏經總目錄》第三七九四號）
2.《入菩提行論三十六攝義》（同上目錄，第三八七八號）
3.《入菩提行論攝義》（同上目錄，第三八七九號）
4.《集菩薩學論現觀》（同上目錄，第三九四二號）

上列四種論著，第一種為主要論著，是對彌勒《現觀莊嚴論》般若經注難解語的解說。其餘三種為小部著作[27]。

又印度著名的高僧阿底峽（Atiśa Dipaṅkara Śrījñāna，九八二—一〇五四），又作阿提沙，在法稱的許可及贊助下，前往金洲（Suvaṇadvipa，此指蘇島三佛齊）研究佛法，師事法稱十二年，時間是在一〇一一至一〇二三年。學成回國後，一〇二六年為印度恆河超巖寺（Vikramaśīla）主僧，與當時那爛陀寺同為佛教教學中心。後來受請至西藏弘法，成為最重要的佛教改革者，對西藏境內所發展起來的一切真實清淨的教派或宗部，都完全是阿底峽尊者的基要構成，遠承自金洲法稱之教。法稱的論著被譯成藏文，與阿底峽的傳承亦有重要的關係，所以金洲法稱對藏傳佛教亦具有深遠的影響。如果當年阿底峽不赴西藏弘法和著作《菩提道燈論》，就不會有後來宗喀巴的《菩提道次第廣論》㉘。

十一世紀初，南印度注輦王國，與三佛齊為了海上商業競爭，一〇一七年及一〇二五年兩次注輦遣軍遠征三佛齊及為其屬國，注輦軍勝利擄掠後，迫使三佛齊放棄對海上貿易的壟斷，並承認其宗主權，此後，至十二、十三世紀衰頹的國勢已無法振興，因而失去對印尼全島及屬國佛教支持，延至十四世紀王朝的滅亡，加上伊斯蘭教的崛起，使整個東南亞海島區域的佛教由興盛而逐漸衰弱下來。

寫到這裡，可以回顧一下室利佛逝國，初建國蘇島的勃淋邦（今蘇門答臘巴鄰旁），歷史學家的一般說法，室利佛逝王朝是指一橫跨六七〇至一二七四年，為期約六百年之久，唐代稱室利佛逝，宋代遂改稱三佛齊。有關室利佛逝王朝，有學者研究，不是一佛教王朝，而是一印度教王朝，或說法不一。但在義淨往印度求法路經印尼蘇島逗留期間（約六七一——六九五）、爪哇毘濕奴王父子建造婆羅浮屠期間（約七八〇——八二五）和阿底峽赴印尼親近金洲法稱期間（約一〇一三—一〇二五），這三個時期因為特定原因，佛教獲得良好的發展，乃至聞名遐邇吸引了不少境內外人士前來印尼學習佛法。從佛學的角度來看，上述三個時期的室利佛逝佛教不僅是大乘佛教化，而且「奉行唯識宗」，是印度大乘瑜伽行派系統㉙，屬於後期流傳與發展的大乘佛教。而且，室利佛逝之後，佛教由興盛而快速地趨向衰弱。

法稱除了教授「一切大乘深法」之外，也特別傳授給阿底峽「菩提心」與「中觀見」等不共教授；從「不共」這個地方來說，即是「菩提心」，只是一般的大乘教法門，「中觀見」才決定它是大乘中觀部派。從藏傳文獻來看，表明金洲法稱是一位大乘唯識學者，似乎也是一位中觀學者，所以他用唯識立場解釋中觀教義，而阿底峽本人所依是純粹龍樹、提婆、月稱的中觀立場，由此可見師徒兩人所宗各有不同的㉚。

到了一〇二八年，東爪哇又逐漸恢復國力，這是由於王子愛兒稜加（Airlangga，一〇一九—一〇四二）的努力從廢墟中建立起來，當他復國後，採取與三佛齊維繫友好的關係，並且通過婚姻結為盟友。他又將當時的佛教徒與婆羅門教徒的矛盾調和起來。興建廟宇，豁免僧人稅收，使他們傾心於國王。不過愛兒稜加卻自稱是毘濕奴神的化身，先在其王陵中安置一自己的塑像，象徵著毘濕奴神，供後人祀拜㉛。

愛兒稜加在位時，針對宗教有一項重要的措施，就是對宗教實行國家管理。同時對給予僧團莊園加以限制，再沒有僧人接受土地的贈賜。東爪哇有三個正統教派，即濕婆教、佛教、婆羅門苦行僧派。濕婆教和佛教各設有一個高級官吏負責指導。有一位名叫摩訶難陀（Mahānanda）的人，做為所有僧團的領導。這樣，神權政治便在封建時期逐漸消失，而轉變神和宗教為世俗政權服務了㉜。

一〇四二年，愛兒稜加將國土分給兩個兒子，成立兩個王國，一為諫義里（Kediri），後漸壯大；一為章迦拉（Janggala），後漸無聞。經過約一百年，諫義里到了闍那婆耶王（Jayabaya，一一三五—一一七九），便日漸強大，農業和海上貿易都很發達，並以通過婚姻關係，兼併了章迦拉。闍那婆耶是個毘濕奴教徒，與佛教無緣。

自一〇七八年，三佛齊屢遣使至中國，這時三佛齊是最繁榮的時期，阿拉伯人伊德里西（Idrisi，一一四五年）記載：此時東非與三佛齊的貿易非常活躍，中國和其他外國人經常停留在三佛齊境內從事貿易。趙汝適《諸蕃志》（一二二五年著）亦記述說：「其國（三佛齊）在海中，扼諸番舟車往來之咽喉。」《諸蕃志》卷上又記載說：「（三佛齊）有佛名金銀山，佛像以金鑄。每國王立，先鑄金形以代其軀。用金為器皿，供奉甚嚴。其金像器皿，各鐫誌示後人勿毀㉝。」

然而自一一七八年以後，諫義里的勢力更凌駕於三佛齊，有一支海上強大的兵力，岺里、小巽他群島一部分、婆羅洲西南岸、西里伯南岸，都隸屬其範圍內。依周去非的

《嶺外代答》（一一七八年）記述：在南海商業的勢力，第一大食（阿拉伯），其次闍婆（東爪哇諫義里），再次三佛齊。

三、印尼佛塔建築的藝術

（一）婆羅浮屠大塔及其附近寺院

婆羅浮屠（Borobudur）的名稱，有學者考為「最勝佛陀」之義，由梵文 Pra-buddha 轉為土語 Bara-budur 又再轉為 Borobudur。亦有考為「丘陵上的寺院」，由 Vihāra → byara → bara → Boro 義為寺，budur 義為山嶽或丘陵。近來認為後者解釋較合理，因為印度人宗教思想，以須彌山（Meru）為世界中心，神居其上，人們遂崇拜祖先與重視山嶽，選擇在高地丘陵上建築王宮、神廟、城市、塔寺等，表示崇高神聖。而且神廟或塔寺之下，亦為君王死後葬身陵墓，這種思想在古代東南亞一些印度化國家，也有這種情形。如「夏連德拉（或譯嶽帝）」一名，即有「山王」之義。

婆羅浮屠是建築於堅固的岩基山丘（Bedrock Hill）上，其主要的材料是以黑色的火山岩石，堆砌成蓮花形的建築物。它以密教大乘佛法的「金剛界曼陀羅」（Vajradhātu Maṇḍala）為建築架構，凸顯出密教大乘佛法之世界觀及解脫觀。以鳥瞰的角度，可以看到正方形的外圍塔基，塔身由五層漸次縮小的正方塔台構成，四邊皆有入口；塔頂是三個逐層縮小的同心圓，至中央的圓形佛塔。從外至內，代表欲界、色界及無色界。整座婆羅浮屠，共有五百零四尊黑岩佛像，以及二千六百七十二塊石壁浮雕。

婆羅浮屠佛塔，是仿效印度的窣堵波，佛塔沒有內部空間，連基層在內共分十層，地基（一層）面積約有十畝，成四方形，每邊約一百二十公尺。地基上面共分九層，先是依次遞減的五層正方形平台，第一層正方形距地基邊緣約七公尺，由第一層至第五層往上，平台每層每邊依次內縮兩公尺。每層正方形平台的邊緣，都建有很高的護欄，護欄和上層正方形平台之間形成寬約二公尺的迴廊。每層之間都有台階可上，通往各層迴廊，迴廊兩邊石壁上，刻有無數精美的佛教浮雕，浮雕內容主要是：《普曜經》——佛陀生平事跡，《本生經》故事，善財童子五十三參圖像等，每間隔數步即設有一佛龕，內供一佛像，全部四百三十二尊。

再上三層是圓形的平台，也按面積遞減的設計，其直徑依次為五十一公尺、三十八公尺，二十六公尺。建有七十二座鐘形鏤空佛塔，計下層三十二座、中層二十四座、上層十六座。每一塔內也供有一尊石佛坐像，共計七十二尊。最上一層是直徑九點九公尺的大佛塔，亦做鐘形，但塔內沒有供奉大佛像，或已經失去不知去處。十層共高達五十五點七五公尺。

一八八五年，在整修拆卸佛塔的地基時，偶然發現「隱藏的基層浮雕」，此層有一百六十塊浮雕，描述因果業報的故事。

婆羅浮屠共有五百零四尊佛像，在正方形平台五層佛龕中有四百三十二尊；在圓形平台三層佛龕中有七十二尊。所有佛像看來大同小異，只手臂分有六種姿態，表示出不同涵義。在正方形平台佛塔中的佛像，下面四層，東面的為阿閦如來，做觸地印；西面的是阿彌陀如來，做禪定印；南面的是寶生如來，做施願印；北面的是不空成就如來，做無畏印。在第五層正方形平台佛塔的佛像，不分任何方向，一律是大日如來，做說法印。在圓形三層平台佛塔中的佛像，則完全是釋迦如來，做轉法輪印。

從這些佛像的藝術來觀察，它們與四世紀印度笈多王朝鹿野苑和秣菟羅（Mathurā）的雕刻完全一樣，線條樸素，體態雄健豐滿，溫柔親和，手工精妙，而帶有莊嚴超脫的神情[34]。

婆羅浮屠有大約二千六百七十二塊浮雕，其中一千四百六十塊為敘事浮雕、一千二百一十二塊為裝飾浮雕，覆蓋了建築的主牆和迴廊。浮雕的總面積達二五〇〇平方公尺，分布於隱藏塔基和塔身。敘事浮雕被分為十一組，環繞整座建築，總長三公里。第一組浮雕在隱藏的塔基中，其餘十組從婆羅浮屠東門開始分布於塔身的下面四層。主牆上的敘事浮雕順時針分布，而迴廊上的反方向分布。這種方式符合佛教徒朝拜聖跡時右繞的禮節：即信徒順時針繞行，而聖跡常在右側。

隱藏的塔基裡的浮雕敘述了佛教的因果報應律。塔身第一層牆上的浮雕分上、下兩欄，每欄各一百二十塊石雕。上欄敘述了佛陀的生平，下欄和塔身第一、二層的迴廊一起敘述了佛陀的本生（前生）。其餘的浮雕則敘述善財五十三參修成正果的故事，列表如下[35]。

敘事浮雕石板分布

分布	位置	漢譯經典的故事	浮雕數目
地下隱藏塔基	牆	分別善惡報應經	160
塔身第一層	主牆	普曜經	120
		本生譚／譬喻經	120
	迴廊	本生譚／譬喻經	372
		本生譚／譬喻經	128
塔身第二層	主牆	華嚴經	128
	迴廊	本生譚／譬喻經	100

塔身第三層	主牆	華嚴經入法界品	88
	迴廊	華嚴經入法界品	88
塔身第四層	主牆	華嚴經入法界品	84
	迴廊	華嚴經入法界品	72
總數			1,460

婆羅浮屠於十四世紀後，漸漸地被世人所遺棄。由於印尼有很多火山，據學者研究認為，婆羅浮屠佛塔是被梅拉皮火山（Mt. Merapi）爆發以及隨之而來的強烈地震，為火山灰所覆蓋，然後於其上又長滿了森林。直到一八一四年被英國殖民地官員萊佛士（Thomas Stamford Raffles）所發現，便派遣荷蘭工程師 H. C. Cornelius 前往勘察。Cornelius 和他的兩百名屬下花了兩個月，在叢林中開拓出一條通往婆羅浮屠的路。一九〇三至一九一一年，進行第一次修復，拆除並重建三個圓台和頂端鐘形佛塔。一九七二年，聯合國教科文組織（UNESCO）與印尼政府，向世界發出拯救婆羅浮屠呼籲，從一九七五至一九八二年進行第二次維修此塔的工程，費用總計二千五百萬美元。一九八

五年，伊斯蘭教激進派分子炸毀其中九座佛塔。一九九一年被聯合國教科文組織審定為「世界文化遺產」（World Heritage Site）。當婆羅浮屠修復後，再度重現昔日的風華，吸引全世界佛教徒和觀光客絡繹不絕光臨，一睹它的光彩和神聖。據二〇〇一年官方統計，觀光人數達到二百五十八萬人次，然後逐年增加，不過也越益顯現出周邊公共設施的不足。例如從巴士停車場通往入口處，兩旁盡是雜亂的攤販，向遊客兜售商品，可說整體缺乏完善管理。尤其最令人頭痛的，是遊客們在佛塔上下攀登，估計每年會有一百二十立方公尺損傷。也有被歐洲殖民政府的官員盜走，安放在歐洲的國家博物館中。更有許多人攀爬到佛塔擺姿勢或照相，無視於「No Climbing（禁上攀爬）」牌子的存在[36]。

婆羅浮屠附近兩座同為夏連德拉王國於九世紀初興建的佛塔，就是巴旺佛塔（Candi Pawon）和門杜佛塔（Candi Mendut），三座佛塔同在一條直線上，巴旺居中。門杜佛塔距離婆羅浮屠大塔約三公里，是一座非優美的建築，地基成四方形，寬廣十四平方公尺，高二十六公尺，上面的冠狀屋頂已頃毀。佛殿內有三尊巨大佛像，中央是釋迦如來，高三公尺，雙手做說法印，面頰豐滿圓潤，雙眼下垂，神態莊嚴中帶有安詳和超脫，最獨特的是佛像未做盤腿，而將雙足自然地放於地面上；右脇侍是觀世音菩薩，採半跏姿勢（左腿半跏，右腿垂放於蓮座上），高二公尺半；左脇侍是金剛手菩薩也採半跏而坐（右腿半跏，左腿垂放在蓮座上），亦高二公尺半。在殿堂內牆壁上，原有浮雕板七塊，現只保存了幾尊佛像雕刻。在門杜佛塔入口處有鬼子母及半支迦夜叉雕像[37]。

巴旺佛塔距離婆羅浮屠大塔一點七五公里，規模比門杜佛塔小很多，也有認為巴旺佛塔是供奉因陀羅王骨灰的佛塔。佛塔入口處的門框上方雕有卡拉馬卡拉（Kala Makara）像，門右側雕有財神（Kuvera，佛教公認的毘沙門天王）。另外，根據卡朗登加出土的碑文（Karang Tengah Inscription）記載：菩薩雕像放射出光芒。判斷空的方形室內，原本應該供奉有銅塑的菩薩像。巴旺佛塔所有的浮雕都在外牆，南、北兩面牆上類似的浮雕，有仙女、天神、生命之樹（Kalpataru）、緊那羅和乾闥婆。由於建築簡單，對稱和諧，也被譽為「爪哇寺廟建築的一顆明珠」[38]。

（二）普蘭巴南塔

據三摩羅東伽（Samaratungga）於八二四年所立之卡朗登加碑文（Karang Tengah Inscription），自謂國運興隆，山闍耶王系屈服於夏連德拉王朝。碑文分兩種語言：上段為梵文，歌頌夏連德拉諸王、塔寺的興建、大乘佛法的輝煌；下段為古爪哇語，附庸國王波多般（Patapan）所立，施割土地興建佛寺。波多般是山闍耶的後裔，為一濕婆教徒，他的施地建寺，是懾於夏連德拉王朝之威。但八三二年，三摩羅東伽已死，其女波羅無陀跋馱尼（Pramodhawardhani）繼位，而後嫁給波多般之子畢迦丹（Pikatan）。這種國勢的變動，或是通過婚姻的關係，山闍耶王系的力量竟凌駕於夏連德拉王朝以上，統治中爪哇各地，並且推行濕婆教代替大乘佛教的信仰。畢迦丹嗣位（八三八—八五〇）其妃夏連德拉女王於八四二年曾施田地若干畝予婆羅浮屠佛塔，而她仍然保持佛教信仰，這種施捨的行為是極不尋常的，只有在王朝更迭時才有這種現象[39]。

八五六年，夏連德拉王朝滅亡，山闍耶王的後裔畢迦丹信仰印度教，於普蘭巴南塔（Candi Prambanan）建造了巍峨華麗的印度教塔。由八座主塔和兩百五十多座小塔組成，是東南亞最大的印度教塔。其中三座主要神廟（Trisakti）分別供奉印度教的三位主神：濕婆（毀滅之神）、毘濕奴（秩序之神）和梵天（創造之神）。濕婆神廟位於正中，有東、南、西、北四個石室。其中主室供奉一座三公尺高的濕婆像。神廟迴廊的浮雕描述了印度史詩《羅摩衍那》的故事。不過經過一千多年天災和戰亂，已經殘破不堪，直到一九三七年才逐漸修復，重現昔日的光彩。

離印度廟周邊不到一公里有三座佛塔，這三座寺院遺跡，包括塞烏塔（Candi Sewu）、倫邦塔（Candi Lumbung）、伯布拉塔（Candi Bubrah）等。這也顯示印度教與佛教並存的現象。

建於八世紀末，位於普蘭巴南塔南方約八百公尺的塞烏塔，被聯合國教科文組織列為世界遺產，也是印尼僅次於婆羅浮屠的第二大佛塔。依據塞烏塔附近出土，刻於七九二年的文殊師利碑文（Manjusrigrha Inscription），描寫國王百姓，歡慶供奉文殊師利菩薩的佛寺已經完工的情景，推斷塞烏寺興建的時間，比普蘭巴南印度塔早七十年，比婆羅浮屠佛塔早三十五年，而且可能是當時國王舉行重大儀式的寺院。Sewu意為千寺，建築群占地東西寬一百六十五公尺，南北長一百八十五公尺，包括中央一座主佛塔，但內部佛像已經蕩然無存。其周圍環繞的二百四十八座小佛塔，依佛教曼陀羅的規格分布，今大部分已經毀壞，只有少數保存下來。修復後的（主佛塔）塞烏塔，造型優美，它的塔頂濃縮了曼陀羅的構想，最下層是一方台，上面托起環立著一圈覆缽形小塔的圓台，圓台中央升起一座大的覆缽形佛塔。塔的佛像及外壁門楣的女神浮雕，手持蓮花，頭、胸、腰等部裝飾華麗，雖造型有些稍差，臉上透露出中爪哇特有的安詳，柔和的微笑。在東、南、西、北四門出入口處，都設有一對體態魁梧的Dwarapala魔王鎮守著，有些類似中國佛寺三門的一對石獅。

伯布拉塔位於塞烏寺的南方，規模很小，坍塌嚴重，現在只存一點塔基。倫邦塔也是在塞烏塔南方數百公尺的塔，由十七個塔所組成，入口朝東的主殿在中央，其餘十六座小寺院分東西南北方圍繞著主殿。小塔的入口也都朝向主殿，門框上雕有卡拉馬卡拉像，塔頂由數層方形塔基堆疊，塔基四角及塔頂有覆缽式的佛塔。據估計，這座寺塔建於九世紀古馬塔蘭王國時期。主殿的建築已嚴重損毀，殿內三面牆上九個佛龕內的佛像早已不存在，令人感覺到荒涼㊵。

（三）卡拉珊塔

卡拉珊塔（Candi Kalasan）也是普蘭巴南地區的佛塔，依據刻於七七八年的卡拉珊碑文（Kalasan Inscription）記載㊶，夏連德拉王朝的國師，建議信奉濕婆教的山闍王朝國王波能迦蘭王，興建供奉多羅（Tārā，度母）菩薩的佛寺與供養僧人居住的僧房。卡拉珊塔即為供奉多羅菩薩的佛塔，依刻寫碑文的年代，也可知卡拉珊塔是普蘭巴南地區最早的佛塔。現存遺跡為一九二七年所重建。

卡拉珊塔坐落在正方形的平台上，殿堂四面各探出一個門廊，沿著外牆，有許多巨型佛龕，佛龕上方有雕刻精美的卡拉馬卡拉像及佛塔，但佛龕內的佛像已遺失。多角型塔頂基座分上、下兩層，兩層的每個角落，都有一個稍小的佛龕，佛龕內仍保存著莊嚴的佛像，佛龕上方矗立一覆缽式的佛塔。整座塔中央最高處的佛塔已崩塌。方形的主殿內，西面的石牆上有個巨大的佛龕，判斷供奉的青銅多羅菩薩像應有六公尺高，可惜佛像已不見了。

室利塔（Candi Sari）距離卡拉珊塔約三公里，依卡拉珊碑文記載，室利塔與卡拉珊塔同時興建於八世紀，形狀非常精美。在這座塔的頂部有九塊佛塔，在婆羅浮屠的佛塔上可以看到，並排成三排，主要是供僧人修行居住的僧房。室利塔為左右寬十七點三公尺，前後深十公尺的兩層樓建築，依室內的分隔及窗戶的開設，判斷應為六個房間的僧房。室利塔的外牆，有各種與卡拉珊塔類似的浮雕，包括三十六尊優美的持蓮花菩薩像，每尊菩薩像的身體有三處彎曲的地方，此種「三屈姿態」是中爪哇期的藝術傑作之一。另外還有各種精緻的裝飾圖案與乾達婆、緊那羅，以及雕有卡拉馬卡拉像的佛龕和門框、窗框。為了保存及讓石雕發亮，卡拉珊塔與室利塔興建時，外牆都塗上一層發亮的石膏（Vajralepa）。室利塔矩形的屋頂平台上，還有整排精美的小佛龕及佛塔。

（四）普勞珊塔

普勞珊塔（Candi Plaosan）在普蘭巴南之南的平原上，分有南、北二群建築物，以一街相隔，共有一百七十四棟建築，一百一十六座佛塔和五十八個小龕室。如今多數已變成廢墟，只修復了北普勞珊塔群的主殿。

根據刻於八四二年的Kahulunan碑文記載，北普勞珊佛塔群是由嫁給畢迦丹國王的波羅無陀跋馱尼公主所捐建。該主殿外牆精美細緻的雕刻、裝飾都與室利塔和卡拉珊塔相仿。被修復的主殿，是一棟矩形平面的二樓建築，有向外的窗戶，流通光線和空氣，所以樓上被認為是藏經樓或僧房；樓下主殿應供奉有三尊佛像，而中央釋迦如來聖像已遺落不知去向，只剩下幾尊脇侍菩薩像。在主殿的外圍，有五十八座小寺院及一百一十六座佛塔整齊地環繞著。而南普勞珊佛塔的正方形主殿外圍，有十六間小寺院及六十九座小佛塔環繞[42]。在普勞珊佛塔的所有作品中，最著名是比丘石雕頭像，通過粗糙的石頭上表面微妙的變化，表現一種喜悅、自持和超然的神情。

三摩羅東伽另有一子，名波羅補多羅提婆（Balaputradewa），當其姊波羅無陀跋駄尼嫁畢迦丹時，尚為年幼；波羅補多羅提婆後逃往蘇島室利佛逝，至八五三年時，便繼承了室利佛逝的王統。因為三摩羅東伽曾與室利佛逝國王達磨杜都的公主多羅（Tara）結婚，而且兩國一直維持緊密的關係，這時室利佛逝可能缺少嗣君，所以波羅補多羅順理成章地繼承了王統[43]。

由上所述，夏連德拉王朝自從在中爪哇興起後，國勢強盛，前後稱霸東南亞約達一百年（七五二—八五〇年間）；提倡大乘佛教信仰，建築許多雄偉的塔寺，且成為東南亞傳布大乘佛教的中心。但是自八五二年夏連德拉王朝在中爪哇逐漸崩潰後，大乘佛教中心又移至蘇島的室利佛逝，而爪哇的濕婆教獲得重興的機會。

四、爪哇的佛教文學

印尼早期的佛教自八、九世紀以後，密宗的色彩即日漸濃厚，採取而包含一些印度教信仰，如夏連德拉王朝及三佛齊王朝時期，到了信訶沙利王國時，佛教與印度教的濕婆教派，更被提倡混合信仰和崇拜。再來簡單介紹印尼佛教留存下來的佛典文獻，更可獲得證明。

印度古代的梵文，自一世紀至十世紀，曾被印尼長期採用（特別是宮廷），或與古爪哇語混和應用。大多原典用梵文，翻譯和註釋用古爪哇語。自十一至十五世紀，印尼已由接受外來文化，進入消融時期，本身文化色彩日漸濃厚。

首先是東爪哇馬打藍王朝達磨溫夏王（九九一—一〇〇七）時期，提倡文學，命人將印度史詩《摩訶婆羅多》（*Mahābhārata*）一部分譯成爪哇散文；並將印度的《摩奴法典》（*Laws of Manu*）揉雜混合印尼的習慣法，編成一部新法典《濕婆神的教誡》（*Śivaśāsana*，至今猶用於峇里島）。到愛兒棱加時宮廷詩人甘華（Kanwa）模仿《摩訶婆羅多》的形式，作了一首長詩《阿爾朱那的婚姻》（*Arjunawiwaha*），歌頌愛兒棱加與蘇島公主的結合，許多地方已表現創作的精神[44]。

諫義里闍耶王（一一三五—一一五七）時，著名詩人斯達（Mpoe Sedah），仿《摩訶婆羅多》作成爪哇英雄史詩《婆羅多族的戰爭》（*Bhāratayuddha*），描寫兄弟爭奪王位的故事；後來又經過許多作家改編，廣為流傳。其次，印度史詩《羅摩衍那》，亦經過爪哇詩人翻譯或改寫，辭句優美，簡潔樸素，扣人心弦[45]。

至於宗教文學，先是有印度教的梵文原典，翻譯成古爪哇語，或做註釋。現在留存有《婆羅門荼富樓那》（*Brahmāṇḍapurāṇa*），在峇里島發現，內容為印度教神學創生記；爪哇語譯的亦大同小異。印度教同名的「富樓那」（Purāṇa，中譯往世書，集有梵文經典十八部，講述宇宙論、神譜、帝王世系和宗教活動）㊻。其次有「生類寶庫」（Bhuvanakośa）梵語詩頌，譯成古爪哇語散文，其中有述及宇宙創造論及吠檀多派的哲學思想。再次有《婆訶斯鉢底多瓦》（*Bṛhaspati-tattva*），古爪哇語中雜有梵語詩頌，開始先敘說各種宗派（亦舉佛教），再申述神的種種教說；最後提到哲學的勝因、三德、覺、我慢、根等真性，瑜伽派的八神通；其他如三量、五惟等哲學用語㊼。

因為印度教出現了爪哇語典籍，佛教徒為了弘法上的需要，也編輯了一些爪哇語論典，今就資料僅知者分述如下：

（一）《聖大乘論》（*Sanghyang Kamahāyānikan*）

此論據說在馬打藍王朝申鐸王（九二九—九四七）時代就已經編集流傳，是用古爪哇語，很多地方挾雜梵語詩頌，體裁不算很完整。內容先為序言，警告要修苦行；次說滅除貪、瞋、癡三毒，為究竟之目的；勉勵修六波羅蜜，為達到無上之道，並將布施、持戒、忍辱、精進、禪定、智慧的六度，分別舉例說明。再加上慈、悲、喜、捨四波羅蜜，就合成十波羅蜜。

次說五天母：金剛界自在母、佛眼母、我母、白衣母、救度母。並認為金剛界自在母，即是前說六波羅蜜的實相，餘四天母配後四波羅蜜。次舉四瑜伽（虛空、人之身體、世界、空輪）、四修習行（行法逃脫三毒及煩惱）、四聖諦（苦、集、滅、道）。瑜伽、修苦行、聖諦及十波羅蜜，就構成大祕密（Mahāguhya）。

此論繼續敘述（爪哇）密宗神學「最高祕密」（Paramaguhya），即最勝神（Parār-viśeṣya）顯現根源不二（advaya），不二是神聖之姿（Divarūpa）與不二智（advaya-jñāna）合一即生創造。由神聖之姿，生出法身佛陀（Bhaṭāra Buddha），其次生出釋迦牟尼。從釋迦牟尼右側生世自在，從左側生金剛手。此三尊各持白、赤、青之色，及示現寶幢、禪定、觸地之手印。

從釋迦牟尼之面出生毘盧遮那（大日如來）；從世自在生出阿閦及寶生；從金剛手生出阿彌陀及不空成就。毘盧遮那、阿閦、寶生、阿彌陀、不空成就，在印度密宗，稱為金剛界五智佛，又稱五禪定佛；但在爪哇，金剛界和胎藏界是沒有區別的，五佛單稱五如來。

由含有一切智慧的毘盧遮那佛，出生全能的自在天（濕婆）、梵天、偏入天（毘濕奴）。依照毘盧遮那佛之命，三大神創造天界、人界、地下界；諸天住在天界，人類住在人界，龍等住在地下界。

再次解說五蘊、五種子、三毒、三業、五大等佛教基本思想概念；最後再舉說前述的五如來配五天母，即毘盧遮那如來配金剛自在母，阿閦如來配佛眼母，寶生如來配我母，阿彌陀如來配白衣母，不空成就如來配救度母。

以上是《聖大乘論》主要內容的簡介。此論典一九一〇年由加茲（J. Kats）原典出版，其譯者對印度密教並不甚了解，很多錯誤。但注意上述的內容，佛教徒似有意結合印度教的三大神，及承認創造三大天界、人界、地下界（三世界）之說，成為古代爪哇佛教信仰的特質㊽。

（二）《聖大乘真言理趣論》（*Mantranaya* 或 *Mantrānaya*）

Mantranaya 應譯為《真言理趣》，亦由加茲原典出版（採用 *Mantrānaya*）。此論對比《聖大乘論》來說，是一個短篇，共有四十二詩頌，先是引用梵文，次為古爪哇語解釋。其中有十二頌以上，與《大日經》卷一的偈頌內容相當。如第一頌：

「愛兒，來！我正確地教導你，（修學）真言行的理趣，大乘儀軌。因你是接受偉大理趣的相應者。」

此頌在《大日經》卷一中是：「佛子此大乘，真言行道法，我今正開演，為彼大乘器。」

為簡介《聖大乘真言理趣論》的形式，今再引第六頌和解釋例子如下：

「大乘（道），帶來偉大的繁榮，是吉祥的、優越的道。實行此道，你們可證得如來！」

（註釋）我對你們宣說，聖大乘偉大的道，要好好注意聽：「大乘帶來偉大的繁榮」，是趣向天界和解脫的正道，所以帶來偉大的繁榮。偉大的繁榮，有外在的幸福和內在的幸福。（外在的幸福）是優越的財富、地位、王權、轉輪王之位；（內在的幸福）即超世間的幸福，不接觸苦的滋味；不生不死，即不遭遇衰老、疾病、死亡，更有無上殊勝等正覺的幸福，解脫的幸福。不論外在的幸福，或內在的幸福，都是由於奉行大乘正道，帶來偉大的繁榮。「實行此道」就是你們要堅決信仰奉行大乘的教說。「你們可證得如來」（下略）。

論中勸誡學人不可捨離修曼荼羅、金剛、印契；同時對阿闍黎師，等如對一切佛，不可輕視，獎勵對師奉獻財物，甚至自己的生命和妻子。最後，由於能對至尊的老師奉獻，以至最尊的佛陀，當得果報，得到解脫，即身成佛[49]。

（三）《軍闍羅訶那的故事》（*Kuñjaraharna*）

是一篇因果報應的故事，敘述地獄種種受苦的恐怖，以勸人信佛行善為目的，整篇故事以兩個人物組成。

1. 軍闍羅訶那遍遊地獄：軍闍羅訶那是一夜叉，在大須彌山麓修苦行；一次聽說毘盧遮那佛在菩提心院為阿閦、寶生、阿彌陀、不空成就、世自在、金剛平等佛菩薩集會說法。願求來世善果的軍闍羅訶那，就急往菩提心院。毘盧佛相迎，聽了他的願望。軍闍羅訶那問：「在世間上，有人成為君主，有人成為奴隸，是什麼原因呢？」毘盧佛教導他說：「那麼你先去閻魔（Yama）界看看吧！」軍闍羅訶那先到了餓鬼住處，見有劍樹林，其下有尖利的刀刃，那是閻魔王使役處罰罪人的地方，慘狀無比；而且又有成百的凶鳥襲擊罪人，成千的巨犬咬齧。軍闍羅訶那見南面有堆壓山地獄，兩山衝擊，罪人正在受苦。軍闍羅訶那不覺哀嘆地說：「啊！主啊！歸命濕婆。」（這裡濕婆即佛陀之意）接著去訪問閻魔王，聽了解說地獄受苦的原因，是因罪人前世惡業所致；所謂惡因得惡果，善因得善果。閻魔王又向軍闍羅訶那介紹和引見釜煮地獄，有一叫富樓那毘舍耶（Pūrṇavijaya）的人，從天上墮入釜煮地獄中受苦。軍闍羅訶那離開閻魔界，回來拜見毘盧佛，報告富樓那毘舍耶死後在釜煮地獄受苦的情形等。並請佛開導去除汙穢（罪惡）的方法。佛告訴他要有真實智慧，才能去除汙穢；同時要哀求主，歸命主，歸命濕婆。

2.富樓那毘舍耶的故事：富樓那毘舍耶因受到軍闍羅訶那的催促，抱著毘盧遮那佛的足，懇求宥恕罪障，佛憐憫他便為說法。結果因為富樓那毘舍耶聽了佛陀的教誨，僅十日之間就出了釜煮地獄，遊到餓鬼住處，於是閻魔王的獄卒們就捉拿他，責備他。但是因為佛陀的恩德，那些釜火即息滅，刑具皆折碎，劍樹變為如意樹。閻魔王大驚，當時富樓那毘舍耶的魂靈答道：「一切都是因為受了毘盧遮那佛教誨的功德。」富樓那毘舍耶魂歸身體醒來後，就與他的妻子共去禮拜毘盧遮那佛。那時閻魔王以及四天王、帝釋、毘沙門，在毘盧遮那佛處集會，閻魔王問：「富樓那毘舍耶被判決在釜煮地獄受苦一百年，為什麼在短短的時間中就能濟度呢？」於是佛就說出富樓那毘舍耶與軍闍羅訶那兩人的故事（此處省略）。而主要的，因為他們過去世積有善業，尊重善法。後來富樓那毘舍耶辭別妻子，也去大須彌山麓修苦行，與軍闍羅訶那共住，繼續修苦十二年，都成了先知者（Siddha）[50]。

---

❶ D. G. E. Hall: *History of South-East Asia*, p.45, 50.

❷ 出處：https://en.wikipedia.org/wiki/Kalasan_inscription。

❸ 出處：https://en.wikipedia.org/wiki/Ligor_inscription。

❹ 出處：https://id.wikipedia.org/wiki/Prasasti_Canggal。

❺ 出處：https://southeastasiankingdoms.wordpress.com/tag/dinoyo/。

❻ D. G. E. 霍爾著：《東南亞史》上冊，第七十一頁。

❼ 出處：https://id.wikipedia.org/wiki/Prasasti_Plumpungan。

❽ 陳明德著、淨海法師譯：《泰國佛教史》第四章〈室利佛逝國時期佛教〉，見淨海法師譯：《佛教史叢談散集》，第三七一頁。

❾ 崔貴強著：《東南亞史》，第四十一頁。

❿ B. Harrison: *South-East Asia*, p.27。又此書有中譯本，名《東南亞簡史》，新加坡聯營出版公司編譯及出版。

⓫ 許雲樵著：《南洋史》上冊，第一八四頁。

⓬ 馮承鈞譯：《占婆史》，第四十六—四十七頁。

⓭ 淡然居士文：〈中國與印尼的佛教關係〉（普度網路發表）。

⓮ 淨海法師著：《南傳佛教史》，三六七—三六八頁。及 D. G. E. Hall: *History of South-East Asia*, p.25-26。

⓯ 出處：https://en.wikipedia.org/wiki/Shivagrha_inscription。

⓰ Śrivijaya 國，唐時稱室利佛逝（Śri＝室利，Vijaya＝佛逝），宋時稱三佛齊（Śri＝三，Vijaya＝佛齊）。《宋史》四八九卷〈三佛齊傳〉：「三佛齊國……唐天佑元年（九〇四）貢物，授其使都蕃長蒲訶栗寧遠將軍。」宋趙汝適《諸蕃志》三佛齊條：「三佛齊……其國自唐天佑（九〇四—九〇六）始通中國。」

⑰ 吳世璜編：《印尼史話》，第六十三—六十四頁。

⑱ Sir Charles Eliot: *Hinduism and Buddhism*, p.111, 181。又龍山真章著：《東印度的佛教文化》（日文），第五十二—五十三頁。

⑲ 王任叔著：《印度尼西亞古代史》下冊，第四五七—四五八頁。

⑳ 聯合國教科文組織世界遺產中心。（https://whc.unesco.org/en/tentativelists/5464/）

㉑ 許雲樵著：《南洋史》上冊，第一九一頁。Zabag 為阿拉伯語，即闍婆，此處應只指蘇島。

㉒ 王任叔著：《印度尼西亞古代史》上冊，第四二二頁。

㉓ 新加坡聯營出版公司編譯：《東南亞簡史》，第三十一頁。

㉔ 王任叔著：《印度尼西亞古代史》下冊，第四六七—四六八頁。

㉕《宋史．天竺傳》卷四九〇。又《佛祖統紀．法遇傳》卷四十三，見《大正藏》第四十九冊，第三九八—三九九頁。

㉖ 馮承鈞著：《中國南洋通史》，第一六一頁，引《宋史》四八九卷〈三佛齊〉條文，疑與朱羅摩尼跋摩寺（Cūḷamunivarma-vihāra，建在印度的納格巴登 Negapatam）同為一事，並見該書註九及註十。

㉗《亞洲佛教史．印度編Ⅵ——東南亞佛教》（日文），第二六二頁。又龍山章真著：《南方佛教的樣態》，第二六一頁。

㉘鄭文泉著：〈室利佛逝佛學對藏傳佛教的影響：金洲法稱、阿底峽與空有之爭〉，收在《回顧與前瞻：馬來西亞佛教》（第一屆馬來西亞佛教國際研討會論文集），第三十二頁。

㉙同上，第三十一頁。

㉚同上，第三十五頁。

㉛崔貴強著：《東南亞史》，第四十七—四十九頁。

㉜王任叔著：《印度尼西亞古代史》下冊，第四八五頁。

㉝同上，第四二三頁。

㉞吳虛領著：《東南亞美術》，第三八二—三八三頁。

㉟參考陳秀蓮中文主編：《世界遺蹟大觀11　吾哥與波羅浮屠》，第二十九頁；及 https://zh.wikipedia.org/zh-tw/ 婆羅浮屠。

㊱張尊禎著：《世界遺產之旅1　印尼：神佛的天堂》，第二十一、三十一頁。

㊲吳虛領著：《東南亞美術》，第三九五—三九六頁。

㊳出處：https://en.wikipedia.org/wiki/Pawon。

㊴許雲樵著：《南洋史》上冊，第一八九頁。

㊵張尊禎著：《世界遺產之旅1　印尼：神佛的天堂》，第四十三—四十四頁。

㊶出處：https://en.wikipedia.org/wiki/Kalasan_inscription。

㊷陳秀蓮中文主編：《世界遺蹟大觀11 吾哥與波羅浮屠》，第二十七頁。

㊸考八五〇年印度《那爛陀敕文》（*Nālandā*，一九二一年發現）載：是年印度東部波羅王朝第三世王提婆波羅（Devapāla）下詔，奉獻五村與蘇島大王婆羅補多提婆（Bālaputradeva）在那爛陀所建的一佛寺。敕文中又述及到夏連德拉二君主，一為祖父，一為先王，按即因陀羅及三摩羅東伽。見《東印度的佛教文化》（日文），第四十六—四十七頁。

㊹《阿爾朱那的婚姻》長詩，是由宮廷詩人甘華在愛兒犮加國王統治期間創作的，採用梵文和古爪哇語混合體寫成，大約完成於一〇三〇年。

㊺《亞洲佛教史・印度編VI——東南亞佛教》，第二七二頁。

㊻龍山章真著：《東印度的佛教文化》，第一五一頁。

㊼《亞洲佛教史・印度編VI——東南亞佛教》，第二七二—二七三頁。

㊽《聖大乘論》內容簡介，取材自《亞洲佛教史・印度編VI——東南亞佛教》，第二七三—二七五頁。

㊾《聖大乘真言理趣論》內容簡介，取材自《亞洲佛教史・印度編VI——東南亞佛教》，第二七六—二七八頁。

㊿《軍闍羅訶那的故事》內容簡介，取材自《亞洲佛教史・印度編VI——東南亞佛教》，第二七八—二八一頁。

第三章　佛教與印度教的混合
（一二二二至一五二七年）

一、信訶沙利王國及滿者伯夷王國

七世紀後，印度大、小乘佛教日趨衰微，與外道混雜的密宗，即所謂怛特羅佛教（Tantric Buddhism），是以印度東北部的波羅王朝為中心所發展出來的密教，為印度佛教史之後期階段，而形成時輪乘（Kālacakrayāna）、金剛乘（Vajrayāna）、易行乘（Sahajayāna）等流派。印度佛教本身有變化，也影響到南海（東南亞）各地。十、十一世紀，大乘佛教在印尼、柬埔寨等極為活躍，其原因由於印度波羅王朝統治毘訶羅（Bihar，即現在的比哈爾邦），那爛陀寺的僧人陸續南渡或東渡，其中著名的阿提沙即在印尼學習和弘法十二年，為時輪乘之創立者。因高僧的到來，致使在爪哇產生佛教哲學名著，如《僧楞迦摩訶衍尼甘》（*Sang Langka Mahayanikam*），文中強調法印、道場、設施的崇拜，實為密宗，以瑜伽派定那伽（Dignāga）為權威；及《混闍羅迦羅那》（*Kunjarakarna*）等，都含有強烈的密宗色彩，或鼓吹大自在天的崇拜，介紹佛教與濕婆教之同一性理論，在南海流傳很廣❶。

一二二二年，東爪哇發生了政治上的變動，一位名叫康安洛（Ken Arok）的農民，以出生地信訶沙利（Singhasari）為根據地，並獲得婆羅門教僧侶的支持，乃起而叛亂，消滅了諫義里，建立信訶沙利王國。康安洛躍登王位（一二二二—一二二七在位）後，自稱是毘濕奴神的化身。

信訶沙利王國的崛起，雖國運甚短促，相傳五世，僅七十年而亡，但也產生一位英武君主，傾覆蘇島的三佛齊，奠定東爪哇國力的基礎。此王朝時期，佛教與印度教的濕婆派漸趨混合，即所謂濕婆佛陀（Śiva-Buddha）信仰，或稱為興都佛教（Hindu-Buddhist）。

信訶沙利王國四世王毘濕奴跋壇那（Viṣnu-vardhana，一二四八—一二六八在位），後人在他死後，將火化後的骨灰一部分葬在瓦列里（Waliri），建立一尊濕婆像，另一部分葬在呑龐（Tumpang），建立了一座查果塔（Candi Jago），並且塑立一尊不空羂索觀音像。到了五世王訖里多那伽羅（Kertanegara，一二六八—一二九二在位）治世時，把查果塔的神像群又重鑄為銅像，其中有五尊留存至今。這表明了國王是當時濕婆教和佛教二派的首領，政權控制了神權。從查果塔雕刻看來，有濕婆教的故事，也有佛教的故事，但塔的性質是佛教的，是把濕婆教的眾神也歸屬於佛教了。據稱，在這些雕塑藝術風格中，是受到印度孟加拉波羅王朝藝術風格的關係。可能由於印度佛教的衰落，當時有不少印度佛學大師來到印尼，因此也帶來印度藝術的影響❷。

五世王訖里多那伽羅在統一爪哇內部後，即厲行擴張政策；一二七五年他征服了鄰邦的馬都拉（Madura）與峇里島，一二八六年左右打敗了蘇島的末羅瑜，成為屬國，並將勢力伸展到苟延殘息的三佛齊和他在海外的各屬地。這時三佛齊並沒有滅亡，但海外威望盡失，受制於爪哇，局限一隅，且聲勢落在爪哇保護國末羅瑜之下。信訶沙利王國最後在外島的勢力，達到婆羅洲西南部、摩鹿加群島，以及馬來半島的東部（彭亨），都承認其帝國的宗主權。

訖里多那伽羅除注重國家統一外，同時也加強於文化建設。他具有多方面興趣，有濃厚科學和哲學的傾向，喜愛語言和宗教書類的研究。他是熱心的佛教徒，精通佛教密宗，敬奉禪定佛，為僧人建立許多精舍，給予人民布施，並自稱為「濕婆佛陀」。著有《萬物起源宇宙開闢論》一書❸。

但由於對外連年戰爭，而致民窮財盡，在國內引起叛亂，很多屬地都起來對抗，最後國王被諫義里總督賈亞卡特望（Jayakatwang）所殺，信訶沙利王國覆滅。他的女婿毘闍耶（Vijaya）被迫逃至布朗塔斯河（Brantas R.）的一滿者伯夷（Majapahit）小村，不久他得到元朝遠征軍（一二九三）南征的幫助，毘闍耶乘機再獲登上王位，成立印尼歷史上顯赫的滿者伯夷帝國（一二九二—一五二七）❹。

毘闍耶❺統治時代（一二九三—一三〇九在位），滿者伯夷的勢力很快強大起來，據一二九四年一碑文說，王自稱是「爪哇全島之主」。毘闍耶曾為信訶沙利王國的訖里多那伽羅王建築一寺院，塑造一尊阿閦佛像供奉。而王死後（一三〇九），遺骨分葬於王城內，及王生前於辛平（Simping）所建築的松巴雅提塔裡，此廟並安供王之濕婆像，留存至今，為一藝術傑作。其子闍耶那伽羅（Jayanegara，一三〇九—一三二八）繼位，國內屢起叛亂。王信奉毘濕奴神及不空成就如來。

闍耶那伽羅死後，毘闍耶王的女兒闍耶毘濕奴跋檀尼（Jayaviṣṇuvardhanī，一三二八—一三五〇在位）嗣立，起用有才能而機智的迦查馬達（Gajah Mada）為首相（一三三一—一三六四），國勢達到最隆盛時代。一三五〇年，女王讓位於子羅闍沙那伽羅（Rājasanagara，一三五〇—一三八九），國力更加強大，疆域包括東爪哇、馬都拉、峇里島；蘇島和馬來半島的各屬地，也都承認宗主權。一三九七年，兵臨巴鄰旁，消滅了三佛齊國。

在女王母子和迦查馬達首相統治時期，政治上很靈活地利用了宗教的影響，增強中央政府權力，削弱地方各藩侯的勢力，就是把原先各地方具有支配權的宗教寺院和陵廟，都收歸國王直屬之下，設總監督管理，但名稱仍維持，宗教土地亦公布免徵租稅。

據當時統計，爪哇全境約有佛教寺院五十餘所，印度教的濕婆派亦約此數，婆羅門教派三十餘所，毘濕奴派最少。又王家菩提寺有二十七處，都委派僧人管理及免稅。宗教建築物中，最壯麗的是波那多蘭塔（Candi Penataran），供有濕婆、梵天、毘濕奴神像。同時僧侶亦為王室宗教事務顧問，監督執行儀式，施政吉日選擇，及決定教義解釋。女王讓位後於一三七二年去世，被視為智慧女神般若波羅蜜多（Prajñāpāramitā）菩薩的化身，其像供奉於帕里神廟（Candi Pari）[6]。

拉查沙納卡拉（Rajasanagara，一三五〇—一三八九）在位期間，據稱建造了多所佛寺、佛塔、僧及其他行者隱居所，給予很多施捨，而人民也仿效，奉獻土地給寺院，可以免苛重稅。對於構築和維修堤防、道路、街道、寺廟、僧寮、紀念物修繕，人民也必須服義務勞役。在滿者伯夷首都王宮的大廣場東邊，有一供給濕婆教、佛教等教徒們講演場所，建有濕婆教高塔，婆羅門苦行僧和佛教徒的寺院和宿舍[7]。

據當時宮廷詩人波般加（Prapañca）所著的《那伽羅枳多伽摩》（*Nāgarakṛtāgama*）史詩（即《羅闍沙那伽羅王行讚》）記載，當時政府在宗教方面，濕婆教與佛教，各教團設一人為總監，嚴格管理宗教行政。在新的各種領地，都派僧侶去向人民傳教。如峇里島曾派去兩位佛教僧人[8]。

其實這時候的佛教，早與印度教相混合，即所謂興都佛教信仰；這種興都佛教，又逐漸與土著宗教的精靈及祖先崇拜相融和。

一三八九年羅闍沙那伽羅王死後，外甥兼女婿的威格拉瑪跋達納（Vikramavardhana，一三八九—一四二九在位）繼位。一三九九年，王位繼承人蘇卡王子病逝，國王非常悲傷，至一四二九年就將王位讓給女兒蘇希達（Suhita，一四二九—一四四七在位），自己出家為僧❾。這時國運就日益衰微，一因互爭王位，發生內亂和藩邦叛離；二因火山爆發，引起饑饉連年，哀鴻遍野；三因伊斯蘭教侵入，爪哇海岸城市的東西貿易，經濟受到伊斯蘭教徒的掠奪。到十六世紀初，爪哇北部沿海地區，就出現了好幾個伊斯蘭教小國，一五二〇年，滿者伯夷終為德馬克（Demak）王國的伊斯蘭教軍所擊敗，結束了兩百多年的統治。

二、伊斯蘭教傳入及早期佛教滅亡

至於印尼佛教和印度教的滅亡，也是受到伊斯蘭教侵入的影響。伊斯蘭教傳入東南亞，早在十三、十四紀就開始散播，但到了十五、十六世紀才獲得飛速的發展。

伊斯蘭教在六二二年源創於阿拉伯半島的麥加（Mecca），後來隨著武力的擴張，一支征到非洲，一支經伊拉克、敘利亞、波斯而伸展到印度。十二世紀末，北印度已淪為伊斯蘭教統治區域；十三世紀時，西海岸著名的商港胡茶辣（Gujarat），也隸屬伊斯蘭教勢力的範圍。

十三世紀後葉，印度胡茶辣伊斯蘭教的商人，將伊斯蘭教信仰傳到蘇門答臘北部的商口巴塞（Pasai）、比敕（Perlak）；不久巴塞的鄰邦蘇木達（Samudra），也改信了伊斯蘭教❿。伊斯蘭教在蘇島沿海各地區的發展，也和早期的印度教及佛教一樣，一經國王或酋長們信奉之後，就建立了穩固的基礎，人民已成習慣，隨從君王所規定的宗教信仰。十五世紀初，伊斯蘭教通過婚姻的關係，巴塞將伊斯蘭教的信仰傳到馬六甲去。蘇島北部的啞魯（Aru）和南浡泥（Lambri），也都信了伊斯蘭教。一四五〇至一四八〇年，馬六甲王國先後征服蘇島中部的東岸。十五世紀末，占碑和巴鄰旁都信了伊斯蘭教。這時候的蘇島，幾乎都成為伊斯蘭教的勢力。

馬來半島上的馬六甲，自從傳入伊斯蘭教後，十五世紀便正式立為國教，後來一躍成為傳播伊斯蘭教的中心。同時馬六甲又利用王族通婚的關係，使北方的彭亨和吉打改信了伊斯蘭教。一四七〇年，伊斯蘭教勢力又伸到丁加奴與北大年，馬來半島很快就全部伊斯蘭教化了。

至於印尼爪哇方面，在十五世紀初，東爪哇的商業很繁榮，許多印度的伊斯蘭教商人，時常往來商業活動，並與當地女子結婚，隨妻子就變為伊斯蘭教徒。其次在馬六甲，有很多爪哇商人寄居，他們與故鄉有密切的聯繫，把伊斯蘭教信仰帶到爪哇的沿海地區[11]。一四五六至一四九〇年，爪哇沿海各商港，都逐漸接受了伊斯蘭教信仰，僅有中部和東部的內地，仍信奉原有的印度教和佛教。到十五世紀末，伊斯蘭教商人乘時崛起，首先建立了伊斯蘭教化的德馬克王國，到一五二〇年傾覆了滿者伯夷帝國。一五二三年，商港錦石（Gresik）有三萬伊斯蘭教徒定居。一五二五年，西爪哇的萬丹（Bantam）也信了伊斯蘭教。此時爪哇的大部分地區已在伊斯蘭教勢力統治之下。但島上小邦林立，互相攻打，直至一五七五年，才由一個土王蘇多威左若（Sutowidjojo 即 Senapati）統一起來，建立了一個伊斯蘭教的馬打蘭王國（Mataram），古代印度教和佛教迅速滅亡[12]。

在印尼唯一沒有伊斯蘭教侵入的地區，就是爪哇東端的峇里島，即使到現在也如此。當滿者伯夷滅亡時，爪哇曾有部分印度教徒和佛教徒逃至峇里島。現在島上約有一百多萬人，仍保持原有宗教信仰和習慣，即印度教與土著各種精靈、祖先混合信仰的崇拜。各地保存很多古代壯麗神廟的建築，這些神廟中，大多供有毘濕奴神像，及杜爾嘉女神（Durgā，濕婆神之妻）。而佛教的痕跡極為稀少，祇有在教義的說明上，殘留一點業力與輪迴的概念而已[13]。

在本節文結束之前，由《中國新聞網》報導，再由《中國禪宗網》轉載：「印尼占碑千年佛塔出土一批中國文物」，因與古代佛教有關係，現亦作一簡單介紹如下：

印尼占碑省考古隊近日在巴當哈等地的千年佛塔遺址處挖掘出一批中國古文物。這批文物包括唐朝的「開元通寶」銅錢、軍鑼以及陶器、瓷器。印尼考古專家龐拜告訴記者，根據歷史記載，占碑港灣的佛塔早在六六四年唐朝就已建設，成為室利佛逝王朝國王禮拜的重地。印尼國家歷史文物研究中心在一九八一年開始對其遺址進行調查研究，發現共有八十四處佛塔遺址被埋於地下，此後陸續對四個遺址進行挖掘，顯示出這是印尼古代馬來王朝一所最大型的佛教學府，占地二六一二公頃，其中包括了師生的生活區和佛殿。他說，中國唐朝佛教高僧義淨於七世紀曾到過三佛齊學經，他在書中描述過「在有圍牆圍住的環境裡，有一千多位僧伽聚精會神地學習與修行」的情景。目前，這片遺址大多已建成民宅。占碑省政府已收購了八百公頃的園地，現在正致力收購另外一二〇〇公頃土地，逐步恢復歷史遺址，並計畫將占碑佛塔文明遺址建成一個旅遊公園⓮。

---

❶ 許雲樵著：《南洋史》上冊，第二一八——二一九頁及邊註五、註六。

❷ 王任叔著：《印度尼西亞古代史》下冊，第五一六——五一七頁。

❸ 同上，第五二一及五三三頁。

❹ 《亞洲佛教史．印度編VI——東南亞佛教》，第二六六頁。及龍山章真著：《南方佛教的樣態》，第二七一頁。

❺ 毘闍耶王，在《元史》卷二一〇〈爪哇傳〉中，稱土罕必闍（印尼語稱Raden Wijaya）。

❻ 龍山章真著：《南方佛教的樣態》，第二七二—二七三頁。又《東印度的佛教文化》，第七十八—八十一頁。

❼ 王任叔著：《印度尼西古代史》下冊，第五七九—五八〇頁，及第五八四頁。

❽ 《亞洲佛教史．印度編VI——東南亞佛教》，第四十九頁。

❾ 劉必權著：《印尼、東帝汶》，第十頁。

❿ 《元史》載，一二八二年蘇木達國王遣使哈散（Hasan）及速里蠻（Sulayman）入朝，二人均為伊斯蘭教名字。又一二九二年，威尼斯馬可波羅（Marco Polo），自中國西返，經蘇島記載說：「應知伊斯蘭教徒時常往來此國（比敕），曾將國人勸化，歸信伊斯蘭摩訶末（即穆罕默德Mahomet）之教。」又考巴塞的第一任國王為伊斯蘭教徒，死於一二九二年。

⓫ 明時（十五世紀初）馬觀著：《瀛涯勝覽．爪哇國》條說：「（滿者伯夷）國有三等人；一等伊斯蘭教人，皆是各地西商為商流落此地；一等唐人，多有從伊斯蘭教受戒持齋者；一等土人，崇信鬼教（印度教、佛教、精靈等）。」可證伊斯蘭教於十五世紀初已傳入爪哇北岸。

⑫ 這一伊斯蘭教馬打蘭王國（Mataram）與前文第二章第一節中於八世紀初之濕婆教馬打藍王朝（Mataram）無關。蘇多威左若出生平民。

⑬ 龍山章真著：《南方佛教的樣態》，第二七九——二八一頁。

⑭ 顧時宏著：〈印尼占碑千年佛塔出土一批中國文物〉，《中國新聞網》，二〇一一年九月十一日。出處：http://www.chinanews.com/gj/2011/09-07/3312583.shtml。

第四章 葡、荷、英殖民地時期印尼的佛教

（一八〇〇至一九四五年）

十三世紀，伊斯蘭教傳入印尼群島，並開始在沿海港口城鎮傳播。十五世紀末，印度教和佛教快速的衰落，標誌著佛法文明在印尼的統治地位即將終結，到了十六世紀末，伊斯蘭教取代了印度教和佛教，成為爪哇和蘇門答臘的主導宗教。在這以後的四百五十年裡，印尼沒有明顯的佛教信仰和實踐。許多佛教遺址、佛塔、寺廟和手稿都被遺失或遺忘，因為該地區已經成為穆斯林。在這個衰落的時代，只有很少人信奉佛教，其中大多數是在十七世紀移民浪潮中在印尼定居的華人移民。

在十六世紀初期，葡萄牙人是最早來到現在印尼地區的歐洲人，他們來到這個地區，只是占領及統治東帝汶島（East Timor），並一直持續到一九七五年，除此之外，葡萄牙人在印尼其他地區都沒有長期的正式統治。

繼葡萄牙人之後，荷蘭人也來到印尼地區，打敗及趕走當時占據爪哇島的葡萄牙人，從此就把勢力伸入爪哇島及鄰近的蘇門答臘島。一五九六年，荷蘭人霍特曼率領的一支荷蘭船隊到達爪哇島的萬丹。一六〇三年，荷蘭在爪哇建立了通商口；一六〇五

年，征服盛產香料的摩鹿加群島中的安汶島、帝利島。一六一九年，攻占爪哇島上的雅加達，命名巴達維亞（Batavia），做為荷蘭東印度公司（Dutch East India Company，簡稱VOC）在東方的總部。

一八一一年九月，英國人也登陸印尼，建立殖民地。而荷蘭變成了這些歐洲國家裡占領最多領土的國家。荷蘭最初通過荷蘭東印度公司對這些地區實行殖民統治，一七九九年東印度公司解散後殖民地被荷蘭政府接管，史稱荷屬東印度，開始在印尼殖民統治。

一、華人移民帶入民俗信仰

根據研究，華裔印尼人大多來自於中國的南方省分，如福建、海南、廣東。中國近代歷史上有三次向東南亞的移民潮。第一次可以追溯到十五世紀鄭和下西洋的時候，第二次是鴉片戰爭前後，第三次是二十世紀前半葉。前兩次進入印尼的移民通過聯姻或逐漸被同化後變成了creolised或huan-na（閩南話：番仔），被稱作峇峇娘惹。而最後一次的移民潮，因為還保留著中華文化，被稱作新客（Cina Totok）。華裔印尼人大多分布於城市如雅加達、泗水、棉蘭、北乾巴魯、三寶瓏、坤甸（龐提奈克）、錫江（馬卡薩）、巨港、萬隆及邦加檳港等。人數占最多的閩南裔華人主要分布在印尼東部、爪哇中部和東部，以及蘇門答臘西部海岸。潮州籍華人主要分布在蘇門答臘的東部海岸、廖內群島和婆羅州西部，他們主要在蘇門答臘的農場做工。

自十七世紀中葉以來，華人在各地建立的廟宇，一般大多是屬於中國南方閩粵民俗的宗教信仰，一六五〇年建於雅加達的金德院，十七世紀建的大伯公廟，十八世紀建的太史廟，三寶壟的三保廟和大覺寺，望加錫的大伯公廟以及各地的媽祖廟等，它們的歷史都較悠久。這些廟宇供奉釋迦牟尼、觀音、地藏王、十八羅漢、鄭和、孔子、關公、趙公明（玄壇真君）、媽祖、玉皇大帝等神祇。其中在早期又以觀音、媽祖、關公為三大信仰重點體系。

雅加達的四大著名神廟是：金德院最初稱觀音亭，中央供奉佛祖像，右為關帝聖君，左為天后聖母。一七六〇年成立的完劫寺，是在牛郎沙里華人塚地內，主供觀音菩薩，為清明節祭奠亡魂場所。安恤大伯公廟，祀奉福德正神（土地公）。玄天上帝廟供奉玄天上帝，祈求風調雨順，國泰民安。這四大神廟可代表雅加達華人宗教信仰和節慶活動的主要場所，其典型的中式建築風格也為華人文化傳統的象徵❶。

蘇門答臘巨港華僑於清道光年間（一八二一—一八五〇）建築了水月宮，奉祀觀音，又稱觀音廟，曾蒙賜印尼文稱為「Vihara Chandra Nadi」，這說明了華人建立佛教寺院和社會宗教背景。如此等等，不一而足，供奉有觀音的廟宇幾乎遍布東南亞各地。研究東南亞華人碑銘的著名德國學者傅吾康教授，在一八八六年《蘇北棉蘭轄屬浮羅把煙清音禪寺碑記》寫道：張榕軒於「公元一八八六，首倡建造廟宇，供奉慈航大士，同佛取名，故曰觀音宮」、「是以都邑市鎮，山陬僻處，遍建廟宇，供奉三世尊佛、觀音大士，而百姓之家，虔奉大慈大悲，救苦救難觀世音菩薩，故國人分播海外，足跡所經，必倡建廟祀佛以沐宏庥」、「蓋欲使疑者卜，病者禱，商旅安，貨物聚也❷」。

一九〇〇年雅加達成立的中華會館，領導人李金福在一九〇三年寫的〈華人的宗教〉（刊於一九〇三年二月十四日的《理報》），其宗旨說：「統一、弘揚和信奉孔教、佛教和道教，即將三教合一，把孔教的虔誠、佛教的超凡以及道教的養性分別或結合起來加以宣導。」

郭德懷（Kwee Tek Hoay，一八八六——一九五一），報人、印尼華人馬來語小說與戲劇作家、印尼華裔詩人、社會活動家。一九二〇年代初期，於爪哇創立了印尼儒、釋、道的「三教會」（Sam Kauw Hwee），一九二五年，他創辦自己的雜誌《全景》。後來又從事四本雜誌的編輯工作，包含宗教性的《三教月報》（*Sam Kauw Gwat Po*）等。一九三〇年之後，郭德懷開始專注在宗教典籍，特別是佛教、儒教與中國民間信仰等，曾翻譯出版了多篇介紹佛教的著作為印尼語，例如：《三千年來中國人民所奉行的三教思想》、《釋迦牟尼》、《佛僧義淨的人生和旅程》、《佛陀的金玉良言》、《論佛教》、《佛陀的教誨》、《輪迴與因果》等[3]。

一九五二年，印尼各地所有三教會組合成「印尼三教會聯盟會」（Gabungan Sam Kauw Indonesia，簡稱GSKI），一九六二年，改名為「印尼三法聯盟會」（Gabungan Tri Dharma Indonesia，簡稱GTI）[4]。到一九五五年三教會共有三十多個分會，三教會中佛教勢力最大，會員以華人為主體[5]。

其實，郭德懷與其說是三教徒，不如說是佛教徒，他信仰佛教的成分最為濃厚。然而，他並不排斥道教與儒教，反而盡力把三教融合成一個宗教，可是並不成功[6]。因為這種將不同宗教糅合在一起的設想，脫離實際，理論上互相很難契合溝通，教徒們貌合神離，會務發展緩慢。

二、漢傳佛教之傳入

一九〇一年，福建莆田廣化寺的本清法師，隨閩地商人飄洋過海，移居印尼，成為第一位到印尼傳播漢傳佛教的比丘，先後創建萬隆協天宮（今靈山寺）、雅加達廣化寺[7]。其後又有閩籍僧人本如、體勇、圓仁、圓禪等相繼到印尼定居，弘傳佛教。本清法師於一九二六年在雅加達定居於一蓮堂，發展佛教。並於一九二〇年代，依祖寺名稱在印尼白城創建廣化寺，為南山祖寺在印尼眾多下院之一；本清法師圓寂後，由高足體正法師嗣任住持。抗戰前，有莆田廣化寺僧人往雅加達弘法，後由華僑信眾集資興建了廣化寺分院和金德院，之後又至萬隆建分院協天宮，南榜建大興廟，井里汶建覺寺等九所寺院。民國時期，這些寺院多由閩僧從新、馬前往擔任住持❽。

高參法師（一八八六—一九六〇），俗姓林，福建惠安縣人。光緒二十九年（一九〇三），拜行亮上人為師，剃度於惠安清興寺，法號高參，繼赴莆田梅峰光孝寺，受戒於方丈微嘉禪師。梅峰寺乃福州怡山西禪寺直系叢林。從行亮上人習文，又拜慧精法師習武。光緒三十三年（一九〇七）南渡印尼，駐錫三寶壟三寶洞一年，之後返回福建怡山長慶寺。後發願雲遊，一九一三年，國內足跡遊遍五嶽，海外遠行緬甸、印度、泰國、馬來西亞、新加坡、印尼。在印尼棉蘭民禮鎮元宮住持二十一年，為少林四十九傳在南洋植基的第一人。一九四八年住持新加坡蓮山雙林寺的松輝法師，懇請高參法師移駕前往擔任住持，一九五八年適逢雙林寺六十週年，特啟建三壇大戒，受戒四眾弟子五百餘人，因緣特別殊勝❾。

惟悟法師（一八九八—一九六九），四川重慶人，俗姓劉。十九歲出家。受戒於安徽九華山。一九二七年至常熟讀華嚴大學，親近持松法師研究佛學。學成之後，足跡遍布大江南北，恭謁高僧大德，參訪善知識。後至杭州靈隱寺謁慧明法師，學習禪法；適內戰開始，難以安身，但為了弘化度眾，開始漫遊南洋緬甸、暹羅，及南亞印度、錫蘭等處。一九三六年春，受任新加坡轉道學院教授，並協助編輯出版《佛教與佛學》月刊。後以因緣到印尼棉蘭，駐錫棉蘭蘇島佛學社。二次世界大戰期間，受佛學社信眾挽留主持佛學社。師以利生度眾，旨在文字般若，不假形式，老實念佛。每逢週日帶領大眾念佛後講經，復開辦佛教文義學院，並為文在報刊宣揚佛學，訶魔斥迷，受人敬仰，皈依者眾，培養後學。旅居印尼主持佛學社三十餘年，弘法甚力。師生性剛正，為人慈靄可親，有俠士風，愛國愛教，講學不倦，笑臉常開。師寂於一九六九年一月十三日，世壽七十一、僧臘五十二⑩。

法禪上人（一九二二—一九八八），福建莆田秀嶼人，幼年禮高參法師剃度，旋入莆田廣化寺學沙彌律，之後於福州鼓山湧泉寺複勝和尚座下受具足戒，後隨高參法師南下星洲，初住雙林寺，後接任印尼蘇北民禮鎮元寺，弘法利生，後因緣具足受到成雄法師邀請駐錫先達廣福寺。一九七二年開山棉蘭西禪地藏寺，一九八五年創辦先達第一所佛教學校，一九七八年成立印尼大乘佛教僧伽會。一代高僧為印尼佛教傳承，入門高徒包括慧雄、達雄、傳雄、宏慧等多位佛門龍象。法禪法師一生為中國佛教在南洋扎根、開花、結果，歷任世界佛教僧伽會副會長等教團職務⑪。

成雄法師（一九一七—一九九一），俗姓蕭，福建惠安人。六歲禮清音寺住持悅禪法師出家為沙彌，法名惟基，號成雄。十二歲隨師南渡，瞻禮新加坡雙林寺，隔年返福建莆田梅峰光孝寺受戒，後遊方各處道場參學。十七歲再度至新加坡，掛單雙林寺；一年後往印尼鎮元宮任職，十九歲任廣福宮監院。後應棉蘭關帝廟會心法師之邀接任住持。一九七五年，他成為星洲雙林寺信託人之一，並捐獻巨資重修雙林寺法堂⑫。一九五二年，會心法師在印尼北蘇門答臘棉蘭購得土地一塊，建造崇聖宮，記有「崇聖宮祀奉觀音菩薩，關帝、城隍為護法」。師圓寂於一九九一年，世壽七十五，僧臘六十八。

從一六五〇至一九七五年間，雅加達華人建的七十二座廟宇中，供奉一一五位神祇，其中屬於佛教的有釋迦牟尼、觀音、地藏王等聖像十六座⑬。

三、南傳佛教的復興

一九三四年，三教會會長郭德懷邀請斯里蘭卡著名的高僧那羅陀尊者（Venerable Nārada Maha Thera）至印尼弘揚佛法，尊者於三月十日攜帶菩提樹到日惹，在婆羅浮屠佛塔東南方，主持舉行種植菩提樹的儀式。並在雅加達，西爪哇和中爪哇的多個地方提供了布道和佛教佛法課程。一些當地的佛教徒就藉此機會來復興印尼失傳已久的佛教，當時並為幾位男性居士剃度為僧⓮。那羅陀尊者並協助於茂物和雅加達成立了第一個佛教協會——爪哇佛教協會（Java Buddhist Association）。不久，雅加達佛教徒協會在郭德懷的帶領下，另組傾向弘揚大乘佛教的巴特維亞佛教徒協會（Batavia Budhists Association，簡稱BBA）。

一九四二至一九四五年，印尼改被日本統治。這時候，以上的所有佛教團體基本上沒有任何活動，一直到獨立後佛教團體才又發展起來⓯。

---

❶ 鄭筱筠著：《斯里蘭卡與東南亞佛教史》，收錄於魏道儒主編：《世界佛教通史》第十二卷，第三四四頁。

❷ 同上，第三四四—三四五頁。

❸ 出處：https://zh.wikipedia.org/wiki/ 郭德懷，及 https://zh.wikipedia.org/wiki/ 郭德懷作品列表。

❹ 出處：https://tridharma.or.id/menyongsong-hari-tridharma-9-organisasi-tridharma/。

❺ 黃昆章著：〈印尼華人的佛教信仰〉，載於《東南亞縱橫》二○○三年六期，第四十六頁。

❻ 廖建裕著：《現階段的印尼華人族群》，第六十五頁。

❼見聞〈千島澍甘露，萬里結勝因〉，《法音》一九九四年第十二期（總一二四期）。

❽開諦法師編著：《南遊雲水情——佛教大德弘化星馬記事（續篇）》，第四三七頁。

❾釋能度主編：《新加坡漢傳佛教發展概述》，第一五一頁。

❿開諦法師編著：《南遊雲水情——佛教大德弘化星馬記事（續篇）》，附錄：〈清末民初漢系佛教在印尼的發展〉，第四三九頁。

⓫出處：https://www.qiandaoribao.com/2020/10/26/%E6%B3%95%E7%A6%85%E4%B8%8A%E4%BA%BA%E5%86%A5%E8%AF%9E%E4%B8%80%E7%B3%BB%E5%88%97%E7%BA%AA%E5%BF%B5%E6%B4%BB%E5%8A%A8/。

⓬同註❿，第四四一頁。

⓭黃昆章著：〈印尼華人的佛教信仰〉，載於《東南亞縱橫》二〇〇三年六期，第四十六頁。

⓮出處：https://en.wikipedia.org/wiki/Buddhism_in_Indonesia。

⓯出處：https://bhagavant.com/buddhisme-di-indonesia-zaman-penjajahan。

第五章　印尼獨立後佛教的發展

一、舊秩序時代（一九四五至一九六五年）

二十世紀五十年代，佛教復興運動蓬勃地在印尼展開，印尼一些上座部寺院相繼在蘇門答臘、爪哇和峇里島建立。一九五二年印尼成立了「印尼三教會聯盟會」，這是印尼獨立後第一個有關佛教的組織成立。一九五三年，印尼一些佛教徒已經開始以婆羅浮屠為中心展開佛事活動。有些上座部寺院的青年僧人開始到斯里蘭卡、泰國、緬甸學習佛法，或在那裡受比丘戒，然後回國積極弘揚佛法。同年，第一個居士林成立，建成一座「三寶寺」，緬甸內政部部長宇盛贈送五顆佛舍利給印尼，安奉在三寶寺。其後居士林普遍設立。由繼任三教會會長的戴滿安發起，在婆羅浮屠佛塔大規模慶祝衛塞節，來自不同省分的佛教徒聚集在這座大佛塔上，政府代表和一些佛教國家的代表，包括外國大使在內，共約三千人參加了這一神聖活動，在報紙上成為頭條新聞，也標誌印尼佛教復興的重要時刻。

吠舍佉節（Waisak，新譯為衛塞節），又稱敬佛節、佛誕節，是南傳佛教國家重要的全國性傳統節日，將佛陀的誕生、成道和涅槃放在一起紀念，一般是在公曆五月的月圓日。一九八三年印尼政府將它定為國定假日，每年的衛塞節，佛教徒都會在婆羅浮屠舉行盛大的慶祝紀念活動。一九九八年五月以後，隨著政治氣氛的寬鬆，紀念規模更為宏大，華人佛教徒也熱情參與。儀式以三個古代佛教著名寺院為中心，從門杜步行到巴旺塔，並在婆羅浮屠結束，儀式相當隆重熱鬧。

每逢印尼國家所有主辦重要的儀式，原則上各宗教都要派一個代表，包括僧人、神父、婆羅門、牧師或其他被認可的宗教的代表，將出席參加。儀式中包括一個祈禱（由穆斯林阿訇率領，其他信仰的代表站在他身後的一排）。值得注意的是，雖然大多數的印尼佛教徒都是中國的大乘佛教學派，但更經常的是，政府卻選出上座部僧人為佛教代表❶。

戴滿安（Tee Boan An，一九二三—二〇〇二）居士，生於西爪哇省的茂物市。他從小就受荷文教育，二次世界大戰後留學荷蘭的格羅寧根大學（Groningen University）學習化學❷。在荷蘭時，他已開始對於神智學及佛教發生興趣。留著長髮及鬍鬚的戴滿安一度出任青年神智學會的副會長，走遍西歐各國。在荷蘭住了五年的戴氏於一九五一年返回印尼，在雅加達擔任教師，不久成為一位佛教徒❸。一九五二年，戴滿安當選為印尼三教會的會長及印尼神智學會的副主席。他訪問遊遍全國，結交了許多華人及土著朋友。三教會在土生華人社會裡發展迅速，到第二次世界大戰前，許多華人藝術家都是三教會的信徒，除爪哇外，在外島也有其分會。一九五五年，三教會在全印尼共有三十個分會。

由於戴滿安對佛教有濃厚的興趣，一九五三年，他拜雅加達廣化寺本清法師為師，學習大乘佛教，並削髮出家，獲得「體正」（Ti Chen）的法號。戴氏很想到中國學習佛法，但由於當時印尼跟中國沒有外交關係，所以很難實踐這一願望。後來，他有意去斯里蘭卡學習佛法，但申請簽證不順利。最後，於一九五四年終於成功申請到緬甸馬哈希禪修中心學習佛法。一九五四年，他在馬哈希道場受南傳比丘戒，馬哈希尊者賜他法號「耆那勒棄多」（Jinarakkhita），而且獲得尊稱「阿辛」（Ashin）。體正法師被視為自從滿者伯夷（Majapahit）王國滅亡後的第一位印尼本土的比丘❹。

一九五五年，體正法師從緬甸回國，開始積極傳播佛教，走訪鄉村，許多村民因他而皈依三寶，印尼佛教從此有了新的發展。在體正法師的不斷努力下，一九五五年信徒捐贈興建了位於三寶壟的菩提伽耶寺（Vihara Buddha Gaya），法師同時在三寶壟成立在家居士團體「印尼優婆塞優婆夷協會」（Persaudaraan Upasaka-Upasika Indonesia，簡稱 PUUI），訓練居士幫助僧伽傳播佛教教義，並策畫隔年在婆羅浮屠的衛塞節慶典，印尼優婆塞優婆夷協會後來發展成為「印尼佛教學者議會」（Majelis Ulama Agama

Buddha Indonesia，簡稱 MUABI）❺。最終於一九七九年，改稱「印尼佛乘議會」（Majelis Buddhayana Indonesia，簡稱 MBI）。

體正法師最早的剃度弟子之一闍那鉢多（Jinaputta／Ong Tiang Biauw），成為印尼第一所佛教學校的創始人。這所學校位於雅加達，最初是巴達維亞英語學校（一九三一年），在日本殖民時代被關閉，之後以新華英語學校（一九四五年）的名義重新開放，並於一九五五年最終成為舍利弗（Sariputra）學校❻。這是雅加達第一所佛教學校。

體正法師有許多年輕的信徒，其中一位是峇里人俄卡（Oka Diputhera），後來成為印尼宗教部的主要官員。之後，體正法師聽說有位印尼土著少校蘇曼特里（Soemantri）崇拜關公，他特地前往拜訪此人。後來兩人成了好友，經常討論神學、爪哇神祕宗教，以及佛教。在體正法師的影響下，蘇曼特里最後皈依佛教，並且出任印尼佛教會雅城分會的主席。這個分會成立於一九六一年，其祕書是上述提到的峇里人俄卡。

體正法師為融合南、北、藏傳各宗派的佛教體系，並讓佛教取得印尼官方的認同，在這個協會的佛教徒看來，古代的爪哇佛教傳統可以與現代的上座佛教傳統相互結合。他們提出要借用古代爪哇和佛教密乘中的「至上佛」概念，此主張在土著爪哇人、峇里人、哈隆人、沙薩克人中間較為流行，他們把這看為印度教與佛教密教混合的傳統信仰。

一九五六年印尼佛教徒在婆羅浮屠舉行慶祝佛陀涅槃二五〇〇年的慶典活動。一九五七年，三寶壟成立印尼佛學社，棉蘭的蘇島佛學社也相繼創立。

一九五八年五月，體正法師在三寶壟創立「印尼佛教協會」（PERBUDI），凝聚佛教團體。十年內發展到五十多個分會，會員主要為華人。一九七八年印尼佛教協會變成PERBUDDHI，成員包含：(1)印尼佛教協會、(2)印尼優婆塞優婆夷協會、(3)印尼青年運作會（Gerakan Pemuda Buddhis Indonesia，簡稱GPBI）、(4)印尼佛教婦女會（Wanita Buddhis Indonesia）[7]。

一九五九年，體正法師邀請了十三位包括緬甸馬哈希尊者（Mahasi Sayadaw Mahathera）、斯里蘭卡那羅陀尊者（Venerable Nārada Maha Thera）、畢耶陀悉尊者（Piyadassi Mahathera）及多位泰國、柬埔寨的比丘們來到印尼，為新僧傳授比丘戒法。是為五百年來，印尼首次舉辦南傳上座部僧侶的剃度受戒儀式，之後，並通過派遣新僧出國遊學進修，培養僧伽。

一九六〇年代，體正法師遷居西爪哇，這也意味著印尼佛教會的分裂。三寶壟的佛教會分會於一九六五年一月自立門戶，宣布獨立。體正法師與三教會的關係也發生了惡化，他選擇佛教而摒棄三教，因為佛教是多元種族的宗教，三教則是華人宗教，而體正法師變成了印尼佛教運動的領導人[8]。

體正法師在弘法的行程中，遇到一位女性美容師，她於一九六三年在萬隆的維摩羅達摩寺（Vihara Vimala Dharma）剃度成為沙彌尼，取法名耆那鳩摩利（Jinakumari）。之後前往馬來西亞極樂寺受比丘尼戒，成為印尼近代第一位比丘尼。耆那鳩摩利比丘尼於一九八五年，成為女眾僧伽的主席和觀音堂（Vihara Avalokitesvara Pondok Cabe）的創始人[9]。

一九六三年，體正法師成立了「印尼大僧伽團」（Maha Sangha Indonesia），成員包括體正法師的剃度弟子們——Jinarakitta 比丘、Jinapiya 比丘、耆那鳩摩利比丘尼、Jinagiri 沙彌、Jinarathana 沙彌、Jinakuma 沙彌，希望團結上座部佛教與大乘佛教各宗派男女眾僧伽。

一九六五年，為建立和諧與合作的佛教聯盟，當時的佛教組織舉行了多次會議，最後終於成立了「印尼佛教聯合會」（Federasi Umat Buddha Indonesia），其成員為：(1)印尼佛教徒、(2)印尼三法協會（Perhimpunan Tempat Ibadah Tri Dharma，簡稱PTITD）、(3)印尼佛教會議、(4)印度佛教徒宗教騰格、(5)印尼西亞維斯努佛教。但由於印尼佛教聯合會的聯合聲明不利於印尼神聖僧伽和印尼佛教協會，因此印尼佛教協會不想加入印尼佛教聯合會。

二、新秩序時代（一九六五至一九九八年）

（一）蘇哈托「建國五原則」政策的影響

建國五項原則（印尼語：Pancasila，音譯潘查希拉），為首任印尼總統蘇卡諾（Sukarno）於一九四五年六月所提出，為印尼憲法的基本精神之一。「潘查希拉」（Pancasila）詞源是梵語 pañca-sīla，字面意義是「五戒」，來自佛教印度等沙門傳統五戒。在建國五項原則的第一項就是信仰最高真主（Ketuhanan Yang Maha Esa），也就是每個公民都必須有宗教信仰。

一九六五年蘇哈托上台後，更加強調首任總統蘇卡諾的「建國五原則」，以信仰真主、人道主義、民族主義、民主和社會公平為印尼立國基礎，以阻止共產主義運動捲土重來，同時，實行強迫同化華人的方針，推展排華運動。原來是合法宗教的孔教會被視為華人宗教異端，否定了它的合法性。佛教則因為是世界性宗教，而且在印尼歷史上有過輝煌的地位，因此繼續承認它的合法性。不過，由於華人佛教徒眾多，政府擔心它會妨礙同化運動的進程，因此有必要加以改造。

在實行強迫同化華人方針下，華人社團被懷疑與中國保有關係，要求華人改變為印尼籍人，必須放棄原有的文化身分認同，轉為認同土生土長的印尼身分，規定華人改換姓名，禁止華人公開舉行中國宗教和傳統習俗的節日活動。因禁止華人中文教育及使用華語，漢傳佛教因此受到很大影響，閱讀中文佛經的人減少。還有，孔教在一九七八年證實被印尼官方取消合法性地位。但英文佛經仍可廣為流通，成了佛教徒的主要語文❿。

蘇哈托政府封閉所有的華語學校，除雅加達的《印尼日報》一半中文版外，禁止任何報刊登中文文章和廣告，禁止進口、出售和發行中文書刊等。這些措施使年輕的華人一般不了解中國傳統文化，不懂漢語，對佛教也不感興趣。

建國五原則第一原則是「相信獨一無二的上帝」。為了要符合這個建國原則，所有的宗教都得有「獨一無二的真主」的信仰。由於這個緣故，孔教也把「天」當成是這個宗教的上帝。在佛教裡沒有上帝的概念，在軍人統治下的印尼，這是不符合國家的政策。所以，體正法師給予佛教新的解釋。他有意將佛教「印尼化」，於是找出了十世紀的爪哇佛教的經典《*Sang Hyang Kamahayanikan*》，並且口口聲聲說，在這部經典裡有「至上佛」（Sang Hyang Adi Buddha）或「本初佛」的概念，其實，在爪哇佛典的原文裡，Adi 並沒有「至上」之意，那是體正法師在翻譯印尼版本時杜撰的。

「至上佛」的概念與上座部佛教的教義相牴觸。斯里蘭卡的那羅陀尊者反對體正法師的論點，堅決主張佛教中是沒有上帝的概念，不能接受有神論的佛教。然而，在大乘佛教與尼泊爾佛教有「上帝論的佛教」說法，很明顯地，體正法師有意將大乘佛教、上座部佛教與印尼神祕宗教合三為一。

印尼政府最後接受「至上佛」的概念。但是有關佛教是否有「獨一無二的真主」，在佛教界裡依舊沒有共識。印尼宗教部也分成兩派，俄卡支持體正法師之觀點，而俄卡的上司卜扎卻不以為然。雖然如此，一九七五年印尼宗教部正式把「至上佛」的觀念正式列入宗教儀式。凡是佛教徒在印尼政府機關宣誓就職時，就得用以下的開場白：「至上佛在上，我宣誓……」。許多比丘不能接受「至上佛」為佛教真主的概念，但他們仍要面對印尼政府的規定，只承認有唯一的上帝的宗教，言外之意，如果佛教中沒有獨一無二的真主概念，那麼此教就不受政府承認⓫。政府最終在一九七八年將佛教做為該國的正式宗教。

（二）佛教組織的興盛

一九六六年，體正法師的印尼神聖僧伽（Sangha Suci Indonesia）改名為印尼摩訶僧伽會（Maha Sangha Indonesia），希望在多元、包容、尊重中，傳承自不同國家的南、北、藏傳法師們能團結，一起為佛法的弘揚而努力。

一九六九年，體正法師邀請四位泰國比丘組成弘法團，至印尼為出家沙彌受比丘戒，並幫忙弘法，幾個月後，只有 Chau Kun Vidhurdhammabhorn 法師（又名 Bhante Vin）留下來。Bhante Vin 的教學，對後來泰國法宗派僧伽在印尼的開展有很大的貢獻。

一九七〇年，泰京曼谷的母翁尼域寺（Wat Bowonniwet Vihara）的沙薩那蘇拔那法師（Phra Sasana Sobhana）應體正法師邀請訪問印尼，並於婆羅浮屠舉行衛塞節慶典時，剃度了幾位當地男子為比丘，後來形成了印尼土著比丘僧團的核心。直到今天，印尼僧伽與泰國的法宗派（Dhammayutika）母翁尼域寺都保持密切的聯繫。有許多來自海外的僧人常到印尼訪問，特別是泰國。其中一些僧人也留在爪哇或建立寺院，例如泰僧在日惹建的摩希摩沙薩那溫沙寺（Wat Majhima Sasanavangsa），毗鄰著歷史著名的門杜佛塔（Candi Mendut）。另外泰國東北的欽莫平寺（Wat Hin Mark Peng）的阿姜多陀（Ajahn Thate）禪修大師也於一九七六年到印尼訪問[12]。

那羅陀尊者在體正法師的陪同下訪問了峇里島，促成了隔年梵天寺（Brahmavihara Arama）[13]的成立。峇里島的佛教徒艾達．巴格斯．吉利（Ida Bagus Giri）[14]，後來隨體正法師出家，一九六六年前往泰國大理石寺受戒成為吉里（Girirakkhito）比丘常駐在此，吉里比丘善巧的弘法，帶動了峇里島的佛教復興。

一九七〇年代印尼政府放寬對華人的禁令。一九七一年臺灣東初法師應印尼佛教會的邀請，首次訪問印尼，在雅加達等地受到廣大華人佛教徒的熱烈歡迎，參觀了數十所佛寺，此時佛教有了更大的發展。

一九七二年，印尼僧伽會（Sangha Indonesia）成立。吉里比丘及一群在泰國受戒的比丘，雖然有些也是體正法師的學僧，但他們因為堅持泰國不同的比丘戒傳承系統，所以決定脫離體正法師所成立的最高印尼僧伽會，另組僧伽團體。

一九七二年，聯合國教科文組織向全世界發出拯救婆羅浮屠的呼籲，共有二十七個國家加入修復工作。在十年內搬運出一百多萬塊石頭，並將每塊石頭編號輸入電腦管理，然後再按原位安放。整修後的婆羅浮屠，於一九八三年完成，全部工程耗資二千五百萬美元，並規畫為考古公園，得以重現昔日的風貌，吸引著全世界佛教徒前往朝拜和觀光⑮。

一九七二年，印尼佛法會（Buddha Dharma Indonesia，簡稱 BUDHI）成立，七個佛教組織的融為一體：(1)印尼佛教協會、(2)印尼佛教、(3)印尼全佛教徒會社（Musyawarah Umat Buddha Seluruh Indonesia，簡稱 MUBSI）、(4)印尼三法聯盟會、(5)沙拉迪加佛教徒友誼會（Persaudaraan Umat Buddha Salatiga）、(6)印尼佛教學者議會（Majelis Ulama Agama Buddha Indonesia，簡稱 MUABI），後來改名為印尼佛乘議會（MBI）、(7)印尼寺院理事會（Dewan Vihara Indonesia）。可是，因為某件事情，「印尼三法聯盟會」與「印尼佛教學者議會」沒有加入印尼佛法會⑯。

由於體正法師強調「佛乘」（Buddhayāna）的理念，不論大乘、小乘、金剛乘，都是佛陀的教法，都屬於佛教，所以在他主持的印尼最高僧伽會裡，包容不同宗派的傳承，各自依自己的戒律住持。但吉里比丘領導的泰國法宗派傳承不能接受這樣的理念，所以另組新僧伽。在這種情況下，印度教總局和宗教部主持下的佛教社區指導，成為當時佛教組織面臨的調解人，發起召開印尼最高僧伽與印尼僧伽之間的會議。在印度教和佛教共同體指導總幹事普亞（Gde Puja）的倡議下，最終於一九七四年，合併兩個僧伽會，成立「印尼佛乘僧伽聯合會」（Sangha Agung Indonesia，簡稱SAI），由體正法師擔任會長，邀請吉里比丘帶領的上座部僧團加入。可是他們的合作只是暫時性的，許多比丘仍然不能接受體正法師的學說與領導，最終又成立了自己的印尼上座部僧團。

一九七三年，「印尼菩提達摩」佛教組織成立。一九七五年，菩提達摩佛教會召開第一屆全國代表會議，共有三十八個分會派代表出席，代表們提出把佛教和印度教明確分離，走一條正信佛法的道路。同年該組織也在雅加達等地陸續成立了四座佛寺。一九七八年，印尼達摩會三個組織加入「世界佛教徒友誼會」，重建印尼佛教在國際間的地位。世界佛教徒友誼會原擬在印尼召開第十四屆的代表大會，可惜機緣不成熟而未成功。

印尼最早的佛教婦女組織，是一九七三年成立於萬隆的佛教婦女會。一九八七年印尼首屆佛教婦女會議，在雅加達召開，共有四十五個婦女組織，二百六十個正式代表出席，十八省五百名非正式代表參加，會議主題是「加強佛陀的信仰」。會議中並成立了一個龐大的印尼佛教婦女聯盟（Wanita Buddhist Indonesia）。同年，印尼佛教徒還成立了「達摩傑卡佛學院」，招收全國各地佛教徒數十人就讀。同時把佛經譯成印尼文，培養修學專門人才，為佛教在印尼繼續發展而努力。

一九七六年九月，印尼全佛教徒聯盟會（Gabungan Umat Buddha Seluruh Indonesia，簡稱 GUBSI）成立，成員為七個佛教團體：(1)印尼佛法會、(2)印尼三法聯盟會、(3)印尼大乘佛教寺院聯盟會、(4)印尼日蓮正宗議會（Majelis Nichiren Shoshu Indonesia）、(5)印尼彌勒佛教講師議會（Majelis Pandita Buddha Maitreya Indonesia，簡稱 Mapanbumi）、(6)印尼密教監護會、(7)印尼佛教協會[17]。

一九七六年十月，印尼上座部佛教僧伽會（Sangha Theravada Indonesia）由阿迦跋羅比丘（Bhikkhu Aggabalo）及其他五位比丘，還包括幾位居士在內共同成立，吉里比丘擔任會長[18]。

一九七六年十月十一日，在總幹事普亞的倡議下，印尼最高佛教理事會（MABI）成立了，做為現有佛教集會的諮詢論壇。

一九七八年，印尼大乘僧伽會（Sangha Mahayana Indonesia，簡稱ＳＭＩ）由法禪法師發起，在棉蘭西禪地藏寺（Vihara Buddha Murni）成立，分別由定海法師（Bhiksu Dharmasagaro Sthavira）和法興法師擔任正、副會長。僧伽會主要的目的是要培訓、團結大乘佛教所有比丘、比丘尼，一起在印尼傳播佛法。一九八二年，時任會長的傳雄法師（Bhiksu Dutavira）有鑑於大乘佛教的宗教儀式大多仍然使用中文課誦，但中文教育在印尼，自一九六七年蘇哈托總統鼓吹將華人強制同化後，即被禁止。因此傳雄法師試圖恢復以梵文和印尼語進行佛教儀式，以便讓普羅大眾可以參與。傳雄法師歷時多年的佛經翻譯活動可以說是「大乘佛教訓練」計畫的先驅。傳雄法師最大的貢獻是將二十一本佛經及中國佛教歷史的中文書籍翻譯成印尼文，對印尼佛教文化的發展起了很大的作用，傳雄法師也因此被印尼宗教部列為對印尼佛教貢獻最大的人之一。

一九七八年，在印尼政府的協助下，成立「印尼佛教徒監護會」（Perwakilan Umat Buddha Indonesia，簡稱WALUBI），為印尼所有佛教團體的總代表。

印尼佛教徒監護會的佛教團體包含有十個：⑴印尼佛法講師議會（Majelis Pandita Buddha Dhamma Indonesia，簡稱Mapanbudhi）、⑵印尼大乘佛教議會（Majelis Buddha Mahayana Indonesia，後為Majelis Agama Buddha Mahayana Indonesia，簡稱Majabhumi）、⑶印尼密教講師議會（Majelis Dharma Duta Kasogatan）、⑷印尼彌勒佛教講師議會、⑸印尼全三法教師議會（Majelis Rohaniawan Tridharma Seluruh Indonesia，

簡稱Martrisia）、(6)印尼日蓮正宗議會、(7)印尼佛乘議會，本會是全力支援印尼僧伽阿貢會的、(8)印尼上座部僧伽會（STI）、(9)印尼大乘僧伽會、(10)印尼僧伽阿貢會（SAGIN）[19]。

這個監護會由三個僧團及七個佛教理事會聯合組成。佛教徒監護會的第一任主席是蘇巴爾托（Suparto），為印尼土著。一九八二年他突然逝世，就由上面提過的爪哇族的軍人蘇曼特里（此時已陞為少將）繼任。一九八六年佛教徒監護會在雅加達史奈延體育場召開第一次會員大會，蘇哈托總統出席這個盛會。在大會中，吉里比丘當選為會長，為期五年（一九八六—一九九一），蘇曼特里任名譽會長，期滿後吉利法師連任五年，祕書是警長卜地（Budi Setiawan），很明顯地政府是要控制這個重要的宗教團體。

然而，佛教徒監護會並不能維持佛教組織的團結。一九八八年，佛教徒監護會開除了印尼日蓮教（一九六四在爪哇成立），一九九四年，又開除了由體正法師領導的僧團與印尼佛法會的會籍。開除印尼日蓮教，認為日蓮宗的教法與佛法三藏經典不相契合，同時因為它有濃厚的日本民族主義的色彩。開除體正法師的印尼佛法會的會籍，因為他對佛教的過分自由詮釋以及主張佛教印尼化的熱情，並不能被上座部佛教徒所接受，而當時監護會是由上座部佛教徒控制。體正法師的僧團被驅逐出監護會，也可能與監護會內部的權力鬥爭有關，體正法師有意爭取領導權，但在爭奪領導權的鬥爭中敗下陣來。

一九九四年，印尼佛教徒監護會與印尼佛乘議會和印尼佛乘僧伽聯合會發生政治上的衝突，因此印尼佛乘議會和印尼佛乘僧伽聯合會被從印尼佛教徒監護會成員中開除。其實不僅政治上的問題，印尼佛教徒監護會還誤會一些印尼佛乘議會和印尼佛乘僧伽聯合會成員的佛教儀規執行。印尼佛教徒監護會因為不尊重帶動印尼佛教發展的僧伽組織（印尼佛乘僧伽聯合會），因此受到嚴重的批評⑳。

三、改革時代（一九九八年至今）

（一）印尼僧伽大會

一九九八年，印尼佛教徒監護會，改名為「印尼佛教徒代表會」（Perwakilan Umat Buddha Indonesia，簡稱「新代表會」，印尼語仍稱 WALUBI）。新代表會，為聯合會不再具有監護介入的職權。新代表會的成立，自然造成固有的成員解散。因此，新代表會不再是印尼所有佛教會的代表。不久，印尼上座部僧伽會與印尼大乘僧伽會和已被開除的印尼佛乘僧伽聯合會等三個僧伽會，聯合成立「印尼僧伽大會」（Konferensi Agung Sangha Indonesia，簡稱 KASI），為一個獨立的僧伽團體。與印尼僧伽大會有關係的議會是：印尼大乘佛教議會（Majabhumi）、印尼上座部佛教議會（Magabudhi），與印尼三法佛教議會。

現在印尼僧伽大會成為合法的團體，具有代表印尼佛教參與任何世界佛教論壇的權威。而印尼佛教徒代表會（新代表會）則成為沒有參與任何團體的僧眾之依處，同時，也邀請世界各國的僧眾來參與他們的團體。這樣的做法，被很多人認為是違背新代表會的原則。除了到處招募僧眾，新代表會也拉回已被舊代表會開除的印尼日蓮正宗議會。

一九九九年，新代表會成立僧伽理事攻擊印尼佛乘僧伽聯合會。新代表會的僧伽理事成員大部分是從國外請來的僧眾，他們也投訴僧伽大會的上座比丘為野性比丘，要他們還俗。再者，新代表會透過與政府宗教部的關係，造成政府的佛教指導部不再支持僧伽大會的任何事情。於是，兩個團體的衝突，造成佛教徒的分裂。

後來，印尼僧伽大會的地位愈來愈鞏固，自從印尼第四任總統瓦希德（Abdurrahman Wahid，一九九九—二〇〇一在任）上任，總統一直參與僧伽大會所舉辦的活動，包括衛塞節的慶祝，而新代表會沒有得到總統的支持[21]。

（二）印尼華人與佛教的苦難

一九九八年五月十三日至十五日，一場本是反對蘇哈托政權的政治運動，在印尼首都雅加達等地演變為嚴重的排華騷亂。暴動持續約三天，數萬名華裔受到虐待與殺害。根據印尼官方調查機構「聯合實情調查團」發布的調查報告，印尼華人共計一二五〇人死亡，二十四人受傷，八十五名婦女遭到性侵和性騷擾。不過根據若干人權組織的估計，遭到性侵的華裔婦女的數字應在千人以上。另據報導，在此期間，僅雅加達就有五千多家華人工廠、店鋪、房屋、住宅被燒毀，約一百五十名華人婦女被強暴，近一千二百名華人被屠殺。同時發生在印尼梭羅、泗水、棉蘭等地的類似騷亂也造成了華人生命財產的巨大損失。到一九九九年瓦希德當總統後，這些排華現象才得到停止。印尼的領導人都宣說，印尼華人也是印尼人，華人的文化也是印尼文化，以前沒有這種說法，所以有排華事件發生時，政府不怎麼管。華人和當地人的機會均等了，身分證上沒有過去那種標註了，中國的春節在印尼又成為公休日[22]。

據王琛發著〈半世紀排華政策影響下的當代印尼華人宗教〉一文說：蘇哈托軍事統治時代，印尼華人生活在排華情緒與同化政策的壓力下，日常不能公開讀、聽、寫中文，不准在家庭以外實踐文化風俗，所有華文學校也因此被關閉。但是，另一方面，印尼提倡有神論立國，推行宗教反共政策，保障原住民原有多元宗教自由，卻也使得各種華人信仰組織有機會依附於原住民原有的佛教信仰。全盤更名「佛寺」的華人民間廟宇，除了獲得通融保留原來的漢字文物碑銘，也繼續收藏與使用原本宗教需要的老舊典籍，並因此擴大了印尼「佛教」的陣容。當廟宇無形中成為華人宗教書籍最後傳播據點，人們唯有藉著宗教掩護去學習和使用華文，「誦經需要」曾經是整整幾代華人讀華文、認識漢字的合理解圍方式。利用印尼語翻譯「佛教」書籍，實際上也等於借用強勢族群語言文字去維持弱勢文化傳承，即使這樣的文化傳播並不全面，也有偏差，它還是確保當地華人藕斷絲連的文化認同。進入二十一世紀，很大部分印尼華人子弟在同化政策長期熏陶下已經不諳華文，可是當政治演變至民主化時代，印尼教育部推動全國學校設置華文科，人們卻驀然發現，早期是受迫不得已[23]。

雖然佛教是一個官方認可的宗教，大多數印尼穆斯林是寬容的，但仍然有時候發生迫害。二〇一一年四月，政府宗教事務部下令，要求北蘇門答臘坦琼巴萊（Tanjung Balai）地區佛教的三寶寺（Vihara Tri Ratna）從屋頂上拆除一尊大型佛像。因為在當地「強硬派人士」的抱怨下，指稱這尊佛像威脅當地伊斯蘭信仰，亦認為僧院前的「尖角大廳」（Balai di Ujung Tanduk）壓過地方歷史象徵。

依據二〇一六年八月二日記者陳和琳報導：宗教糾紛引起印尼民眾燒佛教、道教寺廟洩憤。印尼北蘇門答臘上週五晚間，大批穆斯林群眾衝進廟裡搞破壞，並放火燒了七間佛教、道教寺廟洩憤，當地華人人心惶惶，深怕又是排華事件，不過警方表示，這是因為個人宗教衝突引發的攻擊案件，與排華無關。涉嫌焚燒印尼北蘇門答臘佛教寺廟的七名嫌犯被拘捕，警方表示這七人團體是暴民之一，也破壞此區域的其他建物。警方表示，衝突起因是因為一名四十一歲的華裔女性，不滿鄰近清真寺麥克風音量太大，雙方溝通失敗，穆斯林族群憤而焚燒女子房屋，被警方阻止。因為宗教衝突引發暴力事件，印尼華人再度神經緊張。

（三）有影響力的南傳比丘

吉里比丘（Girirakkhito Mahathera，一九二七—一九九七）出生於峇里島，在望加錫接受荷蘭學校教育。五十年代，他對佛教愈來愈感興趣，參加婆羅浮屠在體正法師座下剃度。一九六二年在峇里島創建梵天寺（Brahmavihara Arama），一九六六年，在泰國曼谷大理石寺受比丘戒，成為在印尼復興上座部佛教的先驅。除了擔任上座部僧伽會會長，吉里比丘也是早期印尼佛教監護會會長，世界僧伽世界理事會（WSBC）副主席。吉里比丘同時擁有音樂天分，創作許多佛教歌曲，享譽盛名，希望人們享受學習佛法的樂趣。一九九四年，他因為一生對印尼佛教的奉獻，獲印尼總統頒發徽章[24]。

上世紀八十年代，上座部佛教比丘們積極弘法，來自泰國的尚巴特比丘（Bhikkhu Sombat）希望能為僧侶們建造一處安穩修學的道場，獲得印尼首都當地實業家安敦·哈利曼（Anton Haliman）捐贈土地，於一九八五年，位於雅加達興建一座建築宏偉的法輪寺（Dhammacakka Vihara）[25]，可視為印尼上座部佛教僧伽會積極弘法的成果之一，直到今日，法輪寺仍是提供佛教教育的重要地點。

基納達莫比丘（Bhikkhu Jinadhammo），體正法師的弟子，在棉蘭市努力推廣佛教。他因將爪哇的佛教教職人員（特別是棉蘭及其周邊地區）帶到蘇門答臘而受到讚譽。因為當時僧伽的人數仍然很少，他還任命這些老師為「賢者信士」（upasaka pandita），以代表僧伽。這些老師包括 Pandita Widyaputra Suwidi Sastro Atmojo 和 Pandita Kumala Kusumah，他們在 Rantau Prapat 建立了 Jayanti 佛寺，並在 Kisaran 推進了佛教教育。基納達莫比丘發起成立 Smaratungga 佛教學院（現稱為 Bodhi Dharma 菩提佛教宗教學院）在棉蘭成立。二〇一三年納達莫比丘因傑出的弘法貢獻，受泰國僧伽委員會封賜 Phra Khru Buddhadhamprakat，是唯一受封的外國人。

吉祥慧雄長老（Sri Paññāvaro Mahathera），出生於一九五四年，現任上座部僧伽會會長。吉祥慧雄長老，在過去的二、三十年裡，通過在印尼電台播出佛法布道，引導人們對上座部佛教產生巨大的興趣，讓印尼二億人口能認識上座部佛教。一九九八年，他被泰國國王普美蓬授予僧人「昭坤」的稱號[26]。

尤達摩長老（Uttamo Mahathera），出生於一九六〇年，是吉祥慧雄長老的學僧，也是上座部僧伽會的上座比丘。他積極於印尼每個地方弘法，其說法幽默的風格非常吸引人，使用的詞彙也令人容易明白。二〇一四年，印尼世界紀錄榮譽他為創意演講者，在每一次演講能夠創造動人心的故事。現任 Samaggi Phala 寺的住持[27]。

阿辛・差摩陀（Ashin Kheminda），一九六七年出生於三寶壟，印尼僧人，以積極弘揚佛教和他的「阿毘達磨輕鬆化」（Abhidhamma Made Easy）而聞名。他以結構化、系統化和學術化的方式教授阿毘達磨。

他對宗教和其他心靈學的興趣，一直持續到他在三寶瓏迪波內哥羅大學（Universitas Diponegoro）土木工程系學習的時候。他與佛教的相遇，發生在東爪哇省恩威（Ngawi）的科通額（Ketonggo）森林。偶然地，他遇到了他的第一位佛教老師，教導他使用「火遍處」為所緣，觀其周遍一切處，直到最後他體驗到從未有過的經驗，幸福與和平。多年來，他在爪哇島恐怖的森林與墳墓中修行。

為了尋訪禪師，他前往印度達蘭薩拉，結果有一位法國人告訴他緬甸是禪師們的地方。他立即去了緬甸，在仰光馬哈希禪修中心（Mahasi Sasana Yeikhta）學習禪修一年多，接著在二〇〇四年於耆帝羅長老（Jatila Mahathera）座下出家。隨後在仰光的國際上座部佛教傳教大學（ITBMU）獲得了學士學位。在緬甸學習佛教時，還向朋友、比丘、比丘尼教授阿毘達磨。於緬甸完成了基本的寺院教育後，新加坡的一個佛教團體邀請他前往教授阿毘達磨，他同時在新加坡巴利語佛學研究院（Postgraduate Institute of Pali and Buddhist Studies）完成了碩士學位。

阿辛．差摩陀發現印尼佛教缺乏對三藏的理解和系統教學，因此決定返回印尼，並且全心投入以三藏為主來推廣佛教。之後決定加入印尼佛乘僧伽聯合會。做為印尼佛乘僧伽聯合會的新成員，差摩陀提出對佛乘的新定義與理解。他描述為「佛乘樂隊」（Orkestra Buddhayana），即佛教三大傳承——上座部、大乘，與密乘，各個學習、體會、實行自己的傳承，和諧地在同一個佛乘團體裡相處，但也沒有把三個傳承混淆在一起。

二〇一五年六月二十一日，首次在倫邦的馬里巴亞（Maribaya）舉行傳授南傳比丘尼戒，邀請國內外的僧伽參加此活動。差摩陀表達了對南傳比丘尼復興的支持，引用律典和註釋書論點。他還強調教理（pariyatti，掌握三藏和註釋書）的重要性和修行（paṭipatti，實行戒、定、慧），做為僧人的基礎與為了佛法的久住世間。

差摩陀是印尼阿毘達磨復興的先驅，他首次在印尼介紹「阿毘達磨日」（Abhidhamma Day），即紀念佛陀在忉利天為母親講說阿毘達磨的日子。阿毘達磨日的慶祝活動於二〇一二年在雅加達首次舉行。差摩陀設計了為期十天的阿毘達磨導讀課程「阿毘達磨輕鬆化」（Abhidhamma Made Easy），獨特的講說風格，以生活例子與譬喻講解，幽默與觀眾互動的方式，吸引很多學員。他成功地將阿毘達磨轉變為一種輕鬆有趣的課程。

差摩陀教學的動機是為了大力推廣三藏及其註釋（教理）。原因是教法（sasana）永住的基準是教理（pariyatti），而不是修行（paṭipatti）或證悟（paṭivedha）。一個有智慧的人，在聽完佛法教理之後，一定會修行以實現四聖諦。

現在差摩陀是「住法佛學」團體（Dhammavihari Buddhist Studies，簡稱DBS）的導師。積極以三藏為主弘揚佛法，透過每週六教學阿毘達磨，每週日教學佛教經藏。DBS也有週日佛學班，給三歲以上至高中學生學習佛法。每年年底定期舉行禪修營或短期出家十天，目的為清淨人心，減少貪、瞋、癡㉘。

（四）漢傳佛教發展的現況

一九八四年二月二十九日，印尼佛教徒聯盟召開有關「廟宇的問題」的會議，討論把一般華人的民俗廟宇改成佛教寺院的事宜。印尼宗教部印度教及佛教局局長俄卡（Oka Diputhera）在會上提出如何落實把具有華族色彩的廟宇（Klenteng）改為佛寺（Vihara）的計畫。在過渡時期，政府把廟宇分成以下三類：⑴道地的寺院——在寺院內有一尊佛像或觀音菩薩，或其他與佛有關的神像；⑵寺院——在寺院內有些佛教的成分；⑶華族傳統宗教供奉地——在廟宇內完全沒有佛教的成分，但是這些廟宇可以改變為寺院。

由於華人建築的不少廟宇崇奉多元神祇，道教和孔教被印尼政府視為具有濃厚中國文化特點，不利於同化運動的進行，而佛教則來自印度，何況古代印尼王國曾將佛教定為國教，因此政府下令將上述華人廟宇改建為單純的佛教寺院。同時頒布法令，禁止華人再建築新的廟宇。

根據一項報告，把廟宇印尼化的措施在雅加達取得了一定的成果。例如，在雅加達唐人區內有個古老的金德院（Kim Tek Ie），在蘇哈托時代已改名為「敬法寺」（Vihara Dharma Bakti）。這個有一百多年歷史的廟宇，本來是由華人的公館管理。改成寺院後則由印尼佛教徒聯盟管理。理事必須由印尼籍人民擔任，而管理委員要自組基金會。在一九九〇至一九九五年間，這個基金會的主席是一名爪哇族的穆斯林而不是華族佛教徒。另在雅加達郊外Sunter Agung Permai也有一個華族廟宇。在蘇哈托時代改名為「勝法輪寺」（Vihara Dhamma Cakka Jaya），其建築已不再像華人寺廟，這是由於該寺院基金會主席古斯諾海軍少將（D. P. Koesno）不斷地修建該寺院的結果[29]。中爪哇瑪琅彌勒佛堂中的關公和八仙神像被搬走，只保留與佛教有關的聖像。

追朔佛教在印尼建立的最早學派可能屬大乘後期的金剛乘，古代爪哇和蘇門答臘的各種寺院都是金剛乘。中國佛教從十七世紀至十八世紀開始傳到印尼群島，華人大多為大乘佛教信仰者。其他著名的學派是來自錫蘭和泰國的上座部佛教[30]。

二十世紀九十年代初，印尼首都雅加達有兩大佛教建築興起，一是大叢山西禪寺（Vihara Mahavira Graha Pusat），二是法海寺（Vihara Dharmasagara）。這兩大佛教寺院都是現代化的建築風格和設施，以新穎多元方式運作，設有電腦資訊中心與網際網路接軌，又設有診所。

慧雄法師是印尼籍，新加坡毗盧寺住持，同時身兼蓮池閣寺、印尼雅加達西禪寺、棉蘭千佛禪寺、地藏寺、長慶寺等多處住持。他德才兼備、法相莊嚴，近年活躍於東南亞，是難得的法門青年俊才。新加坡毗盧寺僧人雖少，但護法居士、宗教活動卻很多，如該寺每週定期舉辦兩場誦《彌勒上生經》法會，或不定期舉辦大悲懺法會、誦〈普門品〉法會。此外，該寺還舉辦不定期的各種課程及聯誼晚會。寺院在印尼扮演了一個既是宗教場所，又是教育機構的角色，而僧人當然既是宗教工作者又是教育工作者。

慧雄法師印尼出生，曾在新加坡讀書，後赴臺留學，親近在白聖長老門下學習。他於一九九〇年代在雅加達興建了全爪哇最大的寺院，名為大叢山西禪寺，是座九層樓高的佛教大廈，建築宏偉，設備現代化，寺外塑造一尊站立的大佛像，從高速公路上即可看到。最下層是素食館，第二層是國際佛教會議廳，可容納大約三千五百人，第三層是大雄寶殿，可容納一千五百人，每星期六下午和星期日早上十點半，給在家居士共修，誦經、繞佛、坐禪。法師亦常用華語及印尼語做雙語佛法開示。

大叢山西禪寺的教友約有三千人，信徒中有不諳華語的土生華人與熟悉華文的新客華人，寺裡每週有兩次「共修會」，一次是用梵文與印尼文，另一次則用華語念誦經文。

在九十年代，雅加達淡滿沙里地區建有法海寺，住持是定海法師，是慧雄法師之師弟。此寺有多位比丘，有一位原籍新加坡，可說流利華語。與大叢山西禪寺有別，法海寺念經時採用華文，雖然不是所有的信徒都懂華文。法海寺的建築也是樓房，內有電梯，可說是很現代化。

慧雄法師的另一位師兄，雅加達觀音寺住持傳雄法師（Bhiksu Dutavira，俗名黃健強），出生於雅加達，十二歲在棉蘭依法禪法師出家，一九八一年畢業於臺中南普陀佛學院，一九八二年曾任印尼大乘僧伽會會長，現為印尼佛教徒聯盟僧伽聯絡主任、印尼大乘佛教教學及訓練中心導師。曾先後擔任棉蘭西禪地藏寺、千佛寺住持。一九九七年十二月，新加坡舉辦「佛教研討弘法文娛大會」，應邀與會的唯一印尼代表就是傳雄法師，他提交了《幹部化制度與素質是佛教在二十一世紀參與發揮作用的要領》的論文。

學習華文和維護華族文化是華人弘揚佛教的因素之一。大乘佛教總會興辦了十餘所學校，有學生十餘萬人。文德廟於二十世紀七十年代創辦了華文學校，設有小學至高中部。一九九五年還開辦佛學院，設有經濟、會計和外文等系，有學生一千多人，百分之九十五是華人子女。萬隆協天宮也設有華文學校。佛教法事活動講華語或印尼語[31]。

雅加達長慶寺主持人林水白，一九三六年出生於東爪哇惹班（Mojokerto），一九六〇年參軍，獲海軍中校軍銜，一九六五年獲法學學士學位，一九八三年獲荷蘭萊登大學博士學位，曾榮獲政府勳章，有一子一女，一九八八年發心出家，法名尤迪。

雅加達華人企業家湯錫霖是一家房地產公司董事主席，也是一位虔誠的佛教徒，他熱心佛教公益事業，曾捐贈一公頃土地建築佛教寺院，泰國王子親自主持落成典禮。他還在中爪哇捐建泰美寺，在家鄉廣東蕉嶺捐建閩粵贛釋迦文化中心，及創辦了三間佛教學校；他認為印尼的佛教已經復興，做為佛教徒他感到無限光榮和自豪，一九九八年不幸病逝。

楠榜福德廟領導人蘇漢成居士，土生華人，上世紀八十年代曾到中國大陸和臺灣進修，熱心傳播佛教，培訓人才，使當地華人佛教徒日益增加，而且能用華文誦念佛教經典。其他知名佛教界華人不再一一列舉了[32]。

一九九五年，蘇哈托總統在衛塞節的慶祝會上呼籲佛教徒拋棄前嫌，團結合作，可是沒有效果。一九九六年的衛塞節，蘇哈托參加了佛總舉辦的慶祝會，意味著政府支持佛總。蘇哈托當時可能認為體正法師有意栽培自己的政治勢力，所以不再支持他。

隨著政治氣氛的寬鬆，紀念規模更為宏大，華人佛教徒也熱情參與。例如近兩年來在婆羅浮屠佛塔舉辦的儀式相當隆重熱鬧。

二〇〇〇年七月，雅加達觀音寺舉行觀音聖像安奉於昂卡薩街柯爾登酒樓的儀式，一千五百多人出席，政府宗教部門派人參加，並為創作佛教歌曲的華人黃武殿先生頒發獎章。同年十二月，在泗水舉行第四屆誦經比賽，來自全國二十二個省的二十二個佛教團體的五百多人參賽，分為兒童、青年和成人三組。過去的三屆只限用巴利文誦經，這次增加了日文、華文和梵文。傳雄法師認為，現在可用華文誦大乘佛經是一種很大的突破[33]。

印尼的華人佛教徒究竟有多少，沒有統一的數字。一說二十世紀九十年代印尼佛教徒有五百多萬人，其中華人占二百多萬。有的資料說華人佛教徒有一百多萬。一些華人，雖然他們並不一定信仰佛教，但由於必須遵照政府的規定，他們的身分證上都註明是佛教徒，由此可見佛教在華人中深入人心。

雖然，華人大多數選擇信仰佛教，但華人選擇自願發心出家的不多，僧源缺少，因此有些寺院庵堂，收養孤兒或貧苦家庭幼兒子女（不分種族），培養至成年（甚至還雇保母專職培養），隨自己可以選擇出家，也可以選擇走向社會，不受強迫，得到法律保障。

據二〇〇〇年非正式統計，全印尼大約有一千萬佛教徒，佛寺二千四百多所，僧眾有一百多人，佛事人員有二百多人，修行男女居士有二千五百多人。從這個數位顯現出在十年之間印尼佛教發展的趨勢。

二〇〇二年四月十八日，體正法師（Ti Chen，一九二三—二〇〇二，緬甸法名

Ashin Jinarakkhita）在印尼雅加達普拉特醫院（Pluit Hospital）安詳圓寂。他是華裔僧人，身著南傳上座部藏紅花長袍，留著很長中國大乘僧人風格的鬍鬚。他在醫院的病床上靜靜地靜坐著。他的寺院門徒大多數是華人，在病房外面高聲念著「南無阿彌陀佛」（Namo Amituofo）。體正法師圓寂後，遺體被轉移到雅加達的廣化一乘禪寺（Vihāra Ekayāna Graha），隆重舉行七天追思儀式。在場指揮的日本佛教學者木村文基（Kimura Bunki）記錄說，前後連續有四萬多人出席到場致敬哀掉，其中包括印尼前總統阿卜杜拉赫曼·瓦希德（Abdurrahman Wahid），之後是副總統哈姆扎·哈茲（Hamzah Haz），以及印尼各種宗教的領袖及民眾。追思法會主要按照漢傳大乘的傳統儀式，但南傳佛教比丘和金剛乘喇嘛也按照他們各自傳統誦經祈禱。最後，依照體正法師明確表示希望將其遺體在蘇門答臘省南部的城市班達楠榜（Bandar Lampung）火化，這有兩個原因：一是體正法師之所以選擇蘇門答臘島，因為它是歷史悠久的室利佛逝的中心，做為佛教海洋王國，在第七世紀間蓬勃發展；二是因為體正法師在蘇門答臘，擁有許多印尼本地人佛教徒追隨者[34]。

不論如何，體正法師他被廣泛認為是印尼近代第一位佛教僧人，以宣揚佛教為使命，在早期對復興印尼佛教的貢獻，還是功不可沒的。儘管他在二十世紀下半葉印尼的「佛教復興」中，是一位具有爭議性的人物。因為體正法師講法時，有時圓融應用「非佛教」的經典等，構想建立一個包容性的、非宗派的寺院社區，由來自各種佛教傳統的僧伽組成多元而統一的宗教。

二〇〇五年，印尼共和國總統蘇西洛授予已故的體正法師榮譽頭銜「最高平民星級獎」（Bintang Mahaputera Utama），以表彰他對印尼國家和民族的傑出貢獻。

為紀念中國與印尼建交五十五週年，促進中、印兩國佛教界友好交流，增進兩國人民的相互了解，發揚兩國人民的傳統友誼，以中國佛教協會副會長兼祕書長學誠法師為團長的中國佛教代表團，於二〇〇五年十一月十六日至十二月六日，應印尼大乘僧伽會的邀請，前往印尼茂物市普門寺參加傳授三壇大戒法會。此次傳戒邀請中國佛教協會一誠會長擔任名譽得戒和尚，聖輝常務副會長為說戒和尚，中國佛教協會副會長兼祕書長學誠法師為得戒和尚，福建太姥山平興寺界詮法師為羯磨阿闍黎，開堂、陪堂及引禮師也全部來自中國福建莆田廣化寺。這次傳戒法會中，新戒弟子共一百一十八名，其中九十二名由中國佛教協會組織挑選沙彌九十二人，由中國佛教協會妙航法師率領前往印尼受戒，其他戒子分別來自中國香港、新加坡、印尼等國，受到印尼大乘僧伽會及普門寺的熱情接待，通過二十天的傳戒活動，如法如律，圓滿結束[35]。

二〇〇五年，在第六任總統蘇西洛・班邦・尤多約諾（Susilo Bambang Yudhoyono）時，以政府當中間人，讓印尼僧伽大會與新佛總兩個團體達成協議，每年在婆羅浮屠的國定衛塞節的慶祝，由兩個團體輪流舉辦。二〇〇六年，印尼僧伽大會第一次於婆羅浮屠舉辦國家衛塞節[36]。

二〇一二年六月，婆羅浮屠佛塔被金氏世界紀錄大全確認為當今世界上最大的佛寺遺蹟。

艾雅桑蒂尼（Ayya Santini）比丘尼，出生於西爪哇，二十五歲時發心皈依，經過十年的修行。早先曾聽人說過，因為南傳上座部比丘尼僧團早期已經式微，斷絕傳承了。但到一九九九年，她在《小品》第十章讀到，如來准許僧人為女性剃度出家，成為比丘尼，思想因而得以開放，她一直堅持女性有權受戒的信念。因此在二〇〇〇年四月十五日在臺灣佛光山，與三位法友決定正式剃度出家受比丘尼戒。其後，她返回印尼生活、修行和弘揚佛法。雖然仍有人認為她是「不如法的比丘尼」。目前她任印尼西爪哇一間女眾維斯瑪拘舍羅耶尼（Wisma Kusalayani）寺院的住持，致力推行上座部佛教比丘尼僧團在印尼的復興，並多次獲邀在澳洲舉行授戒儀式中擔任輔助導師，且在印尼及海外教授佛法。二〇〇七年，聯合國頒授她「佛教傑出女性」，以嘉許她復興比丘尼僧團的貢獻[37]。

印尼的上座部比丘尼在佛曆二五五九年（二〇一五）六月二十一日星期天，於印尼萬隆蘭邦（Lembang）的拘薩羅耶尼大廈（Kusalayani）舉行恢復上座比丘尼的傳承，由印尼上座部協會主席艾雅桑蒂尼主持。共有九位沙彌尼進受比丘尼戒。他們有二人是印尼籍，其餘七人來自海外。印尼二人是金剛天比丘尼（Vajiradevi Bhikkhuni）和信者比丘尼（Sadhika Bhikkhuni），有慧比丘尼（Medha Bhikkhuni）來自斯里蘭卡、阿耨羅比丘尼（Anula Bhikkhuni）來自日本、桑多摩那比丘尼（Santasukha Santamana Bhikkhuni）來自越南、安樂比丘尼（Sukhi Bhikkhuni）和蘇曼迦羅比丘尼（Sumangala Bhikkhuni）來自馬來西亞、珍蒂比丘尼（Jenti Bhikkhuni）來自澳大利亞。進行受戒儀式的程序，首先是大乘佛教的比丘尼戒，接著是大乘佛教和上座部佛教比丘僧團，最終是上座部佛教的比丘僧團（其中包括來自孟加拉、斯里蘭卡、臺灣及美國的導師）。比丘尼戒壇得戒和尚是菩多跋他沙羅爛迦羅（Bootawatte Saranankara）長老，比丘尼和尚是艾雅桑蒂尼長老尼，擔任尊證的僧尼大德是來自許多國家的比丘和比丘尼，都依據法定的人數。當時來賓人數超過一千五百人。九位新戒比丘尼，都受到所有眾人的祝福[38]。

這裡可以回憶佛教史一下，在七世紀下葉，義淨法師赴印度求法途中，經過印尼室利弗逝居留時，曾著有《南海寄歸內法傳》四卷，其中〈尼衣喪制〉條提到：南海諸國，亦有尼眾，居尼寺，並皆乞食資身，居貧守素，但利養稀少。足證印尼古代佛教是有比丘尼僧團存在過，後來失傳了。

今日在印尼，佛教徒除了以華人為主，其次是印尼的一些小土著群體，少數被稱為沙薩克人（Sasak，估計人口約八千人），主要分布在比特村（Bitek）和龍目島（Gunung Rinjani）的山坡上。他們完全沒有受到伊斯蘭的影響。崇拜泛靈神，結合一些印度教和佛教的影響，被印尼政府承認為佛教徒。在中爪哇和東爪哇的村莊和城市，Temanggung、Blitar 和 Jepara 的地區約有三十萬佛教徒，其中大部分是爪哇人[39]。

以下是著者透過印尼華僧法隆法師查詢提供印尼僧伽的人數，從三個僧伽大會計算。

1. 印尼佛乘僧伽聯合會有比丘：一百三十八位（含南、北、藏傳）；比丘尼：三十四位（含南、北傳），總共：一百七十二位。
2. 印尼上座部佛教僧伽會有比丘：九十六位。
3. 印尼大乘僧伽會與印尼佛教徒代表會兩個團體，未知確定僧伽人數，但估計約一百位。

所以總數有三百六十八位。或說印尼僧人總數（二〇二〇年）最少有三百五十位以上（還未加上獨立沒有加入任何團體的僧人）。

（五）興辦佛教教育

在新秩序時期，必須提供宗教教育，佛教徒開始關注教育的發展。由體正法師發起成立的印尼佛教聯盟會（Perbudhi）和印尼優婆塞優婆夷協會（PUUI）最初在寺院的廣播和宗教服務領域開展活動，開始組織一個保留教會的佛教教師，並將他們的活動投入學校。佛教徒不僅建立了寺院，還開始發展學校。例如雅加達的三教會（Buddhists Tridharma），建立了「尸羅波羅蜜多」佛教學校（一九六七年）。稍後占碑（Jambi）創辦了一所「舍利弗」（Sariputra）學校和在北蘇門答臘的西波加（Sibolga）的「三寶」（Tri Ratna）學校等。為了培養佛教教師，三寶壟的佛教徒創辦了博約拉利（Boyolali）佛教教師學校，成為佛教師範學校的先驅者。

一九七九年，在雅加達成立了那爛陀佛教學院（Nalanda Buddhist College）。二〇一〇年，登記的佛學院共有十五所，其中包括：那爛陀佛學院（雅加達）、博約拉利（Boyolali）的斯馬拉通加佛學院（Smaratungga Buddhist College）、雅加達的大般若佛學院（Mahaprajna Buddhist College）、萬丹（Banten）的室利佛逝佛教學院（Buddhist Srivijaya Empire State College）、瑪琅（Malang）的 Kertarajasa Buddhist College、夏連德拉王朝佛教學院（Sailendra Dynasty Buddhist College）、（三寶壟）菩提佛法佛學院、蘭豐（Lampung）的阿信佛教學院（Ashin Jinarakkhita College）、Wonogiri 的 Raden Wijaya College、雅加達的 Dutavira Buddhist College 等，其中有些是國際佛教大學協會（IBU）和上座部佛教大學協會（ATBU）的成員[40]。

（六）外來佛教的團體

一九八〇年，永悟、宗開、道來等法師，於臺灣佛光山修學完成，返回印尼弘揚佛法，相繼成立寺院，舉辦各種法會、講經弘法等活動，更促使印尼佛教受到重視。

一九九四年臺灣佛教慈濟基金會，在印尼雅加達成立印尼分會，位於雅加達北區海濱的靜思堂，逐漸發展成為印尼最大的宗教組織，也是慈濟在全球最大的靜思堂，基金都是由印尼華人捐資興建。分會的靜思堂，建築設計採用太陽能和雨水回收系統，坐落在慈濟園區內，整個園區占地十公頃，由於發電與水的供應，都是獨立性的，又能耐九級強震，也是目前印尼最大的緊急避難所。建築兼具社會教化功能，整個印尼慈濟園區，規畫了靜思堂、學校、醫院[41]。

慈濟在印尼深耕二十多年、接引許多發心菩薩的慈濟印尼分會，排除萬難，於二〇一二年十月啟用全球最大的印尼靜思堂後，隨即於二〇一三年開始規畫，在首都雅加達興建一座大型的「佛教慈濟綜合醫院」，於二〇一五年五月三十一日正式舉行盛大啟用盛典。

二〇一八年六月四日，慈濟印尼分會舉辦全國佛教衛塞節活動，近二千位印尼各界人士、包含前總統梅嘉瓦蒂（Megawati Soekarnoputri）、前副總統、政府代表、各宗教界領袖等，前往慈濟印尼靜思堂參與活動。整場活動莊嚴和諧，圍繞著宗教融合、大愛團結，全體一起祈禱，虔誠祈福世界和平、天下無有災難。印尼人力資源發展與文化統籌部長布安馬哈拉妮（Puan Maharani）代表總統致詞，呼籲團結一致、互相扶持，才能把人們的愛心分享給有需要的人。宗教之間互相包容非常重要，大家在衛塞節相聚，應該要把握機會再度燃起跨宗教、種族互相扶持的精神。現場共有一百二十一位南傳和北傳法師出席，世界僧伽會副會長班納法師表示，大家在衛塞節能在此共襄盛舉是無比殊勝的緣分，以誠相待，大愛不只是要互相尊重，也要互相包容。佛教組織代表協會（Permabudhi）負責人阿立福（Arief Harsono）表示，許多佛教組織有舉辦慈善活動、設立學校等，如果可以互相合作，相信效果會更好[42]。

二〇〇四年十二月二十六日的九級地震引發南亞大海嘯，二十多萬人喪生，單是印尼亞齊省便有十多萬人死亡。二〇一六年印尼亞齊又發生六點五級強震，造成當地至少一百人死亡、數百人受傷，並震毀超過一萬一千棟建築物，損毀的建物中，大部分為居民住家，也包括數百棟清真寺、學校，當地至少有四萬五千人無家可歸，暫時安置在緊急避難所、清真寺等地。地震海嘯的賑災支援和災後的重建，佛教慈濟基金會做出了巨大的貢獻，受到當時印尼總統蘇西洛的表彰，促進了印尼華人與當地社會的融和。

印尼棉蘭佛光寺於二〇一七年十月十五日舉行落成開光典禮，象徵佛教在印尼弘法邁進新里程碑。印尼佛教徒聯盟會長西蒂哈塔蒂莫德雅（Siti Hartati Murdaya）、印尼宗教部佛教司長卡利迪（Caliadi）、印尼棉蘭市長狄爾米艾登（Djulmi Eldin）等政府代表前往祝賀，並有大陸、臺灣、香港、英國、新加坡、馬來西亞及雅加達等地嘉賓信眾，逾二千人共襄盛舉。開光落成典禮由十五名貴賓在大雄寶殿正門前剪綵揭開序幕，鐘鼓齊鳴聲中，佛光山泰華寺住持心定和尚與眾多法師入場，在功德主為三寶佛揭幕後，心定和尚、馬來西亞佛光山慧尚法師和慧性法師等三位法師為佛像開光，在場海內外貴賓、信眾見證這一殊勝莊嚴的一刻。

心定和尚表示，棉蘭佛光寺在住持宗如法師帶領下，二年多竣工，非常了不起。宗如法師以回饋星雲大師栽培的感恩心，興建佛光寺，整棟寺院不論外觀或殿堂，均有星雲大師的法語或一筆字，其知恩報恩之美德，令人讚歎。心定和尚鼓勵信徒，未來多多善用道場的各種設備，寺院就像一所學校，也是大家的心靈加油站，歡迎大家一起來修福報，增長智慧。最後祝福護法信徒，功不唐捐。

宗如法師說，興建六層樓高的佛光寺，是因已有二十多歷史的普門道場信眾日益增加，空間不敷使用，經護法信徒發起，尋得現今這個建築空間，成就設備多元的佛光寺，硬體設備有大雄寶殿、地藏殿、多功能禮堂、宗史館、美術館、教室、圖書室、鈔經堂及會議室等，未來希望提供寺院和佛光會舉辦更多弘法活動，讓法輪常轉。宗如法師也特別感謝國際佛光會蘇北協會會長何偉雄，在二年八個月的建寺工程，每天風雨無阻前來工地監工，讓佛光寺得以順利完工。

（七）藏傳佛教

印尼雅加達的印尼密宗佛教徒聯誼會（Perhimpunan Umat Buddha Indonesia，簡稱PUBI），定每年農曆四月初八日釋迦牟尼佛誕辰舉行隆重的慶祝紀念。佛曆二五五七年（二〇一三）五月十二日中午假雅加達瑞士貝爾酒店（Swiss-Belhotel）六樓曼加貝薩大廳（Mangga Besar）舉行衛塞節浴佛法會，並恭請藏傳佛教密宗尼瑪仁波切（Nima Rinpoche）按照藏傳佛教的儀式進行法會，希望通過尼瑪仁波切上師的祈福法會，能為眾善信帶來福祉，助大家改善今後的生活處境會更好，同時也祈願印尼風調雨順、國泰民安。尼瑪仁波切上師表示，印尼密宗佛教徒聯誼會每年舉辦衛塞節浴佛法會，目的旨在紀念教祖釋迦牟尼的三大盛事，即佛陀的誕生、成道及涅槃，並希望借此機會進一步發揚佛陀的菩提心，離惡向善，淨化身心，福慧增生，消除障礙與煩惱。慶祝程序除了有誦經、加持、浴佛、供養外，同時在佛前點燃蓮花燈許願祈福。另有放天燈等儀式，與信眾們共同慶祝歡樂。

由印尼藏傳比丘巴德拉魯西（Bhadra Ruci）帶動的阿底峽派盛行於印尼。印尼蘭琳（Lanrimnesia）成立於二〇一四年，是依著阿底峽尊者的《菩提道燈論》的修行道次第，為印尼廣大的徒眾解說修行歷程的團體。每年舉行一週的修行期，因其條理分明的教學，受到很多年輕人的參與。印尼青年佛教徒，可說因為這團體而精進修行學佛[43]。

（八）其他教派

位於巴淡島（Batam）的天恩彌勒佛院（Maha Vihara Duta Maitreya Temple），它共有三層大殿堂，每一個大殿堂中，都供奉著神明或佛像，大廳後面是一個禮堂，院後還有一間中文學院。建築耗時七年才建成，面積達三萬五千萬平方尺，是東南亞地區最大的寺院。一九九九年一月二十三日舉行落成典禮時，約有一萬人參加。天恩彌勒佛院，奉彌勒菩薩為教主，是屬於一種民間祕密宗教，源自佛教彌勒信仰而來。但實際上由不斷吸收佛教、道教、摩尼教、羅教（無為教）等融合著多種宗教不同教義而成。在印尼會講華語或中國方言的華族商人家庭多數信仰彌勒佛教，教徒約有六十多萬人[44]。

通過對印尼雅加達五百餘名新生代華裔青少年及其家庭宗教信仰的調查發現，印尼華人家庭三代人中每一代都存在著多種宗教信仰，印尼華人家庭宗教信仰呈現多元化局面。在印尼華人家庭中，佛教與孔教信仰者的比例與隔代關係呈正相關。在所有宗教信仰者，佛教信仰者的比例最高。但調查也發現，印尼華人佛教徒正呈隔代遞減趨勢。而華人家庭中信仰基督教、天主教的比例隨著隔代關係的下降呈增長趨勢。在華人家庭祖孫三代人之間，父輩中伊斯蘭教信仰者最多。在華人家庭三代人中，仍有極少數道教信仰者，不過道教信仰者比例的隔代間變化不明顯。不少新生代華裔仍保留著華人意識，有回祖籍地探親或祭祖的願望。調查顯示，印尼新生代華裔願意超越宗教信仰等差異與印尼本地人通婚，新生代華裔仍保持著一定的民族文化認同㊺。

❶ 出處：https://en.wikipedia.org/wiki/Buddhism_in_Indonesia。

❷ 出處：https://id.wikipedia.org/wiki/Ashin_Jinarakkhita。

❸ 出處：http://www.parami.org/the-theravada-bhikkhu-sangha-in-indonesia/。

❹ 出處：https://id.wikipedia.org/wiki/Ashin_Jinarakkhita。

❺ 出處：https://buddhayana.or.id/sukong。

❻ 出處：https://harpin.wordpress.com/tag/sekolah-sariputra-jambi/。

❼ 法隆法師所提供的資料：〈有關印尼佛教組織的參考〉。法隆法師，出生印尼棉蘭，少年出家，畢業於臺灣福嚴佛學院高級研究部。

❽ 廖建裕著：《現階段的印尼華人族群》，第六十六頁。

❾ 出處：https://www.wikiwand.com/id/Jinakumari。

❿ 鄭筱筠著：《斯里蘭卡與東南亞佛教史》，收錄於魏道儒主編：《世界佛教通史》第十二卷，第三四五—三四六頁。

⓫ 廖建裕著：《現階段的印尼華人族群》，第七十三頁。

⓬ 出處：http://www.parami.org/the-theravada-bhikkhu-sangha-in-indonesia/。

⓭ 出處：https://brahmaviharaarama.wordpress.com/2017/01/11/brahmavihara-arama/。

⓮ 出處：https://samaggi-phala.or.id/sangha-theravada-indonesia/mengenang-bhikkhu-girirakkhito-mahathera-2/。

⓯ 張尊禎著：《世界遺產之旅1　印尼：神佛的天堂》，第二十—二十一頁。

⓰ 法隆法師所提供的資料：〈有關印尼佛教組織的參考〉一文。〔案：印尼佛教組織名稱的演變：印尼優婆塞優婆夷協會（PUUI）→印尼佛教學者議會（MUABI）→印尼佛乘議會（MBI）〕。

⓱ 法隆法師所提供的資科：〈有關印尼佛教組織的參考〉一文。

⓲ 出處：https://bhagavant.com/buddhisme-di-indonesia-zaman-orde-baru。

⓳ 出處：https://samaggi-phala.or.id/naskah-dhamma/agama-buddha-dan-perkembangannya-di-indonesia/。

⓴ 法隆法師所提供的資料：〈有關印尼佛教組織的參考〉一文。

㉑ 同上文。

㉒ 出處：《大公網》：http://news.takungpao.com/history/redu/2014-01/2240259.html。

㉓ 出處：https://www.cbrc.org.tw/3-1-5/。

㉔ 吉里比丘：https://samaggi-phala.or.id/sangha-theravada-indonesia/mengenang-bhikkhu-girirakkhito-mahat hera-2/。

㉕出處：http://www.dhammacakka.org/?channel=tentangkami&mode=sebuah_perjalanan&id=69。

㉖泰國佛教僧爵制度：昭坤分有五級，由男爵至公爵，再上有王爵、僧王，昭坤以下有師尊三級。

㉗出處：https://samaggi-phala.or.id/sangha-theravada-indonesia/uttamo-mahathera-2/。

㉘出處：https://id.wikipedia.org/wiki/Ashin_Kheminda。

㉙廖建裕著：《現階段的印尼華人族群》，第六十九頁。

㉚出處：https://en.wikipedia.org/wiki/Buddhism_in_Indonesia。

㉛同上文。

㉜黃昆章著：〈印尼華人的佛教信仰〉，載於《東南亞縱橫》二〇〇三年六期，第四十八頁。

㉝同上文。

㉞Jack Meng-Tat Chia: "*NEITHER MAHĀYĀNA NOR THERAVĀDA:ASHIN JINARAKKHITA AND THE INDONESIAN BUDDHAYĀNA MOVEMENT*" ,p.24-25.

㉟出處：http://www.fjnet.com/jjdt/jjdtnr/200512/t20051210_18901.htm。

㊱出處：https://bhagavant.com/buddhisme-di-indonesia-zaman-wadah-tunggal。

㊲Caitlin Dwyer：〈在印尼復興比丘尼受戒傳統——專訪 Ayya Santini〉，《佛門網》，二〇一六年十二月二十五日。出處：https://www.buddhistdoor.org/tc/mingkok/ 在印尼復興比丘尼受戒傳統專訪

ayya-santini。

㊳ 出處：https://www.buddhistdoor.net/news/theravada-bhikkhuni-order-revived-in-west-java-indonesia。

㊴ 出處：https://en.wikipedia.org/wiki/Buddhism_in_Indonesia。

㊵ 出處：http://www.buddhismandaustralia.com/ba/index.php/Buddhism_in_Indonesia,_Past_and_Present_by_Ven._Ditthisampanno。

㊶ 出處：https://www.tzuchi.org.tw/%E6%85%88%E6%BF%9F%E6%96%87%E5%8F%B2%E5%B0%88%E5%8D%80/%E5%9C%8B%E5%AE%B6%E5%9C%B0%E5%8D%80%E7%B0%A1%E5%8F%B2/item/21728-%E6%85%88%E6%BF%9F%E5%9C%A8%E5%8D%B0%E5%B0%BC。

㊷ 出處：https://speed.ettoday.net/news/1187452。

㊸ 出處：http://www.lamrimnesia.org。

㊹ 黄昆章著：〈印尼華人的佛教信仰〉，載於《東南亞縱橫》二〇〇三年六期，第四十八頁。

㊺ 沈玲著：〈印尼華人家庭宗教信仰現狀分析〉一文，《華僑大學學報．哲學社會科學版》二〇一七年第五期（www.fx361.com/page/2017/1130/2511372.shtml）。

第二篇
馬來西亞佛教史

第一章 馬來西亞古代列國的佛教

（一世紀初至六世紀）

一、馬來亞、馬來半島、馬來西亞名稱的由來

馬來亞（Malaya）是一個梵文字，音譯是「摩賴耶」，原義為「山」。從中國佛教史傳中又知道南印度有一個國名叫摩賴耶，《宋高僧傳》卷一載有「釋跋日羅菩提（Vajrabodhi），華言金剛智，南印度摩賴耶國（Malaya）人也……年十六開悟佛理，不樂習尼揵子諸論，乃削染出家……十餘年，全通三藏，次復遊師子國（斯里蘭卡），登楞伽山，東行佛誓（Srivijaya 印尼的巴鄰旁）、裸人（Nicobor）等二十餘國，聞脂那（中國）佛法崇盛，泛舶而來，以多難故累歲方至，開元己未歲（七一九年）達於于府。」

摩賴耶一名轉變為馬來亞或馬來半島，最遲不晚於十三世紀，不過在巫文中，「馬來由」僅作種族稱，未用在國名或地名，因為馬來民族自蘇島移入半島之前，已接受「馬來」名稱。至英人勢力侵入馬來，開始組織馬來亞聯邦（Federated Malaya

States），以後才再演進產生「馬來亞」及「馬來半島」名稱。一九六三年九月十六日宣布原屬英國殖民地的馬來亞、砂拉越、沙巴和新加坡合組成「馬來西亞（Malaysia）聯邦」。而新加坡於一九六五年八月九日脫離聯邦成為獨立國家。

古代印度人稱馬來半島為「黃金半島」（Golden Peninsula），在托勒密的世界地圖上，也稱馬來半島為黃金半島（拉丁語：Golden Chersonese），馬六甲海峽則稱為象牙海灣（拉丁語：Sinus Sabaricus）。華人與印度人在二、三世紀時在這個區域建立許多貿易港與城鎮，依據中國史料記載，數量多達三十個，兩國對馬來西亞的地域文化影響深遠。一世紀初至十四世紀，馬來半島人主要的信仰是佛教和印度教。在四世紀，更採用梵語做為書寫文字。在七世紀到十三世紀之間，馬來半島的許多地區由三佛齊（室利佛逝）所統治，其中心位置於蘇門答臘巴鄰旁（Palembang）。在三佛齊衰落後，以爪哇為統治中心的滿者伯夷對於大部分的印度尼西亞、馬來半島及婆羅洲沿海地區具有影響力。

馬來西亞共分為兩大部分，之間有南中國海相隔著：一個稱西馬來西亞，簡稱西馬，位於馬來半島上，北接泰國，南部隔著柔佛海峽，以新柔長堤和第二通道與新加坡接壤；另一個稱東馬來西亞，簡稱東馬，位於婆羅洲島上的北部，南鄰印尼的加里曼丹，而汶萊國則地處砂拉越州和沙巴州之間。馬來西亞首都是吉隆坡，全國人口超過二千八百萬。現在的馬來西亞，簡稱大馬。在馬來西亞憲法之下，以伊斯蘭教為國教。但人民依舊享有宗教自由，各族群及語言並存。馬來西亞這個國度，種族多元，馬來人、華人、印度人、原住民、新移民……在此交會。印度教文化、伊斯蘭教文化、佛教文化、儒家文化、基督教文化、西方殖民文化……也在此交融。

二、馬來西亞古代佛教史的建立

由於馬來西亞古代即受到外來的影響，這包括外來民族（巫人、華人、印度人）、政治權力、典章制度、宗教信仰等。所以，從馬來歷史、考古文物、外文紀錄，有關於佛教方面的，幾乎都是零星或片斷的，沒有整體的篇章或專書，欲建立馬來西亞古代佛教史，是比較困難的。為敘述方便，將分為下列三個時期：

1. 七十八至六六九年，為古列國時期，此時期馬來半島上多屬城邦式小國，從克拉地峽到蘇門答臘多處，透過考古學家發現零星雕像、建築物和碑銘，另加中國、印度等國外的紀錄，探索半島上的歷史。據《隋書．南蠻傳》記載，六〇五至六一七年，即大業年間，南海朝貢者十餘國，其中位於馬來半島的就有婆皇（今馬來西亞彭亨）、盤盤國（馬來半島北部）、丹丹國（吉蘭丹一帶）、狼牙修（吉打州一帶）、干陀利國（吉打州及霹靂州一帶）及赤土國（在吉打州一帶）等六個國家。

馬來群島的地理位置，位於兩條主要海運線的匯合點上，通過每年的西南季風，聯繫了印度和中國的貿易市場。因為對印度貿易的增長，使馬來半島大部分沿海地區的居民信奉兩種主要宗教——佛教和印度教。印度的商船順著西南季風航至馬來群島，被迫停留數月之久，等待年底，再藉助東北季風返航印度。在此期間，他們需要一個港口以卸貨、整修船隻和購買商品回國銷售賺錢，因此他們需要一個固定的地點，儲存剩餘貨物以待明年返回來。考古發現大部分受印度文化影響的地點，都在沿馬來半島西海岸一帶，這些地方為來自印度的商船提供了落腳處。在吉打州和彼賴（Perai，威爾茲利省）都有重要的發現，其中包括不完整的梵文碑刻以及印度教和佛教塑像，最早的年代已經溯及第四世紀。在威省北部挖掘出土，年代約在四〇〇年的佛陀笈多石碑（Buddhagupta Stone）上，記載與航海貿易及佛教有關的內容。碑文正面刻著：「由於無明而造業，因為業而有輪迴；由於智慧而不造業，沒有業就不再輪迴[1]。」兩側分別篆寫著祈願航行順利及船長佛陀笈多（Buddhagupta）的署名。考古學家再往南，在後來的發掘活動也找到了與印度交往互動的大量證據：所發現的塑像中有一尊佛像，年代約在五世紀晚期至六世紀早期，具有北印度（三一九—五〇〇）笈多王朝（Gupta）的風格；還有各種各樣八至十世紀的佛像。另外，考古學家通過對布漳河流域遺址進行化學分析，發現這些水銀來自砂拉越三角洲。這些證據都表明海洋的確有助於將從蘇門達臘島東海岸到婆羅洲西部的整個世界聯繫起來，居住在這裡的各個民族享受著共同的文化環境。

2.約六七〇至一二七四年，為印尼室利佛逝王朝時期，此王朝以蘇門答臘巴鄰旁為基地，兼併上述馬來亞地區之城邦小國外，其管轄範圍也遠至今日柬埔寨、爪哇等地，由於文獻漸增，所以歷史漸趨明朗。一二七五年後，室利佛逝王朝及其附庸國，因受侵略乃逐漸沒落。

專門從事東南亞歷史研究的法國東方學家喬治．賽代斯（George Cœdès，一八八六—一九六九），推斷室利佛逝是最早的海洋大國，在七世紀某個時期崛起，一直持續到十三世紀末。可以斷定，室利佛逝王國逐漸控制了馬六甲海峽、沿線眾多島嶼以及半島兩岸地區，發展成為一個當地產品與印度、西亞和中國商品交換的繁榮興旺的貿易中心，並以大乘佛教保護者身分而聞名於世。

3.一二七五至一四〇一年，為爪哇及暹羅統治時期，原室利佛逝王朝從克拉地峽至馬來半島與蘇門答臘的領土，分別淪為暹羅素可泰王朝（Sukhothai，一二五七—一四三六）與爪哇滿者伯夷王朝（Majapahit，一二九二—一五二七）的領土，至馬六甲王朝於一四〇二年興起後而告終❷。

由於(1)古代佛教史文獻的缺乏，(2)出土佛教文物的不足，(3)研究古代佛教史和考古學者稀少，因此要構建馬來西亞古代佛教史，只能從零碎的資料，及曾經存在的某些古國或地區，描述其梗概而已。以下試依馬來群島曾經存在的古國來探討。

古代的馬來亞，指的是從今日泰南克拉地峽中經馬來半島到印度尼西亞蘇門答臘的地理範圍。自一世紀初，馬來半島上的古代列國有都元、諶離、皮宗、頓遜、拘利、班門、蒲羅中國、盤盤、狼牙脩、丹丹、赤土、箇羅、哥谷羅、羯荼、羅越等國[3]。這些列國都很小，政治不穩定，都沒有形成很大的統一國家，而且受到外來的影響，常為他人的屬國，半島上沒有出現過一個獨立統一的政權。十五、十六世紀以後，馬六甲王國的出現，才結束了馬來半島南部割據分散的局面。而這時已由原來信奉佛教和印度教，轉變為信奉伊斯蘭教了。

在公元的最初幾個世紀直至十四世紀初，馬來半島的人們主要信仰佛教和印度教。印度宗教，早在四世紀就採用梵語做為書寫文字。在七世紀到十三世紀之間，馬來半島的許多地區由三佛齊帝國所統治，其中心位於蘇門答臘的巨港。在三佛齊衰落後，以爪哇為統治中心的滿者伯夷帝國對於大部分的印尼、馬來半島及婆羅洲沿海地區具有影響力。

根據中國古文獻的記載，馬來半島早期有關佛教的邦國，列舉如下：

印度宗教文化的輸入東南亞，一般說先是婆羅門教，其次是佛教。但法國學者喬治・賽代斯認為，佛教也起了積極重要的作用，甚至還暗示，在婆羅門教未傳入以前，佛教實際上已經傳到東南亞，起了開路先鋒的作用，因為佛教僧人負有積極傳教師開拓的精神。而早期印度婆羅門教是一種從師尊直接傳授給門徒的神祕主義，只限於婆羅門這一種姓[4]。但從東南亞各國出土的文物考察，都無法證明公元前有佛教傳入的可能。佛教的傳入東南亞，推斷是從二世紀開始。

印度人早在公元前二世紀就與東南亞有商業關係，金地或許與馬來半島有關，印度商船通過孟加拉灣，受西風的影響，遠航船會在吉打州的北部地峽裡停泊靠岸，然後航經馬六甲海峽，抵達東南亞大陸（中南半島）。

近代學者保羅・惠特利（Paul Wheatley，一九二一——一九九九）是一位地理學家，專門研究東南亞和東亞的歷史地理，他的著作 *The Golden Khersonese*（由馬來西亞大學於一九六六年出版），詳細記錄著不少從湮古記載（西方、中國、印度、阿拉伯文獻）中曾經出現過的馬來西亞佛教古國。

三、第一個佛教國家「狼牙修」

狼牙修（Lankasuka）是馬來半島上一個印度化的國家，何時建國不詳，有說約在二世紀，至十五世紀滅亡，中心可能在吉打峰（Kedah Peak）山麓，隨後擴張勢力，而至泰國南方。六世紀時狼牙修的疆域，地跨馬來半島北部，包括今日馬來西亞的坡璃市、吉蘭丹、吉打及泰國的宋卡、北大年一帶，以吉打城（今亞羅士打 Alor Star）為貿易商港，中、印交通甚密，延續到十三世紀，都是一個印度化佛教國家。狼牙修當時的居民以吉蔑人（即高棉人的一種）為主，而統治階級是印度人，使用南印度的文字。

狼牙修建國年代是歷史學者從中國史書《梁書．狼牙脩國傳》卷五十四中推算而來，因書中記載有指狼牙脩「立國以來四百餘年」之句。而中國南北朝中的蕭梁立國年代為五〇二至五五七年，在六世紀。《梁書．狼牙脩國傳》卷五十四：「狼牙脩國，在南海中。其界東西三十日行，南北二十日行，去廣州二萬四千里。土氣物產與扶南略同……國人說，立國以來四百餘年……天監十四年（五一五）遣使阿撤多奉表曰：『大吉天子足下：離淫怒癡，哀愍眾生，慈心無量。端嚴相好，身光明朗，如水中月，普照十方。眉間白毫，其白如雪，其色照耀，亦如月光。諸天善神之所供養，以垂正法寶，梵行眾增，莊嚴都邑。城閣高峻，如乾陁山（Gandha-Madana）……天王愍念群生，民人安樂，慈心深廣，律儀清淨，正法化治，供養三寶，名稱宣揚，布滿世界，百姓樂見，如月初生。譬如梵王，世界之主，人天一切，莫不歸依❺。』」從表文用語，可以判斷狼牙修應該是佛教國家。

《續高僧傳》卷一說：「拘那羅陀，陳言親依，或云波羅末陀，譯云真諦，並梵文之名字也。本西天竺優禪尼國人……以大同十二年（五四六）八月十五日達于南海（大同十二年四月改元年大同，大同十二年無八月，年和月必有一誤）沿路所經，乃停兩載，以太清二年（五四八）閏八月始屆京邑……逮陳武永定二年（五五八）七月，還返豫章，又止臨川晉安諸郡。真諦雖傳經論，道缺情離，本意不申，更觀機壤，遂欲汎舶往楞伽修國，道俗虔請結誓留之，不免物議，遂停南越……。」

《南海寄歸內法傳》卷一註云：「從那爛陀東行五百驛，皆名東裔，乃至盡窮，有大黑山，計當土蕃南畔。傳云：是蜀川西南行可一月餘，便達斯嶺。次此南畔，逼近海涯，有室利察呾羅國（緬甸古驃國 Prome），次東南有郎迦戍國，次東有杜和鉢底國（Dvaravati，今泰國華富里），次東極至臨邑國（Campa 即占波，在南越），並悉極尊三寶。」

《大唐西域求法高僧傳》卷上：「義朗律師者，益州成都人也……與同州僧智岸并弟一人名義玄……既至烏雷同附商舶，掛百丈陵萬波，越舸扶南，綴纜郎迦戍，蒙郎迦戍國王待以上賓之禮，智岸遇疾於此而亡，朗公既懷死別之恨，與弟附舶向師子洲，披求異典，頂禮佛牙，漸之西國。傳聞如此，而今不知的在何所，師子洲既不見，中印度復不聞，都是魂歸異代矣。年四十餘耳。」從《高僧傳》的記載中，可以看到狼牙修國王對前往西域求法的唐僧的禮遇。

又說：「義輝論師，洛陽人也……到郎迦戍國，嬰疾而亡，年三十餘矣。」《梁書》狼牙脩，《續高僧傳》楞伽修，《大唐西域求法高僧傳》郎迦戍，是指同一個地方，音譯不同。至於狼牙修，因歷史建國方位不明，學者考證莫衷一是。也有說狼牙修古國，不在現在馬來亞境內，如日人藤田豐八依《鄭和航海圖》有狼西加一名，考為泰國南陲的北大年（Pattani），並主張地跨半島兩岸。南洋大學許雲樵教授考在泰國克拉地狹北緯十度三十分左右的春蓬（Chumpora），古時也是中、印交通的要衝[6]。但至元代稱「龍牙犀角」時期，已不見佛教盛況。

學者許鈺認為狼牙修原發展於吉打，至宋代時始拓地至泰南的北大年[7]。馬來西亞歷史學者阿力諾博士認為，泰南的北大年就是狼牙修，依時代不同有過不同的名字。這個國家的中心、首都經常更換，偶爾在吉打，有時候移到北大年。十二世紀起信仰伊斯蘭教，一九〇二年被泰國吞併，至今泰國設為北大年府[8]。

四、盤盤國

盤盤國（Panpan）亦稱為盆盆州、渤盆國。國名最早見於中國的《梁書》，約立國於三至七世紀時，是一個印度化小國，後為室利佛逝所統一。南北朝及唐朝時期皆有遣使到中國。盤盤國的地點，據多數學者考據是在馬來西亞半島，也可能在泰南素叻他尼（Surat Thani）或洛坤（Nakhon／Ligor）一帶，即在馬來半島東岸暹羅灣附近，與狼牙修國接壤，北接占城、墮羅鉢底，東南接哥羅。

洛坤即現在泰國南部的那空是貪瑪叻（Nakhon Si Thammarat），意為「法王聖城」，簡稱洛坤，三世紀受印尼室利佛逝所統治，是馬來半島上最大最古名城。在四、五世紀馬來各島所發現的石碑，都是用梵文書寫，其中有三塊碑文是記載佛教的。後來經歷了泰國馬來族建立的洛坤帝國之都城，中世紀時為跨半島國際貿易路線上的轉運港，對外貿易發達，亦為一佛教中心。早期佛教遺跡中有一座大佛塔，圍繞大塔有五十座寺院建築物。八世紀或更晚時期，有一塊碑文中說，國王和僧眾修建了三座用磚建築的寺院，供奉佛像。在七七五年又修建了五座佛塔[9]。

古盤盤國，國名最早見於《梁書・扶南傳》卷五十四：「憍陳如（Koundinya）本天竺婆羅門也，有神語曰，應王扶南……心悅南至盤盤，扶南人……迎而立焉。」這是四世紀下半期。有〈盤盤傳〉：「盤盤國……大通元年（五二七），其王使使奉表曰：『揚州閻浮提震旦天子萬善莊嚴，一切恭敬，猶如天淨無雲，明朗滿目，天子身心清淨，亦復如是。道俗濟濟，並蒙聖王光化，濟度一切，永作舟航。臣聞之慶善，我等至誠，敬禮常勝天子足下，稽首問訊，今奉薄獻，願垂哀受。』中大通元年（五二九）五月，累遣使貢牙像及塔，并獻沉檀香等數十種。六年（五三四）八月，復使送菩提國（即菩提場或菩提伽耶 Bodhi Gaya）真舍利及畫塔，并獻菩提樹葉，詹糖（即由多羅樹〔Tala〕所製的糖，馬來土產之一）等香⑩。」

《舊唐書．盤盤傳》卷一九七：「盤盤國在林邑（Campa）西南海曲（海灣）中，北與林邑隔小海，自交州（Annam）船行四十日乃至。其國與狼牙修為鄰，皆學婆羅門書（梵文），甚敬佛法。」《新唐書．盤盤傳》卷二二二下：「有佛道士祠，僧食肉，不飲酒；道士謂為貪，不食酒肉。」僧食肉，當為小乘上座部僧；此處道士稱貪，當係指婆羅門，不食酒肉。同書又說：「其俗與天竺無軒輊；累石為城，以象出戰，焚屍沉灰，皆天竺之制，且所獻五色鸚鵡，亦南天竺所獻方物，故其印化頗深⑪。」

《南海寄歸內法傳》卷一〈南海諸州條〉：「從西數之有婆魯師洲（Baros）、末羅遊洲，即今尸利佛逝國是。莫訶信洲、訶陵洲（爪哇）、呾呾洲，盆盆洲，婆里洲（Bali）、掘倫洲、佛逝補羅洲、阿善洲、末迦漫洲，又有小洲不能具錄。」又說：「斯乃咸遵佛法多是小乘，唯末羅遊少有大乘耳……南至占波，即是臨邑，此國多是正量，少兼有部……至跋南國，舊云扶南，先是裸國，人多事天，後乃佛法盛流。惡王今並除滅，迥無僧眾，外道雜居，斯即贍部南隅，非海洲也。」義淨法師住南海多年，精通梵語及各地方言，諸洲佛教情形必熟。其中盆盆洲即盤盤國，盛行小乘，與咀咀洲同在馬來半島，為印度化佛教國家。

義淨《大唐西域求法高僧傳》卷上說：「曇潤法師，洛陽人也……漸次南行，達于交阯……，汎舶南上期西印度，至訶陵北渤盆國，遇疾而終，年三十矣。」按馮承鈞著《中國南洋交通史》第七章註一云：「此渤盆國與南海寄歸傳之盆盆應為一地。」

五、頓遜（典孫）

頓遜一名，最早見於《梁書．扶南傳》。史勒格（Schlegel）考為下緬甸的丹那沙林（Tenasserim），為學者所公認，相距丹老（Mergui）港口約五十餘公里。在六世紀初為扶南屬國。自丹那沙林溯流向東南行約百餘公里，可達盤盤。頓遜又名典孫，現已不存在。

頓遜在馬來半島西接孟加拉灣，東臨南海，自古為中西交通要道。《梁書．扶南傳》中有關頓遜的記載是：「扶南國……其南界三千餘里有頓遜國，在海崎（海崎解為地峽或半島之義）上，地方千里，城去海十里。有五王並羈屬扶南。頓遜之東通交州，其西界接天竺、安息徼外諸國，往還交市。」

《太平御覽》卷七八八引竺芝《扶南記》說：「頓遜國屬扶南，國主名崑崙。國有天竺胡五百家，兩佛圖（浮屠，即佛塔），天竺婆羅門千餘人。頓遜敬奉其道，嫁女與之，故多不去，唯讀天神經（指婆羅門經典）。」同書並提到在盤盤國，「其國多有婆羅門，王其重之⑫。」這顯示頓遜國當時有印度人移民，多信婆羅門教，頓遜人亦敬奉其道。既有兩佛塔存在，當亦有佛教徒。

北魏楊衒之《洛陽伽藍記》卷四〈永明寺〉條載：「南中有歌營國（即加營，位置應在蘇島），去京師甚遠，風土隔絕，世不與中國交通，雖二漢及魏，亦未曾至也。今始有沙門菩提拔陁（Bodhibhadra，華譯覺賢）至焉。自云：北行一月日至句稚（Coli，亦作勾離）國，北行十一日至孫典（應為典孫 Tenasserim）國。從孫典國北行三十日至扶南國。方五千里，南夷之國最為強大……從扶南國北行一月至林邑國。出林邑，入蕭衍國（即梁武帝，五〇二—五四九在位）⑬。」

在古代頓遜國範圍內，有五、六世紀鑄造的許多佛像，在靠近泰國南部的納拉提瓦特（Narativat），這裡出土的佛像屬於阿摩羅缽底風格，或更早阿耨羅陀補羅（Anurādhapura）風格，袈裟被於左肩，袒露右肩，衣褶似如層層波浪，右手作施無畏印，左手撩起袈裟⑭。

頓遜的歷史，大都是在漢末時，梁朝（五〇二—五五七）以後，即不見於史籍。

或因政治中心東移至盤盤的波蘭補利（Pranpuri），不顯得重要了。

六、丹丹國

丹丹國（Tan-Tan）考訂是在馬來西亞吉蘭丹（Ke Lantan），丹丹最早見於《梁書・丹丹傳》卷五十四：「丹丹國，中大通二年（五三〇），其王遣使奉表曰：『伏承聖主，至德仁治，信重三寶，佛法興顯，眾僧殷集，法事日盛，威嚴整肅，朝望國執，慈愍蒼生，八方六合，莫不歸服。化鄰諸天，非可言喻，不任慶善，若暫奉見尊足，謹奉送牙像及塔各二軀，并獻火齊珠、吉貝、雜香藥等。』」從表文及貢物得知，是一佛教國家[15]。

《新唐書・單單傳》卷二二二下，有「俗墮羅缽底（Dvaraviti）同」，墮羅缽底為孟吉蔑人在六世紀於泰國佛統、華富里一帶建立的古國，深受印度文化熏陶，則丹丹也是一印度文化佛教國家。單單即丹丹。

《南海寄歸內法傳》卷一南海諸洲，記有「呾呾洲、盆盆洲」。丹丹和盤盤。清朝文獻通考卷二九七《柔佛考》又稱單呾。

近代學者保羅・惠特利考證說，丹丹位於東海岸之貝素特（Besut）和瓜拉丁加奴（Kaula Tetengganu）之間；而另一學者布萊德（Braddell）則說位於今天的吉蘭丹境內。

七、赤土國

赤土（馬來語：Chih Tu）是古代東南亞吉蔑人所建立的印度化國家，可能位於馬來半島北部，即現今馬來西亞吉打、吉蘭丹，以及泰國南部宋卡、北大年一帶。

赤土國是隋朝（五八一—六一七）時東南亞的一個大國，但到唐朝時便已不復見。隋煬帝於大業三年（六〇七）曾派遣屯田主事常駿、虞部主事王君政出使赤土國，受到赤土國王盛大歡迎。《隋書》卷八十二：「其王遣婆羅門鳩摩羅以舶三十艘來迎，吹蠡擊鼓，以樂隋使，進金鎖以纜駿船。月餘，至其都，王遣其子那邪迦請與駿等禮見。先遣人送金盤，貯香花并鏡鑷，金合二枚，貯香油，金瓶八枚，貯香水，白疊布四條，以擬供使者盥洗。其日未時，那邪迦又將象二頭，持孔雀蓋以迎使人，并致金花、金盤以藉詔函。男女百人奏蠡鼓，婆羅門二人導路，至王宮。」

根據《隋書》和《通典》的記載，赤土國是由同為扶南國人種的吉蔑族（Mon Khmer）所建立。國王姓瞿曇氏（Gautama），名利富多塞。常駿等人到訪時，赤土國已備有完善的管理制度，除了國王，還有多名大臣共管政事。國人信奉婆羅門教。國都為僧祇城，也叫師子城。

《隋書．赤土傳》卷八十二說：「赤土國，扶南之別種也，在南海中，水行百餘日而達，所都土色多赤，因以為號。東波羅剌國，西婆羅娑國，南訶羅旦國，北拒大海，地方數千里。其王姓瞿曇氏，名利富多塞，不知有國近遠。稱其父釋王位出家為道，傳位於利富多塞，在位十六年矣。有三妻，並鄰國王之女也。居僧祇城（Singora），有門三重，相去各百許步。每門圖畫飛仙、仙人、菩薩之像，懸金花鈴毦。婦女數十人，或奏樂、或捧金花。又飾四婦人，容飾如佛塔邊金剛力士之狀，夾門而立。門外者持兵仗，門內者執白佛……其俗敬佛，尤重婆羅門……。」大業六年（六一〇）奉使回至弘農⑯。

從記載的描述，赤土國當時是一個婆羅門教和佛教興盛的國家。並記載七世紀時，赤土國有一位統治者放棄王位而出家，由他的兒子利富多塞和平地繼承王位。

一八三四年，威斯利省英國殖民官詹姆斯．羅上校（Colonel James Low）在現今威斯利省的北部，檳州與吉打州交界的姆達河（Muda River）岸的瓜哥巴（馬來語：Guar Kepah）遺址，發現「佛陀笈多石碑」（該石碑現在保存於印度加爾各答博物館）。詹姆斯．羅曾繪製石碑素描，首刊於一八三五年的《孟加拉亞洲學會學報》。石碑上刻有用跋羅婆字母書寫的梵語佛教教義。荷蘭學者肯氏（Johan Hendrik Caspar Kern）推斷該石碑年份為五世紀左右。石碑上刻有一座頂上有七層寶華蓋的佛塔，邊上還寫有「羅旦帝迦大航海者佛陀笈多」等字，推測是航海者佛陀笈多（Buddhagupta）祈求航行成功的祈禱文。肯氏判斷碑文裡的「羅旦帝迦」（Raktam ttika，梵語意為「紅色泥土」）就是中國典籍裡所記載的「赤土國」，他認為赤土是一處位於暹羅灣的港口。

但學者惠特利曾經研究赤土的方位，他發表文章主張，這個地方是在吉蘭丹河地區，而不是如賽代斯所贊同的在暹羅博他倫地區。從石碑祈禱文來看，這顯然是從南印度傳入馬來亞的大乘佛教[17]。

赤土國的首都獅子城在內陸，要走一個月才能到，其內部森林的出產品在海外市場上很受歡迎。赤土國王有船三十艘，運載貨物去其他國家，從事黃金、樟腦等貿易交換，賺取了大量財富[18]。

八、吉打（羯荼、吉陀、吉達、榕城）

今馬來西亞聯邦的吉打（Kedah），經學者研究，吉打是從梵文「迦砒訶」或「羯荼訶」（Kataha）一字簡化而來，是印度人移居到馬來亞的地名。古吉打王國（Kedah

Tua）是位於馬來半島著名的早期王國之一。它在古代印度文獻也被稱為逝陀訶或羯荼訶（Kataha），根據唐代高僧義淨的《大唐西域求法高僧傳》，也稱為羯荼。

從馬來西亞最豐富的考古遺址，布秧谷（Bujang Valley）的寺廟古蹟可以證明，古吉打先後受佛教和印度教影響。義淨在《高僧傳》中也提到，古吉打的港口是當時印度、斯里蘭卡、波斯和歐洲的商人，前往東方前的貨物集散、轉運和修船之地。

吉打的古代史，可分兩個時代，箇羅（Kalah）時代和羯荼時代。箇羅時代是印度泰米爾人移居時期，大約始自四世紀，箇羅名稱為泰米爾語 **Kalagam** 譯出。羯荼時代大約始自七世紀，南傳佛教興盛，當時有些印度、中國和南海的佛教徒，都要到此巡禮一下。九世紀至十四世紀，常受到南印度注輦和北部暹羅勢力交替的影響。

中國高僧義淨往返印度，都經過羯荼（吉打）。《大唐西域求法高僧傳》卷下記述行程說：「于時咸亨三年（六七二）……未隔兩旬，果之佛逝（Srivijaya，今Palembang），經停六月，漸學聲明，王贈支持，送往末羅瑜國（占碑，原註：今改為室利佛逝也）。復停兩月，轉向羯荼（Kedah），至十二月舉帆還乘王舶，漸向東天（東印度）矣。從羯荼北行十日餘，至裸人國（Nicobar 島）……從茲更半月許，望西北行，遂達耽摩立底（Tamralipti，Tamluk）國，即東印度之南界也……十載求經，方始旋踵言歸，還耽摩立底。未至之間，遭大劫賊，僅免剚刃之禍，得存朝夕之命。於此升舶，過羯荼國，所將梵本三藏五十餘萬頌，唐譯可成千卷，權居佛逝矣[19]。」同書〈無行傳〉載：「無行禪師者，荊州江陵人也，梵名般若提婆（原註：唐云慧天）……與智弘（洛陽人王玄策之姪）為伴，東風汎舶，一月到室利佛逝國。國王厚禮，特異常倫……後乘王舶經十五日達末羅瑜洲，又十五日到羯荼國。至冬末，轉舶西行，經三十日到那伽鉢亶那（Nagapattana）。從此泛海二日到師子洲，觀禮佛牙。從師子州復東北泛舶一月，到訶利雞羅（Harikera，Karikal）國，此國乃是東天之東界也，即贍部州之地也。」無行、智弘雖自羯荼往師子洲，和義淨往東天竺不同，但離羯荼以前的行程是一樣的[20]。

唐代義淨法師於六七二年赴印度求法，途經「羯荼」的地方，即是今天的吉打，逗留約二個月。六八五年，義淨從印度回到羯荼，逗留十一個月左右，才出發往末羅瑜（Malaya，此時前末羅瑜已亡，歸屬室利佛逝）。六九五年五月，義淨法師歷遊二十五年後返回洛陽，武后親自於上東門外迎接。義淨也是最早有文字記載到過馬來亞的僧人。

早期馬來半島沿岸的居民，雖然易於接受印度等國的外來文化和宗教，但有一些證據顯示外來文化會發生變化以適應當地的環境條件。這一點在吉打州布秧河流域重建巴株巴轄（塔基）廟（Candi Bukit Batu Pahat），可以表現出來。該廟是為了紀念一位君主或官員而建，年代是在十世紀以後，它混合了印度教和大乘佛教兩種成分，在印度是沒有這樣廟宇的㉑。

到吉陀時代，已進入中世階段，自九世紀以迄十四世紀，是印度注輦和泰國勢力交替時代。此後就是馬來人滿剌加王國伊斯蘭教時期了。

注輦最盛的時期是在十一世紀，曾侵略吉打和室利佛逝，留有碑銘記載。一件為羅闍羅闍（Rajaraja，九八五—一〇一四）立於一〇〇六年，碑銘以泰米爾文和梵文並列，稱為「大布施」，誌明吉打王和室利佛逝王布施一座村莊，做為那伽八丹（Negapatam）一座佛寺之用。另一件碑銘只刻有泰米爾文，稱為「小布施」，所誌年代為一〇八九至一〇九〇年，也是應吉打王的請求，供獻一個村莊給那伽八丹該寺之用。值得注意的，注輦王室是信奉印度教大自在天（濕婆派）的，從這兩件碑銘看來，注輦對吉打宗教是抱持容忍和友誼態度。

從二世紀到十二世紀，大約在十一世紀時，吉打的吉打峰，尤其布秧河流域（Sungai Bujang）一帶成了印度化極深的地方。大約在十一世紀時，吉打更是室利佛逝（Srivijaya）佛教王國的首都㉒。

泰國人稱吉打為榕城。泰文《榕城紀年》說，（吉打）第七世君主之前，都是信奉佛教，不尚土葬。又在第二世和第六世的尊號，泰文都作「菩提薩」字樣，也就是梵文

「菩提薩埵」的簡化，佛教色彩濃厚。大約到第七世才改奉伊斯蘭教，改稱蘇丹曼藩沙一世（Sultan Manfan shah I，一一六〇—一一七九在位）[23]。據吉打史書《米隆王朝史》（*The Story of Merong Mahawansa*）記載，到第十五世紀吉打引進伊斯蘭教，取代佛教，一四七四年伊斯蘭教成為官方宗教[24]。

九、各地出土的佛教文物

根據各地出土的佛教文物，可以進一步了解佛教傳入的時間和地域，布秧谷（馬來語：Lembah Bujang）在吉打州內位於雙溪大年的莫柏（Merbok），最早出土的一尊佛像（高八吋半）是屬四世紀笈多（Gupta）時代的作品，還有各種各樣的八至十世紀的佛像。推測早期航海路線，以海拔一三八〇公尺的日萊峰做為指路燈塔，位於半島上三條當時做為主要商道的姆拉河、馬莫河及布讓河交接處的布秧谷，為古印度移民密集的流域，也是吉打最早接受印度文化的地方。考古學者曾在這裡發掘許多梵文碑刻，其中有五至六世紀的，上面刻有大乘中觀思想的論文。有殘破神廟遺址和印度文化的遺物，是為婆羅門教的證明。到五世紀，佛教也傳入吉打[25]。

一八四〇年，一名駐檳城英籍上校詹姆斯．羅（James Low），在當時是英國殖民地的馬來半島，陸續發現一些五世紀的梵文石碑及佛寺遺址，他在姆達河（Muda River）以南發現的武吉梅林（Bukit Meriam）佛教遺址㉖，是在一間磚房裡一塊石板刻文，這間房子可能是一位僧人修行的小室。碑文有兩首佛偈，是用古跋羅婆（Pallava）字體雕刻的。第二首的四句偈語為「由於無明而造業，因為業而有輪迴；由於智慧而不造業，沒有業就不再輪迴㉗。」

威爾斯博士（Dr. Dorothy Quaritch Wales）也在布秧河流域附近，發現刻有古跋羅婆字母的碑銘。刻成年份大約在六世紀。經文說明大乘佛教中道的思想㉘。又威爾斯博士於一九四一年在吉打布秧河流域第十六A地段發現一尊印度笈多時代的銅佛像遺物，身高二十一點六公分，表現了從阿摩羅缽底過度到笈多式的作品，衣著之間已無希臘式之折紋，而類似透明可以窺見衣內之全身，專家斷定佛像的年代約介於四至五世紀之間，是印度北部笈多王朝的大乘佛教佛像造型。並在行文寫明「這是在馬來亞內發現的最早期之佛像」，現藏新加坡萊佛士博物館㉙。

從事布秧河谷考古工作超過四十年的拿督聶哈山表示，根據唐朝義淨的記載，稱當地名為「羯荼」，印度文獻裡則稱為「Kadaha」，當時屬羯荼王國，可是在馬來文獻中，沒有相關吉打王朝的紀錄。從出土的文物，破碎的磁皿，可追溯至唐代，證明此處過去是一個繁忙的商港，而出土的佛像和陵廟，更證實了佛教曾經在這裡盛行。由於布秧河谷的出土文物，摻雜了佛教和印度教，歷來許多學者皆無法判定所信仰的宗教是否以佛教為主。聶哈山以東南亞各國，從緬甸、泰國、印尼的情況來看，他相信本國的情況一樣，佛教先傳入為主要的宗教，印度教在後來才崛起。當局在布秧河谷鑑定有八十處遺址，目前在挖掘的只有十多個。但未受到國人的重視，包括佛教徒也不了解[30]。

聶哈山更將十多個已發掘的遺址依編號分為三個階段[31]：

階段	年代	遺跡編號	主要文化
第一階段	四至五世紀	1，2，3	佛教
第二階段	六至八世紀	4，5，6，7，8，9	興都教
第三階段	八至十世紀	10，11，12，13，14，15，16	佛教（大乘）

在布秧谷已發掘的遺址上，多數是寺廟遺跡，有四座已整理的塔基，但僅存建築塔基，四座塔基是：邦加蘭布詹塔基（Candi Pengkalan Bujang）、武吉本迪亞塔基（Candi Bakit Pendiat）、巴株巴轄塔基（Candi Batu Pahat）、本當達蘭塔基（Candi Pendang Dalam）。前二座具有佛教色彩，後二座為印度教廟。據學者研究辨識，佛塔塔基前是

沒有寬敞的膜拜廣場，印度教廟是具有膜拜廣場。然而，根據巴株巴轄塔基的考古研究指出，找到幾個石龕所供奉的，從手持蓮花菩薩像中亦可看出，巴株巴轄廟宇當時是密續派（Tantrik）。那是大乘佛教與興都濕婆（Siva）和毘濕奴（Vishnu）支流發展成的密教。所以巴株巴轄廟宇不能只歸納為興都廟宇，它當時已具有佛教色彩。除了看石龕，也看到了很小的合掌菩薩肖像、浮雕、青銅斜身佛像、半毀佛頭、瓷土佛像與中國商人運來的瓷器商品。另外，在帝乾巴塗出土的八臂觀音（目前安放在吉隆坡歷史博物館）及結蓮花手印的佛像（安放在吉打瑪莫古物博物館）中，看出是受密教的影響[32]。

近代在吉打州興建穆達河（Sungai Muda）灌溉工程期間，在挖掘一條運河穿過一個村子中部時，發現了一座佛塔遺跡[33]。但由於基金有限，考古隊未再做進一步的研究。

在馬來西亞的吉打州、威省、彭亨州、玻璃市（Perlis）州、霹靂出土的佛教文物，從二世紀至十六世紀都有，現藏在國家博物館內，很具有研究的價值[34]。在霹靂發現的三件小乘佛教的銅器，其中一件是笈多王朝時期的。

一九三一年在霹靂州怡保的邦加蘭地方，曾掘到一尊五到六世紀時笈多王朝的銅佛像，同時挖掘到的還有一個同時期的銅製佛座。在紅毛丹（Tanjung Rambutan）的一個深六十尺的礦地中曾出土一尊同樣六世紀笈多王朝的銅塑步行佛像[35]。

一九七六年，從邦加蘭布秧（Pengkalan Bujang）第二十一及二十二地段進行挖掘中，一尊無釉赤陶坐型佛像，造型是與南印度的注輦王朝（十至十二世紀初）的造型佛像相似。佛像的臉部、耳部、頭髮構造、凸出的頭蓋骨造型、袈裟、雙腳造型和觸地印，都表現出其作品為印度注輦王朝佛像造型的特徵[36]。

在霹靂州的和豐（Sungai Siput）一個廢棄的礦場中出土了兩尊類似的觀音菩薩像，其中一尊是四臂站立觀音像，分別鑄造墊座、支柱和塑像後再組合在一起。四臂觀音的右手持念珠及施無畏印，左手卻是拿水瓶和蓮花。另一尊是九寸高且刻有密宗色彩的條紋八臂觀音菩薩像。八臂觀音菩薩右手所持是念珠、弓、刀、施無畏印，右臂所結的是手印、持寶杖、水瓶、蓮花。八臂觀音菩薩所持的法器如下表[37]。

右臂	左臂
念珠	手印
弓（dhanu）	寶杖（danda）
刀（kartri）	水瓶
施無畏印	蓮花

北部檳城和玻璃市州曾發現過佛教文物。在檳島北部曾挖掘出相信是屬於一間小寺院的柱子，雖然無法被解讀，但從其文字的類型，一般相信這柱子屬四世紀之物。此外，也在玻璃市州曾發掘出石碑和兩枚佛教璽章㊳。

現為吉打州日萊峰（Gunung Jerai）地區，出土了大量的銅質佛像，這些佛像大多是四世紀的作品。此外，在吉打河口附近還發現了一些佛塔遺址。為了保護這些珍貴的佛教出土文物，當地政府專門成立了一個考古博物館㊴。

---

❶ 根據印度梵語學家和碑文學家 Bahadur Chand Chhabra（生於一九〇八年）解讀之碑文。佛陀笈多石碑目前保存在印度加爾各答博物館。

❷ 鄭文泉著：〈從文獻學的角度重建古代大馬佛學史〉一文，第二屆馬鳴菩薩文學獎公開組小說組。

❸ 許雲樵著：《馬來亞史》上冊，第七十五頁。

❹ D. G. E. 霍爾著、中山大學東亞歷史研究所譯：《東南亞史》上冊，第四十一——四十二頁。

❺ 《梁書．狼牙脩國傳》卷五十四。

❻ 許雲樵著：《南洋史》上冊，第一六〇頁。

❼ 姚枬、許鈺編譯：《古代南洋史地叢考》，第二十四頁及二十六頁。

❽〈拼湊史實追尋法跡〉，《大馬佛教二千年》上篇，資料來源：《普門》雜誌，整理：（馬來西亞）普陀書軒緣。

❾馬覺姆達著、張慧偉譯：〈佛教在南亞各國的弘傳史話〉，收錄於張曼濤主編《現代佛教學術叢刊》第八十三冊《東南亞佛教研究》，第一—十二頁。

❿許雲樵著：《馬來亞史》上冊，第八十七—八十八頁。

⓫同上，第八十八—八十九頁。

⓬1.許雲樵著：《馬來亞史》上冊，第七十九—八十頁。
2.賀聖達著：《東南亞文化發展史》，第一一六頁。

⓭許雲樵著：《南洋史》上冊，第九十八—九十九頁。

⓮吳虛領著：《東南亞美術》，第一八五頁。

⓯許雲樵著：《馬來亞史》上冊，第九十四頁。

⓰許雲樵著：《馬來亞史》上冊，第九十六—九十八頁。

⓱D. G. E. 霍爾著、中山大學東南亞歷史研究所譯：《東南亞史》上冊，第六十一—六十二頁。

⓲芭芭拉．沃森．安達婭、倫納德．安達婭著，黃秋迪譯：《馬來西亞史》，第二十—二十一頁。

⓳許雲樵著：《馬來亞史》上冊，第一一八—一一九頁。

⓴同上，第一一九頁。

㉑ 芭芭拉．沃森．安達婭、倫納德．安達婭著，黃秋迪譯：《馬來西亞史》，第十四頁。

㉒ 陳秋平著：《獨立後的馬來西亞佛教研究》（博士論文），第十九—二十頁。

㉓ 1. 許雲樵著：《馬來亞史》上冊，第一三四、一四〇、一四六頁。
2. 陳鴻瑜著：《馬來西亞史》，第四十八頁。

㉔ 陳鴻瑜著：《馬來西亞史》，第一二九頁。

㉕ 崔貴強編著：《東南亞史》，第三十四頁。

㉖ "Journal of the Malaysian Branch of the Royal Asiatic Society," Vol. 66, No. 2 (265) (1993), p. 73. Published By: Malaysian Branch of the Royal Asiatic Society.

㉗ D. G. E. 霍爾著、中山大學東南亞歷史研究所譯：《東南亞史》上冊，第六十一頁。第二首偈原書英文為："Through ignorance Karma is accumulated, Karma is the cause of rebirth. Through knowledge, Karma does not operate, from the absence of Karma one is not reborn."

㉘ 〈拼湊史實追尋法跡〉，《大馬佛教二千年》上篇資料來源：《普門》雜誌，整理：（馬來西亞）普陀書軒緣。

㉙ 1. 釋能度主編：《新加坡漢傳佛教發展概述》，第十二頁。
2. 陳秋平著：《獨立後的馬來西亞佛教研究》（博士論文），第二十頁。

㉚ 〈吉打布秧河谷　我國考古界的佛教聖地〉，《大馬佛教二千年》下篇，資料來源：《普門》雜

誌，整理：（馬來西亞）普陀書軒緣。

㉛ 黃秀娟採訪：《千年遺跡布章谷　大馬佛教發源地》，資料來源：《福報》。出處：http://www.mybuddhist.net/cms/damafojiao/shengdi/guji/2239.html。

㉜ 同上資料來源。

㉝ 芭芭拉・沃森・安達婭、倫納德・安達婭著，黃秋迪譯：《馬來西亞史》，第三頁。

㉞ 楊嘉儀著：〈早期馬來西亞佛教〉一文，載於《佛教文摘》季刊第九十六期。

㉟ 陳秋平著：《獨立後的馬來西亞佛教研究》（博士論文），第二十一頁。

㊱ 同上頁。

㊲ 陳秋平著：《獨立後的馬來西亞佛教研究》（博士論文），第二十二頁。

㊳ 同上頁。

㊴ 黃火龍著，張開勤譯：〈馬來西亞佛教〉，《法音》，一九九九年第八期（總一八〇），第三十五頁。出處：https://www.chinabuddhism.com.cn/fayin/dharma/9908/g9908f15.htm。

第二章　馬來西亞中世各土邦的佛教
（七世紀至十四世紀）

馬來西亞早期自一世紀初，即有興替靡常的古列國，散布在狹長半島的兩岸。到了中世後，原始馬來人也建立不少國家，而形成混血馬來人源遠流長的一些土邦，甚至延續至現在。中世存在於各土邦的佛教，由於文獻資料缺乏，非常零碎，更難獲得完全的了解。

一、佛囉安

佛囉安，依中國史記載，是在彭亨、丁加奴，和吉蘭丹等河的鄰近，並和單馬令國接壤，即在龍運河（S. Dunung）的區域。

宋周去非《嶺外代答》（成書於一一七八年）三佛齊條：「其屬國有佛囉安，國主自三佛齊選差……有聖佛，三佛齊國王再一往燒香。」

趙汝適的《諸蕃志》（成書於一二二五年）佛囉安國條：「佛囉安國自淩牙斯加

（Langkasuka）四日可到，亦可遵陸。其國有飛來佛二尊，一有六臂，一有四臂，賊舟欲入其境，必為風挽回，俗謂佛之靈也。佛殿以銅為瓦，飾之以金。每年六月以六月望日為佛生日，動樂鐃跋，迎導甚都，番商亦預焉……歲貢三佛齊。其鄰蓬豐（Pahang 彭亨）、登牙儂（Trengganu）、加吉蘭丹，類此❶。」

宋陳元靚《島夷雜誌》，也有佛囉安類此記載：「佛囉安，自凌牙蘇家（Langkasuka）風帆四晝夜可到，亦可遵陸。有地主，亦係三佛齊差來。其國有飛來銅佛兩尊，名毗沙門王佛（疑為毘沙門天王，又稱多聞天，護持佛法及施善天神），內一尊有六臂，一尊有四臂。每年六月十五日係佛生日，地人并唐人迎引佛六尊出殿，至三日復回。其佛甚靈，如有外國賊舡，欲來奪劫佛殿珠寶，至港口即風發，舡不得前……❷。」

六月十五日，正是南傳佛教國家佛誕日（Visakha-Puja 衛塞日，毘舍佉 Visakha 即巴利文六月），從上引文，可知佛囉安佛教興盛。

佛囉安自十二世紀出現後，到十四世紀還存在。

二、吉蘭丹

吉蘭丹為現在馬來西亞聯邦各州中留存漢譯最早之名。《諸蕃志》卷上〈三佛齊〉記載屬國十五，有吉蘭丹一名，與目前全同。吉蘭丹也是丹丹國的後身，丹丹國的佛教，在前章中已敘述。

七世紀，蘇島有三佛齊大國（三佛齊〔Srivijaya〕譯室利佛逝，簡稱佛逝，又譯尸利佛誓），佛教極盛而成為東南亞的佛學研究中心。屬國有十五，《諸蕃志》卷上（三佛齊國）載：「間於真臘（柬埔寨），暗婆（爪哇）之間，管州十有五……蓬豐（Pahang 彭亨）、登牙儂（Tredinganu 丁加奴）、凌牙斯加（Lankasuka）、吉蘭丹（Kelantan）、佛羅安（Brenang）、日羅亭（Yirudingam）、潛邁（Khmer）拔沓（Batak）、單馬令（Tambralinga）、加囉希（Grahi）、巴林馮（Palembang）、新拖（Sunda）、監篦（Kampar）、藍無里（Lamuri）、細蘭（Ceylon），皆其屬國也。」如再參看《南海寄歸內法傳》所記諸洲（見前文盤盤國）可知吉蘭丹也是信仰佛教。而且三佛齊之後的爪哇夏連德拉王朝，國勢更盛，佛法興隆。

較晚提及吉蘭丹佛教的，有清代謝清高記錄他於一七八二至一七九五年航海生涯的

《海錄》一書，稱吉蘭丹為咭囒丹，載有咭嚕丹在太泥（Pattanit，泰國北大年）東南，由太泥沿海順風約日餘可到，疆域風俗土產略同太泥，亦無來由（馬來亞）種類，為暹羅屬國……。而居民俱奉佛甚虔也。按一七八五年，緬軍十萬分九路進攻泰國。其後為泰國軍反攻所敗，並乘勝南下，征服了北大年，及馬來吉打、吉蘭丹、丁加奴等邦。直自一八二六年，英國勢力伸入馬來亞，泰國才失掉了對馬來半島北部的宗主權。泰國是佛教國家（上座部），對馬來半島北部當然會有些影響。但此時馬來亞已盛行信奉伊斯蘭教了❸。

《海錄》一書，對吉蘭丹的風土人情有特別詳細記載。其中有關訴訟之事說：「有爭訟者，不用呈狀，但取蠟燭一對，俯捧而進，王見燭則問何事。訟者陳訴，王則命宣所訟者進質，王以片言決其曲直，無敢不遵者。或是非難辨，則令沒水。沒水者，令兩造出外，見道路童子，各執一人至水旁，延番僧誦咒，以一竹竿，令兩童各執一端同沒水中，番僧在岸咒之，所執童先浮者為曲，無敢復爭。童子父母見習慣，亦不以為異也。又其甚者，則有探油鍋法。探油鍋者，盛油滿鍋，火而熱之，番僧在旁誦咒，取一鐵塊，長數寸，寬寸餘，厚二三許，置鍋中，令兩造探而出之。其理直者探手入滾油中，取出鐵塊，毫無損傷，否則手始入油鍋，即鼎沸傷人，終不能取，非自反無愧者，始雖強詞，鮮不臨鍋而服罪。國有此法，故無大崛強，而居民俱奉佛甚虔也❹。」

在近代多年前，距離吉蘭丹話望生二十五公里的瓜拉柏迪斯（Kuala Betis）的深山叢林裡，一座石灰岩洞被發現有無數的佛牌，它們帶有印度原始佛教的風格，手工精美，塑像生動，因而被猜測是出土文物。「佛牌山」的名字因此不脛而走，當地居民蜂湧而至，大家都來挖佛牌。出土的佛牌都是成疊成疊的，取之不盡。一些民眾甚至用鋤頭來挖，可惜把珍貴的文物都挖碎了。後來經媒體報導，國家博物館派人來封鎖現場，並展開大規模的挖掘。但在這之前，已經有不少佛牌流入民間了。當時有瑪晶瑪浪坐佛寺住持曇鐵法師表示，佛牌山的年代久遠，已無法考證，有一說法，與室利佛逝王國有關。當地出土了製做佛牌的木模，以及雕鑿的工具，證實是一個製造工廠。佛牌在這裡製造後，再運到泰國、柬埔寨等東南亞各國。後來基於不明的原因，可能是僧人遷走了，就把成千上萬的佛牌掩埋在此處❺。

三、蓬豐（彭亨）

蓬豐（Pahang）即彭亨。中國文獻中記載，與吉蘭丹、丁加奴同時（一二二五）為三佛齊屬國之一，如前文中說。

明萬曆末（萬曆，一五七三—一六一九）何喬遠所著《名山藏・彭亨國》（明朝紀傳體史書，全書三十七記，一〇九卷）條載：「彭亨國在暹羅之西，石崖周匝，遠望則平田沃，豐米穀，氣候溫……上下親狎，無寇盜。男女椎髻。尊佛，其故俗也。」由文推知，彭亨國是信仰佛教的地區。

明張燮的《東西洋考》卷四，〈彭亨〉條說：「彭亨者東南島中之國也。國並山，山旁多平原，草樹繁茂。然鳥獸希少，沃土宜穀，蔬果亦饒……男女椎髻，衣長布衫，系單衣……煮海為鹽，釀椰漿為酒，古稱上下親狎，民無寇盜，好佛誦經，而久乃寖漓也。俗慚好怪，刻香木為人像。殺生人血以祭，云用此祈禳[6]。」

四、加羅希（斜仔、日羅亭、柴歷亭）

加羅希與日羅亭，史實曖昧不明，兩地都為三佛齊屬國，依發掘於馬來半島的北部，地峽東岸萬崙灣（Bandon Bight）南邊的池城（Vieng Sra），約為七七五年的一件梵文碑銘記錄要點：

室利佛逝之君主，為全土諸王唯一無上之君主，建此奐美磚寺三座，以供蓮花手（Kajakara-Padmapani）、伏魔（Mara）者（佛陀）、金剛手（Vajrin-Vajrapani）……復次，國王詔國師闍衍多（Jayanta）曰：造三塔，師乃建之。（闍衍多）死，其子阿地木帝（Adhimukti）上座，復於三支提之側起二磚寺。時為塞迦紀元滿年（七七五），摩陀婆月（Madhave）十一日，諸天之王，尊於諸人王之王，注意三界，於此建……塔。

另一碑銘是在地狹東海岸斜仔（Chaya／Jaiya）的首府寺（Wat Hua Vieng）佛座下，所刻的吉蔑文（Khmer）造像碑銘說：

「塞伽紀元一〇〇六年，歲陰在卯，天蠍月黑分初二日，加羅希區（Sruk Grahi）大軍主伽蘭奈（Galanai）奉大王 çrimat Trailokyaraja maulibhu Sanabarmmadeba 勅，因命 Mraten çri Neno 造此佛像，其重量合一播荷二斤，裝金十兩，使信眾歡喜敬禮，得一切智。」

上述紀年可能有誤，但應不會晚於十三世紀。其中播荷（bhara）是指重量，但重量不一。

現今泰國南部的素叻他尼府鑾河（Luang）的水邊，在一古國都城遺址上，發現一尊笈多風格的砂岩佛像，是典型印度三屈式的姿態，僅高十七公分，據推測可能由印度帶入[7]。

在闍耶（即 Jaiya）發現的古物，大多於佛寺內，如在大舍利寺（Wat Phra Maha Dhatu）發現有金佛二尊，石佛一尊，石佛首一尊；水庭寺（Wat Sala Thuk），也發現一尊佛像；大舍利寺和寶寺（Wat Keo）內的兩座佛塔，和三佛齊在爪哇所建（七五七）的風格完全一樣，也和安南茶麟的占婆塔相同。同時在池城發現的許多古物中，有頭戴印度帽的毘濕奴石像，是吉蔑人統治（八八九）以前的古物，還有印度笈多王朝作風的中型大自在天和徧入天的石像各一尊。這些足以說明三佛齊未侵入前，闍耶和池城就已建立了，流行佛教和婆羅門教信仰❽。

五、丹流眉（登流眉、丁流眉、丹眉流）

丹流眉和丹眉流，宋代（九六〇——一二七九）才出現，地名不一，宋代載籍都作登流眉，是在真臘之西。《嶺外代答》卷二〈真臘國〉條說：「……最產名香，登眉流所產為絕奇，諸蕃國香所不及也。其國僧道咒法靈甚。僧之黃衣者有家室，紅衣者寺居，戒律精嚴，道士（婆羅門）以木葉為衣。」

《諸蕃志》卷上有〈登流眉〉條：「登流眉國在真臘之西，地主椎髻簪花，肩紅蔽白，朝日登場，初無殿宇、飲食以葵葉為碗，不施匕箸，掬而食之。有山曰無弄，釋槃示化銅像在焉。產白荳蔻、箋沉速香、黃蠟、紫礦之屬❾。」

六、孫姑那（東沖古剌、宋腒勝、宋腳、宋卡）

孫姑那原名應該是Singora的對音，是隋時赤土國都祇城，也別譯師子城。元末江大淵《島夷志略》作東沖古剌。據日人藤田豐八的《島夷誌略校注》說，沖古剌也是Singora的對音，因和斯里蘭卡舊名Simhala音近意合，而加上一個東字以區別。後稱宋卡，屬泰國。宋卡的松渚，該處為半島的南端，有山縱貫，其腰有佛寺三座，並有側臥佛像，因宋卡之得名，或以風光有似師子國（斯里蘭卡）故⑩。

七、柔佛（烏丁礁林）

柔佛古名烏丁礁林（Ujong Tannah）。柔佛一名，不會早於明代。一四一四年滿剌加受胡茶辣（Gujarat）商賈影響而信奉伊斯蘭教。《皇朝文獻通考》卷二九七〈柔佛條〉：「……相見以合掌拱上為禮。俗輕生好殺，尚佛教。喜鬪鷄，伐烏木，拾海菜，時出海刼掠，飲食以手，忌豬肉，嗜烟。歲齋一月，舉國絕食，見星乃食，歷三十日始止。」考《皇朝文獻通考》書成於乾隆五十二年（一七八七），馬來西亞已成為伊斯蘭教國家，依上文所引內容，柔佛亦已深受伊斯蘭教文化影響，當然已不可能崇尚佛教⓫。

八、早期東馬王國的佛教

一九五七年，馬來亞（Malaya）從英國殖民地獲得獨立，一九六三年，合併組成馬來西亞聯邦制（The Federation of Malaysia）國家，由原來西馬十一個州和東馬二個州（砂拉越〔Sarawak〕、沙巴〔Sabah〕），以及三個聯邦直轄區（吉隆坡、納閔、布特拉再也）組成。本來新加坡也加入聯邦之內，但因政治權益競爭和糾紛，一九六五年新加坡分離出來成為獨立共和國。

婆羅洲（Borneo），在中國宋代時期稱渤泥，範圍涵蓋今天的蘇祿群島、沙巴、砂拉越及加里曼丹，以及菲律賓南端，即後來西方人士所稱的「婆羅洲」，實源於汶萊（Brunei），是渤泥的對音。早期的婆羅洲，後來分為三個國家管轄，這是英國跟荷蘭在東南亞擴張及爭奪勢力的結果，一八二四年《英荷條約》，北婆三邦，包括馬來西亞的砂拉越、沙巴以及獨立小王國的汶萊，落入英國手上，其他部分則屬荷蘭。二次世界大戰後，各地民族紛紛爭取獨立，一九四九年，荷屬婆羅洲的主權被移交給印尼。一九六三年，英國政府也放棄了砂拉越和沙巴的管理權，加入馬來西亞聯邦。而夾在東馬兩州之間的汶萊，一直處於英國保護之下，一九八四年元旦獲得獨立。

婆羅洲面積約七十三點六萬平方公里，北部為馬來西亞的砂拉越和沙巴兩州，簡稱東馬，兩州中間北面與汶萊接壤，南部為印尼的北、東、南、中、西加里曼丹五省。其中，印尼的五省占全島總面積的三分之二，馬來西亞次之，汶萊只占一小部分。

東馬的砂拉越和沙巴兩州，本來不願意加入馬來西亞聯邦，但經過協調後馬來西亞聯邦與東馬簽訂了二十點條約來保障東馬的利益。第一條：「宗教在聯邦憲法下，伊斯蘭教是聯邦的官方宗教，但相同條款不適用於砂拉越和沙巴。這兩州不應該被制定有任何官方宗教。」

今日馬來西亞所管轄的砂拉越和沙巴二州，簡稱東馬，印尼所屬的稱加里曼丹（Kalimantan），汶萊的婆羅乃（Brunei），三國管轄土地總合起來，是古代的婆羅洲（Borneo），又稱渤泥或婆利。

婆羅一名，在中文文獻中最早出現在二四三年。《魏書》卷八世宗紀第八說：「魏世宗正始四年（二四三）秋八月，南天竺、婆羅等諸國遣使朝獻。」

中國與婆羅洲的接觸較早。大約在四一四年（晉安帝義熙十年），中國高僧法顯法師由印度求得佛法，歸國途中經過南洋，曾提及一島名耶婆提（Yavadvipa），根據史家的意見，一般是指爪哇島，亦有認為是現今的加里曼丹島。早期加里曼丹因受印度文化影響，曾出土過五世紀末的梵文碑文及一些不同時期的佛像。

中國和加里曼丹島最早的通航紀錄是出現在《梁書》裡，五二〇年（梁武帝普通元年），在中國古籍中，當時被稱為渤泥、婆利，或婆羅，後來演變成婆羅乃，也就是現在通用的汶萊一名。

在印尼所屬的加里曼丹卡普瓦斯河（Kapuas R.）及其他河流地域，亦發現具有笈多（Gupta，三二〇—五四〇）王朝藝術風格的佛像⓬。據歷史記載判斷，可能在五世紀以後，佛教與印度教已傳入婆羅洲。六世紀時，婆利的佛教似乎很發達，因為根據《梁書·婆利國傳》卷五十四記載，該國在梁武帝天監十六年（五一七）時，遣使奉表曰：「伏承聖王信重三寶，興立塔寺，校飾莊嚴，周遍國土……伏惟皇帝是我真佛，臣是婆利國主⓭。」

在加里曼丹卡普斯地區，曾發現一幅在岩壁上的佛塔雕刻畫，雕刻十分優美，畫裡還有些梵文，是用五世紀跋羅婆字體書寫的，其中有些佛教經典的句子。

唐義淨《南海寄歸內法傳》卷一記述：「然南海諸洲有十餘國，純唯根本有部，正量時欽，近日已來，少兼餘二。」即在七世紀初葉到六十、七十、八十年代前後，當時的印尼諸島和婆羅洲一帶多流行「說一切有部」（Sarvāstivāda），及小部分「正量部」

（Sammatīya）佛教。十四世紀中期伊斯蘭教傳入，直至十八世紀期間，是否有佛教的弘傳，在史書上沒有明顯的記載⓮。

七世紀中期，印尼古國室利佛逝在蘇門答臘巴鄰旁（Palembang，亦譯為巨港）興起，信奉大乘佛教，成為海上的強國，直至十三世紀滅亡。室利佛逝全盛時期，勢力範圍涵蓋整個馬來半島，直達泰國南部。

宋時婆羅改稱渤泥，寫為浡泥。《諸蕃志》卷上說：「（渤泥 Borneo）其國以板為城，城中居民萬餘人，所統十四州……俗重商賈，有罪抵死者罰而不殺。……其王亦釃酒椎牛祖席，酢以腦子番布等，稱其所施。舶舟雖貿易迄事，必候六月望日排辦佛節，然後出港，否則有風濤之厄。佛無他像，茅舍數層，規制如塔，下置小龕，罩珠二顆，是謂聖佛。土人云二珠其初猶小，今漸大如拇指矣。遇佛節，其王親供花果者三日，國中男女皆至⓯。」

十一世紀時，在加里曼丹發現了爪哇式的佛像與印度教的神像。隨著伊斯蘭教發展的影響，於十六世紀初，建立了若干個伊斯蘭教王國。

元朝汪大淵撰《島夷志略》，對其國情描述說：「龍山磐礴於其右，基宇雄敞，源田獲利，夏丹稍冷，冬乃極熱。俗尚侈。男女椎髻，以五採系腰，花錦為衫。崇奉佛像，唯嚴尤敬唐人，若醉，則扶之以歸歇處。民煮海為鹽，釀秫為酒。有酋長，仍選其國能算者一人，掌文簿，計其出納，收稅無纖毫之差焉。地產降真、黃蠟、玳瑁、梅花片腦，其樹如杉檜，劈裂而取之，必齋浴而後往。貨用白銀、赤金、色緞、牙箱鐵器之屬⑯。」

明永樂四年（一四〇六），出現浡泥和婆羅並列的記載：「永樂四年十二月辛亥，浡泥國王、婆羅國東王、西王，各遣使奉表朝貢。」一般歷史學者，皆認為浡泥和婆羅都是指汶萊，但於此記載中，同時出現，顯然是兩個不同國家，婆羅可能位於現今砂拉越一帶，而浡泥位在沙巴，或兩者位置相反。但可注意的，此時婆羅和浡泥還是佛教國家。

明時張萱、孟奇甫輯：《西園聞見錄》（九），卷之六十八〈渤泥條〉說：「其地炎熱，多風雨，無城郭，樹木柵為固。王之所居若樓，覆以貝多葉。王綰髻，裸跣，腰纏花布，無輿出入，徒行。城中不滿三千家，多業漁。剪髮齊頭額，婦人衣短衫，僅蔽腰，胸繫花布，散髮跣足。……番書典禮以刀刻貝多葉行之。事佛甚嚴，以五月十三日為節，國人亦于是日作佛事。」又嚴從簡撰《殊域周咨錄》卷之八說：「浡泥番書無筆札，以刀刻貝多葉行之。事佛甚嚴，五月十三日國人競作佛事⑰。」

清時張廷玉撰《明史‧婆羅》卷三二三記述：「婆羅，又名汶萊。東洋盡處，西洋所自起也。其地負山面海，崇釋教，惡殺喜施。」

從以上所述，因婆羅洲面積很大，是世界第三大島，現代又分為三國管轄，都缺乏古代佛教史記載；而中國古史記述，又極片斷零碎，僅略說有佛教的存在，未標出明確地點位置，所以本節也只好以整個婆羅洲為題，無法分辨出古代東馬佛教的情形。

砂拉越（亦用砂撈越）歷史，必須從汶萊王國說起，汶萊位於婆羅洲的西北部，無詳細佛教史記載。歷史學者認為，中國古書上稱婆羅洲島上的「渤泥」地方，就是汶萊（Brunei）的音譯。中國南北朝歷史記載的「婆利國」朝貢之事，直至宋以來未曾間斷，據說婆利國就是汶萊國的別名，也有學者認為「婆利」是婆羅洲（Borneo）的音譯。據印尼史記載，汶萊最初是蘇島三佛齊王朝的屬地。

二十世紀初，英國人湯・夏利森（Tom Harrison）在古晉海口青山及山都望地區，做了大量的考古研究，並取到了許多宋朝時期的佛教文物及銅幣陶瓷等古物，他認為當時宋朝商人在砂拉越海口地區，以物交換從事商業活動，是可以被證實的事⑱。

一二九四年，爪哇的「滿者伯夷」王國崛起，渤泥國成為其勢力範圍，稱為Tanjong Pure，南宋《諸蕃志》譯為「丹絨武羅」。宋元時中國商船頻到此停息，阿拉伯及印度商人傳入伊斯蘭教信仰。一四七八年滿者伯夷王國沒落，汶萊脫離外國控制，成為汶萊蘇丹自主國家。十六世紀初，蘇丹布基亞，擴展領土至整個婆羅洲島、蘇祿群島及菲律賓南部地區。

十七世紀荷蘭人侵入，十九世紀中期再受到英國人統治。尤其到了清末民初之際，時局動盪不穩，中國移民中之知識分子持續南下南洋，帶來中國大乘佛法，緬、泰兩國等也把南傳佛教傳入馬來半島北部，使馬來西亞近代有了新的發展。這個時期，已進入馬來西亞近代佛教的新發展。

❶ 許雲樵著：《馬來亞史》上冊，第一九二頁。
❷ 同上，第一九二——一九三頁。
❸ 許雲樵著：《馬來亞史》上冊，第二三九——二四〇頁。
❹ 同上。
❺〈拼湊史實追尋法跡〉，《大馬佛教二千年》上篇，資料來源：《普門》雜誌，整理：（馬來西亞）普陀書軒緣。
❻ 陳鴻瑜著：《馬來西亞史》，第五十六頁。
❼ 吳虛領著：《東南亞美術》，第一八五頁。
❽ 許雲樵著：《馬來亞史》上冊，第一六二、一六四、一六六——一六七頁。
❾ 許雲樵著：《馬來亞史》上冊，第一七二——一七三頁。

❿同上，第一九八——一九九頁。

⓫同上，第二六七頁。

⓬出處：https://baike.baidu.hk/item/%E5%8A%A0%E9%87%8C%E6%9B%BC%E4%B8%B9%E5%B3%B6/6131944。

⓭《梁書．婆利國傳》卷五十四。

⓮開印法師著：〈亞庇佛教的歷史發展〉一文。

⓯馮承鈞著：《中國南洋交通史》，第一九六——一九七頁。

⓰陳鴻瑜著：《馬來西亞史》，第六十五——六十六頁。

⓱同上，第六十七頁。

⓲蔡明田著：〈佛教在馬來西亞〉一文，出處：www.kbs.org.my（砂拉越古晉佛教居士林）。

第三章　馬六甲王國改信伊斯蘭教

（十五世紀初至十六世紀初）

馬來半島自二世紀至十五世紀，因深受印度文化、宗教、藝術、政治輸入的影響，陸續建立了許多邦國，很不統一。但馬六甲海峽（Straits of Malacca）自古即為中印海路交通航行必經過之要衝，因此蘇島、爪哇、馬來半島，就成了各國貨物販賣中心之地。中、印兩國僧人往來，海行也必至。在十五世紀以前，馬來半島上各邦國，宗教流行的信仰，是以佛教或婆羅門教為主。不過東南亞各國古時都缺少歷史記載，關於馬來西亞早期佛教史的真實面貌，我們只能從中國歷史、中國佛教史傳，以及現在東西學者對東南亞的研究，出土文物的考證，可獲知一些消息。

馬來西亞早期佛教的衰亡，是由於十五世紀初，有馬六甲王國的興起，以後逐漸統一馬來半島，致力提倡伊斯蘭教的信仰。伊斯蘭教的東來，自穆罕默德去世（六二三）後發展快迅，穆斯林自九世紀侵入北印，到十二世紀末統一全印度。十四世紀初，印度河口的胡茶辣（Gujarat）伊斯蘭教徒航海商人，把伊斯蘭教傳到蘇島北部北拉克（Perlak）、沙漠特拉（Samudra）、巴散（Pasei），這些地方的商人，再把伊斯蘭教帶到當時人口激增和商業繁榮的馬六甲。馬六甲開國英雄拜里米蘇拉（Parameswara），原是蘇島巴鄰旁王子，後來爪哇島滿者伯夷（Modjopait）興起，攻打巴鄰旁（三佛齊），他逃到淡馬錫（Temaseh，後來的新加坡），約在一四〇〇年，終於在馬六甲創立了馬六甲王國。拜里米蘇拉去世，子伊斯干達沙（Iskandra Shah）繼位，伊斯蘭教力量更加快速發展。原來他在太子時，曾與蘇島伊斯蘭教國家巴散一位公主聯婚，增進兩國邦交，抵抗爪哇勢力，未料同時對伊斯蘭教在馬六甲的傳播，起了決定性作用。在信奉伊斯蘭教的公主柔情感染和熏陶下，伊斯干達沙終於決定信奉伊斯蘭教。到他繼位後，運用政治的強大權力，下命全國人民都一律改信伊斯蘭教。自此伊斯蘭教勢力在馬六甲王國獲得極速的發展，代替了原有佛教或婆羅門教的信仰。

十五世紀以後，馬六甲發展成為東南亞強大的海上商業中心，對伊斯蘭教在海島地區和半島地區的傳播起了極大的作用，馬六甲曾被稱為小麥加。因此馬六甲眾多的屬國隨著也改信伊斯蘭教，如泰國人於一四四五年在彭亨被戰敗，彭亨於次年就成為馬六甲的屬國。吉打於一四六〇年，丁加奴和北大年約在一四七四年，也成為馬六甲的屬國，都改信伊斯蘭教了。在海島地區的蘇門答臘和爪哇等部分地區，都成了馬六甲的屬國，接受伊斯蘭教的信仰。伊斯蘭教興盛後，馬來半島和海島地區❶，早期的佛教就趨向衰亡，僧人佛寺遭到毀滅。縱使還有少數人私自信仰佛教，也是不公開的，起不了什麼作用。

馬六甲在最強盛時期，是世界聞名的經貿港口，東南亞主要的國際貿易中心，也成為當時東西方貿易的匯攏集散地。但在十五世紀末到十六世紀初，馬六甲由於王國內部階層的矛盾激化，爭權奪利的尖銳，逐漸開始衰落下來。

然就馬來半島整體而言，雖然在馬六甲王國以後，佛教走向衰退厄運，而未被徹底消滅，因為從第十五世紀到十八世紀末，馬來半島北部幾個小王國如吉打、吉蘭丹、玻璃市與泰國（暹羅）南部霹靂鄰界，曾為暹羅的屬地，常要向泰國納貢，長期受到泰國勢力的影響，文化方面包括佛教，而進入了緩進期❷。雖說佛教仍有僧寺的存在，但在當時伊斯蘭教強大盛行及排他性氣氛下，佛教的進展非常緩慢，長期近乎停止活動狀態。

---

❶ 范若蘭等著：《伊斯蘭教與東南亞現代進程》，第五十四——五十六頁。

❷ 陳秋平著：《獨立後的馬來西亞佛教研究》（博士論文），第三十四頁。

第四章　西方殖民地時期的佛教

（一五一一至一九五七年）

一、葡萄牙、荷蘭入侵馬六甲

一五一一年五月二日，歐洲葡萄牙殖民軍阿布奎克（Alfonsod'Albuquerque）從印度果阿出發，率領十八艘船隊，八百名葡軍，六百名印度輔助軍，開始大舉遠征馬六甲，葡軍進入馬六甲後，大肆燒殺擄掠，人民受到極大的痛苦，國王蘇丹馬哈木沙只得棄城逃脫，退到賓坦島，後來建立了廖內柔佛王國。葡軍在馬六甲建立堅固的軍事基地，企圖獨占港口商業。從此，馬六甲進入被殖民統治時期（一五一一——一六四一），達一百三十年，虐待當地居民，強迫人民改信基督教。然而，葡萄牙主要目標是在控制馬六甲為東方貿易的據點，並沒有擴大到占領馬來半島的其他地區。

十六世紀末，葡萄牙海軍力量逐漸走下坡，歐洲其他新崛起的國家，也紛紛地轉向東方，荷蘭就是其中較強者之一。一六三三年，荷蘭插手馬來亞，一六四一年打敗了在馬六甲的葡軍，葡萄牙總督被迫投降，並被殺死，馬六甲被荷軍占領，荷蘭殖民者成了馬來半島的新統治者，達一百五十多年（一六四一——一七九五）。荷蘭人統治馬六甲期間，同樣採取高壓壟斷，高額收費和刁難異教徒的貿易政策，結果港口貿易更加衰落，再加上走私貿易橫行，使得馬來半島經濟日趨蕭條。

二、英國殖民馬來半島

一七八六年，英屬東印度公司的法蘭西斯・賴特（Francis Light）登上了馬來半島北部的檳城，並以此為據點，不斷擴大侵略，開始發展檳城為軍事及商業中心。一七九四年，荷蘭被法國占領，英國趁機以保護荷蘭的權利和領地的名義，立即把荷屬殖民地馬六甲占為己有。一八二四年《英荷條約》簽訂，英國正式從荷蘭獲得馬六甲統治權。兩年後，英國設立了隸屬加爾各答的不列顛東印度公司的海峽殖民地，包括檳城、馬六甲、新加坡。一八六七年，設於倫敦的殖民廳接管海峽殖民地。自此以後，從一八七四至一八九六年間，英國殖民者繼續擴張權利，先後向霹靂、雪蘭莪、彭亨、森美蘭等邦委派了駐紥官，最後，通過英國律政司的制度，逐漸全面控制了整個馬來半島及新加坡。

一九〇九年三月，英國勢力伸入馬來半島，迫使泰國簽訂《英暹條約》（*Anglo-*

Siamese Treaty），暹羅將吉打、吉蘭丹、玻璃市、丁加奴割讓給英國❶。

英國殖民馬來亞後，為了土地等開發需要招募勞工，就招讓外來大量移民進入馬來亞，而移民以文化為載體，他們的宗教信仰也隨著傳入馬來亞。另一方面，英國為了殖民馬來亞，雖然也重視基督教的傳播，但宗教政策採取分而治之，容許移民各自發展不同的語言、文化、宗教、經濟能力、聚居環境，以及教育制度等。這給佛教帶來新的生機，經過長時間的發展，由移民帶入的佛教，也逐漸隨著移民社會的變化，在馬來亞生根、變遷、成長，而形成一個信徒眾多的宗教❷。

三、華人移民族群神佛不分時期

馬來西亞早期自印度傳來的佛教，在第十四、十五世紀開始沒落了，至於馬來西亞近代的佛教，這是以後華僑佛教徒和南傳佛教徒的再重新輸入，而且是近一、兩百年以內的事，可列為馬來西亞近代佛教史。

從十七世紀，大批中國人渡海到南洋謀生，佛教又再度傳入馬來西亞。中國僧侶接踵而至，佛教寺院到處林立，佛教又在馬來西亞興盛起來。而且南傳佛教也從泰國、斯里蘭卡、緬甸傳來至此落地生根。馬來西亞近代佛教的發展，很鮮明地具有濃厚的移民佛教特徵，來自中國、泰國、斯里蘭卡、緬甸，而各國移民都各自維持自己國家固有的宗教習俗，形成多元文化，異彩紛呈，其中以華人佛教信仰影響力最大，其後，也有很多華人佛教徒成為一些南傳佛教寺院的信徒和施主，甚至華人信徒遠超過緬、泰等國信徒，也有些南傳佛教開始逐漸滲入華人宗教信仰的成分❸。

中國在漢唐時期，就有少數人到過東南亞，留下很多寶貴的歷史紀錄，宋、元、明、清時代，有很多華人至東南亞謀生或定居。十七世紀到達馬來半島的華人，多數來自清代中國福建漳州、泉州，也有一部分來自廣州、潮州客家人，而其中移民大多數為農民，知識文化程度不高，沒有受過高等教育，他們同時也帶來多種信仰，如儒、釋、道三教混合的信仰，祖先崇拜，及其他多民俗多神的信仰。

建於一六七三年的馬六甲青雲亭，取其平步青雲之意，是最早的漢傳佛教華人的廟宇，銘刻記錄說：「亭之興，以表佛之靈，而亭之名，以勵人之志。」佛殿大門上書有「青雲亭」三個字，兩邊門聯為：「青蓮開佛國，雲雨潤蒼生。」主要供奉觀世音菩薩，但在觀世音菩薩兩側，也有供奉至聖先師孔子及關聖帝君，其他還供有媽祖、大伯公、土地公神像，及對馬六甲有貢獻的祖先牌位。另有一八〇九年的「觀世自在」及「母德永昭」二匾❹。創建廟宇者為馬六甲甲必丹（kapitein）第一任華人首領鄭啟基（又名鄭芳揚），鄭氏神主牌位上書「大明甲必丹鄭公」七字，廟宇建於清康熙十二年

（一六七三），是葡萄牙和荷蘭統治時期委任甲必丹的官署，當華人之間有任何糾紛官司時，都由甲必丹公正審理❺。一六九八年以前，青雲亭就有僧人主持祭祀儀式的紀錄。一九一一年，福建南安楊梅山雪峰寺派遣轉岸法師到馬六甲青雲亭代理寺務，之後就有不少僧人到馬來亞弘化和建寺。

現存一七九五年立的〈建造祠法功德碑〉，有文字記載中國閩南僧人至馬來西亞的說明。碑文的首段，先敘述寶山亭「迄今六十餘年，然少立祀法」。次段碑文寶山亭「甲必丹大蔡公諱士章捐金票二百四十圓」領建，列諸捐款之首。碑記最後刻在右下角的一行字：「開元寺僧昆山同募建月立石」。這說明早在一七九五年或之前，已有僧人負責馬六甲華社的義山管理及宗教事務。立碑人的身分是昆山法師，與甲必丹蔡士章一同募建，可見他有受人尊重的地位。而且碑文中每年「議定二十五文付本亭和尚為香資」（供養）。一八〇一年，蔡士章亦為馬六甲〈重興青雲亭碑記〉護持人，碑文右下首亦刻有「僧悅成」之名。由此可見，從一七九五至一八〇一年之間，就有二位僧人住在馬六甲，因立碑而留名❻。其實當時華人在馬六甲居住的並不多，一七六〇年，馬六甲華人人口只約一三九〇人，到一八一七年，只剩下一〇〇六人。在馬六甲的寶山亭福德祠，這一寶山亭福德祠香資制度❼，也影響到馬來西亞南部新加坡和北部檳城兩地依同一個模式而實行採用。

位於馬來半島西北海岸的檳城，是華人佛教發展較為集中之地，一八〇〇年華人集資最早建立的觀音寺（Temple of Kuan Yin），為中國傳統典型的宗教建築，紅色屋頂製作精緻，上面有色彩光鮮的綠色雕龍和獅子，寺裡香火興旺，每年逢觀世音菩薩聖誕，男女信眾來燒香許願的特別多，每晚都有戲曲或木偶戲表演，做為華人前往觀賞的娛樂。

十八世紀末十九世紀初，英國殖民者取得檳城和馬六甲之後，一八〇〇年華人所建的廣福宮，可能成為中國僧人南來落腳之處，或被延聘主持廟宇。因為根據王琛發先生考證，他依據一八二四年〈重建廣福宮碑記〉記載：「檳榔嶼之麓，有廣福宮者，閩粵人販商此地，建祀觀音佛祖也，以故，宮名廣福。」又續記錄：「甲申歲（一八二四），乃募勸題，各捐所原，運材琢石，不惜資費……載祀列聖之像於中，旁築舍以住僧而整頓之。」這一重建碑文，表明在這一年廣福宮擴建，在廟宇旁邊加建了僧舍，延聘僧人長駐，以滿足檳榔嶼及鄰近華人宗教的需求。因為初期南來的華人，客居異國他鄉，生命財產都沒有保障，需要通過神明問卜，祈求心安理得，死去的更需要僧人誦經祝福安息[8]。

來自英國的殖民官員沃恩（Jonas Daniel Vaughan，一八二五—一八九一）在其《海峽殖民地華人風俗習慣》（*The Manners and customs of the Chinese of the Straits*

Settlements）提到，廣福宮僧人為檳榔嶼華人信仰服務主持法會：「整個華族社群慶祝的節目，首先是新年，它在陰曆十二月三十日開始，至正月十六日結束。主要的日子是在年三十日及初一到初五，以及十五和十六，在這些日子裡，僧侶們在廟中舉行大法會。」可惜，由於戰前資料散佚，至今為止，無從尋找到一八二四年以來住持廣福宮的僧人名單❾。不過依據廣福宮供奉的聖像，包括了佛教和道教的信仰，以及一些地方的神明，也可能有來自先天教的系統，極其複雜，足證不是純粹佛教寺院。

在清朝道光年間（一八二一—一八五〇），海珠嶼大伯公廟也有法名叫「西濱禪師」的法師在那裡服務，主持世俗的宗教儀式，替人念誦延壽經和拜水懺等。西濱禪師死後，並土葬於海珠嶼大伯公廟內，一八五四年七月，立有墓碑刻文：「開元順寂沙彌西濱禪師❿。」

採用同一模式也影響到新加坡（當時新加坡屬英國殖民馬來亞統治），一八二八年，由閩籍福幫首領薛佛建築的「恒山亭」，是一處公墓，亭內供奉福德正神，俗稱大伯公，左右兩側供城隍爺和註生娘娘，是早期華人廟宇之一。

由馬六甲、檳城、新加坡三地看來，在清代南下馬來亞諸地的僧人，沒有寺廟駐身而棲居義塚之地，一方面足以說明地區環境缺乏資源以及條件不足，另一方面也說明初期移民社會衣冠南遷，精神生活重在養生送死的終極關懷，所以超幽度亡實是大眾對僧人的寄望⓫。

此外，遠在一八〇三年，檳城的玻璃池滑地區，就出現緬甸人所建茅屋式的禪寂深深的南傳佛寺，今天吸引無數遊客的泰國佛寺於一八四五年在它的對面建立。然而嚴格來說，正統的華人佛教要等到二十世紀初年檳城極樂寺創建以後，才在馬來亞出現。

四、華人正信佛教的傳入

十七世紀中國佛教隨著華僑移民傳到東南亞，但由於早期移民多屬勞工，知識水準不高，他們對宗教的需要僅停留在保佑平安及超度亡者的法會佛事，尚未有對佛教義理的探討。直到十八世紀中葉，時任福建鼓山湧泉寺方丈的妙蓮法師，為修繕祖庭寺院，遠赴南洋募化。期間，受當地僑民的純樸敦厚所感，所以接受當地仕紳的邀請，講經弘法，開啟了鼓山僧人駐錫檳城弘法的開端。

妙蓮法師（一八四四－一九〇七），清末僧，福建歸化人，俗姓馮，名地華，號雲池。其父馮書泰，是一位飽學秀才，先在福州怡山長慶寺出家。地華二十一歲，受父勸亦出家，投福州鼓山湧泉寺依奇量法師剃度，翌年，依鼓山懷忠和尚受具足戒，一八五四年任鼓山湧泉寺住持。在一八五八年，有一位湖南青年投止湧泉寺，在此剃度出家；

翌年青年滿二十歲，遂在妙蓮法師座下受具足戒，這位青年就是近代禪門宗匠虛雲老和尚。其後妙蓮法師多次前往南洋，向當地華僑富商募化，歸國重修湧泉寺等多間寺院。一八八七年南來，次年抵達檳城，其後，受英殖民支持的商紳理事胡泰興、許武安等二十人，推薦委任為廣福宮新住持。但因廣福宮是早年華人所建的民俗香火廟，地處鬧區，不適宜靜修，於是由妙師在僑紳張弼士及張煜南等護持下，在亞依淡（Ayer Itam）幽靜的地方，尋得一閩僑楊秀苗的別墅，占山地九英畝，籌建檳城第一名剎極樂寺。

極樂寺於一八九一年開工興建，歷時十四年，一九〇五年開光落成，從此有了講經說法弘揚正法的道場。極樂寺多用花岡石砌成，依山布局，重樓疊閣，氣勢雄偉，占地十二萬平方公尺，由低而高共分三層。主要大雄寶殿，飛檐畫棟，金碧輝煌，莊嚴雄偉，殿內正中供奉如來佛陀像，慈容含笑，兩旁列有十八羅漢像。寺旁有座三十公尺高的萬佛塔，是黃色和粉紅色的七層寶塔，融合一個八角型的中式底座，一個泰式的中間部分，一個緬甸式的塔剎，反映了三個主要佛教國家的傳統，是全寺代表性建築物，中外聞名。

一九〇五年，妙蓮長老欲返閩修建龜山寺，將極樂寺退讓他的弟子本忠法師繼任住持。臨行前，邀請虛雲禪師到檳城講經。虛雲禪師先往緬甸弘法，再自仰光乘船前往檳城，虛雲禪師奉妙蓮長老之命，在極樂寺開講《法華經》，皈依者數百人。之後，馬六甲諸護法請到青雲亭講《藥師經》，旋到吉隆坡，葉佛佑、黃雲帆居士等，請至靈山寺講《楞伽經》。在各埠講經畢，前後皈依者萬餘人⓬。兩位長老對正信佛教在馬來西亞的奠基，功不可沒。

一九〇七年，妙蓮長老回到鼓山湧泉寺，化緣已盡，於正月結跏趺坐圓寂，世壽八十四歲。妙蓮長老在檳城開山建寺得到鼓山道友的大力佐助，自此以後，影響國內高僧大德前往新馬者日多，如轉道、轉解、道階、會泉、圓瑛、太虛、慈航、演本、廣洽、宏船等諸大德法師⓭。閩南佛刹，紛紛在此成立下院。

極樂寺第二任住持本忠法師（一八六六—一九三六），在民國初年組織「南洋佛教會」，做為「中國佛教會」的一支部，並且創立「念佛蓮社」，弘揚淨土諦理，皈依他的善男信女，約有一千名，到一九二二年時，為了方便市區的信眾，他就在車水路建立觀音寺，做為極樂寺的分院和「念佛蓮社」的新址，為南洋群島組織念佛蓮社之始。

閩南高僧會泉法師（一八七四—一九四三），在福建廈門的南普陀改為十方道場後，於一九二五年膺任住持，創辦閩南佛學院，擔任首任院長，一九二七年，太虛大師接任。會泉法師於一九三八年，赴南洋新馬弘法，初在新加坡龍山寺、普覺寺講經，後抵檳城得到當地林炳照、林炳坤兄弟護法，於一九四二年合資捐建妙香林寺於知名勝地升旗山的山麓，做為會師弘法道場，皈依弟子成千。一九四三年，會師圓寂後，由剃度徒宏船法師繼任住持。其後在廣餘法師領導下，經過十餘年重建落成，規模宏大，殿宇莊嚴。

吉隆坡鶴鳴禪寺於一九三〇年由印慧老法師開山，草創時原在首都舊機場，日治時期遭日人徵用，便以現址地段做為交換，一九四五年鶴鳴禪寺遷至現址。當時印慧老法師曾禮請慈航法師擔任住持，惟在任不久，即辭去。一九六八年印慧老法師圓寂後，即由慈宗法師入主鶴鳴禪寺。慈宗法師攝眾有力，領導有方，組織鶴鳴禪寺弘法團，舉行許多攝受青年的弘法活動，一時四眾皈依，法輪大轉。可惜，不數載，慈宗法師在新加坡圓寂。後來禮請修靜法師擔任主持，創辦了兒童佛學週日班，他辭去後，廣餘長老接任住持。二〇〇六年廣餘長老圓寂後，傳聞法師接任住持⓮。

當中國上世紀四十年代，正是抗戰進入最艱難的階段，太虛大師組織「中國佛教國際訪問團」赴南洋，慈航法師為團員之一，訪問團所到之地，都成立了中印、中緬、中錫等文化協會，以揭發日本人在這些國家誣毀中國政府、摧毀佛教為侵略中國的理由。

慈航法師（一八九五—一九五四），一九四〇年隨太虛大師組織中國佛教國際訪問團訪問東南亞佛教國家，繼而留居馬來亞檳城。檳城的洪福寺，始建於一九一四年，原名薩溫阿倫寺（Wat Sawan Arun），由寺名和現存的舍利塔造型與佛殿四周所建的結界（Sima）塔，可知本寺在二次大戰之前是屬於南傳佛教泰國寺院，二戰開始，因原住持寺僧回泰國而荒廢，土地捐獻人陳西祥將寺交由華僧接管，並易名為洪福寺⓯。陳西祥為當時洪福寺護法兼信託人殷商林耀椿先慈，她禮請慈航法師駐錫，才轉變有北傳法師常住的道場，慈航法師擔任首任住持，本道法師任監院。慈師駐錫檳城七年期間，常往還新加坡、馬六甲、吉隆坡、怡保各地巡迴講經弘法，並創辦星洲菩提學院、星洲佛學會、檳城佛學會等，同時發行《人間》月刊，極力推行佛學會，促使新馬佛教走向興盛。一九四八年秋，慈師應臺灣中壢圓光寺住持妙果老和尚之邀請，赴臺主辦臺灣佛學院，洪福寺住持推舉本道法師接任⓰。後來再由遠明法師陞座住持，不久，遠明法師移錫金馬崙三寶萬佛寺，而由遠瑞法師管理洪福寺。當時文建法師從廣福宮移錫寶譽堂，再入駐洪福寺，直到遠瑞法師返回中國，文建法師繼承住持一職。

演本法師（一八七三——一九五八），江蘇無錫人，俗姓尤，名雪行，號惜陰，生於書香世家，光緒二十年（一八九四）之前考得秀才。曾與弘一大師在俗時同任上海聖約翰大學國文教授，蜚聲學界。一九三二年赴新馬演講佛法，適北京法源寺德玉法師到南洋，遂禮德玉法師為剃度恩師，後赴緬甸受具足戒。一九四五年，新加坡毗盧寺住持雪山法師在金馬崙高原創建三寶萬佛寺，禮請演本法師出任住持。演師以本道法師為監院，在信眾支持下，建造一所「法輪圖書館」，館內藏書極豐富，對外開放。一九五八年演師圓寂後，本道法師接任住持，重建三寶萬佛寺，成為馬來亞著名寺院。

香林法師（一八八六—一九三七），福建仙遊人，十八歲於莆田龜山福清寺出家。曾被派往越南募化，修復福清寺。一九一四年，師父平章法師受邀出任馬六甲青雲亭住持，攜香林法師同行協助亭務。一九二九年，平章法師病重，囑咐香林法師接任青雲亭住持，並囑其修建龜山福清寺祖庭。香林法師自律甚嚴，對後學諄諄教誨，化導無數的信徒，當時人稱香林法師為「萬家生佛」。法師座下兩位高徒金明法師和金星法師，也各積極弘化，對佛教在馬來西亞的弘揚有很大的貢獻。

金明法師（一九一四—一九九九），福建莆田蘆東張田厝人，俗姓鄭，家中獨子，幼年時，父親早逝，與母親相依為生，母親為一虔誠三寶弟子。一九三一年法師捨俗出家，在福建龜山福清寺剃度出家，不久後南下馬來亞馬六甲住在青雲亭。一九四六年，創立香林覺苑，開辦學校教育弘法等事業，潛心研究佛理，精於佛教因明及唯識論。一九五一年開辦馬來半島南部唯一佛教學校——香林學院。一九五八年與竺摩、金星、廣餘三位法師等，共同發起成立「馬來亞佛教會」，一九五九年四月十九日，獲得當時首相東姑阿都拉曼主持成立儀式。一九六一年，開辦較具規模的香林幼稚園。一九六二年，在金明法師的領導及各方佛教徒配合下，爭取將衛塞節定為馬來半島公共假日，至一九九八年才成功獲得批准將此日列為全國公共假日，全國各地佛教徒，均大肆慶祝這一重要的佛教節日。每年在吉隆坡和雪蘭莪都舉行佛教寺院聯合組織隆重慶祝衛塞節，在全市遊行。一九七一年，法師被推舉擔任馬佛總第二任會長，連任七屆，至一九九五年為止。金明法師著有《華文小學適用的佛學課本》、《佛法與人生社會關係》、《佛陀的教育》、《甚麼是佛教》等。

金星法師（一九一三—一九八〇），祖籍福建同安，俗姓楊，幼年隨父母兄長南來馬六甲居住，依塾師研讀孔孟、四書五經之學。十七歲依香林和尚座下剃度出家，一九三八年，依止龜山福清寺成慧老和尚受具足戒。金星法師於一九四五年接任青雲亭住持，至一九八〇年二月一日圓寂。法師三十多年來始終傾注心力於三大行事；其一，篤志學佛，解行相應；其二，弘法利生，不遺餘力；其三，一心為公，常懷祖寺（福建莆田龜山寺，落力資助維持費）。法師只進過兩年學堂，以後一切的學問都靠苦力自修得來。對儒學造詣頗深。二次世界大戰之後，曾擔任馬來亞政府師資訓練班的華文講師，造就許多華文人才。法師通曉多種方言及語言，不僅兼通華語、閩南語、馬來語等，而且英語亦講得非常流利，加以口才很好，能言善道，弘法講學及與外國到訪的善信和旅客，都能談吐自如，流暢清晰，令聽者充滿法喜。

本道法師（一八九八—一九八七），福建浦城人，俗姓鄧，三十歲在建寧寶蓮寺出家，一九三〇年在寧波天童寺圓瑛法師座下受具足戒。後來南遊參禮緬甸仰光大金塔，及遠涉印度朝聖。三十九歲時抵達檳城住下。五十歲時受慈航法師器重，推舉出任洪福寺住持，一九五五年又受雪山法師遺命主持新加坡毗盧寺，及金馬崙三寶萬佛寺監院。兩年後，任三寶萬佛寺住持。一九七七年本道和尚八十嵩壽時，舉行傳授萬佛大戒莊嚴勝會，為當年佛教界一大盛事。本道法師主催萬佛大戒，獲鏡盦法師及優曇法師輔助推動，所禮請之三師七證陣容鼎盛，本道法師任得戒和尚，宏船法師為說戒依止和尚，印順法師為當壇說戒和尚，廣洽法師為依止和尚，竺摩法師為羯摩阿闍黎，演培法師為教授阿闍黎，尊證阿闍黎則有壽冶法師、覺光法師、慧觀法師、真果法師、青凱法師、金明法師及廣淨法師。得出家戒之比丘及比丘尼二眾八十餘人，如文健法師、果能法師、文佃法師及日恒法師等皆是當時戒子⑰。

遠明法師（一九一七—二〇〇七），祖籍潮安，一九三七年先到新加坡落腳，隔年到馬來亞檳城一家公司當書記，二戰期間遭日軍扣押，飽受牢獄之災，後被釋放。有緣在檳城極樂寺聽聞慈航法師講經，一九四四年，於洪福寺本道法師座下出家。後受命至金馬崙三寶萬佛寺，協助演本法師及雪山法師管理寺務。一九八七年，接任金馬崙三寶萬佛寺住持⑱。

明妙法師（一九〇五—一九六五），九歲受具足戒於福州鼓山湧泉寺鼎峰老和尚座下，二十五歲那年，隨當時任極樂寺住持的本忠老和尚，南下馬來西亞，並被委為該寺知客重職，負責接待十方慕名前來的大德同修和遊人香客。後來接受千佛寺住持觀修師太的邀請，到吉隆坡教導梵唄和法器及頂禮萬佛寶懺，令十方善信個個法喜充滿，自動捐助興建千佛寺，千佛寺於一九二四年完成大雄寶殿及開幕（千佛寺前身是極樂精舍）。明師又於一九三六年，弘化馬六甲，倡辦明覺蓮社，修持淨土法門。明妙法師掌管之寺院共有：吉隆坡的千佛寺、圓通寺；怡保的明覺精舍、彌陀巖；馬六甲的明覺蓮社[19]。

志崑法師（一八八五—一九六四），法名日光，字志崑，原籍江蘇，其父在福建經商，一八八五年志崑出生於福州。十五歲於鼓山湧泉寺出家，依永泰縣方廣巖心朗上人剃度。二十歲在振光法師座下受具足戒，並接受嗣法，依止修學有年。光緒末年，隨妙蓮老和尚南渡檳城，妙老在檳城創建極樂寺，志崑佐妙老主理工程雜務。極樂寺落成後，在寺擔任執事。一九三七年，極樂寺第二任住持本忠和尚示寂，由上海圓明講堂的圓瑛法師繼任。圓瑛法師只擔任名義，實際上一切寺務都由志崑以副住持身分代理，多年勤勞，恪盡職守，廣受鼓山上院、極樂寺兩序大眾，及檳城諸山長老一致的讚歎。

一九五六年，與檳城諸山長老倡議組織馬來亞佛教會，志崑擔任籌備會主席，歷經三年籌備，馬來西亞佛教總會在極樂寺舉行成立大會，聯邦前總理東姑阿都拉曼曾蒞臨致詞。志崑法師以年事已高，功成身退，不預會務。志崑法師弘化新馬數年，皈依弟子極眾。平生熱心佛教公益事業，一九五六年，是佛曆二五〇〇年衛塞節，捐出巨額資金，供菩提小學、中學興建教室。而他個人自奉菲薄，生活清苦。管理極樂寺三十餘年，並未為自己後半生打算，是一位平凡中見偉大的僧寶。一九六四年初於極樂寺示寂，世壽八十，僧臘六十五，戒臘六十。

在英國殖民統治馬來半島期間，因為第二次世界大戰的發生，由一九四二年二月至一九四五年九月，日本曾占領馬來亞四年多，人民曾受到極大苦難。日本戰敗投降後，英國仍恢復統治馬來半島及新加坡，直至一九五七年八月三十一日馬來西亞獲得獨立。

融熙法師（一八八八—一九五九年），廣東番禺人（原籍浙江），俗姓湯，字雪筠。畢業於廣東高等師範學校，以能文善辯著稱。組織廣州佛教閱經社、六一佛學研究會，創立圓音月刊社，並致力於習禪探義、護法及保護寺產等。於一九四九年決心出家，遂詣香港荃灣竹林禪院，依融秋法師座下剃度，號融熙。一九五四年，自港赴新加坡，常往返新加坡與吉隆坡之間弘法，並於吉隆坡創辦馬來亞佛學研究社。著有《佛教與禪宗》、《葛藤集》、《無相頌講話》、《百喻經選講》等行世。

王弄書居士（一八九三—一九六四），福建閩侯縣人。年十一歲，見母親死於難產，即發誓不嫁，願侍奉父親終老，發慈悲心長年素食。十八歲，畢業於福州女子師範及法政學校，南渡到荷蘭屬地望加錫（印尼的 Macassar），執教三年。從此以後就負起奉養父親及教育弟妹的責任，按月匯錢幫助家用，數十年來從未間斷。二十一歲，應緬甸仰光中國女子公學的聘請，任教務長，兼國文導師。她三十一歲，皈依慈航法師，法名弘法，任緬甸的中國佛教會理事，兼佛教義學主任。一九四六年到檳城，協辦菩提小學，任監學兼名譽校長，而密行念佛法門，精進不懈。一九五九年三月，因事到香港，生病十日，得佛教慈濟醫務所的針灸醫師葉敏全心全意地照顧，所幸很快病愈。隨決定居香港，專修淨土法門，幫助籌建慈濟精舍於九龍獅子山。一九六三年十二月中，身體突然感到不適，經西醫診察，為肝硬化。至次年二月在錄音機的念佛聲中，安詳往生，時年六十八歲。

芳蓮尼師（一九一一—一九三七），法名演青，字芳蓮，福建思明人，俗姓薛，性孝順，聰慧過人，幼年隨家人往南普陀寺，聞太虛、圓瑛二法師講經，有所領悟，是一位非常虔誠的佛教徒，十六歲時父喪，遂發心投拜道階法師出家，學習經論。一九二〇年至馬來西亞僑居檳城，常在南洋各地弘法，受到眾多信徒的尊敬。一九三五年，在檳城創設菩提學院，購地三英畝，建立一所慈善機構，包括學校、孤兒院及經堂等，旨在培育弘法人才，闡揚佛法，利益眾生，及推動佛化教育，院內同時住有三十多名梵行清信女齋姑。又率弟子三十餘人，赴印度及緬甸朝禮佛教聖跡，然後歸國遍朝禮名山梵剎，參禮印光、興慈、慈舟、常惺、能海、現明、戒澄、梵月等諸高僧大德。中日戰爭發生後，返回檳城，先後禮請道階、慈航二法師宣講經論，及督率弟子等研究，躬身處理學院事務，因勞致疾，於一九三七秋英年示寂[20]。

一九三七年七月，芳蓮尼師英年示寂後，繼承主持菩提學院院務的是陳寬宗（後剃度名慧持尼師）、吳寬定（後剃度名繼蓮尼師）、陳慈華居士等負責。在菩提學院發展過程中，抗戰勝利後，教育家王弄書居士（皈依於慈航座下，法名弘法）離開仰光到達檳城，在菩提學院創辦義務學校，教育失學兒童。胡文虎夫婦曾到義學參觀，深受感動，慷慨捐款，菩提學院得以重建，又創建菩提小學，一九五二年，在小學的基礎上，成立中學部職業班。一九五四年，胡文虎夫婦又捐資，加上僑界善信支持，成立菩提中學。大雄寶殿是一座圓形建築，頗具特色。

智通法師（一九〇八——一九七三），江蘇泰縣人，俗姓陶，家中世代務農，兄弟五人，智通最幼。七歲喪父，八、九歲時罹患鼓脹病，治癒無望，母親無奈，送他到鄰村墩子頭興隆庵，求庵中潤田、潤滋二師予以收留，悉心調治，鼓脹病漸痊癒。十歲出家做了小沙彌，在寺中學習佛門儀軌，朝暮課誦。二十歲奉師命赴寶華山受具足戒。翌年，下山至鎮江玉山超岸寺佛學社，依守培老和尚受學。一年後到金山江天寺坐禪堂。一九三六年，與靜山法師由上海乘輪出發，抵達檳城，駐錫檳城佛學院。佛學院為當地居士創辦之道場，經常有數十位法師駐錫，講經靜修。智通法師駐錫達十二年，福建南游的本道法師亦駐錫佛學院，與智師極為相契。一九四四年，慈航法師出任檳城洪福寺住持，邀本道法師出任監院，襄助寺務。一九四八年，慈航法師赴臺灣辦佛學院，本道法師繼任洪福寺住持，邀請智通法師襄助寺務，智師乃移錫洪福寺，服務二十餘年，未再遷徙。本道法師在外則不斷有新開展，而智師少欲知足，淡於名利，隨遇而安。他不收徒、不建寺、不攀緣、不募化，唯以修持為務，保持一分淡泊之心。一九七三年六月示寂於檳城洪福寺。

定光法師（一九〇四—一九八六），中國福建省莆田人，童真入道年少渡洋。定光法師曾任馬六甲青雲亭首任監院。一九四六年，定光法師開山麻坡淨業寺，是馬來西亞柔佛州最大佛寺，一九五五年又興建峇株吧轄觀音亭。

檳城雙慶寺是福州怡山西禪寺微妙法師的弟子賢慧法師與性慧法師，於一八九八年到新加坡創建雙林寺（為西禪寺海外附屬下院），並在檳城創建雙慶寺（為西禪寺海外附屬下院）。相繼者為性慧，明光，敬亮，興輝，福慧，證明，碧輝，增慧，普亮，松輝，高參，永禪，談禪諸法師。初時屋宇簡便，迄一九五六年乃由高參和尚斥資重興堂皇殿宇。㉑高參和尚原籍福建泉州，德高望重，能文能武，道學淵博，年輕時即已捨俗出塵，專誠事佛，為佛教中素著聲譽之高僧。

白雲山觀音寺位於檳城灣島尾，創建於一九四六年，大殿內有天然玉麟井出甘露泉，信眾多來取水飲用，據說是可以治病保平安。殿外有一口龍鬚井，可供信眾沐浴保安寧。白雲山觀音寺創辦人是永神法師，原籍廣東潮汕人，自幼南來，中年出家，誠心事佛，與世無爭，為一佛門老修行者。

移錫馬來亞的閩僧在華僑的幫助下，相繼創建一批寺院並任住持。一九一八年，惠安籍法空禪師在檳城創觀音寺；福州鼓山明妙禪師在馬六甲創明覺寺；福州雪峰寺勝進禪師在怡保創東蓮小築，西禪寺僧談禪師在馬六甲創妙公紀念堂。

五、南傳上座部佛教的發展

南傳佛教傳入馬來西亞，在近代早期來自泰國、斯里蘭卡和緬甸的移民，他們基本上都是佛教徒。泰國人集中在北馬，與泰國邊界為鄰的數州，斯里蘭卡人和緬甸人主要居住在城市，尤以檳城和吉隆坡一帶。當他們移民到一定數量時，便有建造寺院的計畫，甚至逐漸形成一個聚落，就開始有宗教和文化的活動，所以寺院具有雙重的功能。南傳寺院的主要功能在於宗教信仰，但做為一個具有族群意義的中心，寺院也扮演了文化角色㉒。

南傳佛教以泰國為主，共計有九十座佛寺以上，大部分在馬來半島北部，吉打州有四十八座、吉蘭丹州二十四座、霹靂州八座，歷史最久的有二百年。因為這三個州與泰國南部國土接壤，泰國在曼谷王朝初期仍領有馬來亞北部各州主權，到一九〇九年英國殖民政府通過與泰國的長期談判，訂立了《英暹條約》，泰國同意將北部四個州的宗主權讓與英國殖民管轄。因此泰國在這四州留有部分泰裔僑民約八萬人，泰僧約二百位。泰國僧人最大貢獻者有：昭坤戒喜長老（Ven. Silananda）、達摩班查沃長老（Ven. Dhammabanchanvud）、昌朗長老（Ven. Chamriang）等㉓。

具有代表性的泰式佛寺，有檳城的猜雅文嘉拉讓寺、亞羅士打的尼可塔南寺、八打靈再也的智達苑寺。泰式佛寺的建築物，都依照泰國傳統的設計，佛殿是每一寺院的主要建築，通常都建造在稍高出的平台上，採取古典樣式長方平面圖，如果是大型的寺院，會在佛殿四周加建走廊或側廊，牆壁的窗戶是彩色玻璃花樣，或是貼上貴重金箔的窗櫺，更增添其高雅神聖的氣息，金碧輝煌，後來有些寺院發展成為旅遊觀光的地方。位於東海岸的菩提威汗寺的臥佛像，高十一公尺半，長四十五公尺，號稱是緬甸式臥佛在海外最大的佛像。

在檳城的猜雅文嘉拉讓寺（Wat Chaiya Mangkalaram），又簡稱泰國佛寺（Thai Temple），建築於一八四五年，寺中的臥佛像為世界第三大，長三十三公尺，整尊佛像線條勻稱美觀，佛座飾以浮雕，陳列鳥獸塑像，也成為檳城的一處觀光勝地。寺內還建有講經堂、圖書館、僧舍、靈骨塔等。每年泰曆新年、佛誕日、供養功德衣（Kaṭhina，迦絺那衣、功德衣）期間，前來參加的信眾十分踴躍，節日慶祝熱鬧非凡。

昭坤帕貼蒙古拉然博士長老（Phra Thepmongkonyan，一九一九—二〇〇七），出生在吉北古邦巴素縣的泰裔，二十一歲時在文也南佛寺（Wat Boonyaram）落髮受戒為僧，四年後成為該佛寺第六任住持。他除了在佛教界的貢獻深受敬仰，在教育及學術界的貢獻也深獲各方面的肯定。長老曾獲吉打州蘇丹頒賜法師證書、泰國朱拉隆功佛教大學頒發佛學榮譽博士證書，以及泰皇頒賜帕貼蒙古拉然勳銜，是泰國以外的最高僧銜。文也南佛寺原本名稱為瓦嘞嘞，已經有百多年歷史。自從長老上任後，建立起第一間泰文化交流學校，提供佛教智慧和泰文課程，教導當地泰族和佛教徒，建立種族和平相處的社會，文也南佛寺文化交流學校創辦至今已超過六十多年。長老生前擔任馬國泰裔僧伽會會長[24]。

一九五七年由雪蘭莪佛教協會（Selangor Buddhist Association）成立的西明寺坐落在敦拉薩路（Jalan Tun Razak）的尾端，是吉隆坡難得一見的南傳佛教（小乘佛教）支部。馬來西亞的南傳佛教主要是由泰國傳入，因此當地人也稱南傳佛教的寺院為「泰國廟」或「暹廟」。

早期馬來西亞的暹羅人主要聚居在泰南或北馬各州，獨立過後才因求學、求職等原因逐漸南移，最後聚集在吉隆坡這座大城市。而西明寺除了做為南傳佛教的信仰中心，也兼負著傳承暹羅文化的重要使命。星期天，居住在吉隆坡的暹羅人都會前來禮拜，並進行聚餐、學泰文、學舞蹈等活動。而每年的衛塞節（Wesak Day）及潑水節（Songkran），則是西明寺最熱鬧的日子。在這兩個日子裡，暹邏人、大馬人不分你我、普天同慶，充分展現出馬來西亞多元種族互相包容、共存共榮的社會特色。

在馬來西亞泰寺的僧人，大多對弘法活動不很積極，主要原因他們只會泰語和當地方言，華人雖歡喜去泰寺拜佛祈福，但語言無法溝通，形成一種障礙。而馬來人都是伊斯蘭教徒，幾乎無人信仰佛教。平時泰僧保持托缽習俗，接受信徒的供養，他們也樂意隨緣為信徒提供宗教服務，如主持喪禮、誦經祝福、家庭普照等。

一九六八年，在馬來西亞泰裔僧人，成立「馬來西亞泰裔佛教會」（MIBO），會員都是泰僧，遵守奉行原始佛教的生活及修持，並協調馬來西亞泰國佛寺的活動，統理僧務。

位於檳城的曇彌迦佛寺（Dhammikarama Burmese Buddhist Temple），簡稱緬佛寺，是馬來西亞唯一的緬甸佛寺，初始稱為Nandy Moloh Temple（緬文為「公眾崇拜之地」），建於一八〇三年，位於檳城喬治城，是由緬甸娘惹貝冬夫人（Nonia Betong）集合多位信女以捐款西班牙幣三九〇元，向喬治·萊頓（George Layton）購地興建，第一任住持是難陀摩羅法師（U Nandamala）。最初只是簡陋的亞答屋和一座高三點六五公尺的佛塔，完全不是如今所看到的樣子。三寶宮建於一八三八年，大殿始建於一八四二年；現存的建築則於一九八八年修復重建，主要建築有三門，門口有二隻白大理石大象守護著，大殿、諸佛殿、三寶宮、佛堂以及佛塔、僧舍等，保持緬甸傳統的風格，成為歷史最悠久的緬甸佛寺，一九八八年被檳城州政府指定為十五個歷史文物古蹟之一。今天在檳城已成為一個主要旅遊景點。僧眾是緬甸人，以教導馬哈希禪修方法為主，並且設有禪修中心和星期日學校。每年重要節日有慶祝衛塞節、潑水節、供僧節、新年等。而一般信徒則多數以華人為主[25]，檳城只有少數緬甸人居住，大多已與當地華人通婚而被同化。過去緬寺曾有一段時期，住持是一位高僧，對阿毘達磨論很有研究，形成一座頗有聲譽的阿毘達磨論中心。

最近，在馬來西亞建立了幾個新的緬甸佛教中心，主要是為了滿足緬甸移民工作的需要。目前在馬來西亞大約有三十個來自緬甸的僧人，其中有些僧人和居士會說英語。緬甸僧侶最重要的貢獻者之一，是駐留在檳城的慧種長老（Ven. Pannavamsa）[26]。

一個世紀前，當馬來亞和斯里蘭卡都被英國殖民統治時，斯里蘭卡佛教徒移民到馬來亞，他們帶來了僧伽羅佛教與其獨特的傳統。現在馬來西亞境內共有四座斯里蘭卡寺院，最早的一座建於一八八五年在霹靂州太平，稱為太平菩提楞伽寺（Taiping Bodilangkaram），因無僧人常住，很少活動，其他三座佛寺都法務興盛，因為斯國僧人曾受過高等教育，英語能力很強，可用英語弘揚佛法，成績裴然，特別是在首都吉隆坡的十五碑錫蘭佛寺。

一八九四年，由馬來西亞斯里蘭卡佛教徒發起成立「錫蘭佛教精進會」（Sasana Abhiwurdhi Wardhana Society，簡稱 SAWS），簡稱大馬錫蘭佛教會，是大馬南傳佛教歷史最久的組織，會員多屬斯里蘭卡裔的佛教徒。在馬來亞斯里蘭卡佛教會初期，一八九五年在位於吉隆坡的布里克菲爾德佛寺（Brickfields Buddhist Temple，亦稱「大寺」Buddhist Maha Vihara，有人中譯「十五碑錫蘭佛寺」），做為弘法中心，後來成為大馬南傳佛教的中心。一九六二年，該寺在住持達摩難陀長老（Venerable Dr. K. Sri Dhammananda，一九一九—二〇〇六）領導下，除了原有斯國傳統式的佛殿、佛塔、僧舍外，更增建了兩座現代化的建築物供弘法之用。又成立大馬佛教弘法會（BMS），每週舉行定期佛學講座，開辦週日學校、佛學函授課程、圖書館與佛經流通處，舉行短期出家修道、八關齋戒會、生活營等活動。由布里克菲爾德佛寺出版與流通佛教書籍、小叢書及定期刊物，尤其聞名全球的「佛教之音」（Voice of Buddhist），對馬來西亞受英文教育的佛教徒具有莫大的影響。

達摩難陀長老是佛教界家喻戶曉的名字。長老駐錫馬來西亞十五碑錫蘭佛寺四十二年，為無數的奉獻者帶來了佛陀的教法。達摩難陀長老出生在錫蘭南部摩多羅的基辛德村莊，由於母親的鼓勵，十二歲出家為沙彌，二十二歲受比丘戒。長老有位出家的舅父，是他的精神導師。為了深入了解佛法，法師於一九三八年進入可倫坡的維迪華丹那佛學院（Vidyawardhana Buddhist Institute）深造。隨後七年，他專心研修梵文，佛教哲學和巴利文經典，並學習一切對弘法工作有所裨益的世俗學問，二十六歲獲得語言學和巴利文經典研究文憑。這一切嚴格的訓練和學習，對達摩難陀法師日後教導接受過英語教育的信徒，起著極為重要的作用。

一九四五年，達摩難陀法師獲印度貝那勒斯興都大學（Benares Hindu University）獎學金，繼續前往深造。在大學裡，他主修梵語、印地語和印度哲學，於一九四九年獲得印度哲學文學碩士學位。完成學業後，達摩難陀法師回到錫蘭，在柯塔維爾（Kotawill），建立了妙法佛學院（Sudharma Buddhist Institute），照顧村民的教育、福利和宗教需求。他還以僧伽羅語出版了一份季刊"*Sudharma*"（《妙法》），並定期為信眾說法，以提高他們對佛教的認識和實踐。

一九五二年，應馬來西亞的錫蘭佛教精進會要求，達摩難陀法師獲得維迪拉納卡拉學院（Vidyalanakara Pirivena，現在的凱拉尼亞大學）院長選派，前往馬來西亞十五碑錫蘭佛寺服務。當時在馬來亞，非常欠缺南傳佛教的法師。達摩難陀法師抵達後，立即開始策畫弘法活動。法師並前往華僑聚居的村落，為他們介紹正信的佛法，匡正時弊，讓誤解民間信仰為佛教的華僑，有機會了解佛陀真正的教法。由於法師的努力，讓當時很多的青年人進入認識佛教。

一九六二年，達摩難陀法師在十五碑佛寺成立佛教弘法會，其目標是通過出版流通佛教書籍，及贊助佛教研討會、講座、定期的佛法討論，達成青年領導人才培訓和社會福利活動，使他未能料到弘法會有今天的成就。以十五碑佛寺（現在稱為大寺 Buddhist Maha Vihara）做為基地，與錫蘭佛教精進會密切合作，弘法會實現了多元的發展，贊助出版許多關於佛教的小冊子和文獻方面非常有效，其中許多是由尊者自己撰寫的，其他著名作家的熱門書籍也被重印。這些出版物中有許多是免費發行的，或是以非常低的價格出版，以確保更多人有機會閱讀佛法。

一九七〇年，馬來亞佛教總會成立，達摩難陀長老鼓勵佛教弘法會青年組，大馬錫蘭佛教會青年組也加入馬佛青總會。同時馬佛青總會也邀請長老擔任宗教導師，為佛青和佛教徒提供宗教資訊服務。

到一九七六年時，達摩難陀長老深感唯有培養本土的出家人，才能讓佛教在馬來西亞生根，因此開始舉辦短期出家的活動。從那時起，這個活動每年都舉辦，多年後，已培養了很多出家人。因為他的努力，讓佛教在馬來西亞從落後的、陳舊的、傳統的印象，成為現代的、積極的宗教，適合現代人的需要。

達摩難陀長老意識到馬來西亞佛教的未來，取決於年輕人和受過教育的人。因此，他一直特別重視學生，特別是學院和大學的學生。他與美國佛教僧侶蘇曼迦羅法師（Ven. Sumangalo）一起，鼓勵高等院校的佛教學生在他們的校園裡建立佛教社團。長老除了做為當地各大學的常規演講者外，他還在週日早晨，在十五碑佛寺為學生組織了專題講座和討論，以加強他們對佛教的認識和理解。因此，長老一直是佛友聯誼會（BGF）的主要指導老師，這個協會成立於一九八〇年，是佛教畢業生組織，旨在支持佛教學生社團。達摩難陀法師為校園學生和整個佛教界提供傳教課程，由於他的傳教工作，這些大專院校的許多畢業生現在是全國各種佛教社團的領導者。

達摩難陀法師對佛教事業最大的貢獻在出版領域。四十年的時間裡，他寫了很多作品，不僅影響了佛教徒，也影響了馬來西亞和世界不同地區的非佛教徒。在傳教生涯的早期，達摩難陀法師已經注意到文字弘法的力量和持久性。書籍可以永遠被保存、流通和再出版。三、四十年前，人們迫切需要這樣的書籍。今天，達摩難陀法師有至少六十本重要的書籍，從簡單的小冊子到超過七百頁的鉅著。這些作品被翻譯成各種語言，包括中文、僧伽羅語、泰米爾語、越南語、荷蘭語、西班牙語、韓語、印地語、孟加拉語、印度尼西亞語、波斯語、馬來西亞語、緬甸語、日語、尼泊爾語和葡萄牙語，讓非英語佛教徒也受益[27]。達摩難陀長老被教界譽為「馬來西亞英語系佛教之父」。

達摩難陀長老是位思想開明心胸廣闊的高僧，曾經針對南、北傳佛教的交會而提出他的六個共同點：⑴兩大傳承都以釋迦牟尼佛為導師；⑵兩大傳承尊崇的四聖諦內容一致；⑶兩大傳承實踐的八正道內容一致；⑷兩大傳承以相同的十二緣起法做為教義；⑸兩大傳承反對擁有全能的造物者在締造及統理世界；⑹兩大傳承所接受的無常、苦、無我及戒、定、慧觀念完全一致[28]。

一九一八年，斯里蘭卡僧人毘摩拉塔納（Ven. A. Pemaratana Maha Thera）帶領弟子抵檳城弘法，當地的僑民獻地建寺，成立學校，教導佛法與英文。佛殿不幸在雨季期間被沖毀。後於一九二一年購得寺院現址，也從斯國運來佛像及佛寺藍圖。毘摩拉塔納長老於一九二七年病逝，由弟子蘇曼那沙拉長老（W. Sumanasara Thero）完成瑪興達拉麻佛寺（Mahindarama Buddhist Temple）的興建，於一九三三年佛誕節正式開放。之後，由斯國派來德寶長老（Ven. Henepola Gunaratana Maha Nayaka Thero）擔任住持，同時也擔任馬來西亞和新加坡的最高僧伽長老。寺院陸續加建了佛塔、講堂、圖書館、僧寮、齋堂等建築。一九五七年，開設了瑪興達拉麻佛寺星期日巴利文學校至今。一九九六年後，更設有甘露義診中心（Amata Free Medical & Diabetic Center）、摩哂陀寺佛教老人院（Mahindarama Sarana Old Folk's Home）等慈善服務[29]。

坐落在洗都（Sentul）的斯里蘭卡佛寺（Sri Lanka Buddhist Temple），是因為

二十世紀初，斯國僧伽羅族人來到洗都，參加新鐵路建設工程，大家希望能有一座斯里蘭卡的佛寺，可以修行佛法。一九二一年，由「吉祥正法增長協會」（Sri Saddharma Wardhana Society）負責籌款修建。第一任住持是師利尼婆娑上座（Ven. P. Siriniwasa），他於一九四七年籌建了第一所斯里蘭卡學校，教育僧伽羅族人子弟，可惜這所學校隨著師利尼婆娑上座在一九五一年回返斯里蘭卡而關閉。之後在達摩沙拉比丘（Ven. G. Dharmeswara）繼任下，繼續弘揚佛法，舉辦各種佛事活動，他對佛教的貢獻受到肯定，一九六七年他獲任為馬來西亞最高僧伽長老。一九八四年，沙拉南加拉長老（Ven. B. Saranankara Mahāthera）受聘接任住持，很快地融入當地社會，積極推動佛寺發展，指導誦經及禪修班，恢復佛學班上課，並成立青年佛學班，引導青年佛教徒學習佛法。沙拉南加拉長老於一九九一年，成立師利闍耶福利組（Siri Jayanti Welfare Organization），此後，斯里蘭卡佛寺不僅是一個宗教場所，更發展為教育與福利中心。福利包括免費診療所、免費補習班、免費安老院；舉辦捐血運動、醫藥健康檢查、糧食分派及各項扶貧活動，受惠對象遠至尼泊爾、印度、中國等地㉚。長老更於二〇〇一年成立宏慈佛教協會（Maha Karuna Buddhist Society）開展更多社區福利，二〇〇三年成立大慈悲之家（Mahā Karuna Compassionate Home）興建老人院及提供臨終關懷服務。二〇〇四年成立了慈心佛教中心（Mahā Karuna Buddhist Centre），不分種族宗教，提供濟貧、賑災及社區服務。沙拉南加拉長老於二〇〇七年獲斯國最高僧伽委員會頒贈Sangha Keerthi Sri頭銜，並任命為馬來西亞的南傳最高僧伽長老（Chief Adhikarana Sangha Nayaka of Malaysia）[31]。

一九二〇年，馬六甲的一群華裔佛教徒由曾泉東居士等發起，成立佛教團體。一九三八年，購地興建釋迦院（Seck Kia Eenh Buddhist Temple Melaka）。大殿裡銅鑄的釋迦牟尼佛像，是緬甸寶帝沙長老（Ven. P. Ratanatissa）於一九二二年，親自從仰光搭火車運達。一九五三年，喜吉祥長老（Ven. Ananda Mangala，一九一七—一九八六）擔任住持時，成立了馬六甲佛教會（Malacca Buddhist Association），並策畫各項弘法活動。一九七〇年，繼任方丈畢耶尸羅（Ven. Piyasilo）成立佛法學校，編製了一套完整的佛法教學大綱，該教材目前仍在全國許多佛法學校使用[32]。

過去和現在的斯里蘭卡有多位傑出的高僧：如達摩難陀長老、阿難陀曼伽羅長老（Ven. Ananda Mangala）、德寶長老、卑摩羅多羅長老（Ven. P. Pemaratana）、尸利卑摩洛迦長老（Ven. K Sri Pemaloka）、尸利難迦羅長老（Ven. Sri Saranankara）、寶吉祥長老（Ven. Ratanasiri）、因陀羅羅多羅長老（Ven. I. Indraratana）等，他們在馬來西亞通過佛法使者（Dhammadutta）和社會福利兩個組織發揮了重要作用，扮演著佛教復興的角色，經過佛法會談、討論、免費刊物、星期日學校、成人佛法班、社會福利工作等，對在馬來西亞受英語教育的中國佛教徒和青年起到重要作用。還有，由斯里蘭卡僧人發啟的兩個著名的佛教福利社，即十五碑錫蘭佛寺的拿督達摩拉達那長老（Datuk K. Sri Dhammaratana，一九四八—）創立於一九九四年的慈愛福利中心（Ti-Ratana Welfare Society）和沙拉南加拉長老創立的宏慈佛教協會，貢獻巨大㉝。

南傳佛教在馬來西亞發展的期間，有一個有趣的特色，凡是緬裔僧人都可以用馬來文與當地信徒及居民溝通，而泰裔僧人和斯里蘭卡裔僧人卻可用華人方言和英語向信徒們宣揚佛法。因此，這樣可以吸引很多華人，尤其是不懂華文或其他城區方言的民眾，以及受英語教育者，提供接觸南傳佛教的機會，擴大增多了許多華人信徒。這些華人信徒，包括有海峽殖民地華人、中國移民，有些則是泰國華人和緬甸華人的再移民，他們已經習慣了南傳佛教的方式。到了二十世紀，更多的華人參與南傳佛教的活動，加深華人在南傳佛寺的影響。一九二〇年代後，南傳佛寺信徒結構發生了極大比例的變化，由於華人移民人數遠遠超過其他國家的移民，因此南傳佛寺的華人信徒，逐漸超越泰人、緬甸人和斯里蘭卡人信徒，成為南傳佛寺主要信徒群及主力的護持者。因為華人人數在南傳佛寺大量的增加，在南傳佛寺中也有供奉中國佛寺的佛菩薩，如供奉觀世音菩薩聖像，甚至也慶祝中國新年等的習俗㉞。

蘇曼迦羅法師（一九〇三—一九六三），生於美國阿拉巴馬州基督教教士家庭。

原名為羅勃特．司徒亞特．格立夫敦（Robert Stuart Clifton）。一九三五年，到日本出家為僧，一九五七年在寮國受南傳比丘戒，法名蘇曼迦羅（Sumangalo）。一九五七年受檳城佛學院邀請長駐檳城。他積極地推廣佛教青年團，成立兒童週日佛學班（Sunday School）。一九五八年十二月二十四日，蘇曼迦羅法師在檳城舉辦大馬佛青大集會（Pan Malayan Buddhist Youth Convention）。當年有新馬十二個佛青團體參加，通過十六條提案，成立馬來亞佛青聯合會（Malayan Buddhist Youth Federation）以促進佛教青年活動，蘇曼迦羅法師被尊為「馬來西亞佛青之父」。從一九五七至一九六三年，蘇曼迦羅法師的足跡踏遍新馬，到處高聲呼籲佛教徒組織與團結起來。一九六三年二月六日，法師在檳城佛學院揮別人間，享年六十歲。一九九五年，馬佛青為了紀念蘇曼迦羅法師推動大馬佛教青年運動傑出的貢獻，設立了「紀念蘇曼迦羅長老獎學金」，頒予國內傑出的佛教工作者。

馬來西亞崇聖寺（Siladidhamma Pavarasaya Vihare），是一座傳播南傳佛教修行體系的寺院，位於霹靂州北部，靠近吉打州邊界一個高烏（Kroh／Pengkalan Hulu）小鎮，寺院依山而建，山光湖影，其宗旨是推廣正信佛教，培育弘法人才，確立修行道場使命。寺院是由一位大洋洲的法增比丘主持，寺院園地由一位智鑒居士（後來出家）供給。修習佛法以持戒為主，兼教導止觀法門，如佛隨念、安般念或適當的四十業處其中一種予修學者，觀禪以七清淨及十六觀智為主。每星期去附近村鎮托缽一次。佛寺朝暮課誦本是以漢譯巴利文經典為主。每月十五日按照南傳佛教僧團的布薩自恣規定，比丘眾及比丘尼眾，依法懺悔及誦出波羅提木叉（戒本）；若是沙彌則向比丘僧懺悔改過㉟。

雪蘭莪州的那爛陀佛教協會（Nalanda Buddhist Society）成立於二〇〇三年，隸屬於巴利語系的學佛組織，注重佛法教學，提供各種佛法課程、靜修會、公共論壇和研討會等多元的學佛活動，吸引許多青年和大學生參加活動。二〇〇七年，協會成立那爛陀佛學院（Nalanda Institute），該學院的課程還在吉打、吉蘭丹、吉隆坡、沙巴、砂拉越和丁加奴，與當地佛教組織合作舉辦。目前，那爛陀佛教協會針對少年、青年、成人，設計有系統的佛法教學課程，對佛教的宏揚發揮很大的功效。

二〇一二年，馬來西亞的南傳佛教團體發起成立「馬來西亞南傳佛教總會（Theravāda Buddhist Council of Malaysia）。目前，有五十五個組織成員㊱。沙拉南加拉長老、奧智達長老、慧光尊者為指導法師。

❶ 陳鴻瑜著：《馬來西亞史》，第二一〇頁。

❷ 同上，第三十四—三十五頁。

❸鄭筱筠著：《斯里蘭卡與東南亞佛教》，收錄於魏道儒主編《世界佛教通史》第十二卷，第三五一頁。

❹賀聖達著：《東南亞文化發展史》，第四七七頁。

❺劉必權著：《世界列國誌．馬來西亞》，第一一七頁。甲必丹（kapitein）是荷蘭語的音譯，馬來語：Kapitan Cina，簡稱為甲必丹，是葡萄牙及荷蘭在印尼和馬來亞的殖民地所推行的僑領制度，即是任命前來經商、謀生或定居的華僑領袖為僑民的首領，以協助殖民政府處理僑民事務。

❻王琛發著：〈換取「香資」度眾生——從文物碑銘探討十八、十九世紀麻六甲海峽三市的華僧活動〉，收錄於開諦法師編著：《南遊雲水情——佛教大德弘化星馬記事》，第十八——二十一頁。

❼為了維持僧人基本生活，由公眾集資定期供養駐僧。

❽鄭筱筠著：《斯里蘭卡與東南亞佛教》，收錄於魏道儒主編：《世界佛教通史》第十二卷，第三五二頁。

❾同上，第三五二——三五三頁。

❿王琛發著：〈換取「香資」度眾生——從文物碑銘探討十八、十九世紀麻六甲海峽三市的華僧活動〉，收錄於開諦法師編著：《南遊雲水情——佛教大德弘化星馬記事》，第二十五頁。

⓫王琛發著：〈遠去的菩薩身影：論清代馬來西亞漢傳佛教的歷史變遷〉，收在《回顧與前瞻：馬來西亞佛教》（第一屆馬來西亞佛教國際研討會論文集），第四十九頁。

⑫《虛雲和尚年譜》。

⑬于凌波著：《中國佛教海外弘法人物誌》，第三—四頁。

⑭鶴鳴禪寺：https://www.hoehbeng.org/about-us。

⑮侯坤宏著：〈馬來西亞漢傳佛教史料蒐尋記〉一文。出處：enlight.ib.ntu.edu.tw/FULLTEXT/JR-BJ013/bj013570223.pdf。

⑯鄭筱筠著：《斯里蘭卡與東南亞佛教》，收錄於魏道儒主編：《世界佛教通史》第十二卷，第三五四—三四五頁。

⑰于凌波著：《中國佛教海外弘法人物誌》，第八十七—九十頁。

⑱開諦法師編著：《南遊雲水情——佛教大德弘化星馬記事》，第一六三頁。

⑲出處：馬來西亞佛教資訊網「釋明妙法師簡介」：http://www.mybuddhist.net/cms/damafojiao/fojiaorenwu/fashi/583.html。

⑳出處：1.廈門市佛教協會編：《廈門佛教誌》；2.〈芳蓮尼師紀念塔志〉，收錄於開諦法師編著：《南遊雲水情——佛教大德弘化星馬記事》，第三四二頁。

㉑〈馬來亞獨立大典紀念冊〉出版者：張玉英，一九五七年。出處：http://kaiti64.blogspot.com/2018/03/blog-post_2.html。

㉒陳秋平著：《獨立後馬來西亞佛教研究》（博士論文），第三十八—三十九頁。

㉓ K. Don Premaseri: *Buddhism in Malaysia* 一文，出處：www.tbcm.org.my/wp-content/uploads/2013/07/Buddhism-in-Malaysia-by-Bro-K-Don-Premseri.pdf。

㉔ 出處：http://archive.kwongwah.com.my/kwyp_news/news_show_old.asp?n=76405&rlt=1&cls=104&txt=2007/2/25/bm2007225_76405。

㉕ 陳秋平著：《移民與佛教——英殖民時代的檳城佛教》（碩士論文），第一一六—一一八頁。及參考：https://en.wikipedia.org/wiki/Dhammikarama_Burmese_Temple。

㉖ K. Don Premaseri: *Buddhism in Malaysia* 一文，出處：www.tbcm.org.my/wp-content/uploads/2013/07/Buddhism-in-Malaysia-by-Bro-K-Don-Premseri.pdf。

㉗ 出處：http://www.nalanda.org.my/buddhism-in-malaysia/ 。

㉘ 陳秋平著：《獨立後馬來西亞佛教研究》（博士論文），第二〇一頁。

㉙ 出處：www.mahindaramatemple.com。

㉚ 鄭筱筠著：《斯里蘭卡與東南亞佛教》，收錄於魏道儒主編：《世界佛教通史》，第十二卷，第三七四—三七五頁。

㉛ 出處：http://www.tbcm.org.my。

㉜ 出處：seckkiaeenh.blogspot.com。

㉝ 出處：https://www.nalanda.org.my/buddhism-in-malaysia/。

㉞ 陳秋平著：《獨立後馬來西亞佛教研究》（博士論文），第四十—四十一頁。

㉟ 鄭筱筠著：《斯里蘭卡與東南亞佛教》，收錄於魏道儒主編：《世界佛教通史》，第十二卷，第三七八頁。

㊱ 出處：https://www.tbcm.org.my/about-tbcm/。

第五章　馬來西亞獨立後佛教的發展
（一九五七年至今）

馬來西亞古稱馬來亞，或馬來半島，一九五七年脫離英國統治，獲得國家獨立。一九六三年，由於婆羅州的砂拉越和沙巴加入，組成聯邦國家，而改稱馬來西亞（Malaysia），全稱馬來西亞聯邦（The Federation of Malaysia）。國土面積三十三萬點二四平方公里，被遼闊的南海分成兩部分，一稱西馬來西亞（簡稱西馬）和東馬來西亞（簡稱東馬）。西馬是馬來西亞的政治、經濟、文化、交通中心，位於馬來半島的南端，首都吉隆坡於西馬的中部。東馬位於加里曼丹島的北面，即後來加入聯邦的砂拉越州和沙巴州。

根據二〇〇九年統計，總人口為二千七百一十七萬人。其中馬來族占百分之六十八點七、華族占百分之二十三點二、印度民族占百分六點九，其他民族占百分之一點一。

依據馬來西亞政府於一九七一年推出的「國家文化政策」，主要內容有三點：⑴國家文化必須以土著文化為核心；⑵其他文化中適合及恰當之元素，可被接受為國家文化的一部分，但必須符合第一項和第三項的概念才會被考慮；⑶伊斯蘭是塑造國家文化的一個重要部分。這樣的三點重要內容，明顯提出是以單一種族和單一宗教為核心的國家文化政策❶。

馬來西亞憲法保障宗教自由，但規定伊斯蘭教遜尼派為國教❷。根據二〇一〇年人口和房屋普查的數據，二〇一〇年馬來西亞宗教人口調查百分比為：伊斯蘭教遜尼派（國教）百分之六十一點三，佛教百分之十九點八，基督教百分之九點一，印度教百分之六點三，其他百分之一點一❸。

依據馬來西亞憲法第一六〇條，所有的馬來人被認定為信仰伊斯蘭教的穆斯林。二〇一〇年人口普查的數據，在華人人口當中，百分之八十三點六登記為佛教徒，實際上其中是包含一些儒教、道教和華人民俗信仰者在內。

因歷史背景原因，英國殖民馬來西亞之後，國民教育以英文為貫徹，通過教育灌輸基督信仰，殖民地英化教育的成功，部分華印青少年，尤其是東馬之原住民（砂拉越州之伊班人、達雅人等，沙巴州之嘉達人、魯孫人等）經過英文教育熏陶後，均信奉基督教及天主教，然而穆斯林無論受到多大的誘惑及壓力，沒有一個脫離伊斯蘭信仰❹。

又據調查，華人人口從一九八〇年的四百一十四萬增加到二〇〇〇年的五百六十九萬，增加率為百分之三十七點四。但同一時期，伊斯蘭教徒人口增長率是百分之四九〇，基督教徒增長率是百分之一二三，印度教徒增長率是百分之二五七，而華人信奉中國傳統宗教人口只增加了百分之三十二，這表示華人信仰傳統宗教者增加緩慢，而且有下降的趨勢。下降的主要因素有三：一是不少華人與其他種族通婚，改變宗教信仰；二是華人傳統宗教信仰者傳教不力，導致其信徒對本身的宗教認識不深；三是華人信仰傳統宗教者信心不堅強，可改變或放棄宗教信仰❺。

一般而論，佛教傳入馬來西亞，可分為古代與近代兩個時期。最早自二世紀至十五世紀，在宗教文化方面，因先受到印度文化的影響，流行印度教和佛教。由於馬來半島南端馬六甲海峽，是東南亞交通的要衝，也是東南亞通往中國、印度、阿拉伯、非洲海上貿易的要道，在十四、十五世紀，伊斯蘭教漸漸由南印度和阿拉伯商人沿著商道傳入印尼的蘇門答臘，再跨海沿著馬六甲海岸傳播。十五世紀初，尤其馬六甲王國（亦譯麻六甲，一四〇五—一五一一）的建立，國王拜里米蘇拉放棄原有的印度教信仰，改信伊斯蘭教，並命令全國臣民信仰伊斯蘭教，獲得迅速的擴散，印度教和佛教在馬來半島很快衰落下來，只留存一些因素在當地的生活、風俗和文字裡。自十六世紀以來，西方葡萄牙、西班牙、英國殖民者開始向東方侵略，亦傳入天主教或基督教，但因受伊斯蘭教的阻擋，信仰的人數不多。

一、佛教團體迅速增加

一九五九年四月十九日「馬來亞佛教會」在檳城極樂寺成立，各地寺院代表及來賓上千人參加，聯邦前總理東姑阿都拉曼也在大會中致辭祝賀，為馬來亞獨立後增加一頁新的歷史。會址設在檳城車水路中段，有土地四萬平方餘尺，於一九七〇年建築了一座三層會所。此會最初倡議組織為竺摩長老聯絡諸山長老志崑、本道、金明、金星、真果、龍輝、廣餘等法師所籌備推動，首任會長竺摩長老。一九六三年，因東馬砂拉越、沙巴的加入，改稱「馬來西亞佛教總會」，簡稱「大馬佛總」或「馬佛總」，成為馬來西亞華人佛教寺院及各地佛教團體的代表機構，在首都吉隆坡也有佛教大廈，各州成立分會或區域。

一九七〇年成立「馬來西亞佛教青年總會」（Young Buddhist Association of Malaysia，簡稱 YBAM），簡稱「馬佛青」，是大馬唯一的佛教青年組織，目前擁有近三百個團體會員，在全國各州設有聯絡委員會，是一個活躍於全國的組織，推動各類活動，其團體會員來自各佛教源流與傳統，是一個不分種族、語言、傳承的多元佛教組織。其理念為「塑造一個充滿智慧、慈悲與感恩的社會」。其活動的多元化及前瞻性更是促使佛教普及化的一大因素。曾主辦多項活動，如佛青訓練營、聯誼會、座談會、工作營、短期出家，贊助外國講師巡迴全國講學，參加國際青年交換計畫、各種佛教學術會議，舉辦文物展覽、園遊會等。在出版工作上，編印中、英文對照的會訊以及出版《佛教文摘》中文季刊、"*Eastern Horizon*"英文季刊及《佛教青年》會訊三種定期刊物；出版及流通一百種以上中、英、巫三種語文之佛書與小冊子。這些小冊子的流通使得佛教的基本教義能非常廣泛地傳播到全國各角落，這對於沒有佛教會或寺院的地區尤其重要，並成立馬來西亞佛教基金會來推廣佛教弘法工作。

二十世紀六十年代，馬來西亞佛教界針對愈來愈多青年人不信佛的情況，在蘇曼迦羅法師的倡導下，展開了「佛教青年運動」。八十年代以後，隨著達摩難陀長老和繼程法師等努力推動，南傳佛教、北傳佛教互相交流與合作，在北傳佛教寺院開始誦念南傳巴利文佛經，教授禪修法門等；在南傳佛教也開始供奉彌勒佛像和觀世音菩薩像等，互相趨於和諧理性和合作的發展方向。因此，馬來西亞佛教團體迅速增加，境外佛教團體也多來馬國建立道場弘法。

當時馬國代表的人物，南傳佛教有達摩難陀長老、蘇曼迦羅法師，漢傳佛教華僧有竺摩法師、金明法師、演本法師、本道法師、繼程法師等，對推展馬國佛教起了巨大的作用。

二十世紀六十、七十年代，馬來西亞佛教徒可分為受中文教育及受英文教育者。受中文教育者，多數受到漢傳佛教的影響；而受英文教育者，比較傾向南傳佛教。其中主要原因是因為南傳佛教的法師，尤其是斯里蘭卡來的法師多數以英語為主要的弘法語言。當時以檳城的瑪興達拉厤佛寺、吉隆坡的十五碑佛寺及馬六甲的釋迦院為南傳佛教的主要道場。

吉隆坡的十五碑佛寺的達摩難陀長老，風塵僕僕地到各地宣揚佛法，成為佛教界主要弘法者，以英文源流弘法之外，同時也促使北傳和南傳源流的佛教融洽發展，名聲廣為人知。達摩難陀長老對弘法的重視，他一生研修並進，也四處講經析論以個人的佛法素養，法流廣布；他不畏難苦，不怕勞累，為法忘軀的崇高精神，充分展現出佛陀的慈悲與智慧，因而獲得眾多佛弟子的尊敬。

二、華僧佛教的發展

鏡盦長老（一九〇〇—二〇〇〇），福建仙遊人，俗姓李，一九四七年為福建雪峰下院法海寺籌建一所佛教中學，到南洋新馬籌款，後因時局變遷留下，接受駐錫馬來亞巴生觀音寺。一九五二年，長老在剛開闢的首都衛星城市八打靈建立第一座佛教道場觀音亭。一九七一年成立「觀音亭基金會」，從事公益慈善、文化、教育，不分種族、宗教頒發貸款獎學金，創下吉隆坡開埠以來的空前紀錄，籌集到的善款，源源而至，乃於每年春節及佛誕節，分別前往各慈善機構，分發善款，支援老弱病殘，同時建立各民族貧寒優秀子弟獎學金制度，協助政府作育英才。在八打靈觀音亭，為了滿足信徒的需要，除了弘法講課，舉辦各種法會、兒童學佛班、成人中文佛學班、誦經祈福會等。觀音亭初為平房建築，由於鏡盦長老法譽日隆，護法者日眾，一九六八年進行改建工程。一九八四年重修大殿，一九八六年進一步擴建，增加了藏經閣、講經堂、圖書館等宏偉建築，使觀音亭成為馬來西亞聞名遐邇的巨大寺院。一九八八年將觀音亭圖書館對外開放，藏書不限於佛學經典，另有各類健康益智讀物，提供了理想的閱讀及進修場所，乃全國第一家寺院附設的中文公共圖書館。鏡盦長老於一九九二年創辦《慈悲》佛教季刊，在傳承中國佛教的同時，又力求在當地本土化扎根。

竺摩法師（一九一三—二〇〇二），俗名陳德安，浙江樂清人。十歲入私塾讀書，十二歲時在雁蕩山出家。十八歲赴閩南佛學院潛心研讀，曾得院長太虛大師手書訓勉：「守志思清筆雅，為少年之秀，若能多習禪，廣培福壽，則前途不可限量。」閩南佛學院畢業後，入武昌佛學院任助理，兼任世界佛學苑圖書館編譯員，二十一歲時受命為太虛大師侍者，隨太虛大師到廣東、香港弘法。一九三八年，竺摩法師在香港東蓮覺苑屬下功德林講《維摩詰經》時，結識嶺南畫家高劍父學畫。竺師擅長繪畫、詩文，書法自成一格，墨寶多為海內外各道場珍藏，有佛門才子之譽。一九四九年受聘澳門佛學社為導師，一九五一年在澳門創辦《無盡燈》雜誌，該雜誌後來移至馬來亞，成為馬來亞佛教會會刊。一九五四年抵馬來西亞檳城，應聘為菩提學院導師，兼授菩提中學佛學課程，自編《初中佛學課本》三冊，從此開始了在馬來亞長達半個世紀的弘法活動，致力於推動馬來亞佛教學術、教育及文化事業的發展。一九五九年與金星法師、金明法師等在檳城極樂寺正式創立「馬來亞佛教會」，一九六三年，因東馬沙巴、砂拉越的加入，改稱為「馬來西亞佛教總會」，並擔任前三屆主席達十二年之久。一九六九年，馬來西亞佛學院董事會正式成立，公推真果法師為董事長，本道法師、如賢法師為副董事長。祥空法師為總務，清亮法師為財政。復恭聘竺摩法師為院長，白聖法師為副院長。正副院長就任後，即聘定黃蔭文居士為教務主任，陳少英居士為舍監及委任其他職員等。一九七〇年三月，馬來西亞佛學院正式開課，聘竺摩法師為院長，白聖法師為副院長。招收學生包括出家與在家二眾❻。

一九六二年竺摩法師發起建築三慧講堂，長期擔任檳城三慧講堂、吉隆坡寶林法苑、新加坡佛緣林等道場住持，馬來西亞佛學院院長與馬來西亞佛青總會宗教導師等職。皈依弟子遍及新加坡、馬來西亞、香港及東南亞各地。半個世紀以來，法師在馬來西亞致力於弘法活動，培植佛教人才，推動佛教組織的發展，為馬來西亞佛教事業的發展做出了歷史性的貢獻，有「大馬漢語系佛教之父」的美譽。

近代華人在東南亞，無論在經濟、教育、文化及其他事業上，皆有相當基礎，日漸趨向蛻變與轉型的階段，更以自覺的方式，從教理、實踐及文教的角度，使華人佛教能更上層樓，已經一改百年前的面貌。馬來西亞佛學院在地理與文化上，院長竺摩長老曾親近太虛大師在閩南佛學院受教育，心胸開放，所以教學上既繼承旁涉江浙、臺灣佛教傳統之長，亦特別重視對諸上座部的系統研究與吸納，以豐澤其學理與踐行等部分，並重新以中文作表述。馬來西亞華人佛教社群在過去二、三十年內，已經不知不覺地積聚了一批暫時仍旅居海外的僧、俗佛教知識人。何況這些旅居海外的馬國僧、俗佛教知識人所以形成的國際聯繫，若於適當時機被引介予馬國佛教，亦是一道不宜輕易低估之人才助力❼。

廣餘法師（一九二〇—二〇〇六），福建惠安人。曾就學於廈門南普陀佛教養正院，參學於泉州開元寺、承天寺。後任廈門金雞亭普光寺住持。一九五〇年，受馬來亞檳城妙香林寺住持宏船法師之聘，出任妙香林寺監院，後繼任住持。一九六三年，在馬來亞先後辦有清寒子弟免費求學的佛教義學、會泉幼稚園、宏船佛學院、佛學函授班、華文及英文佛學考試、教授佛學獎學金、成立弘法團、出版《無盡燈》、編印佛教兒童讀本及《佛學入門》手冊，施醫贈藥。任馬來西亞佛教總會慈善主任、馬佛總會副主席、馬佛青總會教導師，積極贊助佛教弘法事業，籌募慈善資金。二〇〇〇年，當選「世界佛教僧伽會」第七屆執行委員會長，護持佛教文化不遺餘力❽。

伯圓長老（一九一四─二〇〇九），原籍福建福安，是雪蘭莪州八打靈湖濱精舍開山住持。法師於十九歲依止釋門，在獅峰廣化寺禮靜繩禪師出家，二十二歲時在福州鼓山十方叢林湧泉寺受具足戒於一代高僧虛雲禪師座下。伯圓長老於一九四七年前往檳城極樂寺出任監院。平生禪淨雙修，弘法利眾七十七年，門下求法弟子眾多，法雨遍及國內外。長老博學審思，明辨篤實，詩書畫藝已臻化境，二〇〇〇年更受大馬國家美術館邀請舉行個展，成為在該館舉行大型書畫個展的第一人。長老善緣廣澤佛、政、經、文、教界，德高望重，備受尊崇。

寂晃法師（一九二〇─二〇一二），一九五二年三十二歲，正當青壯之年，應馬六甲青雲亭當家師金星法師之請，從中國福建遠渡重洋，到了馬來亞，擔任「佛事部」主任。一九五九年他決定投考位於首都吉隆坡，由饒師泉醫師等所創辦的「馬華醫藥學院」全科及針灸，當時他已年近四十，一九六一年十二月，以第一名最優秀成績畢業，取得醫師資格。他的決定無疑是正確的，對當時的大馬佛教發揮了積極入世的作用。相較於當時已興盛的錫蘭南傳佛教，出家人尚不多的華人漢傳佛教，除誦經、禮懺、消災祈福外，在講經說法、接引青年學佛上，相對的比較不足。一九六一年寂晃法師先在青雲亭設立「佛濟診所」，日診病患六十至一百名。佛濟診所收費低廉，只收取基本之醫藥費。對窮苦病患，除了免費看診外，更津貼車資及生活費，這是以出世的精神，無所求，不求回報來做入世的事業。關心苦難眾生，對寂晃法師來說，這不是口號，而是身體力行。

一九六五年在佛總同人本道、竺摩、金星、金明、真果、如賢、祥空、廣餘、宗鑑、明德、龍輝、清亮、印空、又弘姑、菊英姑、菩提學院等諸大德支持贊助下，成立「佛總檳城贈醫施藥所」，由寂晃法師擔任首任醫藥主任。每日就診人數一百至一百五十人，遠從吉打、怡保等地來看病之各界人士，盛極一時。贈醫施藥所，並不限於華人或佛教徒，在候診室常可看到馬來人、印度人、華人等齊聚一堂。一年之後，一切上軌道，乃交由當地知名中醫師李至邑居士負責，法師回到青雲亭。

一九七〇年協助雪蘭莪州佛教分會創辦「雪州佛教施診所」，任義務醫師兩個月，然後再回到青雲亭開設診所。後因病患日增，青雲亭內診所場地不足容納，同年自建妙應寺，自創「佛濟診所」於森美蘭州芙蓉坡拉坑花園。寂晃法師在佛濟診所為病患服務，一直到七十歲之後，逐漸交棒予醫學院出身之弟子，一九九八年七十八歲時才正式退休不再看病。而後法師又在森州佛教分會會所設有「佛學圖書館」，供大眾自由閱讀。創辦佛學班，分初級、中級及成人班等，延請法師做專題演講。教唱佛教歌曲、梵唄演習，及《大悲懺》共修會、十八式太極拳等課程，接引各界人士，聽經聞法，親近三寶。寂晃法師一生，為佛教建樹良多，然自奉甚儉，在其開山之「妙應寺佛濟診所」的方丈室，室內僅一單人木床、一木桌、木椅、躺椅、衣櫃等，餘無他物。在大馬，凡認識法師者，皆知其寬厚待人，照顧提拔後進之美德❾。

法光法師（Bhikkhu KL Dhammajoti，一九四九—），出生於馬來西亞的華裔，有時亦被稱為「吉隆坡法光」。他依上座部傳統出家為僧，在斯里蘭卡的凱拉尼亞大學（Kelaniya University）求學，一九七〇年，法師以研究悟入（Skandhila）所作的《入阿毘達磨論》獲得碩士學位；一九九〇年，再以研究各種中文版本《法句經》的論文獲得博士學位。法光法師於一九八二年任該大學巴利文及佛學研究院的高級講師，一九九二年成為佛學原典系的教授和系主任，前後任教達二十二年。法光法師於二〇〇四年加入香港大學佛學中心為教授，備受尊崇。他對漢語、英語、法語、日語，以及佛教經典語言梵語、巴利語、藏語的掌握能力，讓他能輕易地悠遊於有部的一手與二手文獻之中，所著的 *Sarvāstivāda Abhidharma*（《說一切有部阿毘曇》）算是彌補了這方面英文著作的缺憾。法師從事說一切有部的研究多年，也發表了許多有分量的論文，是他多年來對有部研究、教學的成果。法光法師著有五本佛教教義的書，並且擔任斯里蘭卡學刊

《佛學研究》（*Journal of Buddhist Studies*）的總編輯。領導一組本地及外國的研究生，用不同文字寫成的佛學課文。他現在專注編修一本英梵文對照的《阿毘達磨辭典》，完成後將會對佛學研究大有裨益[10]。法光法師亦曾協助多位中國大陸青年僧人至斯里蘭卡留學。

繼程法師（一九五五—），出生於馬來西亞霹靂州太平，俗名周明添。高中畢業於太平華聯國中，畢業後任教小學，加入太平佛青團、太平佛教會及馬佛青總會霹靂州聯委會。一九七八年依止三慧講堂竺摩法師出家，法名繼程，號文錦；同年赴臺灣受具足戒，三師和尚為印順導師、演培法師與真華法師；並於中國佛教研究院研究部進修佛學，期間曾親近當代大德印順長老、星雲法師、陳慧劍老師等，後於聖嚴法師門下修習禪法，成為法子。法師返馬後，活躍於大馬佛教界，曾擔任馬來西亞佛教青年總會總會長、馬來西亞佛教僧伽總會副主席等職，現任馬來西亞佛學院院長、太平佛教會導師、馬來西亞佛教總會副會長、馬來西亞柔佛州普照寺住持；創辦主持大專佛青生活營、教師佛學生活營、大專靜七、禪十等禪修課程。此外，在佛曲創作上也多有表現，創作了〈無盡燈〉、〈禪燈〉、〈悲欣交集——圓滿弘一〉、〈海潮匯〉等歌詞近百首。近年來，法師亦多次舉辦書畫義展，為馬來西亞佛教青年總會等佛教組織籌款。一九九九年開始，繼程法師應海外之邀，赴瑞士、波蘭、克羅埃西亞、美國、新加坡、臺灣等地弘法，主持佛學講座及禪修課程，廣受歡迎及肯定。法師勤於筆耕，著作甚豐，內容包括了論作、散文、開示錄等，如：《如夢集》、《出家情》、《船到橋頭》、《一代人天師範》、《小止觀講記》、《六妙門講記》、《花花世界》、《心經的智慧》、《爾然小品》等五十多種⓫。

唯悟法師（一九四九—），馬來西亞出生，華裔，俗名梁嘉棟，青年時留學紐西蘭。出家前曾在美國洛杉磯西來寺做義工，曾經當過星雲法師的翻譯。之後回到馬來西亞，更積極地投身佛教事業，於一九九〇年一月在馬來西亞檳城協助檀香寺成立「檀香基金會」，秉持著「少有所學，壯有所用，老有所依，終有所歸」的四大信念，檀香基金會凝集了大眾的力量，推動佛教教育、慈善及修持工作。一九九二年出家因緣具足了，梁居士發心披剃於修靜長老座下，法號唯悟，在西來寺受戒，當時星雲法師建議唯悟法師去佛光山體驗叢林生活，修學一年，在佛光山擔任過國際學部的英文教師。

檳城檀香寺的大悲大樓第一期建設，當時除了大悲殿以外，還有幼稚園、視聽中心、圖書館、辦公室、素食堂等。很快的場地便不敷應用，於是便又展開策畫，籌建第二期的七層檀香大樓。一九九二年開始，檀香寺舉辦了斯里蘭卡佛教大學的課程，一九九四年努拉達薩教授到來授課，他發現這裡是南、北傳佛教的交流點，就提出辦一所包容佛教三大傳承理念的大學。一九九八年檀香大樓開始全面啟用，投入弘法利生的工作。檀香基金會所籌得的款項主要用於推動佛教發展教育，唯悟法師因有感在馬來西亞伊斯蘭教國家創辦佛教高等教育，常遇到困難和阻礙，所以在一九九九年，以檀香基金會在泰國南部康月鎮購地鳩工，二〇〇一年動土奠基，隨後開啟第一期工程，完成建築有：圖書館兼多元用途禮堂，行政大樓與講堂大樓及宿舍。二〇〇五年七月十七日國際佛教大學（International Buddhist College，簡稱 IBC）正式開幕。創辦國際佛教大學是為了推廣佛教教育，培養優質的僧伽人才，是一所包含了南傳、漢傳大乘與藏傳三大佛教傳承，學術與宗教情操並重的國際高等學府，從此實現國際佛教的最高學府目標邁進[12]。本來泰、馬兩國的邊界劃分雖然早已解決，而歷史遺留下來的問題卻依然存在。因泰南地區的居民多數是穆斯林，而泰國人主流信仰是上座部佛教，儘管泰國實行的政策為信仰自由，南部仍然顯明地存有宗教隔閡及發生分裂主義傾向事件，所以國際佛教大學只好關閉，另謀發展。

二〇一五年，唯悟法師又與泰國朱拉隆功佛教大學合作，創設了「國際佛教研究院」（International Buddhist Studies College，簡稱 IBSC），又名國際佛教學院、國際佛學院，是泰國朱拉隆功佛教大學屬下研究生院。地址位於泰國中部大城府朱拉隆功佛教大學旺乃校區。國際佛教研究院的成立基於以下理念：「在同一個地方以英文、中文等國際語言來授課，學校的新觀念不只為了讓國內學僧及在家眾就讀，更要提供全世界人研讀，希望透過不同國家的學生研究，把佛教的教義傳到全世界。」該院目前設立有博士和碩士項目，研究方向有佛學以及正在籌備的正念與禪修。學生主要來自泰國本土、周邊東南亞國家，還有少數來自世界其他地區，既有南傳和北傳的出家眾也有在家居士。研修的內容主要包括佛教典籍研究、佛教與現代科學對比等⓭。目前開辦有：佛教中文、英文學士課程，佛教中文、英文碩士課程，佛教中文、英文博士課程。

三、華人居士佛教的興盛

馬來西亞獲得獨立後，在佛教發展的過程中，華人居士佛教也是一股強有力的生力軍，並且做出了很大的貢獻，能與僧伽共事、在各個領域共謀佛教的發展，一起建構蓬勃的馬來西亞佛教。居士在馬來西亞佛教中的地位是顯著的，在很多方面都積極主動群策帶動佛教的成長，因而形成了一種獨具特色的馬來西亞居士佛教。

馬來西亞的第一個居士團體是成立於一九二〇年的釋迦院，也稱馬六甲佛教協會，它是在一批馬六甲峇峇（Baba）⓮族群的努力下誕生的。當時在馬六甲一群對佛教有興趣的馬籍華裔，時常聚在由羅多羅帝須尊者（P. Ratanatissa）從緬甸仰光親自帶來的青銅釋迦佛像前，學習佛法，後來終於成立釋迦院，迄今已有百年歷史。釋迦院不分宗派，弘法活動以英語為主[15]。

砂拉越佛教會成立於一九六九年，是砂拉越州的第一個佛教組織。古晉佛教居士林創辦於一九七一年，是東馬砂拉越第二個佛教組織，對正信佛教的弘揚，扮演重要的角色。古晉慈雲佛教正信會成立於一九七八年，設有弘法組、福利組、康樂組、青年團及婦女組。自成立以來，就一直以推廣佛陀偉大的教育為主要的目標。

目前，東馬砂拉越的居士團體有：古晉佛教居士林、美里佛教居士林（成立於一九八四年）、林夢佛教居士林、斯里阿曼佛教會、石山佛教會、倫樂佛教居士林。沙巴有亞庇佛教居士林（成立於一九七三年），並於一九七七年興建沙巴第一座佛教寶剎——普陀寺、沙巴佛教會（成立於一九七二年）、沙巴內觀智慧禪坐中心（成立於一九九一年）、沙巴世界佛教圓覺宗學會、古達佛教會、亞庇慈音精舍佛法研修會（成立於一九八二年），並於一九九九年興建慈音寺。

西馬的居士團體有：吉隆坡眾善居士林佛學會、小居士慈善協會、喜悅空間。雪蘭莪有千百家佛教居士林（成立於一九八五年）、淨妙佛教協會（成立於一九八五年）、祥和千百家佛協會。在馬六甲有馬六甲佛教居士林（成立於一九八二年）；丁加奴有丁加奴佛教會（成立於一九六二年）、龍雲佛教會；玻璃市有玻璃市佛學會（成立於一九七五年，初期借用泰國佛寺舉辦活動）；彭亨有彭亨佛教會（成立於一九六七年）。檳城有北海佛教居士林（成立於一九八三年）、大山腳佛學會（成立於一九七七年）、檳城佛教居士林（成立於一九七〇年）、高淵佛教居士林、高淵佛學會、高巴三萬佛教會（成立於一九八三年）。霹靂州有：諾善行中心、巴占佛教會、新沙叻佛教會（成立於一九八五年）、巴里文打佛教會、和豐佛教會、宜力佛教會、三乘法輪居士林、吉輦佛教會（成立於一九七九年）、霹靂佛教聯誼會、新板佛教會。柔佛州有：新山柔佛佛學會、巴羅佛學會（成立於一九八五年）、笨珍佛學會（成立於一九八七年）。吉打有吉中佛教會（成立於一九七五年）；納閩有納閩佛教會（成立於一九八六年）。

太平佛教會於一九五九年成立，當時已存在的太平佛教青年組也加入佛教會，該團全以英文進行活動，並得到蘇曼迦羅法師、蘇悉諦法師及帕拉安法師協助弘法和開辦佛學班，培養出很多佛教青年。繼程法師出家前，也在此負責過佛青的弘法活動。初期，附近泰佛寺主持譚印法師，也蒞臨為大眾祈福、灑水及開示。

一向以僧伽為主要拓展動力的佛教，為何在馬來西亞會形成以居士為主要推動力的情況呢？主要原因有二：一是中國佛教為主：由於華人佛教徒為馬來西亞最大的信徒群，中國佛教乃馬來西亞佛教的主要傳統，占有絕對信徒數量以及寺院傳統。在大乘諸經典之中，大乘佛教的世俗化，在家信徒影響力地位的提高，可以獨力成立佛教社團推展佛法的弘揚。二是僧人不足：十九世紀末至二十世紀初南來馬來西亞的華僧，人數不多，大多也不做長久居留的打算，而且素質也不是很高，不都具有弘揚佛法的能力。另一方面，華人普通民眾又亟需佛教等各種宗教資源來滿足其心理和信仰需求。因此就必須借助於有學養、有信仰的居士的力量才能健康發展。相較於許多的寺院，居士團體也更為有活力和有生氣，帶動了區域性的佛教發展⑯。

尤其一九七〇年馬佛青總會成立後，將在全國各地協助成立佛教會或居士林列為其中一項首要的工作，許多居士團體紛紛在得到法師和大眾的祝福下成立，以應付僧人的不足。從一九七〇到一九八〇年的十年間，全國各地便成立了約五十間的佛教會，如今馬佛青屬下便有二百七十個團體會員，而全國至少有近三百個佛教會或居士林。這些佛教會配合著僧寶一起展開了接引的工作，為廣大群眾提供了接觸佛教機緣的同時，也為佛教居士提供了有利的學佛和實踐佛法環境，讓居士佛教得到有力的發展契機。另一方面，佛教組織也比寺院更有滲透力。尤其在馬來西亞政府對於寺廟的建立有諸多限制的情況下，佛教組織卻能在店屋、商場、住家，甚至「居無定所」的操作。而且以佛教會形式出現，也讓這些佛教組織擺脫了一些傳統的束縛，包括無須出家眾當住持，這其實也因此解決了馬國缺乏出家人的問題⑰。

檳城佛學院（Penang Buddhist Association）創立於一九二五年，位於檳城安順律，是第一個居士成立的學佛社團。緣起於一九二〇年初，一群佛友聚集於椰腳街廣福宮聽佛經，後來參加的人愈來愈多，促成了佛學院的創立。大殿建於一九三一年，該院的宗旨是在沒有迷信色彩下學習佛陀的教義，一九五五年，在蘇曼迦羅法師的鼓吹之下，檳城佛學院院長楊章安居士成立了佛青團，讓十二歲到二十五歲的青年們，通過種種活動來學佛。也在一九五七年成立了全馬首間佛教週日義校，該院又於一九六四年開設幼稚園、一九九二年開始提供免費中藥醫藥服務、後又加入西藥醫藥服務，也在一九九五年七十週年慶之際，成立了林連仁高等教育貸學基金，發揚布施的真義，繼續推廣佛教教義以提昇人們心靈上及生活上的需求。

八十、九十年代國家經濟快速發展和現代化，給馬來西亞佛教帶來了寬鬆的社會氛圍、除了培育出大批的知識佛教青年，可觀的宗教資金讓佛教會有更優厚的活動基金，能順利地運作和推動各式的活動，為無數需要宗教解答處理的社會問題，提供了佛教發揮其宗教功能，安撫失落人心的角色。近二十年來，由於社會財力增強，很多佛教會得到翻修、擴建，並修建了很多新佛教會，讓佛教界在硬體和軟體上都得到更健全的建設，有利於佛教的傳播。愈來愈多的知識分子皈依了佛教，並在現實生活中實踐佛法。從調查報告顯示，華人中佛教信奉者的比例從一九九〇年百分之六十八點三上升到二〇〇〇年百分之七十六點三，這就是最好的證明。知識佛教徒的出現，也直接促成了居士佛教的發展。

居士團體在發展過程中扮演了舉足輕重的角色。在家信眾佛教組織卻與寺院一樣，更有部分替代了寺院的角色，在拓展佛教中可見其重要性。我們可發現在馬來西亞全國各地的大城小鎮，佛教活動的推廣，大都由當地的在家佛教組織所推動，弘法授教的工作也都主要是佛教會在做，而寺院很多時候只成為人們膜拜的場所。

舉例而言，出家眾不宜從政，但在家眾可以從政，依於菩薩道精神，既可以護持佛教，又可以廣積福慧資糧。在多元族群和宗教的馬來西亞，也有些場合並不一定適合出家僧人出席，尤其是政治色彩較濃厚以及較為庸俗的活動，所以，出家眾不適合進入的地區，在家眾可以提供資源，舉辦各類藝文團康活動，方便接引大眾學佛⑱。

二〇一三年馬來西亞佛教居士林總會成立，引導全國居士組織走向團結，以文化教育為基礎弘揚佛法，帶領文化教育界、工商界人士皈依佛教起了積極貢獻⑲。馬來西亞佛教居士總會總會長蔡明田、總祕書王書優博士，兩位都是當地居士組織的領軍人物，蔡會長同時身為古晉佛教居士林林長，是當地著名的佛教徒，學佛差不多半個世紀，且在工商企業界亦成就不凡。總祕書王書優博士十歲開始學佛，早年在臺灣千霞山海明禪寺的悟明長老座下受在家菩薩戒，其後赴英國留學，和當地的佛友結緣，更和他們成立佛光協會，志向弘法的種子早已牢牢種下。專長為企業管理諮詢的他，回國後投入參與馬來西亞佛教青年總會的工作，擁有二十多年居士弘法的珍貴經驗。蔡會長指出，過去三十年，超過八成佛教組織是在家眾創立、舉辦的。「居士發憤圖強，自願肩負弘法責任的情況十分普遍！」

居士佛教的興盛，很多人在當居士時已打好學佛基礎，如果部分良好素質的佛教徒，依於根性，嚮往出家而加入僧團，在成為僧團成員後，自然也能成為有素質的僧人。當今世界佛教，有不少年輕僧才，是居士佛教培育出來的。當僧團的素質得到提昇，自然也將提高佛教的形象；有素質的僧伽，也能教育出掌握佛法的佛教徒。

四、馬來西亞本土比丘

一九七〇年後，馬來西亞開始出現本土的僧人。善命禪師（Master Sujiva，一九五一──）或音譯稱為蘇吉瓦禪師，是馬來西亞藉華裔，一九七五年大學畢業後即出家為上座部比丘，獻身於四念處智慧禪的教授。禪師早年在修習過程裡，曾受教於中、馬、泰、緬多位止禪、觀禪法師，包括緬甸班迪達大師（Sayadaw U Pandita）。禪師於一九八二年成立馬來西亞哥打丁吉（Kota Tinggi）山林中的「寂樂苑」（Santisukharama Hermitage），教授智慧禪。禪師目前於世界各地弘法、教禪，包括馬、澳、紐西蘭、義大利、瑞士、德國、捷克共和國等。禪師除了能說寫流利的英文、馬來文外，巴利文、中文、廣東話、泰文等都非常通暢。他酷愛森林、大自然，經常流露出開心的微笑，對文學、繪畫、攝影也極有天分。著有：《毘鉢舍那觀實修》（*A Pragmatic Approach to Vipassana*）、《智慧禪實修》（*Essentials of Insight Meditation Practice*）、《慈悲禪》、《四無量心禪》、《出家人直說趣事》（*Funny Monk's Tales*，以契入正念的角度來描述世間故事）等；禪詩作品有：*The Voices from the Heart*、*Walking Iris*、*Wind in the Forest* 等。

蘇瓦諾法師（Ven. Suvanno，一九二〇—二〇〇七）[20]，他從醫院護理人員的工作中退休後，六十歲出家。他是一位有魅力的演講者，精通英語及閩南方言，他的演講吸引大量的群眾，對知識分子的教導，運用更深層次經典的基本原理。一九九〇年十二月，蘇瓦諾法師在吉打州盧納斯（Lunas）北部村落建立了魯乃佛教修行林（Buddhist Hermitage Lunas）[21]教導馬哈希禪法，是馬來西亞比丘建立的首批南傳寺院之一。

奧智達比丘（Ven. Aggacitta）於一九七九年，在緬甸仰光馬哈希尊者座下出家，是馬來西亞佛教僧侶。他接受過包括班迪達長老和帕奧禪師等多位長老的教導。除了禪修，還於一九八三至一九八四年期間，在泰國南邦府的寺院學習泰語和緬甸語的高級語言和翻譯。法師也深入緬甸的巴利三藏，研究其義理與實踐，直到一九九四年底返回馬來西亞。二〇〇〇年，奧智達比丘在馬來西亞霹靂州太平附近的森林山丘邊緣建立了護法苑（Sāsanārakkha Buddhist Sanctuary）[22]，這是一個佛教僧侶培育中心，依據巴利聖典的教導，在生活中落實戒、定、慧的修學。道場也歡迎有心深入佛法的居士前往靜修。尊者翻譯校訂有《這一生》（*In This Very Life*）和《炎炎夏日的雨水》（*Raindrops In Hot Summer*）等多本著作。

瑪興達長老（Venerable Mahinda Maha Thera，一九四九—），出生於馬來西亞馬六甲的一個傳統中國家庭，俗名許溫源，他出家之前，一九六九年到紐西蘭大學攻讀理科，一次當他遇見一個巡迴的佛教徒傳教師，就決定放棄最後一年的大學學業，跟隨那位傳教師到世界各地巡迴布道。之後他回到了馬來西亞，一九七六年在達摩難陀長老座下出家。後來他在澳大利亞雪梨附近成立慧光禪修中心（Aloka Meditation Center），但他每年都前往馬來西亞吉隆坡十五碑錫蘭佛寺進行見習，接受達摩難陀長老的教導，通曉華文、英語、巴利文。目前，瑪興達長老也在馬來西亞成立了慧光基金會。

圓福法師（Ven. Katapunna，一九五八—），一九七八年於泰國寺院受南傳比丘戒，返回馬來西亞之前，曾於斯里蘭卡、印度和孟加拉參學多年。一九九三年返回魯乃佛教修行林，一九九六年在檳城大山腳成立靜修園佛學會（Vivekavana Solitude Grove），是一位受歡迎的老師，通達中、英、馬來、巴利文等。二〇〇六年後，圓福法師移駐美國德州菩提中心。二〇一七年開始，往返美國和馬來西亞弘法。

開照法師（Thera Kaizhao），一九八七年依止檳城洪福寺文建長老披剃出家。一九九〇年畢業於馬來西亞佛學院，後於泰國 Wat prakchian 受具足戒，戒師是 Phro Vichiankunothan。曾親近文建長老、繼程長老、修靜長老、Javana 長老、Thongbai 長老、帕奧長老學習禪法。法師於一九九九年創辦寂靜園（Kajang）與寂靜林（Kuantan），二〇〇六年卸下寂靜園與寂靜林住持一職。二〇〇七年至今四處雲遊，靜修與隨緣各國弘法。現任美國寂靜禪舍導師，沙巴寂靜禪林僧伽董事會成員和監獄布教師。

法增長老（Dhammavuddho Mahathera，一九四七—二〇一九），為馬來西亞華裔。一九八六年於泰國受南傳比丘戒，一九九八年於霹靂州叢林裡建立了一座修行林喬達摩佛寺。

慧光尊者（Bhante Jutipanno），馬來西亞華裔比丘，一九九一年於泰國法宗派座下受持比丘戒。尊者在泰國修行八年後，回馬來西亞創辦法光禪修林並任住持至今。慧光尊者致力提倡原始佛教，身體力行地鼓勵人們依照佛陀的原始教法修行。

吉祥尊者（Ven. U Mangala，一九六八—），是南傳佛教年輕一代的傳承者與弘揚者。出生於馬來西亞的古城馬六甲一個傳統質樸的華人家庭。一九八九年以優異成績考入馬來亞大學法律系，利用寒暑假曾多次前往禪林短期出家，親近諸位南傳大德。在校期間一度擔任馬來亞大學佛學會主席，組織各種佛法活動，影響了一批青年學生加入佛法隊伍。一九九六年，尊者依止帕奧禪師為戒師，於緬甸帕奧禪林出家受具足戒，之後在帕奧禪師嚴謹有次第的指導下修習止觀禪法，自二〇〇六年起成為帕奧禪林的業處導師。二〇〇八年在原古晉菩提法苑的護持下，回到馬來西亞教禪，二〇〇九年成立了兜率天修行林，廣度大批有緣弟子在其座下習禪乃至出家，為馬來西亞當代佛學界之盛況。尊者倡導生活佛法的理念，指導學生們以「慈悲喜捨」昇華情感，以「因果緣起」指引生命，以「苦集滅道」導向解脫，在人生的每一步「把佛法活用出來」。在尊者信念的感召下，馬來西亞法學會、兜率天基金會、大專生兜率天之家、兜率天青年團、吉祥健康坊等社會團體與組織紛紛成立，積極參與佛法文化傳播與社會公益慈善等活動，讓古老的佛法智慧在世間煥發出全新的生命力。吉祥尊者的著作有《自然的代價》、《吉祥語》、《吉祥禪風集》等。

淨法尊者（Bhante Dhammasubho），於一九八九年在泰國曼谷母翁尼域寺（Wat Bowonniwet Vihara）於 Venerable H. H. Somdet Phra Nyanasamvara 尊者座下受比丘戒。一九九四年，法師跟隨於帕奧禪師修學內觀禪。二〇〇八年，在大山腳成立法悅林（Nandaka Vihara）。

信吉祥法師（Bhante Saddhasiri）於二〇〇四年依止金剛法尊者（Bhante Vajira

Dhamma），於柔佛的一夜賢者禪院（Bhaddekaratta Hermitage）出家修行內觀及禪定。二〇〇六年眾佛友邀請信吉祥法師於靜修園任住持至今。

二〇〇八年，有七位比丘在檳城的靜修中心尸陀林寺（Sitavana vihara）依帕奧禪師出家，由奧智達尊者擔任教授師，成為大馬佛教界的盛事。新出家比丘於砂拉越的古晉兜率天修行林，在吉祥尊者的教導下精進修行，度過三個月雨安居。

善戒禪師一九六三年生於馬來西亞彭亨，馬來西亞理科大學大眾傳播媒介系學士。一九九一年於檳城之馬來西亞佛教禪修中心披剃出家。披剃後六個月，她前往緬甸班迪達（Panditarama）禪修中心依止班迪達尊者學習觀禪；一九九四年更依止大業處阿闍黎帕奧禪師學習止觀、巴利文及《阿毘達磨》，深受法益。善戒禪師精通《阿毘達磨》之法義及教學，能說流利之英語、華語、福建話、馬來語及緬甸語，因此常擔任帕奧禪師開示佛法的即席翻譯。自二〇〇二年始，受到帕奧禪師之鼓勵和敦促，開始於馬國、新加坡、臺灣等地教授《阿毘達磨》；並於二〇〇二年前往加拿大、美國等各處弘法和授課，並指導禪修至今。善戒禪師於二〇一四年創立了位於馬來西亞檳城的正勤樂住禪林，為現任住持。

有人估計，目前約有比丘約八十人，這不包括泰國裔血統的僧人。令人鼓舞的是，最近許多出家的都是年輕人，其中一些人接受過高等教育。然而由於馬國沒有任何培訓比丘的設施，他們其中有些人前往泰國或緬甸，進行各類教師訓練和學習。從事學術研究的人，選擇往斯里蘭卡比丘學校的培訓，其餘的則居住在各種小寺院和隱居，主要在檳城島附近和周圍。直到今天，還沒有強烈的倡議來組織自己或團結成一個土著比丘僧團。因此，隨著斯里蘭卡僧侶弘法團時代的逝去，未來馬來西亞南傳比丘僧的栽培，很可能會在奧智達長老成立的護法苑。

馬來西亞佛教禪修中心（Malaysian Buddhist Meditation Centre）[23]是一個致力於內觀禪修教學的非營利機構。由已故的 Phra Khru Dhammabarnchanvud（Luang Por）成立於一九六九年，並於檳城興建了一幢三層高的建築，於一九八二年十月正式開放。馬來西亞佛教禪修中心有許多傑出的禪師在中心教授內觀禪修。其中有 Tipitaka Sayadaw U Vicittasabhivamsa、Sayadaw U Panditabhivamsa、Sayadaw U Wayaminda、Sayadaw U Thondara、Sayadaw U Nanaponika 和 Sayadaw U Pannathami。

隨著馬來西亞佛教禪修中心的誕生，內觀禪修的教學扎根並傳播到全國各地，因此被認為是該國首屈一指的內觀禪修中心。

馬來西亞上座部佛教總會（Theravāda Buddhist Council of Malaysia）[24]於二〇一二年註冊成立，二〇一一年十二月二十五日，來自馬來西亞九個州的二十三個上座部佛教組織代表在吉隆坡開會。討論後，一致同意成立馬來西亞南傳佛教總會（TBCM）的必要性。該組織是一個平台，用於團結上座部佛教組織和成員，協調佛法傳播工作，為成員組織提供指導，並與其他佛教聯合會合作，以保障馬來西亞佛教徒的利益[25]，目前有四十七個團體成員。

五、現代東馬佛教的情況

東馬位於婆羅洲的北部領土，由砂拉越和沙巴二州組成，於一九六三年九月十六日加入馬來亞，合組成「馬來西亞聯邦」。

英國殖民地政府二百多年間，為了開發馬來半島、砂拉越及沙巴，向中國和印度招募勞工來開墾、開礦、工程建設，這段時期正值清朝末年，中國社會動亂不堪，因此大量移民應用時機南遷。十八世紀末期中國移民來馬日多，也帶動了佛教南移，因而佛教在這種機遇下再帶到馬來半島及東馬。華人來到砂拉越和沙巴，除了保持自己的信仰外，亦辦有自己的華文學校。早期宗教信仰自由發揮，以崇拜祖先及中國民間信仰為主，但華人多數自認是佛教徒。

（一）砂拉越州

從目前全砂拉越各地百年以上的廟堂來看，是以大伯公廟為大部分，聖王宮、媽祖廟以及天仙道信奉南海觀音等，幾乎正式的佛寺不多。根據調查，東馬佛教以古晉福建會館管理之青山岩為最早，距離古晉市區十八公里之青山岩，也稱為青山寺，大殿上有一幅木匾，題為「大雄寶殿」，上款書為「光緒癸卯年爍月吉旦」，下款則題為「青山岩主持釋大慶、監院僧福振同欽」，從匾額上款看，光緒癸卯年即是一九〇三年，這顯示一百多年前砂州已有佛教寺院和僧人駐留。但青山寺對砂州的佛教做出什麼貢獻，已無法稽考，或者只是一座華人普通寺院和一般僧人而已。

到二十世紀七十年代初，有砂拉越佛教會及古晉佛教居士林的成立，才有正信的佛教。之後佛教如雨後春筍般發展，全砂州目前有註冊佛教團體不下四十多間，包括金剛乘在內，佛教組織在古晉為最多㉖。今就網路訊息資料，略舉如下：

砂拉越佛教會（Sarawak Buddhist Association）成立於一九六九年，為砂拉越州第一個佛教組織。辦有砂拉越佛教會幼稚園，教學華裔兒童中文，了解中國文化。

古晉佛教居士林（Kuching Buddhist Society），是居士佛教組織，於一九七一年創辦，這是東馬砂拉越第一所居士會的組織，也是本州第二個佛教組織，以佛教理念的社會服務工作，從事文化教育，慈善福利為輔助佛法的推動工作，訂立宗旨三則：⑴宣揚佛法，發展佛教；⑵促進佛教文化教育的發展；⑶提倡正信佛教，抗拒迷信。古晉佛教居士林，成立初期是借用古晉福建公會二樓，會員人數十數人，現會所建於一九七八年，發動林友合作精神，於一九八一年建成，一九九〇年再度擴建大殿、講堂、圖書館，以及十二間新課室和三十二房之宿舍。林社占地六萬五千多平方英尺，建築面積有十二平方英尺。佛教新村則占地五十英畝，目前正在發展階段。成立有中文弘法團、英文弘法團、密宗弘法團、青年團、婦女團、少年團、童軍團、藥師施醫贈藥團、普賢慈濟會、佛陀文教基金會等二十多個組織，並藏有佛書四萬本的圖書館。古晉佛教居士林菩提幼兒園創辦於一九八三年，目前菩提幼稚園擁有二十多位教職員及三百多位學生，是古晉規模較大的幼稚園之一。古晉佛教居士林是全馬最具前瞻性的居士團體之一，被譽為居士團體的典範，在軟體佛教文化和硬體現代建設兩個方面都走在時代的前頭。

西連佛教居士林，是一個居士佛教組織，創辦於一九九一年，是西連區首個正信佛教組織，本著弘揚佛陀正法的理念，散播菩提種子，積極承辦各項法會弘法活動，提供西連乃至十方的佛弟子一個正規的場所，讓更多的人們接觸佛教，學習佛法，而後能夠將佛法貫徹落實在生活中。

古晉慈雲佛教正信會，一九九〇年購地興建，弘法活動中首推修持，也重視教育、慈善福利等利生事業的開展。成立古晉慈雲佛教正信會青年團，讓青少年有更大的空間去發揮才能及參與佛教活動，進而接引青少年來學佛。一般活動有：演唱佛曲、佛青之友、慶祝衛塞節、週日班等。

法緣精舍，二〇〇七年成立，二〇一一年一月一日慶祝四週年紀念暨新建藥師延生殿落成，千手觀音法像開光，並舉行佛恩冥陽兩利蒙山施食超度大法會、慈善晚宴等系列活動。

古晉菩提道佛學會（Kuching Bodhi Path Society）的成立，始於一群善心人士發心為建立藏密金剛乘——噶瑪噶舉（白派）佛學禪修中心，而由蔡居士夫婦為首請求夏瑪巴仁波切（H. H.The 14th Kunzig Shamarpa）及噶瑪巴大寶法王（H. H. The 17th Gyalwa Karmapa Trinlay Thaye Dorje）的允許。在二〇〇八年，得到夏瑪巴紅冠法王的御准並賜名菩提道佛學會，於二〇〇九年九月本會取得國家社團註冊局的批准，而實現本會為建立藏密金剛乘——噶瑪噶舉佛寺的開始。

雲美佛堂，創辦人吳玉真老婦人迄今已逝世約十年之久，目前在美里熱心佛教人士大力協助之下，邀請來自森美蘭州波德生蘆骨寒民講堂真福法師當住持，改名為美里雲美佛恩寺。

古晉佛教法勝佛教中心，是一座先進化的南傳佛教中心。整個建築物的設計概念都非常新穎，非常西式，而不失它的莊嚴。

古晉佛教友誼會（Kuching Buddhist Felllowship），該會創辦至今約二十年，由一班對佛教教育熱心的年輕人共同發心而發展成今日的規模，宗教導師有檳城佛學院院長繼程法師、新加坡丹霞精舍遠青法師等，積極宣揚護持所有佛教法門，活動包括所有佛教派別傳承如密宗、南傳佛法及北傳佛法，是引導眾生入佛門的接引處。該會例常修持包括誦經禮懺、念佛靜坐、講經研討等共修。教育活動包括每星期日週日兒童班，國民服務佛學教導，成人佛學基礎班教導入門佛學及靜坐，每星期六戒毒中心弘法，印製及贈書等。社會活動如捐血、布施、放生等。

美里佛教會在一九九五年五月份獲得註冊局批准，由聖林師父主持兼佛教會會長。佛教會目前主要活動：有輔導末期病人、關懷末期癌症病者、關懷貧窮家庭、探訪病人、義診、初一及十五素食免費招待，晚上共修、新年祈福、衛塞節祝典、七月佛歡喜日、八關齋戒、素食示範、放生、往生助念。

（二）沙巴州

在十九世紀末，因香港勞工在沙巴州的山打根伐木而帶來了佛教信仰，之後組織了山打根佛教會。山打根最早寺院是觀音寺，建於一八八〇年代。一九八九年，耗資二百萬美元，建在市區南部一座小山頂上的普濟寺，全寺都用紅金色，牆柱雕龍栩栩如生，菩薩像鍍金，裝飾的蓮花燈及香火興旺，襯托一種神聖和華麗的氣氛。

一九七二年六月十三日，亞庇第一個以佛教之名註冊的「沙巴佛教會」（Sabah Buddhist Association）正式註冊成立，也是現存最早成立的佛教團體。一九七三年「亞庇佛教居士林」（Kota Kinabalu Buddhist Che Sze Lim）成立，一九八〇年一月十三日開幕，是沙巴州馳名海內外的觀光景點之一，富有華人宗教、文化、藝術價值[27]。

一九八二年由張崇堅居士等成立「慈音精舍佛法研修會」（K. K. Tyer Ying Buddhist Research Society），一九八六年並禮請檳城三慧講堂竺摩長老為該會住持。該會於一九九六年在路陽武吉巴當市郊籌建落成的慈音寺，每週例常舉行活動，設有中、英文佛學班、念佛班、禪修班、讀書會、青年團、週日兒童班等，還有不定期舉辦各類佛法研修課程、梵唄班、敦煌佛像繪畫班、書法班等，成立至今可說是亞庇市佛教團體中相當致力於推動及重視佛教教育的團體之一，各類活動皆很頻繁[28]。

若論及屬於全沙巴州性的佛教組織，則是「馬來西亞佛教青年總會沙巴州聯委會」（Young Buddhist Association of Malaysia Sabah State Liaison Committee）的成立開始。一九八四年由當時總會長陳穎春及總祕書梁國興召集第一屆州聯委會會議，到現在多年來，曾經主辦過無數次佛教各類型的活動，是舉足輕重的全州性佛教組織。

一九九一年十二月，「沙巴內觀智慧禪坐中心」（Kota Kinabalu Vipassana Meditation Society, Sabah）成立，是全州首間純粹弘揚原始佛教教義及內觀智慧禪法的佛教團體，也是首創以英文語系列接引知識分子、傳布佛法的佛教團體，舉辦過很多次的禪修課程活動，成績斐然[29]。

一九九二年「沙巴與納閩聯邦直轄區佛教基金會」（Buddhist Foundation of Sabah and the Federal Teritary of Labuan）成立，這是第一個屬全州性非營利性質的佛教基金會。宗旨在於推廣及實踐正信之佛陀教義，以適當的教育方法來宣揚佛法，提昇佛教徒的精神與道德，在經濟上贊助展覽會、演講會、康樂活動、工作營、研討會或者其他合乎佛法兼有利於身心進展的宗教或教育活動等。另一基金會，於一九九二年亞庇一批佛教徒所成立當時只稱之為「行善團」的小組，從事於一些慈善工作，稍後改名為「亞庇慈濟基金會」（The Registered Trustees of The Kota Kinabalu Charitable Foundation），申請註冊成為信託組織。發起人余觀保等皆是本地幾位虔誠的佛教徒，有感於社會上許多貧病交加、殘障等不幸人士，不分種族背景及宗教信仰，皆伸出援手與關懷，發揚佛教傳遞慈悲喜捨廣結善緣的精神。

沙大佛友聯誼會（University Malaysia Sabah〔UMS〕Buddhist Society），二〇〇〇年由沙大侯秀英博士和學生組成，通過聞、思、修，建立大專生對佛法的信解與實踐，對內有助大專生佛教道德的培養，又透過與沙巴的佛教團體友好互動，培養護法情操，令佛法久住於世。設有佛法班、導讀班、培訓班，並有佛曲班、手語教學班，及參加寂靜禪林義工活動等，讓學子們將佛法的十福業等善法實踐在生活中。

位於神山風景區阿拉米斯拉（Alamesra）的沙巴光明精舍（Aloka House Sabah），

於二〇〇七年由馬興達長老創辦的光明基金會（Aloka Foundation）成立。馬興達長老為了紀念他的師父達摩難陀長老自一九八四年開始到沙巴州弘法，為許多不諳華語的佛友提供學佛的機會，尊者特別於神山成立光明精舍，為大專生及青年們提供這個開發身心靈潛力的中心。其宗旨是為促進大眾福利與快樂，積極於宗教、教育、及福利事業，以期跨越種族與宗教的藩籬。舉辦活動包括佛法課程討論、佛經教學；誦經、禪修、教育、兒童、青年佛法班、社區服務、捐血、救災等。於二〇一五年在 Kundasang 的 Masilau 建有名為 Mitraville 的禪修中心。

沙巴亞庇薩迦哲欽曲科密宗講修中心（Kota Kinabalu Sakya Believers Association of Sabah／Persatuan Penganut Agama Sakya Kota Kinabalu Sabah）於二〇〇九年十月取得登記，並有喇嘛常住於中心，為佛弟子解答佛法問題；所辦活動包含法會、灌頂、灑淨、加持等。此中心為沙巴州少有藏傳佛教團體，為提供相應藏傳佛教之士一個修習交流的場所，薩迦派熱拉寺住持尼瑪吾薩仁波切授意劉奇偉居士創辦的。

神山禪修中心（Mt. Kinabalu Mediation Society）成立於二〇一〇年五月，創辦人施真禪師，為發揚佛教的真理及思想，致力於推廣及傳授禪修的學習。透過禪修的學習，從而了解人生的苦、無常與無我，調整待人處事的態度，去除執著，以得輕安喜樂。該中心每年二至三次禪修，包括四無量心、內觀禪等，由施真禪師指導。

馬來西亞佛教弘法總會沙巴分會（Buddhist Missionary Society Malaysia Sabah，簡稱 BMSMS）二〇一五年十一月成立，由主席 Richard Yong 以弘揚佛陀教導、促進教內和諧為宗旨，舉辦各種活動，包含衛塞節、佛法座談等。

在亞庇諸多佛教組織中，多屬於居士團體。純屬出家僧眾為主道場，則有：

一九八一年繼恩法師的成立的「大悲寺」（Maha Karuna Rama），秉持悲願經常於本州各地區弘化，尤其一些偏遠小鎮，是沙巴州第一位對卡達山（Kadazan）族人說法，也是首位通曉英語布教的出家人。

繼昌法師一九八八年創辦的「淨覺寺」（Jing Jue Monastery），不過法師於一九九九年返回西馬，交由聖琳法師接任該寺住持一職，後改名為「觀音亭」（Guan Yin Ting）。

一九九八年，由開印法師創建的「寂靜禪林」（Santavana Forest Hermitage），也是沙巴州第一個以僧團（四位比丘以上）為主的佛教場所，建築在沙巴市郊外一處山上，環境幽靜莊嚴雄偉，佛殿獨立建造一個小山坡上，坡下為兩幢相連的齋堂（兼說法堂，樓下為圖書館）和寺務辦公處，在齋堂右邊上方，有一排幾間禪修專用小靜舍，設置很巧思。二〇〇〇年時正式成立護法團（理事）籌委會，十多年前，並在亞庇市設立「行政中心」，方便都市信眾親近善士，修學佛法。二〇一七年購置一棟三層樓店屋做為新的「寂靜禪林教育推廣中心」，該中心擁有多功能的應用空間，它既是繁忙都會人在憒鬧中讀書、品茶、瑜伽、書法、學佛及禪修的心靈加油站，更可做為年輕人學習成長的菩提園地，已於二〇一八年月底配合二十週年慶典正式啟用[30]。

開印法師（一九六九—）出生於馬來西亞沙巴州亞庇市，一九八七年依止檳城洪福寺文建長老披剃出家。早年曾隨繼程長老、修靜長老、聖嚴長老、印度葛印卡老師修學禪法，後來更於緬甸最高大業處阿闍黎帕奧禪師座下，接受數十種奢摩他與毘婆舍那禪法之訓練，具有指導過一百多階次密集禪七的豐富經驗。開印法師曾任臺灣福嚴佛學院教務長、圓光佛學院講師、檳城佛教義學國畫班及佛學班老師。專研《契經》、《阿毘達磨》、巴利註釋書、《清淨道論》、《大智度論》及《瑜伽師地論》等。現任美國寂靜禪舍董事會主席及沙巴亞庇慈音寺宗教顧問。

二〇一七年，泉平比丘（Ven. Jotipala）依南傳上座部佛教傳統創立道場慈心林（Mettiyarama），為促進宗教和諧及人文關懷，推動佛教青年領袖培訓課程及具教育性活動。除以早晚課、靜坐共修、布施供僧、持戒、聞法、服務及恭敬中修福修慧外，更有週末兒童佛法班、青少佛法班、大專佛法班及成年佛法班、青少營、大專營、慈心禪及心靈課程等。

此外，一九九三年，臺灣的智敏上師蒞臨沙巴弘法後，促成「世界佛教圓覺宗沙巴學會」（Persatuan Penganut Agama Buddha Kesedaran Sempurna Sabah 或稱 The Society of Buddhist of Perfect Enlightenment Sabah）成立，是以藏傳寧瑪巴（紅教）傳承並糅合中國佛教各宗之長而成的系統。

一九九四年「國際佛光會沙巴協會亞庇分會」（Persatuan Buddhist BLIA Sabah Dan Wilayah Labuan）成立。一九九八年開始籌備興建該會於本州設立的第一座道場「佛光山沙巴禪淨中心」（Fo Guang Shan Sabah Buddhist Centre），為沙巴州最大都市佛教道場之一，具現代化的布局。該會多年所舉辦的活動，在文教方面有佛學講座、佛光青年團、兒童班，修持方面有禪坐班、慈悲持素益身心、世界佛學會考等，對社會有慈善服務，如援助貧困殘疾病黎、慈悲愛心捐血運動、拜訪老人院、精神病院，參與其他文化社團活動，響應政府的呼籲，擴大教化，接引大眾，深獲各界的認同與支持[31]。

「亞庇慈濟基金會」是一九九六年由劉濟雨伉儷傳至沙巴亞庇。該會宗旨在於落實佛法生活化，菩薩人間化，發揚佛陀無緣大慈，同體大悲之心念。其活動範圍包括慈善、醫療、教育、文化四大志業，以及國際賑災、骨髓捐贈、環保、社區志工服務。

六、來自臺灣的佛教團體

一九九〇年後，陸續有來自臺灣的佛教團體，在馬來西亞成立道場。佛光山由星雲法師創建於一九六七年，提倡人間佛教的現代化事業，在多處建立道場及組織。一九八〇年以後，更向海外發展，星雲法師早期幾乎每年都到東南亞弘法，特別是新馬，因為華僑眾多，信佛的人也多，一九八九年，星雲法師在馬來西亞雪蘭莪為南華寺（後改名東禪寺）主持動土開建儀式，一九九二年建成，成立「國際佛光會馬來西亞協會」，獲得政府社團註冊局的批准。一九九六年四月二十一日，星雲法師應邀在莎亞南體育館（Stadium Shah Alam）舉行一場「人間佛教人情味」的佛學講座，有八萬人參加，兩萬人皈依三寶，盛況空前。

佛光山在馬來西亞的活動，受到馬來西亞政府肯定，在華人重要的節日，如佛誕節、農曆新年，常獲得政府重要官員的出席致詞祝賀或訪問。二〇一二年新春元宵期間，首相拿督斯里納吉於二月六日蒞臨東禪寺，與十萬人眾一起共慶元宵佳節。當時納吉並宣布撥款改善東禪寺對外聯絡的道路，以感謝佛光山對旅遊發展和宗教文化的努力[32]。

佛光山在馬來西亞立足二十多年，有許多華人青年法師到臺灣佛光山留學或進修，或有些青年人至佛光山發心出家，然後回到馬來西亞弘法或成立道場，至今全國佛光協會已設立了二十六個分會，並成立國際佛光協會馬來西亞青年總團，下設三十個分團；長年推動人間佛教，弘揚佛法，積極推展教育、文化、慈善等事業。

證嚴法師在臺灣創立的「慈濟功德會」，在世界四十多個國家已有超過三百多個分支會或聯絡處。自一九八九年起，慈濟成員在馬來西亞檳城、馬六甲等地，宣揚慈濟功德會的慈善理念，此後擴展到中馬、南馬、東馬。一九八八年，臺灣籍簡慈露隨夫婿劉濟雨到馬六甲投資設廠，加入慈濟為會員，協助慈濟在西馬推動慈濟志業，並鼓勵工廠同仁加入慈濟為會員。一九九五年三月，慈濟功德會在馬六甲正式成立聯絡處。由於會務蓬勃的發展，劉濟雨夫婦將工廠旁的空地捐出，在馬六甲興建了馬來西亞慈濟功德會第一座靜思堂，一九九八年升格為分會。二〇〇一年，劉濟雨身為馬六甲慈濟分會的執行長，毅然放下經營多年的製衣廠，將所有的地捐獻給慈濟，全心投入慈濟志業，推動成立慈濟義診中心、靜思書軒、大愛兒童教育中心、慈濟大學社會教育推廣中心，在馬六甲慈濟園區相繼成立。並與檳城的北馬慈濟和分布全國的支會、聯絡處共同推動慈濟在慈善、醫療、教育、人文四大志業[33]。

臺灣淨空法師創立的「淨宗學會」，倡導專修淨土法門。目前在世界各國已有一百多所淨宗學會分會，提供修學道場及免費流通淨空法師開示的DVD光碟及一切淨宗法寶，並盡可能利用分會的空間，開辦教學和共修活動。在世界各國中，馬來西亞的淨宗學會最多，登記在案的就多達五十所以上。

法鼓山馬來西亞道場，於一九九九年成立護法會，經多年籌募下，終於在二〇〇八年購置永久會所。法鼓山僧團並於二〇〇九年七月開始派駐法師常住，以引領大眾修學佛法、弘傳漢傳佛法。目前坐落於雪蘭莪八打靈再也的道場，於二〇一九年十一月正式啟用，硬體設施有：大殿、祈願觀音殿、知客處、流通處、圖書館等。

七、藏傳金剛乘佛教

一九七〇年左右，霹靂州一些華人佛教徒前輩開始接觸藏傳佛教，密宗於是開始在馬國霹靂的怡保和太平一帶活動，其中以邱寶光居士最為熱衷。第一位到達馬來西亞的藏傳佛教高僧是祖古烏金仁波切（Tulku Urgyen Rinpoche，一九二〇—一九九六），他於一九七二年受邀請從尼泊爾到怡保。之後，第十六世噶瑪巴大寶法王（Ven. Gwalya Karmapa）於一九八〇年、達賴喇嘛（H. H. Dalai Lama）於一九八一年、梭巴喇嘛（Lama Zopa Rinpoche）於一九九六年訪問馬來西亞，由此，怡保的藏傳佛教非常活躍，藏傳佛教格魯派、寧瑪派、噶當派、噶舉派四大派系，在新馬地區都有傳播[34]。格魯派在新馬主要的組織有：馬來西亞吉隆坡格魯巴佛學會、檳城格魯巴佛學會、新加坡格魯巴佛學會。噶當派的主要組織有：新加坡噶當巴佛教總會、馬來西亞噶當巴佛教總會（吉隆坡）、古來噶當巴佛教會、馬六甲噶當巴佛教會、檳城噶當巴佛教會、萬里望噶當巴佛教會、怡保噶當巴佛教會、吉蘭丹噶當巴佛教會等。此外，還有一些屬於其他派別的藏傳佛教組織，如柔佛居鑾噶瑪巴佛學中心、雪蘭莪八打靈孔瑪智慧眼佛學會、檳城金剛乘卡瑪迦如佛教會、吉隆坡金剛乘卡瑪迦如（即噶瑪噶舉 Karma Kagyu）佛教會、怡保創古藏傳禪修中心、檳城竹巴噶舉等。總之，近年以來，藏傳佛教在馬來西亞的活動很頻繁，參加的人數也多[35]。

二〇〇〇年，以周興順為首的一批女金剛乘佛教領袖成立籌委會開始奔走全國，希望聯合各個金剛乘佛教團體，至二〇〇二年正式成立了「馬來西亞金剛乘佛教理事會」（The Vajrayana Buddhist Council of Malaysia，簡稱 VBCM），這個理事會是採取分散方式，由各地成員組織多處機構，代表馬來西亞所有的金剛乘佛教傳統，它還接受傾向於金剛乘佛教的個人為成員。全國註冊的金剛乘佛教組織有三十五個，其中加入總會為會員的有二十一個[36]。馬來西亞四個藏傳佛教傳統的佛教理事會在一個保護傘下共同努力，協調金剛乘佛教徒的宗教活動。該委員會的座右銘是：促進馬來西亞金剛乘佛教組織之間的團結、和諧與理解。金剛乘佛教可以說是馬來西亞佛教徒中成長最快的群體，組織大規模的祈禱法會，吸引成千上萬的人來參加，遠遠超過漢傳佛教和南傳佛教的團體，已變成馬來西亞佛教一種新的現象。金剛乘傳統中有一種最突出的社會福利團體，是詹杜固仁波切（Tsem Rinpoche）於二〇〇一年成立的克切拉佛教中心（Kechara House Buddhist Association），該組織特別於二〇〇八年正式註冊成立「克切拉香積廚」（Kechara Soup Kitchen），每天為吉隆坡無家可歸的遊民提供給食物和飲料[37]。

八、近代日本佛教在新馬曲折的情勢

十九世紀末，隨著日本南進政策，新馬兩地方才陸續出現日本佛教各宗派寺院。這些寺院結合著日本人墓園，滿足日本僑民開拓南洋的思鄉情懷與信仰歸宿，照顧了日本移民在當地生活實質上的養生送死需要，又主動為帝國負起凝聚國族意識的責任。

日本在二戰期間占領馬來亞，當地的日本佛教無疑是標籤為統治者的主流信仰之一，利用日本文獻可考證，最早於九世紀前往印度求法的日本僧人是皇族出家僧人「真如親王」，圓寂在馬來半島南部羅越國（在今日馬來半島南部的柔佛州一帶）。從一九四二到一九四五年，日本在統治馬來亞的三年八個月期間，曾經推崇皇室出身的平安朝僧人真如法親王，追奉真如親王做為「南進先覺者」的主張，企圖通過真如法師的行誼強調日本佛教對馬來亞的影響力[38]。

二戰前與二戰期間的日本佛教，其範圍應是總稱明治以前已經在其本土演變和創立各宗派，這其中如淨土真宗、曹洞宗、日蓮宗、真言宗，都是日本佛教的傳統宗派，一九二〇年代以前曾經出現在馬來亞。

一八八八年十一月，日本人在新加坡當地塞朗貢（Serangoon）設有墳場，墓園中最早出現道場，本是座為死者祈福的小祠廟，由僧人百善（Baisen）所建。一九一一年，日本曹洞宗管長日置默仙（Heki Mokusen）駐新加坡，建有「西有寺」，供奉一尊觀音聖像。一九二〇年代新加坡日僑社會是個多元宗教的群體，先後出現過日本曹洞宗、真宗以及日蓮宗的痕跡，各自擁有本教本宗的布教場所。

一八九九年，日本人在吉隆坡創辦墓園，位於Bellamy Road。一九二七年三月，僧人清家氏（Seki）到達吉隆坡擔任墓園內的吉隆寺（Kitiryu Zi）住持，直到日治結束為止。一九二四年，日人齋藤氏（Saito Hoko）去到芙蓉，即在當地「日本人會」擔任非正式之宗教師。一九二八年，日本曹洞宗永平寺（Eihei Zi）以總本山為本寺命名，齋藤也成為了芙蓉佛寺的正式主持。

二十世紀二十年代以前，「日本人會」在怡保當地經營墓園，並計畫火葬場等事務。在一九一九年之前，又有日本人在淡汶溫泉（Tambun）的鍾乳石洞經營神龍溫泉。二次世界大戰期間，溫泉區附近擁有日本人主持的石窟佛寺，由於它是在溫泉風景區內，吸引了不少日本軍人及官吏遊訪。

根據上述，日本駐馬來亞的「神職僧侶及宣教師」，新加坡有三位，其他地區有六位，加起來總共九位。一九四五年隨著日本戰敗投降，馬、新兩地日本軍人及平民絕大多數被遣送回國，各地寺院也因信眾消散，只能任由荒廢，難逃式微消滅的命運[39]。而且，日本佛教和其國家意識是結合在一起，必須以國家意識做為主導來宣教，是得不到其他族群人民來信仰的。

另外，日本佛教的新興宗教，在馬來西亞的影響主要是通過日蓮正宗的創價學會。一九八四年由柯騰芳先生成立馬來西亞日蓮正宗（NSM）全國組織，出任理事長。一九九一年，該組織易名為馬來西亞創價學會。三十多年來，馬來西亞創價學會積極實踐「和平、文化、教育」理念，為國家繁榮、民族團結、社會進步做出了巨大成就，得到了大馬政府和各界人士的普遍讚揚。兩年一度的「和平之跑」活動，在馬來西亞全國各地舉行，是馬來西亞創價學會最大型的和平活動[40]。

九、結語

大約在一世紀前後，印度人把佛教和印度教傳入馬來亞半島，促成了半島文化的開拓。印度梵語及巴利語深深影響了馬來半島語文的發展。印尼之佛教文化，也曾對馬來半島人文思想上做出貢獻。一世紀至十三世紀是佛教盛行於東南亞的年代。十三世紀前後印度穆斯林商人及阿拉伯商人的到來，帶動了伊斯蘭教的發展，對當地的信仰產生衝擊，至十五世紀伊斯蘭教在半島已影響到整個馬來民族宗教信仰。十六世紀伊斯蘭教之積極普遍於整個東南亞海島各國。

十七、十八世紀，西班牙、葡萄牙、荷蘭、英國歐洲列強之入侵，除了爭奪物質資源外，基督文化也趁機而入開始傳承。正值這時期，清朝華人南度為謀生，帶來了中國南方人之民間信仰及閩南世俗化的佛教，佛教又開始在半島傳播。但南來華人移民也有信奉天主教者。十八、十九世紀末，清末民初之際時局動盪不穩，中國移民持續增加，其中知識分子帶來了中國大乘佛法。斯里蘭卡、泰國、緬甸也把南傳佛教傳入半島北部，佛教在半島有了新的發展。

二十世紀五十年代估計，馬來西亞有南傳上座部的佛教道場大約有二百間。漢傳佛教馬佛總會屬下的會員約有四百間，包括僧寺、尼寺、出家在家組織居士林、佛教會、正信會、念佛會、禪修會等，也包括一些供奉神佛的庵堂。佛教在馬來西亞蓬勃發展，以中國漢傳佛教最盛；泰國、緬甸、斯里蘭卡的南傳佛教，在英語方面發揮積極作用。

一九七〇年馬來西亞佛教青年會成立，領導知識青年參加佛教活動。一九九〇年後，臺灣佛光山、慈濟功德會、淨宗學會、法鼓山紛紛南來，建立道場。新一代富有文化素質的青年，加入佛教，深入佛法的研究，他們對佛教的熱誠，通過文化的傳播，以教育方式傳教，樹立智慧，建立新形象的佛教，使佛教年輕化、普遍化、世間化，佛法融入現代生活領域，使佛法人生化、生活化，佛教文化素質的提昇，人才倍出，出家、在家眾的醒覺，馬來亞半島佛教新文化的興盛，如雨過天晴，光明綻放，提供華人社會對佛教新知覺以及清新的一面，使信仰之氣息一新。

一九八〇年代藏傳佛教密宗，由印度及尼泊爾傳入，使大馬佛教，極盛一時。一九九二年馬來西亞僧伽會成立，是大馬唯一包括南傳和北傳佛教僧眾的團體，一九九五年獲得註冊。二十世紀末，各種佛教宗派組織已超過一千間，各自發展自己理想的信仰。

不過，對於馬來西亞佛教的未來，也有很大的潛在危機，主要原因有三：一是佛教長久處在伊斯蘭教國家環境下，馬來西亞宗教政策雖然信仰自由，但伊斯蘭教是國教，具有優先地位，而馬來族人口占多數，都是熱誠的伊斯蘭教徒，規定不能改變宗教信仰，而華人等人口是少數，宗教信仰熱誠淡薄，又極容易改變信仰。二是華人在馬來西亞現在結構亦趨向少子女化，知識分子及精英人才不斷向外國移民者多，出家、在家佛教優秀人才長久培養難以為繼。三是少子女化及經濟富裕了，佛教徒組織制度不健全，本身亦漸趨向腐敗化，團結力量減弱。這些因素，對馬來西亞佛教前途是極不利的。

❶ 陳秋平著：《獨立後的馬來西亞佛教研究》（博士論文），第五十六—五十七頁。

❷ 理論上馬來西亞是一個宗教信仰自由的國家，但若威脅到官方所認的伊斯蘭教教派，政府也會採取極強硬的應對態度。

❸ 出處：https://zh.wikipedia.org/zh-tw/馬來西亞#宗教。

❹ 蔡明田著：〈佛教在馬來西亞〉一文，出處：www.kbs.org.my（砂拉越古晉佛教居士林）。

❺ 馬燕冰、張學剛、駱永昆編著：《列國志・馬來西亞》，第六十五頁。

❻ 「馬來西亞佛學院簡介」出處：http://mbi.edu.my/cms/?q=zh-hans/node/19。

❼ 劉宇光著：〈現代漢傳佛教宗教教育：觀察與反思〉，收在《開拓大馬佛教教育之路》（第三屆馬來西亞佛教國際研討會論文集），第十一—十二頁。

❽ 星雲法師著：〈參學瑣憶　廣餘法師〉，《人間福報》，二〇一七年十二月九日。出處：https://

www.merit-times.com/NewsPage.aspx?unid=494752。

❾ 節錄自禪慧法師著：〈在阿拉之國樹立法幢——永懷大馬佛總主席寂晃長老〉一文。

❿ 莊國彬著：〈法光法師著作的書評〉，《中國文哲研究集刊》第三十三期。出處：https://www.douban.com/group/topic/15555494/。

⓫ 引用自「法鼓文化心靈網路書店」，出處：www.ddc.com.tw/author.php?id=62。

⓬ 出處：www.ibc.ac.th/ch/。

⓭ 出處：https://zh.wikipedia.org/zh-hant/ 國際佛學院。

⓮ 峇峇，或土生華人，是十五世紀初期定居在馬來亞（當今馬來西亞）的滿剌加（馬六甲）、滿者伯夷國（印尼）和室利佛逝國（新加坡）一帶的華人後裔，是早期中國移民和東南亞土著馬來人結婚後所生的後代，大部分的原籍是福建或廣東潮汕地區。結婚後男性稱為峇峇（baba），女性稱為娘惹（nyonya）。曾經於一八三二年到新加坡的航海家爾耳，在《東方之海》一書裡提及馬六甲華人比中國新移民優越，但書中提到「他們多數都是馬來母親所生」，強調早期沒有中國女性移民，男性移民只能娶馬來婦女為妻，規定男方並隨妻改信伊斯蘭教。

⓯ 出處：https://ske.my/about-ske/。

⓰ 陳秋平著：〈維摩手段．娑婆渡舟——馬來西亞居士佛教的形成與發展〉一文。

⓱ 同上文。

⑱同上文。

⑲蔡明田著：〈佛教在馬來西亞〉一文，出處：www.kbs.org.my（砂拉越古晉佛教居士林）。

⑳出處：https://www.buddhistchannel.tv/index.php?id=56,10124,0,0,1,0.。

㉑出處：http://buddhisthermitagelunas.blogspot.com/p/history-of-bhl.html。

㉒出處：https://sasanarakkha.org/。

㉓出處：http://www.mbmcmalaysia.org/p/about-mbmc.html。

㉔出處：http://www.tbcm.org.my/member-organizations/。

㉕出處：http://www.tbcm.org.my/about-tbcm/。

㉖于凌波著：〈當代馬來西亞佛教〉一文，載《無盡燈》第三十五期。

㉗釋開印著：〈亞庇佛教的歷史發展〉一文（二〇一八年增訂）。

㉘同上文。

㉙同上文。

㉚釋開印著：〈亞庇佛教的歷史發展〉一文（二〇一八年增訂）。

㉛釋開印著：〈亞庇佛教的歷史發展〉一文。

㉜鄭筱筠著：《斯里蘭卡與東南亞佛教》，收錄於魏道儒主編：《世界佛教通史》第十二卷，第三六八——三六九頁。

㉝ 陳秋平著：《獨立後的馬來西亞佛教研究》（博士論文），第一一八頁。

㉞ 鄭筱筠著：《斯里蘭卡與東南亞佛教》，收錄於魏道儒主編：《世界佛教通史》第十二卷，第三七〇頁。

㉟ 同上，第三七〇——三七一頁。

㊱ 陳秋平著：《獨立後的馬來西亞佛教研究》（博士論文），第一一八——一一九頁。

㊲ K. Don Premaseri: *Buddhism in Malaysia* 一文。出處：www.tbcm.org.my/wp-content/uploads/2013/07/Buddhism-in-Malaysia-by-Bro-K-Don-Premseri.pdf。

㊳ 王琛發：〈日本佛教在馬來西亞的曲折命運〉，收錄於《多元的傳承：馬來西亞佛教的實踐》（第二屆馬來西亞佛教國際研討會論文集），第一〇八頁。

㊴ 以上日本僧人、寺院、墓園等在新、馬的分布情況，參考節錄自王琛發：〈日本佛教在馬來西亞的曲折命運〉，收錄於《多元的傳承：馬來西亞佛教的實踐》（第二屆馬來西亞佛教國際研討會論文集），第一一一——一一五頁。

㊵ 出處：https://www.sgi.org/cht/in-focus/2017/run-for-peace-in-malaysia.html。

第三篇

新加坡佛教史

第一章 二十世紀前新加坡的佛教

一、早期佛教傳入之說

新加坡（Singapore）在馬來半島的南端，北以柔佛海峽與馬來西亞柔佛州相鄰，南隔新加坡海峽，西邊為馬六甲海峽，東臨南海，全國由新加坡島及六十三個小島組成，面積為六九七點一平方公里。據二〇一五年十一月統計，新加坡總人口數字約為五百五十三萬五千人，其中新加坡公民約三百三十七萬五千人，另外具「永久居民」權的約五十二萬七千人（簡稱PR），外籍人士約一百六十三萬人。

一八一九年，任職於英國不列顛東印度公司的史丹福．萊佛士（Thomas Stamford Raffles）與柔佛蘇丹簽訂條約，獲准在新加坡建立交易站和殖民地，逐漸發展成繁榮的轉口港。一九五九年成立自治邦，一九六三年加入馬來西亞成為一個州，稱為新加坡州。一九六五年八月九日，脫離馬來西亞並成為獨立國家。

新加坡一名，源出梵文信訶補羅（Simha-pura）一語，Simha意為獅子，pura意為城，合併為獅子城，後來轉化為馬來語singapore，意譯為獅城，依發音變為新加坡。據

《馬來紀年》（*Sejarah Melayu*）一書記載獅城由來說：有一位廖內（Riau）島王子聖尼羅鬱多摩（Sang Nila Utama）前往淡馬錫（Temasek，新加坡古名）島遊玩，見到一隻野獸，身赤頭黑，胸長白色，強壯有力，奔跑甚速，其下屬告訴他是隻獅子，王子隨即美稱此島為信訶補羅，意即「獅城❶」。但《馬來紀年》一書，是記述宮廷的故事、傳說、奇想的紀錄，不是可靠的紀實史書，而且馬來半島也不產獅子。

英國人於一八一九年占領新加坡前，關於新加坡的早期歷史，文獻記載闕如，有記載的也是語焉不詳，中文記載亦少，敘述不多。至於新加坡古代有沒有佛教的傳入，則無文字記載，也沒有發現過早期佛教建築遺跡。

一九九〇年四月，新加坡國立大學歷史系以米克西博士一組十五人考古學家，對在福康寧（山）公園繼續前人的發掘工作，出土一些佛教文物，包括一尊青瓷像，看似觀世音菩薩頭像。另外還有青瓷片、陶土碎片，其上刻有菩提葉及漢字。這些陶瓷可能是來自較大的陶罐或僧人的用缽❷，但這些也不足以證明確有佛教的存在，因為早期新加坡還沒有開發，是屬於人口稀少的荒島，觀世音菩薩頭像、陶土片等，也可能是後人帶入，不能確證就是有佛教的存在。

新加坡在八世紀時期屬於印尼室利佛逝的領域，十五世紀中葉，馬六甲王國已成為海島國家的伊斯蘭教中心，印尼和馬來亞都轉型為全民信仰伊斯蘭教，佛教迅速地衰落。在十八至十九世紀，新加坡是馬來柔佛王國的一部分，但都缺乏有關佛教傳播的史料。因此，要討論新加坡佛教的開始，只能從十九世紀末和二十世紀初，隨著中國大批移民到南洋，將佛教帶到海島國家，包括新加坡在內，開啟華人的漢傳佛教。在十九世紀末以前，可說都是華人移入的民俗信仰，包含佛教在內，不是純正的佛教信仰。

二、華人移入的民俗信仰

一八一八年一月，英國萊佛士登陸時，新加坡可算還是一個荒島，派人調查全島總人口只有二百一十人，其中華人三十人。一八二一年，人口增加到五千人，其中馬來族人約三千人，華族約一千人，其他為武吉斯人、印度人和阿拉伯人。一八二四年，新加坡領域淪為英國人殖民地，採用自由港政策，以吸引周邊人民移進新加坡開發，估計當時人口升到一萬到一萬一千人，其中馬來人約近半數，華人約占三分之一❸。

到一八八一年，新加坡總人口十三萬九千二百零八人，其中華人為八萬六千七百六十六人，華人已占總人口百分之六十一點一。造成華人激增的原因有二：一是在一八二四至一八三〇年，居住在馬六甲的漳州和泉州的商人南下至新加坡；二是一八四二年鴉片戰爭結束，中國閩粵人民大批來到新加坡❹。

一九六三年九月十六日，新加坡與馬來亞、沙巴、砂拉越共同組成馬來西亞聯邦；一九六五年八月九日，新加坡脫離馬來西亞，成為新加坡共和國。截至二〇一三年，據統計新加坡總人口為五百三十九萬九千二百人，其中華族占百分之七十四點二，馬來族占百分之十三點三，印度族占百分之九點一，其他種族占百分之三點四，這顯示新加坡是華人在東南亞居住最集中的國家。

近代新加坡佛教的發展，呈現出多元化特點，有來自中國的漢傳佛教及藏傳佛教，也有來自斯里蘭卡、緬甸、泰國的南傳佛教，都各具有自己的信仰群體和特色。也有許多華人信仰南傳南佛教，尤其是土生土長華裔受英文教育者（不諳中文），歡喜從南傳比丘聽聞佛法❺。此外，一九〇三年有一位愛爾蘭的僧人達摩洛迦（Ven. Dhammaloka），在新加坡成立一個佛教組織「新加坡傳教會❻」，此組織對新加坡佛教有什麼貢獻，則沒有紀錄。

十九世紀到二十世紀初，新加坡華人移民大多來自福建和廣東的鄉村，從事開墾和經商活動，他們教育文化水平不高，鄉土觀念濃厚，就把儒、釋、道以及多種民間信仰帶到新加坡。由於生、老、病、死的人生問題，在正信佛教未傳播之前，華人先建築了多間神廟，例如建於公墓旁的「恒山亭」，是為安頓客死他鄉的移民們設立的祭祀場所。也有些廟宇邀請僧人擔任住持，或委託管理，主辦事務。

一七九五年，在馬來西亞馬六甲寶山亭福德祠，現存〈建告祠法功德碑〉，記明有中國僧人共同募建寶山亭及負責管理事務，這也影響到新加坡採用同一模式。一八二八年，由閩籍福幫首領薛佛建築的恒山亭，位於公墓旁，亭內供奉福德正神，俗稱大伯公，左右兩側供城隍爺和註生娘娘，是早期華人廟宇之一。根據陳育崧與陳荊和編輯的《新加坡華文碑銘集錄》記載，碑銘刻有〈恒山亭重議規約五條〉，其中第三條、第四條、第五條，都註明該亭負責人為出家「和尚」。例如：「第三條……所捐緣金，開費之外有存銀圓，概交本亭和尚收為備辦紅煙老葉茶等件，以供爐主全年祭祀及待客不時之需。凡值清明、普度二次出榜者，和尚當自辦便以待。至於本家之墳墓，宜早晚照顧巡查，免被禽獸毀壞。如是不遵者，或體罰，或革出，皆從公議，決不寬情。」「第四條……又不許亭內和尚設賣鴉片煙，並不許在亭邊左右設賣鴉片煙館。如有妄行不遵者，被眾查知，將和尚革出，對煙館拆毀，絕不容恕。」「第五條：恒山亭之香資，和尚於每月朔望日落坡（意為到市上去）捐化。……唐船凡漳泉者，每只船捐香資宋銀（菲律賓呂宋銀元）四大圓……。若遇其船中頭目、夥計，或有身故者，公議不許附葬於本塚山，著本亭和尚阻止。如漳泉人等身故要附葬於本塚山者，務必對值年爐主處取單，帶交與本亭和尚為憑。如無取單為憑，亦著和尚阻止❼。」由刻石碑文考察，新加坡開埠初期已有華僧，是受雇為福幫恒山亭管理香火及為漳泉同鄉處理喪葬事務，如有不適合雇用之責，還會受到體罰和革出。由此推知，這位僧人社會職位低微，可能只是一位受雇用的普通出家人，教育程度不高，當然談不上具有弘法的能力。

一八三〇年南安人興建的「鳳山寺」，廟內供奉廣澤尊王為主神，其他供有城隍爺、大伯公等諸神像。有記錄：「臥雲法師曾主持此寺，其後廣法亦任住持。」由福建移民在一八四〇年創建於亞逸街的「天福宮」，建材悉由中國運來，宮內供奉媽祖（天后聖母）為主神像，觀音菩薩和關帝為配神，以保社稷平安；又福建會館也設在此宮內。可以見到當時的廟宇，除了宗教的功能外，也兼具同鄉聚會所的聯誼處。據記載，閩南高僧轉道法師，曾被「福建同鄉們請到天福宮任住持」。但此時轉道法師被受請至天福宮擔任住持，是借助他的聲望，已不是受雇用了。之後達明法師抵達新加坡，也駐錫在天福宮。

由廣州和客家人建立的「海唇福德祠」，祠內供奉大伯公，面向大海，故亦稱望海大伯公，約建於一八二〇年左右。一八四九年，福建長泰人移民，在新加坡福建街建立了長泰會館，在館內奉祀清泰真君，故亦稱長泰廟。一八五〇年，潮籍人建立的「粵海清廟」，也是潮籍人的會館，後經不斷改建，現已成為一座巍峨堂皇古色古香的廟宇，許多廣籍人士也到廟裡進香。一九五七年，瓊籍人士建了一座「天后宮」，宮內供天后聖母，瓊州會館亦附設在裡面[8]。這裡的瓊字，是指海南島的簡稱。

一九〇五年，初到新加坡以卜卦為生的瑞於法師（一八六七——一九五三，為清朝貢生，二十歲在漳州龍溪南山寺出家），遇到名人邱菽園居士而成私交，邱居士即為瑞於法師建了一所城隍廟，供養為靜修之用。他們都是佛教徒，而創建道場以城隍廟為名，亦甚為奇特，或許是為了隨俗吧。一九二〇年，邱菽園居士亦為新加坡著名道場「雙林寺」創辦人之一，並兼任董事❾。

以上所引華人成立的神祇廟宇，似與正信佛教沒有直接關係，然從新加坡佛教發展來說，這些華人民間宗教信仰者，見佛也拜，見神也拜，而且他們多數自稱為佛教徒，卻有帶動和演變以後正信佛教的發展，給後到的南來高僧弘揚正法，比較容易安身立足下來。或說早期初到新加坡的閩粵僧人，都須先依附神廟才能生存下來。

❶ 許雲樵譯註：《馬來紀年》增訂本，第八十五——八十八頁。又陳鴻瑜著：《新加坡史》，第九頁。
❷ 釋能度主編：《新加坡漢傳佛教發展概述》，第十七——十八頁。
❸ 陳鴻瑜著：《新加坡史》，第十六——二十一頁。
❹ 釋能度主編：《新加坡漢傳佛教發展概述》，第二十一頁。
❺ 關於南傳佛教傳播情況，這裡不多敘述，請參見本篇第三章〈南傳佛教英語弘法〉一項。

❻ 鄭筱筠著：《斯里蘭卡與東南亞佛教》，收錄於魏道儒主編：《世界佛教通史》第十二卷，第三八六頁。

❼ 王琛發著：〈換取「香資」度眾生——從文物碑銘探討十八、十九世紀麻六甲海峽三市的華僧活動〉，收錄於開諦法師編著：《南遊雲水情——佛教大德弘化星馬記事》，第二十五——二十六頁。

❽ 釋傳發著：《新加坡佛教發展史》，第三十一——三十三頁。

❾ 釋能度主編：《新加坡漢傳佛教發展概述》，第二十九頁。

第二章　新加坡淪為英屬殖民地

一、閩南高僧初抵新加坡弘法（一八九八至一九四〇年）

十九世紀，隨著閩粵地區的華人移入的民俗信仰，佛道不分，雖然大多數人自稱是佛教徒，甚至有僧、有寺、有佛菩薩聖像供奉，但不能代表有正信的漢傳佛教存在。直到二十世紀前後，才開始有漢傳佛教的出現。

（一）首創蓮山雙林寺的傳奇因緣

新加坡的佛教與中國閩南福建、廣東等地的漢傳佛教有很深的淵源。一八九八年，福建泉州惠安出生的賢慧法師和性慧法師在新加坡建造了第一座「蓮山雙林寺」，漢傳佛教才開始正式扎根立足。

雙林寺現存的碑記——〈蓮山雙林禪寺緣起〉，記載了雙林寺創建的因緣。賢慧法師生於清光緒年間，福建惠安人，俗姓蕭。法師自幼茹素聰慧過人，他和弟弟性慧博覽群書，發現佛陀的教法，才是真正的解脫之道。於是兄弟一起要求父母讓他們出家，結果雙親不但欣然同意，更樂意跟隨他們一起出家。蕭家自資建了清音寺和清德庵，全家男女分住修持。當時福州怡山西禪寺住持微妙禪師路經惠安，遊清音寺，驚見蕭家一門精進修行，非常讚歎，便向他們開示說法。聞法後，舉家法喜充滿，恭請老禪師為他們舉行皈依儀式，賢慧、性慧禮微妙和尚為師。後來賢慧法師在新加坡創立雙林寺，以微妙禪師所重建的怡山西禪寺為祖廟，因此本寺自稱是西禪寺的下院。福州西禪寺是南方五大叢林之一。

一八九二年，蕭氏全家男女十二人，決定到佛陀的故土朝禮聖跡。從廈門乘大帆船出發；先往印度朝聖，再去錫蘭。全家在錫蘭楞伽山，男女分居山穴，自結茅廬，潛心修行。六年後，仰光的高萬邦居士聽聞賢慧法師在楞伽山修行，心生仰慕，專程到錫蘭去請法師下山。在他盛意邀請下，蕭氏一家隨法師到緬甸後，途經檳城馬六甲海峽，南下新加坡，從此開展了奇妙的弘法因緣。

賢慧法師一家人在新加坡時，巧遇劉金榜居士，劉氏甚為驚喜，疑為即是他夢中的金人出現，隨即迎接賢慧禪師一家人駐錫新加坡，選在金吉路（Kim Keat Road）創建雙林禪寺。同時率先捐資，聘請中國名匠南來新加坡，仿福州西禪寺叢林的格局興建該寺，成為新加坡最早期的中國式佛寺，迎請賢慧禪師為住持❶。

一九〇一年，深受獅城佛教徒敬仰的雙林寺方丈賢慧法師圓寂了。寺院的建築工程才剛剛開始，首任方丈突然病故，對大家來說是一個沉重的打擊。但僧俗二眾，一致同心，希望完成殿堂的興建，讓中國佛教叢林寺院在海外重現。未料，接任住持的性慧法師，也在隔年圓寂。他們的母親慈妙比丘尼痛失二子，淒然攜帶女眷回國。臨行前，立了一塊石碑說明第一座殿堂——法堂，取名珠琳庵，原意是要先為出家女眾提供淨修處所。繼任住持明光法師是性慧法師的徒弟，他秉承師志孜孜耕耘，法堂與大雄寶殿相繼落成。〈蓮山雙林禪寺緣起〉碑文抄錄如下：「余泉州惠邑人也，俗姓蕭，一家團圓頗裕田園之樂，緣吾二子覺悟浮生如夢，勸請安素從緇，於壬辰年率闔家男女一十有二人，航海到高浪霧，在楞伽山巖棲六載。至戊戌年季春下山，遍遊佛國後，因遊檳過叻，擬回古國。蒙劉姓施主喜捨此山，故吾長子賢慧在此創建雙林禪寺。並擬於大殿之後結構珠琳庵一區，以為余並吾長女尼禪慧及吾甥女尼月光三人棲身之所。詎意吾子賢慧於辛丑季夏頓捨幻化之軀，逕入涅槃之藏，致此工程未能告竣。浮生幻夢，固如是乎！但吾母子在此數年，滿望大功克竣，上報佛恩，今既如此，復何言哉。今吾子既已歸真，吾三女尼未便居此，故將後事咐囑吾次子性慧之徒明光大師管理，唯冀克乘先志，不墮宗風，是余所厚望焉。茲因將次附航返國，未免感慨系之，特敘數言，勒之貞石，庶遊覽諸君知其緣起，並知此珠琳庵即法堂，法堂即珠琳庵也。光緒壬寅年秋吉日，比丘尼慈妙立。」

蓮山雙林寺的建造工程於一八九八年正式開啟，一九〇九年竣工，前後歷時十一年，耗資近五十萬叻幣，成為新加坡當時最宏偉的叢林寺院。

劉金榜居士（一八三二—一九〇九）出生於中國福建南靖，原名城正，號文超，官名元勛，金榜為其乳名。根據一八五八年出版的《雙林寺六十週年紀念特刊》有劉金榜小傳記載說：「大慈善家劉公金榜，福建漳州南靖縣人，生於一八三二年。家素貧。年二十七，別父母隻身南渡新加坡，初為小商人，以勤儉積有餘資，遂創萬山藥舖，因以起家……」，然後集資開設福來銀號，躋身金融界。又續記云：「曾歷任華人參事局、保良局委員、中華商務總會董事及皇家藝術會會員等，旋獲清廷例授通議大夫賞戴臣翎侯補道……」，「劉公篤信佛教，樂善好施，其發願興建雙林寺之動機，則有下列記載。西禪小記云：光緒戊戌，劉公金榜與其子啟祥俱夢金人西來，適賢慧禪師至，迎請留住，敬之如佛。因慮師離星回閩，遂於小坡募建雙林禪寺，請師主持……公卒於一九零九年十二月十八日，享年七十二❷。」

可惜在開建雙林寺十一年中，三位重要人物都已去世。首先開山住持賢慧禪師，在新加坡住不到三年，一九〇一年便圓寂去世。其弟性慧禪師，擔任第二任住持，在兄長圓寂後的第二年（一九〇二）也圓寂去世，將寺務交給賢慧徒子明光禪師管理，為第三住持。在雙林寺即將完成尚未舉行落成之前，一九〇九年劉金榜也得病去世。所以邱菽園居士在撰刻〈籌建蓮山雙林禪寺碑記〉時說：「嗣君啟祥勉焉勤述，惜仍未舉落成之典[3]」，可知劉金榜去世時，尚未舉行落成典禮。雖然，兩位前任住持去世後，有賢慧徒子、徒孫明光、敬亮、興輝、福慧等先後繼任雙林寺住持，但只是繼承雙林寺的寺務，對新加坡佛教進一步推廣弘揚，未做出什麼特別建樹。儘管如此，但因雙林寺建成後，吸引不少位華僧前來新加坡掛單和修行，對以後傳播漢傳佛教也起著重要醞釀的作用。

〈籌建蓮山雙林禪寺碑記〉立於雙林寺天王殿內座北面朝南的左側牆壁上，由新加坡名士邱菽園居士於一九二〇年撰寫，記述雙林寺的創建因緣和建寺之艱辛歷程，暨簡介歷任住持、施主、殿堂概況。其內容摘要如下：「星洲在昔本無叢林之建築物，有之則自蓮山雙林寺始也，初發心於劉金榜長者，獻地布金，迎僧臨濟宋怡山派之性慧禪師來開山。師皆為性慧全眷出家有名，戊戌先成後院，以俾安禪……[4]。」邱菽園居士在一九二〇年曾出任雙林寺董事，也是新加坡佛教居士林創辦人之一，活躍於新加坡佛教界。

雙林寺於一九六九年，獲新加坡政府撥款兩百多萬元，在周圍興建了一座巍峨塔樓和蘇杭式風格的花園，並遍設假山、小橋、流水和池塘。一九八〇年，新加坡古蹟保存局宣布雙林寺為第十九個國家古蹟，是唯一被列為國家古蹟的佛教寺院。

（二）新加坡漢傳佛教的開山鼻祖——轉道法師

轉道法師（一八七二——一九四三），福建南安人，俗家姓黃，十九歲在漳州南山寺，依善修禪師剃度出家，曾朝禮四大名山。一九一〇年代初，廈門南普陀寺設立僧伽學院，為籌募經費赴新加坡，為當地信眾所挽留，捐資獻地建成普陀寺，展開弘法，曾與佛教護法李俊承、邱菽園、莊篤明等居士，發起組織佛教居士林、中華佛教會，推動佛教的弘傳，並連任兩屆中華佛教會會長。一九四三年轉道法師圓寂，轉岸法師繼任住持，一九六六年曾予重建普陀寺。

建寺期間，轉道法師便顯示先以大乘布施、愛語、同事、利行四攝法，體現自利利他精神，廣結善緣。初時，轉道法師應同鄉福建幫僑領之邀，出任天福宮住持，現身市集方便度化。由於法師精通中醫，為人治疾，尤精小兒科，人們尊稱他「兒童活佛」。遇到貧者，不但贈醫，而且施藥，以醫療救濟做為接引初機權巧法門，接近民眾，關懷民情，不失為一種度化眾生的有效法門，因此聲譽遠播南洋，皈依者日眾，然後再逐漸在新加坡發展傳播漢傳佛教的種子，在二十世紀初期，為新加坡佛教奠定正信佛教的基礎[5]。

轉道法師有感於當時有很多出家眾來到新加坡，但沒住宿的地方。一九二一年，得到佛教護法鄭雨生居士奉獻土地三十英畝，僑領胡文虎、胡文豹兄弟施捨淨財，在光明山後山建造普覺禪寺大殿，完成初期工程，不但可以提供住宿給僧眾，也可以舉辦法會，弘揚佛法。光明山普覺禪寺，後來經第二任住持宏船法師重修擴建，開展為新加坡最具規模的寺院，也是新加坡十方叢林之始❻。

（三）高僧應邀巡迴弘法

一九二二年，中國著名高僧圓瑛法師（一八七八—一九五三）赴南洋弘法，應新加坡轉道法師之邀，到光明山普覺禪寺宣講《大乘起信論》。一九三七年，中國盧溝橋事變，圓瑛法師在上海組織僧伽救護隊「中國佛教災區救護團」，十一月與徒明暘法師到南洋募化，十二月於新加坡演講，號召組織「中華佛教救護團新加坡募捐委員會」，做救護隊費用，並獲得僑領陳嘉庚大力支持。一九三九年在新加坡天公壇傳授皈依。一九四八年與徒明暘再赴南洋，在中華佛教會及圓通寺開示。圓瑛法師前後共五次赴南洋弘法，對推動新加坡佛教正信，具有很大影響力。

一九二四年，廈門南普陀寺首任方丈會泉法師，創辦閩南佛學院，培養僧才，為充裕經費兩次赴新馬弘法，對推動新馬佛教的發展起到積極作用。尤其在馬來西亞檳城創建了妙香林寺。會泉法師的上首弟子宏船法師，他先在廈門萬石蓮寺協助其師開辦佛學研究社。後隨師赴南洋弘法，在新加坡光明山振興普覺禪寺，為新加坡佛教做出了重大貢獻。

一九二六年，當時的廈門佛化青年會會員蔣劍一、蘇鶴松、黃謙六等人曾皈依太虛大師，後至新加坡經商，與轉道法師等人籌組「星洲講經會」，邀請太虛大師南來，於當年九月初抵達新加坡，受到華僑熱烈的歡迎，在福州會館、中華總商會、維多利亞紀念堂等處，一連多日演講。此後太虛大師又在江夏堂開講《佛乘宗要論》大意、《維摩經》大綱及《心經》。在新加坡期間，曾與僑領陳嘉庚、胡文虎等人商議欲前往歐美傳教及創建世界佛學苑之事。原欲順便往荷屬印尼弘法，但因水土不服，患上熱病，多日未癒，在醫生勸導下提早返回中國。

一九二八年八月，太虛大師籌備三年的歐美之行，終於實現了，於八月十一日乘「安特雷朋號輪船」離開上海，二十二日途經新加坡，受到四眾弟子的歡迎。應邀在中華佛教會演講佛法，旋即登船前往歐美。一九三九年九月，太虛大師第三次蒞臨新加坡，主要是為了抗日救國。當時日軍為粉飾侵華暴行，發動輿論宣傳「保障及發揚亞洲文化」，應國民黨政府函聘組織「中國佛教國際訪問團」，出訪緬甸、錫蘭、泰國、印度、馬來亞，與各國佛教領袖聯絡感情，宣傳救國運動，希望各國佛教徒團結一致，支援正義。於一九四〇年三月二十七日抵達新加坡，駐錫龍山寺，停留期間，並偕慈航、葦舫法師等先往檳城極樂寺拜訪會泉法師。四月七日返回新加坡後，太虛大師一連在中華佛教會、中正中學、維多利亞紀念堂、靜芳女學專題演講佛法。三天後大師率團回國，留下慈航法師在新馬弘法。

道階法師（一八七〇—一九三四），湖南衡山人，俗姓許，十九歲在衡陽智勝寺出家，志趣參禪，曾任湖南金錢山寺與北京法源寺住持。一九二六年至印度朝聖，行至鹿野苑，在荒煙蔓草中發現了唐代華僧所建的支那寺遺址，無限感慨，於是發願重建支那寺。一九二九年一月，緬甸仰光召開「世界佛教會」，道階法師代表上海中華佛教會出席。會中遇到新加坡中華佛教會代表轉道法師，隨受邀到新加坡訪問，駐錫靈峰菩提學會與普陀寺。有緣又結識李俊承居士，談及重興支那寺之事，答應支持。其中經過雖有些事不順，道階法師於一九三四年亦圓寂。直到一九三八年，李俊承居士獨資捐助叻幣三萬元，請德玉（道階法師之法徒）、演本二師赴印度著手建寺，又得到譚雲山、丘慶昌居士協助，歷三年建成，並易名為中華寺。道階法師在國內時，曾倡導修《新續高僧傳》，採錄自北宋迄清宣統年間的碩德耆宿高僧，共六十六卷，分四集，五十餘萬言，為近代中國佛教史之重要資料。在南來新加坡時，對提高新加坡佛教傳播影響力，頗具貢獻。

演本法師（一八七二—一九五七），號尤惜陰，江蘇無錫人，曾任上海聖約翰大學國文教授，因探討哲學而涉獵佛典，篤信佛法。一九三二年到達新加坡，住居士林，適逢北京法源寺德玉法師南來，就禮德玉法師出家，時年已六十，一九三九年在緬甸受具足戒。然後往印度朝聖，至鹿野苑協助其師德玉法師重建中華寺。一九四五年應雪山法師之請，任馬來西亞金馬崙三寶萬佛寺住持，他請本道法師為監院，建立「法輪圖書館」，藏書豐富。他又擔任新加坡佛教總會、佛教居士林導師多年。著有《三種戒經合刊》、《佛法要領》、《佛化家庭》等。一九五七年圓寂於金馬崙三寶萬佛寺。

融熙法師（一八八八—一九五九），廣東番禺人（原籍浙江），俗姓湯，單名瑛，字雪筠，以文士身分從事教育及從政為官。原不信佛，一九三七年服務粵北時，有機會親近禪宗高僧虛雲老和尚，皈依在其座下。至一九四九年便決心出家，在香港荃灣竹林禪院依融秋法師剃度，號融熙。次年在大嶼山靈隱寺受具足戒，是時已六十三歲。一九五四年，在新亞書院講課不久，即赴南洋，先到新加坡。是年，參加代表新加坡佛教友誼分會，出席在緬甸召開的第三屆世界佛教徒聯誼會，之後在新加坡居士林講授〈淨土要義〉。著有《佛教與禪宗》、《葛藤集》及《無相頌講話》。他主張淨土宗不僅是念佛就可以了生死，還要用戒、定、慧三無漏學對治貪、瞋、癡三毒，修福修慧。他的思想和主張影響很多信眾，推動了佛教在新加坡的傳播。

（四）新馬佛教教育創導者——慈航法師

慈航法師（一八九五—一九五四），俗姓艾，原籍福建建寧人。一九一二年於鄰縣泰寧峨眉峰依自忠法師出家，次年往江西九江能仁寺受具足戒。一九二八年入廈門南普陀寺閩南佛學院讀書，為期甚短。後來任安慶迎江寺住持，深感身為一寺之主，不甚通佛法，於是參加武昌佛學院的函授課程，發奮自修，探討精研唯識，多年有成。一九三九年九月，追隨太虛大師組成「中國佛教國際訪問團」出訪亞洲各地，一九四〇年四月，留在新馬弘法。慈航法師在新馬居留約七年多，先後在新加坡創立靈峰菩提學院，在馬來西亞創立檳城菩提學院，及在各州佛學會講經說法，在當時掀起許多華人知識分子學佛的風氣。直至一九四八年夏，慈航法師受邀請至臺灣，開辦臺灣佛學院，創立彌勒內院，並成為當時從中國大陸移居臺灣許多青年僧的依止，救助和培植了許多位佛教優秀的僧才。

慈航法師在南洋的緬、新、馬駐錫十餘年，多數時間居留在新馬，往返在檳城、怡保、雪蘭莪、吉隆坡、馬六甲、新加坡等地講經說法，成立佛學會，做通俗佛法演講，接引很多華人學佛，皈依三寶者日眾。他先後創辦了星洲菩提學院、檳城菩提學院、菩提中學。這些世俗佛教教育事業，經過多年，今日依然存在，甚至發揚光大，都是慈航法師在新馬弘法時，他的虔誠弟子依他的指示而開辦的。其中有三位重要人物值得簡介如下：

1.王弄書居士（一八九三—一九六四），因為在仰光中華寺聽了慈航法師講經的因緣，皈依在慈師門下，法名弘法，王居士奉承慈師的指示，先在仰光與當地的佛教居士邱宏傳、陳善樂、曾大聰、陳宏宣等人組織中國佛學會，在會內設置義學，使當地很多失學兒童受惠。後來又受慈師召請到馬來西亞檳城開創檳城菩提學院、菩提中學，教育檳城華人的子弟。

2.新加坡的畢俊輝居士（一九〇〇—一九八一），在王弄書居士的引介下，聽了慈航法師的通俗佛法演講，心領神會，遂皈依在慈老的座下，並擔任慈老的英語翻譯工作，幫助推動佛教事業。原僑居馬來西亞的畢俊輝居士，因受慈師的指示，遷往新加坡，開創新加坡菩提學校。她在新加坡期間，曾擔任過「菩提學校」的校長、「新加坡佛教總會」、「世界佛教徒聯誼會新加坡分會」的會長及「世界佛教徒聯誼會」的副主席。

3.創辦新加坡女眾道場菩提蘭若的三位居士，林達堅、區賢慧、文智順都曾親近慈航法師修學佛法，他們以慈航法師別名菩提為蘭若命名。慈航法師在新馬掀起一陣學習佛法熱潮時，由林達堅居士與一些信徒耗資購置樟宜金望安的法師寮，做為慈師駐錫新馬的住所。後來慈航法師做為本身潛修及度眾道場的靈峰菩提學院，也是由林居士主理。慈航法師很關心大陸青年學僧，並且經常滙款資助他們鼓勵繼續修學佛法，這些瑣碎書函等工作，亦由林居士代勞。一九六五年林達堅居士依臺灣印順導師出家，法名慧圓。

慈航法師還與華智、廣洽、念西、星光、志航等法師和林達堅居士，在一九四六年成立中國佛學會，出任導師，理事長是耀田居士，會址設在靈峰菩提學院，創辦《中國佛學》月刊，積極宣揚佛法。後來又續辦《佛教人間》，以通俗文字傳播教義，使人易懂。還有「佛教功德林」、「六和園素食館」，亦是受到慈師的倡導開辦。

曾經駐錫靈峰菩提學院的法舫法師（一九〇四——一九五一），俗姓王，河北井陘人。一九二一年依南岳是岸法師出家，在道階法師座下受具足戒。後赴武昌佛學院就讀，是武院第一屆學僧。師從太虛大師多年，尤精法相唯識，許為法門龍象。再後任武昌佛學院院長多年，又主理重慶漢藏教理院，任北京柏林佛學院教務長，三度主編《海潮音》。一九三二年赴印度，入國際大學修讀梵文、巴利文、英文及佛學，精通梵、巴、英、日等語文，為不可多得僧才。一九三七年，法舫法師隨太虛大師至東南亞傳教。一九四九任教錫蘭大學，主講中國佛學，一九五〇年一月再抵新加坡，駐錫靈峰菩提學院，講《心經》，又在圓通寺講《藥師經》。一九五一年法舫法師在錫蘭因腦溢血圓寂於錫蘭大學，四十八歲英年早逝。

（五）戰亂期間救恤賑災

一九四一年十二月七日，日本發動太平洋戰爭，次日，日本即以空軍轟炸新加坡。二月十五日，日軍從馬來半島南下，度過柔佛海峽，英軍無法撤退，遂宣布投降，日軍全部占領新加坡。在戰爭中凡曾敵對過日軍，有抵抗者，有嫌疑的人，都予以逮捕，關進監獄，或從事勞役，也有少數人被處決。在日軍統治新加坡初期，日軍宣布約有五千華人被害，但非正式統計約有二萬五千華人被殺害。至於佛教界的出家僧眾，除了雙林寺第十任住持普亮法師被日軍拘捕後，一去不復返以外（因雙林寺曾於一九三九年成為南洋華僑機工回國抗日報名處，住持普亮法師還親自為華僑機工到滇緬公路之前進行集訓），其他主要寺院住持都平安度過日軍肅清抗日分子的大檢證，得以主持寺務。

身為新加坡的佛教徒，在這場戰爭危機中，共同積極展開佛教界慈善賑濟，救濟廣大災民，發揮大乘佛教慈悲為懷的精神。當時佛教界起領導作用的是新加坡佛教居士林創始人林長李俊承居士，僧俗四眾熱烈響應。在這段期間，新加坡傳統宗教界組成了兩支救濟隊伍。第一支是成立於一九三四年的「中華佛教救恤會」，由獲釋後的李俊承居士擔任主席，龍山寺廣洽法師為總務主任，莊明篤居士為副總務主任，策動救濟工作，在天福宮內倡辦施粥施醫等外，還將全島十餘所寺廟改作臨時救濟所，動員全部佛教徒擔任救亡扶傷工作，並向社會各階層人士徵集物資米糧，以利施醫贈藥，施衣施粥，贈送棺材等各項救濟事業。第二支隊伍，是由追隨宋大峰祖師信徒於一九四三年聯合組成的「中華善堂藍十救濟總會」，開辦免費食堂，清理死屍及在盟軍炮轟時照顧受害者，並盡所能安撫難民，一律不分種族和宗教[7]。

除了以上兩大規模有組織性救恤隊伍以外，其他華人寺院也默默地進行救濟災民的工作，例如海印寺，在日軍南侵新加坡時，該寺讓災民避居百餘人。天竺山毗盧寺雪山法師，也在新加坡淪陷時，成為災民避難場所。菩提佛學院佛慈法師，傾其積蓄將白米、木薯等糧食，用來救濟災民。

英國學者柯林．馬克道格爾（Colin McDougall）在戰後實地訪問和考察，發現日軍在占據馬來亞各大城市時，對佛教四眾的態度頗為友善，各寺院庵堂也獲准繼續進行宗教活動，甚至有些佛教團體獲得日軍的金錢資助進行慈善工作。中華佛教會、新加坡佛教居士林，及有些寺院因做慈善救恤等工作，可免徵召服兵役，因而有許多人為了避開服役，紛紛加入佛會為佛教徒，故會員人數大量增加。根據人員研究，日本軍國主義有拉攏國內佛教宗派為其侵略戰爭服務之意。

二、僧俗四眾協力護持佛教（一九四〇至一九六〇年）

在前後多位高僧南來後，除了有多間具有規模正信的佛寺建築外，在法師們的鼓勵下，新加坡佛教漸有許多佛教社團組織出現。

（一）中華佛教會

新加坡最早的佛教組織，是「中華佛教會」，這是一九二六年太虛大師到新加坡弘法時倡議推動成立，當時得到轉道、如安、瑞於等法師，以及華人僑社領袖邱菽園、黃典嫻等多人積極響應參與，於一九二七年成立，推選僧俗四眾輪流當會長。中華佛教會成立後，恭請太虛、圓瑛、轉道法師等為導師。該會在二十世紀中期，對接待臺、港等地高僧往新馬弘法，推動佛教慈善事業，開辦義學等做出很大貢獻。

（二）新加坡佛教居士林

新加坡佛教居士林成立的緣起，先是在一九三三年時，由轉道、瑞於、瑞等諸位法師，及李俊承、邱菽園、莊篤明等五十餘人，籌組新加坡佛經流通處，以弘揚佛法，流通佛書，並在《新國民日報》上闢「獅子吼」專欄，成立蓮宗放生會及念佛會。一九三四年初，佛經流通處召開第二次董事會議，決定成立「新加坡佛教居士林」，由李俊承居士捐獻樓房一棟做會址。最初林友一百餘人，以後逐年成長。

會長李俊承（一八八八—一九六六），福建省泉州府永春縣人，十七歲隨父到馬來亞芙蓉佐父經商。其父去世後，他在新加坡先後創辦太興有限公司、太安實業有限公司，收購泰豐餅乾廠，在馬來亞森美蘭州墾植橡膠園數千畝。一九二五年他回國朝禮普陀山，皈依印光老法師。一九三一年經濟危機中，李俊承應聘出任和豐銀行總理，與陳延謙等協議，將和豐、華僑、華商三家銀行合併為華僑銀行，任副董事長，出任中華總商會會長。一九三三年起，任華僑銀行董事長、董事主席，直至去世。日軍占領新加坡後，他曾被拘禁七天，獲釋後發動佛教徒施粥施藥，收容難民並賑濟七十歲以上男女老人。李俊承居士信佛純篤，一生熱心公益事業，對早期新加坡佛教的弘揚與開展有著很大的貢獻。

邱菽園（Khoo Seok Wan，一八七四—一九四一），新加坡名士，為早期華僑政治運動和文化事業的重要領袖及著名詩人，人稱「南洋才子」、「南僑詩宗」。初名徵蘭，後改名煒萲，字萱娛，號菽園、嘯虹生、星洲寓公，福建海澄人。邱菽園所處的時代，正值中國內憂外患、動盪紛亂之時。他在僑居的新加坡創辦華文報刊，大量刊登復興儒學的言論和宣傳儒學思想的文章，在殖民統治下的東南亞掀起了一股「儒學熱」，積極推動了新加坡華文教育的發展和漢學在華人社會的普及。一八九九年，他二十六歲，與林文慶、陳合成、宋鴻祥等合創新加坡華文女子學校。

（三）英文佛教會

一九三八年，由馬六甲土生華裔陳景祿居士與一群受英文教育的佛教徒，在新加坡樟宜成立「（英文）佛教會」（The Buddhist Union，當時為了與已先成立的中華佛教會區別，大家習慣上方便就稱英文佛教會）。陳景祿居士原與錫蘭僧人所創的新加坡佛教會（Singapore Buddhist Association）交往甚密，學習佛法，基礎深厚。後來，因為轉道法師念及土生華僑不了解中華文化，不能閱讀中文經典，便鼓勵陳景祿居士以英文教導土生華僑研讀佛經。適在此時，錫蘭著名高僧那羅陀尊者（Venerable Nārada Maha Thera）亦到新加坡弘法，在此眾緣和合下，陳居士與一群受英文教育的佛教徒，聯合成立了英文佛教會，並任第一任主席，隔年即舉辦衛塞節慶祝活動。後來，陳景祿居士並發心出家，法名法樂（Venerable Dhammasukha，一九〇〇—一九六六），一生奉獻佛教。法樂法師當時是新加坡佛教界中，能以英文處理公函的人才，從一九四七到一九五六年，經過不斷地努力，終於向新加坡政府爭取到衛塞節為公共的假日❽。

（四）觀音樓

一九三八年廣東番禺周秀瓊居士攜女潘善橋（一九二七—二〇〇二）從廣州至新加坡定居，初在牛車水懸壺濟世，後來在烏橋區惹蘭甘挽（Jalan Kemaman）購買土地二萬四千平方尺，創建儒、釋、道的道場「觀音樓」，收容二十位無依無靠的貧苦老人。一九五八年周氏去世，潘善橋繼承母願，接管觀音樓，一九五九年發心出家，禮慧僧法師為師，法名法坤。在演培長老與續明長老的鼓勵與協助下，法坤法師於一九六四年重建樓宇，改名大悲院，一九六七年落成，是為一正信的佛教三寶道場。一九七五年，購得寺院後面的土地，興建大悲安老院，收容無依無靠單身女性七十位，是第一所佛教興辦的女眾安老院。並先後成立大悲基金、興建大悲佛教中心等，積極推展佛教教育、文化、慈善事業❾。

（五）普覺禪寺擴建法務興隆

一九四三年轉道長老圓寂後，普覺禪寺、普陀寺、龍山寺、新加坡佛教居士林、中華佛教會等團體聯名聘請檳城妙香林寺宏船法師，來新加坡繼任光明山普覺禪寺住持。普覺禪寺面積有三十英畝，十分廣闊，唯地點偏僻，十分荒涼，當時僅有一座大殿，及前庭一處僧寮。在宏船法師多年辛勞經營下，披荊斬棘，開闢汽車道路，先後興建大悲殿、鐘鼓樓、甘露戒堂、藏經樓、方丈禪樓、客座禪樓、寮房，及庭園的景觀設計，終成為新加坡最大的佛教道場。以後多年，每月二十七日啟建的大悲法會，光明山車水馬龍，裡裡外外擠滿人潮，有上萬人參加，一日之間要開兩、三千齋，可見法緣之殊盛，途為之塞，盛況壯觀。

一九四〇年代末，從中國大陸前來新加坡的僧人增多，隨著移民人數不斷增加，逐漸形成閩派和粵派兩大系，分別屬於淨土和禪修兩大宗門。一九五〇年代期間，新加坡的佛教主要受到臺灣佛教界的影響，兩地的僧人往來密切，很多新加坡的僧人都在臺灣的佛寺出家或擔任過住持。

（六）新加坡佛教總會

新加坡佛教最大的組織是「新加坡佛教總會」。戰後，由於新加坡的佛教寺廟與佛教徒劇增，為了團結與聯繫各佛教組織，李俊承居士邀請各華人廟宇派代表到新加坡佛教居士林，商討統一組織的成立。於一九四九年十月正式註冊成立⑩，委員會由五位法師及五位居士擔任，推選李俊承居士任會長，宏船法師任副會長。一九五〇年二月十二日舉行成立典禮，僧俗四眾雲集。成立初期，有九十名團體會員及七百名個人會員。佛總會依章程定期開會，會務分有弘法、教育、文化、慈善四部，由各部主任負責推動，領導全新加坡佛教徒致力弘揚佛教，對內團結僧俗四眾，對外推行慈善福利，為華人漢傳佛教奠定基礎。佛教總會成立的最初十年，最為顯著的功績包括：成功爭取政府於一九五五年將衛塞節列為公共假日、在蔡厝港路建設占地零點四五平方公里的佛教墓園、接管菩提學校和彌陀學校等等。佛總會的成立，對新加坡佛教的團結、發展與傳播發揮了很大的作用。

總之，從前文看來，在二戰前，新加坡漢傳佛教的奠基者轉道法師，擔當了漢傳佛教墾荒者和傳播者兩種角色。接著，慈航法師於一九四〇年留在新馬，大開法筵講經說法，同時推廣佛教教育，在新加坡倡辦新加坡菩提學校，在檳城倡辦菩提學校、菩提中學，這些佛教世俗學校，讓佛教走入社會人群。一九四二年至一九四五年太平洋戰爭期間，日軍全面入侵新加坡時，佛教居士林也積極從事賑災活動，舉凡：賑恤、施醫、贈藥、施棺、惠贈米糧、施衣施粥等救濟工作，日以繼夜，悉力以赴，所辦慈濟善舉，迭獲社會好評。在新加坡光復之後，信佛者遽增，佛教寺院也如雨後春筍般大量出現，在一九六〇年以前比較著名有十餘所，比較小型的則三百餘所。

---

❶ 雙林寺：https://www.shuanglin.sg/language/zh/%e8%b5%b7%e6%ba%90/。

❷ 隆根法師著：《無聲話集——〈古寺鐘聲話雙林〉》，第一〇六頁。又隆師括號註文中說，劉氏生於一八三二年，逝於一九〇九年，應推為七十九歲。

❸ 釋能度主編：《新加坡漢傳佛教發展概述》，第一四七頁。碑記中「嗣君啟祥」，指的是劉啟祥，為劉金榜之子。

❹ 許源泰著：《沿革與模式：新加坡道教和佛教傳播研究》，第一〇五頁。

❺ 釋能度主編：《新加坡漢傳佛教發展概述》，第一五六——一五八頁。

❻ 出處：https://www.kmspks.org/about-kmspks/history-milestones/。

❼ 許源泰著：《沿革與模式：新加坡道教和佛教傳播研究》，第一二六——一二七頁。

❽ 出處：https://thebuddhistunion.org/tracing-our-path/。

❾ 出處：https://dabei.org.sg/founder-ven-sek-fatt-kuan/。

❿ 〈新加坡佛教總會七十周年〉，《南洋佛教》，第五〇七期（二〇一九年七——九月），第六頁。

第三章　建國後的新加坡佛教

一、廣開法筵普施醫藥（一九六〇至一九八〇年）

新加坡於一九六五年八月九日，脫離馬來西亞聯邦，並成為獨立國家。回溯過去新加坡佛教領袖各方面的努力，若以光明山普覺禪寺開山住持轉道法師是「新加坡漢傳佛教開創第一代領袖」，那麼，新加坡建國後，普覺禪寺的第二任住持宏船法師、新加坡佛教施診所創辦人常凱法師、龍山寺住持廣洽法師，便屬於於第二代佛教領袖人物。其實這三位高僧在二十世紀四十、五十年代，對新加坡佛教已有卓著貢獻，只是當時佛教界仍以新加坡佛教總會主席李俊承居士為主軸，一直到一九六四年，宏船法師出任新加坡佛教總會主席，才以僧伽團隊為主，領導佛教的開展。

（一）普覺禪寺第二任住持——宏船法師

宏船法師（一九〇七—一九九〇），俗姓朱，福建晉江人，為家中獨子，幼讀私塾，九歲喪母，依外婆及舅父長大。一九二二年聞泉州承天寺住持會泉法師說法，遂依會泉法師剃度出家，法名宏船。翌年赴莆田廣化寺，依本如和尚受具足戒。一九二四年，廈門南普陀寺住持轉逢法師，將子孫廟的南普陀寺改為選賢制的十方叢林，推選會泉法師為首任住持，宏船法師也隨著會公到了南普陀寺，在會公身邊當侍者。一九三二年，會泉法師住廈門虎溪岩創設楞嚴學會，並就萬石蓮寺開設佛學研究社，宏師陞任監院，服務常住，使會公得以專心講學，培植僧才。一九三七年，中日戰爭爆發，宏船法師隨師南渡新加坡，先後遊化仰光、印尼、檳城各地，一九四〇年再次回到新加坡，駐錫普陀寺，與轉道法師共建大悲法會，祈禱世界和平。當時轉道法師深感普覺禪寺繼承無人，便與會泉法師商議，於一九四一年正式傳法予宏船法師。一九四三年，轉道法師示寂，普覺禪寺、普陀寺、龍山寺、新加坡佛教居士林、中華佛教會等團體聯名力請，宏師出任普覺禪寺住持，落實轉道法師的遺願，而後終其一生，以振興光明山普覺禪寺為職志。

宏船法師接任新加坡光明山住持時，地點偏僻的普覺禪寺三十英畝的土地上，只有一座佛殿和幾間禪房、僧舍，其餘到處都是蔓草叢生。普覺禪寺原來是一片橡膠園，施主把它捐給轉道和尚創建普覺禪寺。經數十年的慘淡經營，擴建寺宇，普覺禪寺的規模日見發展，大悲殿、光明殿、鐘鼓樓、甘露戒堂、藏經樓、客座禪樓等逐步建成，殿閣莊嚴雄麗，蔚為星洲巨剎。在建設期間，宏船法師廣宣法化，普結善緣，發起大悲法會，為民祈福。同時每年在普陀寺、居士林等處，開壇講經，先後講《金剛經》、〈觀世音菩薩普門品〉、《阿彌陀經》、《心經》、《地藏經》、《大乘起信論》等。在這之後，宏船法師又兼任新加坡普陀寺住持，寺務亦日見發展。他還在普陀寺設立佛教施診所，施醫贈藥，濟世救人，讚聲不絕於耳。

宏船法師是早年南洋一帶弘揚佛法的先驅，他一生對社會、佛教的貢獻，不只在新加坡備受崇高敬仰，同時也享譽全東南亞。宏船法師辛勤耕耘，歷盡艱辛萬苦，將荒山小寺，建成東南亞區域殿宇輝煌的佛教名山勝剎。他中興光明山普覺禪寺，接濟孤苦貧困無數，慈悲為懷，畢生弘法利生不懈，為新加坡佛教的推動與發展不遺餘力，深受社會各界的敬仰，同時亦為國際佛教界所讚揚❶。

宏船法師在新加坡建國前和建國後，對新加坡佛教做出多種貢獻，其中有利於漢傳佛教的發展，可歸納為以下三項：

其一，跨宗教對話與合作。在新加坡未建國前，宏船法師以新加坡佛教總會副主席身分，與其他宗教領袖，如基督教、天主教、伊斯蘭教、印度教、錫克教等，各教代表共同倡議成立「新加坡宗教聯誼會」，顯示宏師已認識到多元種族、多元宗教、多元文化是新加坡重要的基礎，在如此環境下，跨宗教對話與合作，使得漢傳佛教能取得長足的發展。

其二，成立佛教僧伽聯合會。新加坡佛教一向有北傳和南傳之分，由於語言不同，習俗各異，甚少聯絡。為了打破南傳、北傳佛教徒之間的隔閡，宏師在出任新加坡佛教總會主席時，便聯合南傳與北傳各界佛教徒，共同慶祝衛塞節，使南、北傳佛教徒在新加坡能和諧相處，共為佛教發展而努力。再後，宏船法師與法樂法師（後來在南傳道場出家的陳景祿居士），更共同邀請各民族諸山長老舉行座談會，發起及組織一個跨種族、跨宗派的「新加坡佛教僧伽聯合會」，藉以平息由一位黃衣僧想擔任新加坡僧王所引起的激烈爭議，促進宣揚大乘和小乘佛教教義，以及聯絡各族佛教僧人之感情，化解無謂的爭執。因而諸山長老即席推舉籌備委員，草擬章程，向政府申請註冊等手續。一九六六年，新加坡佛教僧伽聯合會假光明山普覺禪寺召開成立大會，宏船法師當選為主席，阿葛瑪法師及本道法師當選為副主席，理事成員由不同國籍的僧人擔任。

其三，贊助興辦佛教慈善施診所。一九六六年，為紀念已圓寂的開山住持轉道長老，宏船法師在光明山普覺禪寺，發起傳授三壇大戒，啟建水陸大法會，廣邀臺灣、香港、菲、越、泰、馬、印（尼）各地高僧前來誦經大法會，連續兩週，參加者達數萬人，為新加坡佛教戰後最盛大之事。在此事之前，由常凱法師建議，將法會所餘存款，用在開辦一間佛教慈善施診所，宏師立即完全同意承諾，將法會所餘七萬六千新幣，悉數移作開辦佛教施診所基金，為北傳佛教再次以慈善福利事業融入社會，影響長久深遠，最能體現大乘人間佛教的精神❷。

新加坡佛教總會創立後，由李俊承居士連任主席十五年，一九六四年李俊承居士因年高辭職退休。宏船法師繼任新加坡佛教總會主席後，與總務常凱法師攜手合作，主持會務。在他們任內購置了蒙巴登律的會所，改建菩提學校五層大樓，創立佛教施診所，籌募慈善基金推動社會救濟事業等。一九六九年，佛總會創辦《南洋佛教》月刊，響應教育部發展中學宗教教育課程，創立文殊中學，興辦成人佛學班，舉行佛法講座，鼓勵在家居士修學佛法等，對振興新加坡佛教起了很大作用。至一九八八年，由常凱法師繼任主席，至一九九〇年圓寂。然後多年在廣洽、廣淨、妙燈、演培、隆根、悟峰等法師及四眾擁護合作下，善用檀施，弘揚佛法，積極發展教育、文化、慈善事業。

（二）新加坡佛教施診所創辦人——常凱法師

常凱法師（一九一六——一九九〇），俗姓洪，原籍福建晉江，七歲入私塾讀書，受家庭佛法之感化，一九二七年即投泉州崇福寺，禮元鎮法師為師剃度出家。出家後，隨師住在石獅泰亨寺，每日禮佛誦經之餘，跟著元鎮法師學習拳擊及療傷接骨醫術。一九三一年，於泉州開元寺，依轉道和尚受具足戒。圓戒後，到廈門萬石岩佛學研究社受學。常凱法師不僅深究佛理，尤長醫學，後弘化於新加坡，以醫濟世。

一九四七年，常凱法師受馬來西亞檳城妙香林監院開論法師的邀請，到檳城協助妙香林發展寺務。一九四九年常師至新加坡駐錫於普陀寺懸壺濟世，並加入新加坡中醫師公會。一九五一年，他與中醫師公會同人發起創辦中華施醫所，為病患義診，後來擴充為中華醫院。一九五四年在芽籠地區，自購房地，創立伽陀精舍，內設醫務所，潛心內典，隨緣弘化之餘，也為病患者治病，醫藥兼施，藉行醫度化眾生。由於常師精於傷科正骨之術，故被稱譽為「骨科聖手」。一九五八至一九六四年，常師在伽陀精舍開辦國術班及中醫正骨研究班，學員均為新加坡中醫專門學校之學生，至此常師聲名遠播，先後曾任中醫專門學校（新加坡中醫學院的前身）委員及講師，中醫師公會及中華醫院財政等職。

一九六〇年，常凱法師被推選為新加坡佛教總會弘法部副主任，推動弘法事務。一九六四年被選為總務主任，便發動全國寺院庵堂及四眾同人集資購建佛總會所，購得蒙巴路段七二九號之土地三萬餘方尺。一九六五年，常師與宏船法師、法樂法師等人發起組織「新加坡佛教僧伽聯合會」，並任祕書，協助推動會務。一九六六年，協助聯絡南、北傳佛教僧伽聯合慶祝衛塞節，以促進新加坡南、北傳佛教徒大團結，成為長久慣例❸。

一九六九年，常凱法師創辦《南洋佛教》月刊。同年，聯絡佛教同仁，創辦「新加坡佛教施診所」，對求診病患，不分種族宗教，義診施藥。一九七九年，佛教施診所大廈落成。一九七五年至一九八一年間，佛教總會籌建文殊中學，聘請常凱法師擔任建校委員會祕書，舉凡洽購土地，籌款鳩工，以及向教育部接洽申請，全賴常凱法師辛勞奔走，於一九八二年落成。一九八五年常凱法師獲新加坡總統頒予「公共服務勳章」（BBM），表揚常凱法師為社會服務功績，常凱法師為獲得此項殊榮的第一位佛教僧侶。一九九〇年八月九日，新加坡共和國慶祝建國二十五週年國慶紀念，常凱法師又榮獲教育部頒發「教育服務獎」。九月初偶感不適，未幾遽爾捨報示寂，世壽七十有五，僧臘六十三春，戒臘五十九秋。

常凱法師在新加坡佛教界所做出的貢獻是多方面的，尤其是漢傳佛教的文化、慈善、教育三者，都具有開創性的突出成就，今簡述如下：

其一，創辦了《南洋佛教》雜誌。一九六九年，常凱法師創辦了《南洋佛教》雜誌，邀請教內人才以文字般若弘揚佛法。《南洋佛教》除了刊載具有水準佛學文章以外，其中〈佛教消息〉一欄，對於新加坡佛教動態的報導最為詳盡，具有歷史性的價值。這份刊物，流通遍及世界各地華人的寺院及佛教社團，報導新加坡佛教的發展。《南洋佛教》現由新加坡佛教總會發行，是新馬佛教發行最長久的雜誌。

其二，開辦「新加坡佛教施診所」。一九六九年冬，常凱法師聯絡佛教同人，發起開辦「新加坡佛教施診所」，得到宏船法師財務上的贊助。雖然該施診所是以佛教命名，卻不論求診者什麼種族、何種信仰，施診所都會一視同仁地給予中醫藥治療。一九七二年後，求診病患日增，便增設第一分診所。一九七七年，常師又籌畫興建佛教施診所大廈，兩年後落成，可方便更多的病人求診，再開辦第二分診所。施診所自從開辦日起，常師就擔任董事會祕書長，一切責務策畫的推動，都事必躬親，因此佛教施診所會務發展迅速，聲名遠播。經過十年統計，該施診所義務治療的貧苦的病人多達一百九十八萬六千人次，施贈出去的醫藥費，高達一六五萬新幣。目前，佛教施診所及屬下分所坐落在芽蘢、丹戎巴葛、紅山、宏茂橋、裕廊東、三巴旺、杜弗及淡濱尼等全島人口密集地區。在社會大眾的鼎力支持下，受惠的民眾遍及全島。常師對施診所的創辦，象徵著新加坡佛教慈善事業，集合了新加坡佛教團體合作的力量，做出最大的貢獻❹。

其三，一九七五至一九八一年，新加坡佛教總會開始籌建文殊中學，常凱法師受推擔任建築委員會祕書，諸如與教育部磋商、購地和籌款等，都賴常師的領導及奔走，才得以順利進行。一九八二年文殊中學建築落成，正式開始上課，常師被推為文殊中學董事監理員。常師配合政府在一九八四至一九八九年實施的新教育政策，代表佛總會向教育部申請，俾使「佛學課程」成為中四學生畢業會考的科目之一；並與教育部聯合籌備編撰供全國中學使用的中、英文佛學課本；也與教育部聯合主辦中、英文佛學師資訓練課程，成立「佛學教師會」，促進在職佛學教師的進修和研究。這項努力，對於新加坡佛教的迅速發展及傳播，貢獻巨大。從二〇〇〇年新加坡的宗教人口普查中，顯著見到佛教信仰人數的增加❺。

此外，常師還提議成立佛會的「慈善中心」，借以籌集善款，應付天災人禍事件的救濟，並請學有專長的僧伽及居士，每週至監獄及戒毒所說法，成立「慈愛之家」，以團體生活方式，協助出獄青年遠離惡友，授予佛法及世俗技能，為囚犯重返社會工作做出準備。

（三）彌陀學校創辦人——廣洽法師

廣洽法師（一九〇〇—一九九四），福建南安人，俗名黃潤智。五歲時，其父不幸因病纏身而逝。十歲時，其母又在貧病交迫中離開人世，潤智幸得鄉中一老婦給予照顧，始得度過苦難的歲月。十五歲時，潤智到鄉裡的先天教創辦的道場——大和堂工作，隨眾嚴持素食。二十歲，有人為其指點：如至南普陀寺工作，即可解決個人素食問題，成為他出家的因緣。一九二一年，潤智於廈門南普陀寺旁的普照寺禮瑞今法師剃度，法名照潤，字廣洽，屬於漳州南山清泰寺臨濟宗的「喝雲法派」。一九二二年，往莆田南山廣化寺在禮心法師座下受具足戒。廣洽法師曾親近弘一大師學習戒律，深受弘公的器重❻。

一九三七年中日戰爭爆發後，廣洽法師應剃度恩師瑞今法師之召，往新加坡龍山寺協助弘化。龍山寺創建於一九一九年，由轉武法師開山，後在其徒瑞等法師手中，獲得實業家陳文烈居士的捐資，於一九二八年完成，寺內供奉觀世音菩薩。二次大戰後，轉逢法師繼任住持。

一九四八年廣洽法師在芽籠自購房屋，創建薝蔔院，自修化他。一九五二年，出任龍山寺住持，改建前座大雄寶殿，在後座加建了喝雲堂，並創辦彌陀學校，學生人數在千人左右。一九七三年，擔任新加坡佛總會副主席。一九七九年任佛教施診所第二分所主席。一九八六年，出任佛總會主席及佛教施診所主席。

廣洽法師對新加坡佛教的貢獻，可依佛教的慈善、教育、文化三方面來說：

其一，推動佛教慈善救濟活動。一九四二至一九四五年，當新加坡被日本占領時，廣洽法師發動佛教徒救濟難民，以新加坡佛教居士林導師的身分參與在天福宮成立的中華佛教救恤會，開辦施醫贈藥給災民。一九五六年，廣洽法師創立彌陀學校慈善部，每年衛塞節都在新加坡廣播電台演講佛教的教義，並說明布施的功德及意義，開創了新加坡信眾們在衛塞節行布施的新局面，也為慈善部募得許多善款。慈善部將每年募化義款轉施給文化、教育、安老、公益、醫院、聾啞、殘疾等機構。廣洽法師同時又帶領佛教居士林的林友籌募貧病老人度歲金，分發給老人得以歡度新年，連續二十多年不間斷，直至他示寂的前一年。

其二，佛教教育方面，一九五二年，廣洽法師接任龍山寺住持時，因有感當時寺院四周的失學兒童甚多，閒逛街頭，未能接受教育，殊覺痛心。因而提出將寺中購置，原來準備興建彌陀寺的地皮，改為建設彌陀學校。一九五五年三月，三層樓的校舍全部竣工，開始招生開課。廣洽法師為了使彌陀學校學生自幼能受到佛法的熏陶，請印順法師撰編了適用於高小的佛學教材，經教育部審定後，於一九六〇年春出版使用。

其三，佛教文化方面，廣洽法師與弘一大師因緣深厚，他非常崇敬大師，為大師出版各種書法、演講集等。一九三八年，當著名的中國畫家徐悲鴻到新加坡開個人畫展，以義賣所得支援中國抗日的資金時，廣師便極力讚歎，介紹信徒購買，給予徐悲鴻的畫展很大幫助。同時，廣洽法師也請徐悲鴻為弘一大師畫像，做為弘一大師六十壽辰紀念。這幅畫像，迄今仍保存在福建泉州開元寺的弘一大師紀念館內。另一方面，當弘一大師一百歲冥誕時，廣洽法師要為大師斥資出版《護生畫全集》，此書由著名畫家豐子愷居士編繪，大師題詞。第一冊《護生畫集》是豐子愷於一九二九年為慶祝大師五十歲所繪，然後大師六十歲時繪六十幅，七十歲繪七十幅，以此類推，至大師百歲時繪一百幅，在最後繪第六集時，正逢中國文化大革命，豐子愷居士也受到衝擊，自身難保，卻為了報答師恩，信守諾言，時常在中宵或早起，孜孜不倦地繪畫，終於在困難中提早完成。然而卻於功成圓滿之後隨即辭世，其後人在七十年代亦無法出版該畫集。弘一大師晚年在閩南期間，廣洽法師曾隨侍大師十餘年，與大師因緣最深，道誼最厚，便設法將豐子愷遺稿帶到新加坡策畫全集出版，並親撰《弘一大師百年紀念序言》，做為大師百歲冥誕獻禮。當《護生畫全集》出版後，廣師於一九八五年將該畫集原稿全部捐獻給中國浙江省博物館珍藏，供人瞻仰❼。

一九八七年，廣洽法師榮獲新加坡總統頒發BBM公共服務星章，以表揚他為社會福利事業的貢獻。廣洽法師於一九九四年正月安詳捨報，世壽九十五歲。二〇〇七年三月位於新加坡的「廣洽紀念館」在納丹總統主持下開幕，為東南亞漢傳佛教第一間以個人收藏為題的藝術館。

（四）推動佛教發展的法師

在新加坡建國前後的艱難時期，還有多位來自中國大陸、臺灣、香港的法師，如演培、廣義、妙燈、優曇、松年、隆根、慧平、能度、法坤法師等，開辦佛學講座、筆耕般若文字、指導佛教社團，對推動佛教在新加坡的發展，也都有很大的貢獻，在此也略作介紹如下：

演培法師（一九一七—一九九六），俗姓李，號諦觀，江蘇揚州邵伯鎮人，著名佛教學者、高僧。十二歲剃度出家，法名演培。一九三三年寶應縣福壽律院受具足戒。一九三五年春進寧波觀宗寺的學戒堂。一九三六年夏負笈廈門，進入閩南佛學院。太虛大師創立漢藏教理院時，演培前往聽課，成為太虛的門下弟子。太虛大師囑咐演培法師要多親近印順法師，向他學習。印順法師為演培、妙欽、文慧三人，特別講授《攝大乘論》。兩人從此以師友相交。一九四一年，演培法師受太虛大師之命前往四川合江創辦法王學院，禮請印順法師為導師，後改任院長。一九四八年，印順法師至福建廈門南普陀寺，創立大覺講社。演培法師由杭州至廈門任教。不久，因國共內戰，印順法師與演培法師等人移居香港，在香港進行《太虛大師全集》的校對。一九五二年三月，至臺灣接手臺灣新竹佛教講習會。一九五七年，在印順法師之後，出任臺北善導寺住持，後在福嚴精舍教授佛學。並開始出國至泰國、柬埔寨、越南等地弘法。

演培法師於一九六〇年，辭去善導寺住持後，離開臺灣，至東南亞一帶弘法。新加坡靈峰菩提學院信託人林達堅居士得知演培法師抵達新加坡後，即請求演培法師擔任靈峰菩提學院的管理任務。演培法師接下靈峰菩提學院後，於一九六七年重建老舊的建築，並改名為靈峰般若講堂，一九六九年落成開光，禮請臺灣的印順導師主持陞座，各界道賀的嘉賓兩千餘人，越南副總理梅壽傳也專程參加盛典，盛況一時。此後十年的靈峰般若講堂，成為演培法師講經弘法的道場。

一九八一年，演師在榜鵝路購得土地，興建福慧講堂，紀念印順導師在臺灣創建的福嚴精舍和慧日講堂而命名。法師同時創辦新加坡佛教福利協會，積極推動社會福利工作，開辦了許多慈善福利單位，例如：慈恩林（安老院）、福樂林（社區老人院）、慈恩托兒發展中心、開心關懷中心（學前學後託管中心暨家庭服務中心）、洗腎中心、青松（戒毒中途之家）、觀明綜合醫院等，以及成立佛教文化中心（現名為：福慧佛教文化中心）和騰升培訓中心，以推動佛教教育與文化，和社會大眾教育。演師對新加坡社會福利的貢獻，分別在一九八六年及一九九二年，榮獲頒發國慶公共服務獎章（PBM）和公共服務星章（BBM）。一九八六年，演公受新加坡總統委任為新加坡「宗教和諧理事會」的佛教代表；一九九四年，演公代表新加坡宗教界，率領五位宗教觀察員，赴義大利羅馬出席「世界各宗教促進國際和平會議」；一九九六年，演公受邀前往曼谷，出席世界和平會議，並且獲選為亞洲區的慈濟組主席❽。

演培法師深入經藏，勤於研究、講說，著述等身，已編集成《諦觀全集》三十四冊與《諦觀續集》十二冊，總約八百萬言。演培法師一生內修外弘，致力於佛教的教育、文化與慈善事業，不遺餘力。一九九六年十一月十日於福慧講堂示寂，世壽八十歲。

廣義法師（一九一四—一九九五），福建南安人，俗姓李。一九三〇年十六歲，投南安清水巖，依瑞粱法師出家，次年依泉州開元寺轉道和尚受具足戒。一九三二年到廈門南普陀寺，入佛教養正院求學，其後隨侍會泉長老，先後七年，曾在廈門妙釋寺聽弘一大師講《四分律含註戒本》，之後曾任廈門南普陀寺監院。一九三六年，瑞今、慧雲二法師創辦《佛教公論》雜誌，廣師擔任編輯。一九四九年赴新加坡，住在龍山寺，協助轉逢法師弘法。後赴馬來西亞檳城妙香林，協助廣餘法師弘法。一九六七年，應新加坡光明山普覺禪寺宏船長老之邀，返新加坡弘化，創設華嚴精舍，自任住持，先後擔任佛教居士林、淨名佛學社、佛教青年弘法團等導師，並在新加坡南洋大學、檳城鍾靈中學等學校組織佛學會，攝化青年學佛。

妙燈法師（一九一六—二〇一三），福建莆田縣，俗姓陳，十歲於莆城西來寺為沙彌，一九三五年二十歲於泉州承天寺雲果和尚座下受具足戒。而後多處參學及任職。一九五七年，應廣餘法師之邀，到檳城妙香林弘法，翌年得廣洽老法師之聘請到新加坡龍山寺任監院。一九六〇年轉解法師圓寂，妙燈法師晉陞普濟寺住持。一九六九年新加坡佛教施診所成立，妙燈法師輪流擔任各分所財政，帶領施診所董事會做出許多建樹。此外，妙燈法師對教育事業，亦積極推動，一九九一年任佛總基金會主席、次年任佛教總會主席、協助籌建文殊中學，菩提學校重建委員會主席及董事會主席，積極籌建菩提學校新校舍，督促重建工程。一九九四年以近八十歲力辭佛總主席職銜，不再連任。晚年多於普濟寺淨室持經念佛、專心研讀《太虛大師全集》及印順導師《妙雲集》，思想開闊，應用電腦閱讀藏經，與時並進❾。

優曇法師（一九〇八—一九九三），俗姓楊，名華卿，安徽懷寧人。一九二八年，慈航法師任安慶迎江寺住持，其姨母是慈航法師的皈依弟子，以此因緣，隨姨母而親近慈航法師。慈師有一位徒弟名宗教法師，便依宗教法師出家，而成了慈航法師的徒孫。宗教法師未幾辭世，以後優曇一直依止在慈師身邊。一九三二年赴福州湧泉於虛雲老和尚受具足戒，後參學於鎮江超岸寺玉山佛學院及武昌佛學院。繼而遊化上海與香港，一九三六年成立識廬，後改稱菩薩學處，專修彌勒淨土，為雪山法師法嗣。一九六七年移居新加坡。一九八七年本道法師圓寂後，繼任毗盧寺住持，一九八九年任新加坡佛教施診所第一分所主席。一九九〇年，出任新加坡佛教總會第二十二任代主席。

松年法師（一九一一—一九九七），俗家姓宋，江蘇海陵人。十六歲依海安廣福寺妙一上人剃度出家，二十一歲赴南京寶華山隆昌律寺受戒，之後進入焦山佛學院讀書。曾住靈巖山親近印光老法師。一九四九年因避戰亂到達香港，一九五二年抵達馬來西亞檳城，駐錫檳城佛學院，一九六〇年轉赴新加坡，住在般若講堂。一九六四年出任新加坡菩提閣住持。松年法師出身書香世家，八歲學書，對於歷代各體碑帖，長年臨摹，各得其神髓。張大千說：「松年法師的每一個字都是一幅畫。」其書法乃心之所趨、意之所向。一九八六年，新加坡總理李光耀伉儷訪問日本時，用以贈送裕仁天皇及中曾根首相的國禮——「福」字、「壽」字，即出於松年法師手筆。除致力於弘揚佛教外，法師行善不落人後，曾經數次捐獻珍貴的字畫古董，協助文教體育團體籌款，或捐給新加坡美術館、新加坡國家博物館。一九六九年修建菩提閣。一九九七年因心臟病逝世，享年八十七歲。出版有書畫集《松年法師百福》、《墨痕心影》、《松年法師書畫特輯》、《松年法師書法義展作品》等。

隆根法師（一九二一—二〇一一年），江蘇泰縣人，世農，俗家姓呂，十歲在廣濟庵禮智祥法師剃度出家。他的師祖守培上人是當代著名的法師，對於唯識學深有研究，著有《新八識規矩頌》等論著。隆根法師陪伴師祖三年，大有進益。二十二歲時，赴南京寶華山受戒。之後，曾遊學於上海佛學院、武昌佛學院。法師後來雲遊於香港、臺灣、檳城等地，擔任過香港《無盡燈》、臺灣《海潮音》、馬來西亞《無盡燈》等佛學雜誌的主編。一九六〇年，隆根法師應馬來西亞本道法師的聘請，到檳城編輯演本法師的遺著。一九六三年，他在檳城創設「佛學書局」，次年把書局遷到新加坡，更名為「南洋佛學書局」，為推廣新、馬兩地佛教文化做出不少貢獻。一九六九年，在蓮山雙林寺閉關三年，閱讀了一百冊《大藏經》。隆師擅長佛教梵唄，但在新馬多年，從不應酬一般佛事，唯以推展佛教文化為職志。一九七九年夏，靈峰般若講堂住持演培法師退居，住持一職由隆師繼任。一九九四年，榮任新加坡佛教總會主席，致力為新加坡佛教的發展而努力。著作有《佛學通解》、《聖僧掌故》、《佛教評議集》等十餘種。

慧平尼師（一九一二—一九九四），廣東番禺人，俗姓簡。一九三二年南渡新加坡，一九四〇年皈依宗繞法師，虔信三寶，受持五戒，終身茹素。翌年與同門達仁法師在樟宜妙華山成立陶養園，做為安身修道，念佛修行之處。一九五七年擴建道場，易名自度庵，禮請宗繞法師為導師，領眾熏修。並收容無依老弱孤幼，令老有所安，幼有所養。一九六二年，與妙理、覺真、林達堅居士等，發起創辦新加坡女子佛學院，歷任學院董事。一九六五年赴臺灣，依止印順導師披薙出家，法名慧平，同年在苗栗法雲寺受具足戒。返新後，自行化他，門徒日眾，常住經濟轉豐，廣做佛事，熱心護持佛教文化、教育、弘法、慈善事業。一九七五年，自度庵所在地被政府徵用，慧平法師遂購新民通道九萬平方尺之地，重建自度庵新道場，歷時三年竣工，道場巍峨莊嚴，正中大雄寶殿，供奉九尺高緬甸玉佛，後殿供奉十二尺吉祥臥佛，對面為功德堂，樓上設藏經樓兼講堂、祖師堂、法師寮、宿舍、大型齋堂。還有七層普同塔及四座現代化煤氣火化爐，成為新加坡最大的尼眾道場。一九九四年，安然捨報，世壽八十三。慧平尼師一生為教為人，悲心深廣，慈悲喜捨之精神，令人敬佩。自度庵住持由賢祥法師繼任。

能度法師（一九三五—），俗姓葉，廣東南海人，生於廣州。自幼於高州益壽庵成長，曾師祖覺雲法師是他的啟蒙老師，對於古典文學造詣很深，教他識字、背誦古文、詩詞。監院禪桓法師精於書法，常教他讀經和寫字。一九四八年依止禪桓法師和澄真法師出家為沙彌尼。一九五〇年移居香港，跟隨在港教學的澄真法師，在香港東蓮覺苑寶覺佛學社讀小學，苑長為林楞真居士。一九五一年在大嶼山寶蓮寺依筏可和尚受具足戒。之後親近海仁法師、竺摩法師、印順導師及演培法師。一九五九年赴臺在新竹女眾佛學院深造，依止副院長演培法師、院長印順導師。一九六四年受新加坡女子佛學院之聘執教，次年陞任院長。一九六九年任《南洋佛教》月刊主編，長達十四年。一九七一年創立愛道小苑。一九七四年任佛教施診所總執行祕書，同年加入佛教總會執監委員，歷任佛教總會屬下菩提學校、文殊中學董事。一九七四至二〇〇〇年任文化主任。一九九五年創立藥師行願會，並改建大乘庵為大乘寺。法師多年寫作不輟，已出版有《源自佛教的成語淺解》、《楊枝甘露》、《法海拾貝》、《一葦文集》一至五冊。

法坤法師（一九二七—二〇〇二），俗名潘善，廣東番禺人，九歲隨母至新加坡定居。後因母親去世，深感人生無常，一九五九年皈依三寶，禮慧僧法師出家。一九六四年，因得演培法師與續明法師之鼓勵，將居住之觀音樓重建，改名大悲院，一九六七年落成。一九六六年於光明山普覺禪寺受具足戒。一九七〇年積極參與發展佛教教育、文化、慈善事業，歷任佛教總會執監委員，一九九六年陞任佛教總會副主席，兼任菩提學校、文殊中學兩校董事、佛教總會理事。法坤法師與中華佛教會淵源深厚，自一九七六年起任法務、副財政、副會長等職多年，一九八八年任會長。一九八九年及一九九七年，獲頒PBM公共服務獎章及BBM公共服務星章。一九九〇至二〇〇〇年，任佛教施診所副財政及副主席。

一九六〇年，新加坡佛教居士林林友增至一千多人，所以又購下隔鄰舊屋一間，面積三萬平方尺，改建新林址。至一九七〇年新址落成，十分巍峨壯觀。居士林禮請廣洽、宏船、常凱、青凱、妙燈、廣淨、演培諸位法師為導師，定每週三及週日集眾念佛，禮請導師、居士講經說法，平常每次聽眾都達到三、四百人。自一九七四年開始，居士林常年免費提供素食，每日從早到晚約有二百義工準備二十餘桌自助式素食，日耗四百公斤米糧，二百公斤蔬菜和水果，此舉攝化了更多人來信佛，也感動善心人士自動布施。居士林另外設有義診服務，每月提供糧食、醫藥費給低收入家庭，每年發放新年歲金及獎學金，撥款資助教育機構及視障人士協會。

二、薪火相傳續佛慧命（一九八〇年至今）

新加坡佛教在二十世紀四十年代至六十年代，經過第一代轉道、慈航二位法師的弘化時期，做好奠基和傳播，到六十年代至八十年代第二代宏船、常凱、廣洽三位法師等的努力，得到更進一步的發展。

（一）曇花一現的因緣

新加坡於一九六五年獨立後，經濟迅速成長，使之逐漸發展成為新興的已開發國家，並因此被譽為「亞洲四小龍」之一。但因過度注重經濟的發展，反而忽略了精神文明的建設，國民出現道德精神衰退的現象。於是政府調整宗教教育政策，在中學的教育中，加入宗教課程與儒家思想，一九八二年起，佛教、基督教、興都教、伊斯蘭教、錫克教知識，都加強在各中學授課，希望透過宗教的力量，可以提昇青年的道德人品。一九八四年，新加坡教育部把宗教知識列為中三學生必修科目，學生可任選一科。一九八五年，教育部又將宗教列為劍橋普通水準（O Level）會考科目，即使不做為會考科目，也必須修讀兩年，並參加學校考試。其中調查最受歡迎的宗教課程是佛學[10]。

新加坡教育部正式推行這項宗教教育政策時，就需要聘請一些專家學者，盡快編輯出一套能符合新加坡多元社會，又適合中三、中四學生水準的宗教教科書。開始時，佛學教科書分有英文教材和中文教材兩種。新加坡佛總會最初選用的是南傳佛教著名的《法句經》為主。在英文教材方面，由斯里蘭卡高僧那羅陀（Venerable Nārada Maha Thera）從巴利文 *Dhammapada*（《法句經》）四百二十三首偈頌，翻譯成英文，書名 *The Dhammapada or The Way of Thruth*；在中文教材方面，選擇淨海法師從巴利文用語體文翻譯成中文的《真理的語言——法句經》（一九七四年臺北正聞出版社出版）。新加坡佛總會委託勝利書局承印二萬本，用為中三課本。然而經過教育部的最後審核，認為不適合做佛學課本。於是指派課程發展署洪孟珠居士另成立編撰小組，專門負責佛教教材的編撰工作。

當時教育部課程發展署屬下的佛學課程編寫組主任，特別聘請來自臺灣的古正美教授擔任，在此之前，她曾經擔任新加坡國立大學的哲學系和日文系講師。教材基本上是根據日本佛教傳道協會所編寫的《佛學聖典》做為藍本，文字力求淺白，以符合中三、中四學生的語文程度。課程主要內容是通過介紹佛法，向學生灌輸正確的道德觀念，從中幫助學生塑造完美的人格。中三佛學課程介紹佛陀的生平和佛法。中四的課程則著重於佛教的歷史和發展。由於佛學課程在學校正式推行時，將分別以中文、英文為教學媒介，所以教課書也分別為中、英文兩種。結果，在一九八四年正式推出中三佛學課本，中四課本則在一九八五年正式推出。

新加坡教育部推行得如火如荼的宗教教育課程，突然在一九八九年尾緊急煞車，因為當時新加坡政府注意到，各宗教都有藉此課程熾熱傳教的趨勢，恐影響新加坡的宗教和諧與宗教容忍的傳統，故決定即刻將這些宗教的必修科，改為課外時間教導的選修科，而且中學生再也不能把它做為報讀初級學院和大學先修班的科目。這套佛學教科書在新加坡各大中學前後雖僅使用了六年時間（一九八四至一九八九年），但因為編輯佛教教課書的工作及師資培訓課程的需要，讓新加坡佛教總會的僧俗四眾更緊密地合作，同時，也促進新加坡佛教徒對佛法義理的認知，讓正信的佛教更普及。六年的校園佛教課程，也對青年學子播下了菩提種子。

（二）佛學課程對佛教傳播的影響

佛學課程實施六年，對中三、中四的學生，究竟起了什麼作用和具體影響？這可從一九九〇年的全國人口普查中，看到一些顯著的變化，即在未實施宗教教育前的一九八〇年，自稱是佛教徒的人口是四十四萬三千五百一十七人，一九九〇年，自稱佛教的人口，增加到六十四萬七千八百五十九人。到二〇〇〇年，又躍升至一百零六萬六千六百六十二人，占總人口的百分四十二點五[11]。

可是，後來中學因為停止了佛學課程，從二〇〇〇至二〇一〇年間，基督教、無宗教信仰及道教比例分別增長了百分之三，而佛教比例略微下降，其他信仰則仍保持穩定[12]。可見有或沒有實施佛學課程，對佛教徒人數增減還是受到影響的。

在此也順便列出二〇一五年新加坡人民宗教信教的百分比，如下表：

二〇一五年新加坡的宗教比例[13]

宗教	百分比%
佛教	三十三·二%

基督教	十八・五%
伊斯蘭教	十五・一%
道教及華人民俗	十一%
印度教	五%
錫克教	〇・六%
無宗教信仰	十七・四%

（三）新加坡本土的僧伽傳承

在上世紀九十年代前，新加坡第一代和第二代傳播佛教的僧伽，多數直接來自中國大陸、臺灣、香港。諸山長老們客居異鄉，披荊斬棘，開山建寺，住持正法，維持了半世紀以上，為新加坡的佛教奠定了穩固的基礎，也栽培了許多本土的僧伽。

上世紀九十年代後，電腦網路科技一日千里，顛覆了傳統的媒體傳播，也改變了人們互動聯絡的方式。年輕的僧侶們不論弘法教材的製作或弘法活動的進行，都漸與電腦科技結合，開展新時代的弘法方式。也因為大環境的改變，更凸顯僧伽教育的重要性。

以下介紹新加坡近代幾位領導僧眾的佛門龍象。

1.新加坡光明山普覺禪寺住持——廣聲法師（一九五二—），祖籍廣東開平，俗姓鄧，出生於新加坡，畢業於維多利亞中學，一九八〇年於普覺禪寺宏船法師座下出家，同年赴臺灣高雄龍泉寺隆道法師處受具足戒。曾在臺灣、緬甸、泰國、日本參學，又在韓國松廣寺學禪三年。一九九五年任普覺禪寺監院，二〇〇四年任住持，在光明山籌辦新加坡佛學院，及兼佛教總會祕書長。二〇〇六年，擔任佛教總會第三十屆主席，二〇〇八年當選佛教施診所第二十四屆主席。廣聲法師對佛教音樂充滿熱忱，常親自編寫佛曲，發行過多張佛曲專輯，常以虔敬清脆的優美音聲，唱頌莊嚴的佛號。

廣聲法師多年以來，心憂教內人才奇缺，遂於二〇〇五年在光明山普覺禪寺籌備創辦佛學院事宜。創辦新加坡佛學院的訂立宗旨是：「培養一批精通中、英雙語，有能力從事弘法管理和學術研究的僧伽人才，為漢傳佛教的持續性發展提供人力資源。」新加坡佛學院，二〇〇六年九月開學，其學制及基本內容，分為英文部和中文部全日制課程。英文部：六年全日制學習——兩年預科主攻英語，四年本科全英文攻讀佛學學士課程，修滿規定學分後，學生將獲頒泰國朱拉隆功佛教大學（Mahachulalongkornrajavidyalaya University）頒給學士文憑。中文部：四年全日制學習中文佛學學士課程，修滿規定學分後，學生將獲頒泰國朱拉隆功佛教大學學士文憑。學院提供免費食宿、學習及生活的基本用品，並在學習期間每月發給一定的生活費⓮。

2.新加坡海印叢林，海印禪院住持——遠凡法師（一九五七—），俗姓葉，祖籍福州，新加坡出生，佛化家庭，就讀於新加坡國立大學工程系畢業，一九七九年二十二歲時依本道法師出家。考獲中國南京大學文學碩士，澳洲西澳大學社會學系博士。隨後至臺灣、韓國、印度、尼泊爾、緬甸、泰國、日本等地研究佛法，後遇到一位英國的斯泰芬法師（Ven. Stephen），提議修習黃教密法，並於二〇〇〇年被藏傳佛教寧瑪巴噶陀傳承為轉世聖僧。一九八五年創立「海印禪院」，帶領海印禪院僧團僧俗成立海印學佛會，自任會長，以及帶領僧眾成立海印僧團，並任導師。遠凡法師常以華語、英語和方言弘法，以禪修為主。法師著作有《水月禪音》、《水月禪意》、《水月禪修》、《簡單的幸福生活》，前二者著作有英譯 *The Sound of Zen* 和 *The Conception of Zen* 等⓯。

目前海印學佛會有多位獲得學士、碩士學位的法師僧團住持。以開辦佛法教育為宗旨，有系統的課程設計，學佛課程分為三個階段，基礎學佛課程、成長學佛課程，及進階學佛課程，每個階段課程為期兩年。透過佛法教育，改善人心，淨化社會⓰。

3.新加坡佛教總會主席——廣品法師（一九五三—），新加坡出生，俗姓林，原籍福建安溪，一九七八年畢業於南洋大學，篤信佛法，曾任南大學佛會會長，畢業後任職教師二年。一九八〇年於光明山普覺禪寺宏船法師座下出家，在臺灣高雄龍泉寺隆道法師座下受具足戒，並至臺中南普陀佛學院、泰國、斯里蘭卡、香港等地參學。一九八五年任普覺禪寺弘法主任，一九八九任華嚴精舍監院，次繼任龍山寺住持，二〇〇六年任新加坡佛教總會祕書長，也是普陀寺住持，大願共修會、禪義共修會主席。並積極參與佛教教育工作，擔任新加坡僧伽會祕書、世界佛教徒聯誼會新加坡分會新主席，現在擔任新加坡佛教總會主席。

二〇一六年，廣品法師發表在《南洋佛教》第四九六期的〈佛教的轉型與未來的發展〉文章中提到「總結過去南洋佛教的轉型有幾方面：僧眾已在七十年代本地化；組織走向註冊化；弘法的科學化；佛教教育系統化；活動的多元化；訊息的網絡化；慈善的多面化；僧俗的年輕化；移民的融入化。在以上的基礎，未來必朝這些方向發展，無回頭路。現綜合試論其發展方向及可能面對問題，希望袞袞諸公提出寶貴意見，共商發展大計」。面對新時代的挑戰，擔任新加坡佛教總會主席的廣品法師也希望集思廣益，帶領新加坡的佛教走向新時代的弘化方式。

4.宣揚佛教藝術——法照法師（一九五九—），俗姓黎，從小過繼給二叔。一九七九年依止龍山寺妙華法師出家，法名心光，號法照，同年赴臺灣新竹翠碧岩寺在白聖長老座下受具足戒。一九九二年護國金塔寺落成，任開山住持，十一月閉關一年，修藥師法門，出關後開辦慈善公益及文化工作，創辦慈光福利協會，任執行主席。二〇〇一年，創建慈光學校，為輕度智障和輕度自閉症孩子提供教育機會。二〇〇二年閉法華關，當年得到緬甸舍葛帕喇法師（Ven. Cakkapala）贈送一顆佛牙舍利（因未確實考證佛牙歷史的來源，而受到一些教內外有識人士的質疑）。二〇〇四年，法照法師在牛車水碩莪巷籌建佛牙寺龍華院供養佛牙舍利。這座耗巨資六千二百萬新幣建造的佛牙寺龍華院，樓高五層，按中國唐代佛寺風格建築而成。第一層是三門、鐘樓、鼓樓、觀音殿、百龍殿。第二層是阿蘭若藏經閣及展覽廳、文殊殿，夾層樓是蓮芯茶坊、地藏殿、法堂、戒光堂、諸山長老德像紀念館。第三層是普賢殿、龍華院——佛教文物館。第四層是靈光殿、佛牙舍利金塔。第五層頂樓有萬佛閣、毘盧遮那大光明經咒轉經輪藏、萬福光明燈和胡姬花園。地下還有三層，兩層停車場之外，還有一層是龍華劇院和免費招待吃素食的五觀堂。法照法師希望將佛牙寺發展為牛車水的一座重要地標，成為推動和弘揚佛教藝術與華人傳統文化的重鎮。新加坡佛牙寺於二〇〇七年五月舉行盛大的落成典禮⓱。法照法師同年起任佛教總會副主席，及獲頒公共服務獎章。

5.蓮山雙林寺住持——惟儼法師（一九六〇—），俗姓林，祖籍福建潮安，新加坡出生。一九八一年依菩提佛院宏願法師出家，同年在香港寶蓮禪寺慧命法師座下受具足戒。一九八四年獲得香港能仁書院學士，繼續攻讀該院哲學研究所碩士課程。一九八六年甚得雙林寺前住持談禪法師器重，成為曹洞宗第五十一代法嗣。一九九一年出任蓮山雙林寺修復重任，為復原委會主席，百年古剎，修復工程繁瑣艱巨，前後歷經十餘年。二〇〇三年獲任雙林寺住持。

惟儼法師於二〇〇四年接任第二十九屆新加坡佛教總會主席後，特別具有劃時代的指標意義，表示新加坡土生土長的第三代僧伽走向擔任新佛總會的領導層。惟師擔任雙林寺修復工作，固然獲得談禪法師器重和鼓勵，建築專家的策畫，以及社會人士和信眾的支持，而惟儼法師能做出正確的決定，全力以赴，貢獻甚巨。修復後的雙林寺，使華人傳統的佛寺建築布局更為完整，風格高雅協調，展現出佛教藝術之美，而惟師的影響和組織能力，一致獲得雙林寺和佛教圈內的肯定[18]。

6.新加坡佛教總會副主席，新加坡佛教居士林林長——李木源居士。一九九九年新加坡佛教居士林陳光別居士逝世，李木源繼任林長，除繼承前兩任會長李俊承、陳光別分發常年度歲金和助學金，以及常年免費提供素食外，更加強與其他宗教間的互動與合作。例如邀請伊斯蘭教傳教協會（Jamiyah Singapore）及印度教基金管理局（Hindu Endowments Board）共同合作舉辦衛塞節慶典，包括伊斯蘭教、興都教、道教總會在內的十六個宗教團體，都一起出席由新加坡佛教居士林在小印度教舉辦的衛塞節慶祝活動，加強新加坡各宗教、各種族之間的和諧與互信，促使新加坡各族各教和諧共處的理念。

以上的五位法師和一位居士，都是土生土長的新加坡人，受過高等的教育，具有時代新知識，但因各人風格和思想觀念的不同，展現出各具特色的弘法型態。

三、南傳佛教英語弘法

上座部佛教在新加坡的道場，約有二十座，分別屬於緬甸、斯里蘭卡、泰國的傳統。其中有些寺院在十九世紀末和二十世紀初就已經成立了，但因為早期的資料不完整，無法在前面章節之內，分別列出敘述，今集合在本節中簡介如下：

（一）緬甸佛教寺院

緬甸玉佛寺（Burmese Buddhist Temple），成立於一八七五年，是新加坡最古老的南傳佛寺，原先在新加坡京塔路十七號，其建築以緬甸傳統佛教寺院設計為基礎。寺中有一尊白色大理石佛像，高十一英尺，重十噸，是由緬甸丹老（Mergui）出生的宇喬肯（U Kyaw Gaung，一八六六—一九三五）於一九一八年在曼德勒的薩金山（Sagin Hill）雕塑，價值一千二百盧幣，是緬甸以外最大的純白色大理石佛像，於一九二一年運到新加坡；因為宇喬肯一心想在新加坡建造一座有規模的緬甸佛寺供奉，但因緣不具足，一直經費不足和尋找不到適當的地點。

一八七八年，已故的華人陳光誠先生的執行官金嘉妮女士，將其建在其京塔路土地上緬甸佛寺捐贈給了譚蘇欽（Tang Sooay Chin 音譯）先生，然後再將其土地和寺院捐贈出來。一八九八年，宇喬肯計畫在新加坡建造一座寶塔和寺院，但到一九三五年他七十歲時去世，都未能實現。然後由他的兒子宇巴登（U Ba Thein）和女兒道米亞桑（Daw Mya San）繼續照顧緬甸佛教寺院之後，他們當時以寺院、佛像而兼住宅居住。

到了一九八二年，在京塔路存放的大理石佛像，因得到政府通知書，為了進行城市更新，必須遷離他處。當年緬甸佛寺受託人要求政府住房和發展委員會免費更換另一塊永久業權土地，以容納巨大的大理石佛像。宇巴登最終於一九八五年四月二日註冊。經過不懈的努力，終於籌集了建造新寺院的資金。理事委員會於一九八八年五月二日達成一致決定，將緬甸佛寺遷至大金路，在該地點上建造了臨時建築物，將佛像移至大金路臨時的大樓。翌年七月九日，緬甸佛寺正式舉行動土和打樁儀式，建築面積有二四一四平方公尺。至一九九一年十二月二十九日舉行盛大的落成典禮，緬甸佛寺就變成宗教場所和緬甸文化活動的中心。

在緬甸佛寺建築的過程中，幸能得到緬甸著名的烏平尊者（Sayadaw U Pyinya Wuntha）取得聯繫和協助，以他領導的能力，而完成建築了新的緬甸佛寺，安置供奉了巨大的大理石佛像。烏平尊者也是美國洛杉磯緬甸佛寺的住持，他在全世界弘揚佛教中是一位非常活躍的僧人。

目前緬甸佛寺裡有一棵菩提樹，據說分枝可以追溯到印度菩提伽耶佛陀成正覺的菩提樹[19]。

（二）斯里蘭卡佛教

1.新加坡僧伽羅佛教協會（Singapore Sinhala Buddhist Association），由早期移民新加坡的僧伽羅佛教徒成立於一九二〇年，一九三八年購置房屋做為斯里蘭卡拉瑪雅佛寺。一九四五年購得現址，兩英畝的土地興建佛殿，並獲得已故的印度總理賈瓦拉哈爾・尼赫魯捐贈的黃銅佛像[20]。寺院裡有佛塔、菩提樹、佛像和戒壇，被認為是上座部佛教傳統的完整寺院。信徒有六百多人，會員都受英文教育，以華裔青年為多，且多為專業人士。並設有婦女部、星期日弘法部、佛法研究組、藝術組等。

2.祝福寺（Mangala Vihara Buddhist Temple），由斯里蘭卡摩訶毘羅法師（Mahaweera Maha Nayaka Thero，一九一三—二〇〇二）於一九三四年創立。法師注重佛法教育，並於一九四〇年創立新加坡第一所週日佛法學校，該課程提綱是根據斯里蘭卡可倫坡的年輕佛教徒協會（YMBA）的標準制定。為容納更多週日學校的學生，信眾們於一九六〇年，興建了兩層樓的祝福寺，包括大殿、圖書館、教室和寮房，提供包括青少年及成人的系列佛法課程。一九八二年增建為三層大樓的星期日佛法學校。祝福寺常常與華僧、華人佛教徒共同慶祝衛塞節。一九九三年，祝福寺與斯里蘭卡佛教暨巴利大學（The Buddhist and Pali University of Sri Lanka）合作，成立新加坡佛教暨巴利學院，提供系統佛教教育並頒發學位文憑[21]。

3.三寶佛教會（Ti-sarana Buddhist Association），成立於一九七六年[22]，由來自斯里蘭卡的僧團住持，宗旨是為新加坡講英語的佛教徒提供英文的佛法課程。一九七七年週日佛法學校正式成立。一九八〇年，邀請到達摩難陀尊者為新建的會所主持開幕儀式。

4.新加坡佛教傳道會（Singapore Buddhist Mission），新加坡菩提寺從一九八一年開始，就有三位導師引導信眾修學佛法，到一九九六年又邀請到阿耨樓陀尊者（K Anuruddha Nayaka Thera）博士擔任他們的第四位導師，帶領大家沿著佛法之道前進。

其中馬興達長老（Venerable Mahinda Maha Thera，一九四九—），是馬來西亞馬六甲的華裔，一九七六年跟馬來西亞斯里蘭卡高僧達摩難陀尊者剃度出家，將新加坡佛教傳道會提高知名度，他激勵許多義工奉獻者，為佛寺加強組織力量，例如舉行「衛塞節佛教文化展（一九八三）」和大型慶祝「衛塞節（一九八五首年次開始）」，舉辦「通過佛教實現身心健康的研討會」，又分別於一九八四年和一九八五年進行「內觀禪修」活動，提高信眾服務的精神和質量，培養了很多各方面優秀的義工人員。

一九八三年五月，馬欣達尊者在福卡寺（Phor Kark See）舉行為期五天的佛教衛塞節文化展覽，為新加坡佛教開創一個新的歷史，近三十萬人參觀了展覽，新加坡佛教徒和非佛教徒都反應良好，遠遠超出了預期。在新加坡佛教衛塞節慶祝委員會組織的主持下，共有二十七個佛教協會和寺院參加，需要付出巨大的努力，將如此眾多的組織和寺院召集在一起，以和諧的方式共同參加慶祝衛塞節，這是一次最完美團結的展示[23]。

（三）泰國佛教寺院

1. 阿難陀彌提雅拉瑪佛寺（Wat Ananda Metyarama Thai Buddhist Temple），由德高望重的達摩羅多那比丘（Phra Dhammaratano Bandit）建造，一九二五年完工[24]。自成立以來，佛寺經歷了幾次翻新，並增加了新的建築，這座佛寺是新加坡最古老的上座部佛教寺院，也是泰國在東南亞王國之外成立並得到泰國王室正式承認的第一座泰國寺院，比新加坡共和國立國還要早。

一九六六年，當時的住持Venerable Phraku Bisaldhammanides成立了新加坡的第一個佛教青年團（現稱Wat Ananda Youth），為了吸引新加坡青年學佛興趣，寺方增加多項常規活動，包括青少年短期出家計畫、週日兒童佛教課程、兒童泰語課程和瑜伽課程，發展健全。

一九七六年起，由受泰王封有僧伽爵位的昭坤帕達西迪委德（Venerable Chao Khun Phra Tepsiddhivides）擔任住持。他除了增建佛殿、僧寮外，並於一九八五年完成佛塔的興建，由泰國公主瑪哈扎克里・詩琳通公主主持落成典禮。昭坤帕達西迪委德更於二〇一四年興建了一座五層的建築，包括僧眾寮房、法堂和禪堂、文化中心（博物館）、餐廳和休息區，擴大了弘法修行的活動空間。設計新穎的現代化建築，旨在吸引年輕人學習佛法，此建築設計，曾被選入圍多個建築獎項。

2.功德林佛寺（Sattha Puchaniyaram Buddhist Temple），創始人 Phrakru Saddhanukul 是新加坡華裔，俗名符鴻金，他於一九五七年在馬來西亞依泰僧出家。一九六三年，創建功德林佛寺。一九八四年由於馬路擴建，被迫搬遷，一九八八年，位於武吉巴督的新道場落成[25]。

3.巴禮萊佛寺（Palelai Buddhist Temple），巴禮萊佛是由達摩坤法師（Phrakru Prakasa Dhammakhun，一九二三—一九九六）領導於一九六三年集合泰國、新加坡和馬來西亞佛教徒資助下建造的，為泰國式的佛寺建築。達摩坤法師出生於泰國武里南（Buriram），十六歲出家為沙彌，一九四三年受比丘戒。在曼谷皇冕佛教大學完成學業後，開始在泰國南部宋卡和馬來西亞半島北部地方進行弘揚佛法。一九六〇年首次抵達新加坡，並在惹蘭紅山的阿難陀寺（Wat Ananda Metyarama）居住。

達摩坤法師為了將佛陀的教義傳播給新加坡人，一九六二年決定與另一位泰國僧人一起創建自己的寺院——新加坡巴禮萊佛寺，最初位於寶發路。一年後，即一九六三年正式成為新加坡社團註冊局的社團。為了容納愈來愈多的會員和信徒，一九六八年搬遷到現在的勿洛步道。

達摩坤法師是一位慷慨和慈悲的法師，堅信學術和宗教教育的重要性。他在泰國的家鄉武里南省為窮人建立了一所學校。一九八八年贊助在武里南省建造一座命名菩提達摩坤寺（Wat Bodhi dhammakhunaram）。法師於一九九六年在泰國曼谷去世。

鑑於法師出於他對新加坡人的感激之情，巴禮萊佛寺管理委員會以達摩坤法師的名義設立了一年一度的兒童學校助學金，學習和實踐佛法，通過本寺的活動，繼續將佛陀的和平與仁慈教義傳播給所有眾生，使佛教慧命永久持續下去。

由於新加坡出家的僧人不斷增加，僧團和管理委員會，決定重新增加建設，如佛塔、禪堂、戒壇及僧團宿舍等。於二〇〇七年，最先完成了達摩沙塞蒂佛塔（Chidi Dhammasathit）。二〇一三年，昭坤圓祥長老在管理委員會發起一項可行性的研究，通知成員和信徒，設法籌集基金來支持招標工程建築，並希望一次就能完成所有的建設。

從增建達摩沙塞蒂佛塔至禪堂、戒檀等一切建築完成，很幸運地能得到蒂拉育法師（Phra Teerayoot）的大力幫助，他懂得藝術各方面的設計，邀請多位藝術家共同製作佛像、法輪等繪畫作品。所有一切工程建設於二〇一八年春完成。並於當年七月一日，舉行隆重落成開光儀式。特別邀請到泰國曼谷母翁尼域寺（Wat Bowonniwet Vihara）住持副僧王頌勒拍溫那勒（Somdet Phra Vanarata）尊者蒞臨主持開光大典，並有新加坡、泰國、馬來西亞僧人二百位參加㉖。

4.釋迦牟尼菩提迦耶寺（Sakay Muni Buddha Gaya Temple），一九二七年由泰國布斯沙沙拉的僧人建立，塑造了一尊重達三百零五噸，高達十五公尺的釋迦牟尼佛禪定坐像。此寺又俗稱千光寺，因為在佛像前，點燃著一千零八盞燈光，散發著莊嚴的光輝。佛像的底座是一幅描繪佛陀一生事蹟的壁畫，工藝精美。該寺現在已成為新加坡的名勝之一，正門前有一對老虎石像，寺內保存不少佛教古典文物，香火興旺。

5.呼達嘛嚴牟尼佛寺（Uttamayanmuni Buddhist Temple），一九六三年由Phra Khru Silakhunaphorn（一九三〇—二〇〇一）領導興建，與馬來西亞吉蘭丹泰國寺院分會（Khana Song Rat，吉蘭丹）有密切關係。吉蘭丹州巴西馬市 Wat Uttamaram（也稱為 Wat Bang Saet）的已故首席方丈 Jao Khun Wijaranyanmuni（Jao Khun Khron，一八七六—一九六二），於一九六二年訪問新加坡時，表示有心在此弘法，隔年有信眾發心捐地時，他已圓寂。呼達嘛嚴牟尼佛寺是一座以佛陀的生平故事和他的教義為題材，彩繪傳統泰式壁畫為特色的寺廟。佛寺努力服務當地社區，是新加坡少數擁有來自吉蘭丹、馬來西亞和泰國的傑出常駐僧侶傳播佛法的寺廟之一㉗。

6.金寶佛寺（Kancanarama Buddhist Temple），這是一座非常獨特的佛寺，建築分二層，主要佛像是在上層，佛座為一塊美麗的白色大理石，上斜倚著佛像，引起很多行人的注意。佛寺用地及建築由 Kan Chee Yin 捐獻，她先建了一座天公廟，之後於一九六〇年邀請到泰國僧侶，再興建金寶佛寺。此寺是新加坡五座被泰國國王正式承認的泰國佛教寺廟之一。

7.新加坡法身寺（原稱善友禪中心），成立於一九九九年[28]。二〇一八年，於榜鵝蘇芒徑興建完成一棟五層樓的建築，除了配備可容納約四百五十人的大禮堂，還有圖書館，多功能廳和教室，可舉辦各種教育活動，特別是禪修教學。

另在前面說過的英文佛教會，創辦人是華裔土生土長陳景祿居士，即後出家稱為法樂法師，該會以弘揚南傳佛法為主，但是念誦的巴利文經典，是用中文翻譯的。

早期，大多數新加坡的南傳佛教寺院，都選擇建築在郊區，遠離城鎮之處，避免來自社會物質的誘惑，保持心境的寧靜，比較注重行者個人解脫精神。然而，新加坡不過是個方圓六百餘平方公里的小國，沒有天然資源，也沒廣闊的腹地。自十九世紀初開埠以來，便朝向自由貿易港發展，今日已成為到處高樓大廈林立，人口稠密的組屋區域，已無昔日的偏僻和寧靜。所以，現今新加坡的南傳佛教，已察覺到需要變革，也不斷地嘗試通過一些慈善福利活動，或調適一些作風來融入這個以華族為主的社會，不再固步自封了[29]。

四、藏傳佛教的傳入

1.大乘禪寺（Thekchen Choling）[30]，成立於二〇〇一年，屬於格魯派的傳統，是袞卻格西鼓勵鑫和大乘南都仁波切（Singha Thekchen Namdrol Rinpoche）以居士身分成立的道場，並以達賴喇嘛在印度達蘭薩拉的寺院——大乘禪寺命名。寺內有藏式千手觀音像，大殿裡供奉金碧輝煌的釋迦牟尼佛像，有很多的轉經輪，每個週末舉辦法會。生於新加坡的南都仁波切於一九八九年，十五歲時到尼泊爾柯槃寺親近兩位根本上師倫珠仁波切與袞卻格西，之後，開始步上了學佛修行之道。當南都仁波切的修學次第逐漸提昇，上師們指示他在新加坡開始講經說法。一九九八年，袞卻格西指示他要全心全力弘揚佛法，創辦一所供出家僧人及在家居士修行的寺院，並為社區提供心靈方面和物質方面的援助。因此，南都仁波切在武吉智馬山下找到一處合適的單位後，便即刻搬遷。

在喇嘛加持和弟子們的共同努力下，大乘禪寺終於在二〇〇六年找到了一處適合的地點：位於美智巷二號的廟宇正要轉讓地產。經過多次的商談，大乘禪寺最終買下了該地點。在短短的十年內，大乘禪寺從一個小規模的團體，發展成目前新加坡最活躍的藏傳佛教寺院，全年全天候二十四小時開放。大乘禪寺開展了多項社會援助計畫，如：免費保健與醫療服務、社區援助專案、及免費補習的教育援助，給需要物質與現實需求的人們幫助。二〇一二年開始，在馬來西亞馬六甲及哥打丁宜均有大乘禪寺道場成立，在美國紐約也成立了一共修處。

2. 新加坡佛學研究會（釋迦寺）（The Singapore Buddha Sasana Society〔Sakya Tenphel Ling〕），協會成立的緣起是一九六〇年代初期，在摩訶菩提（Maha Bodhi）學校的教室裡，有一群年輕人渴望進一步了解佛陀的教導，他們組成了佛法研究小組。最初，協會的講座和研討活動，在會員家中舉行。

七十年代後期，薩迦天津法王（His Holiness Sakya Trizin）和祖古塔立仁波切（Vu Tharig Tulku Renpoche）訪問了新加坡。在兩位老師的鼓勵下，成員們決定租用場地經營協會。他們請求薩迦天津法王成為他們的精神導師。隨著會員數量的增加，協會購買了自己的房屋在 Topaz Road 九號。法王派出了最高級別的僧侶之一，札西丹增喇嘛（Ponlop Lama Tashi Tenzin）指導協會，以幫助他們了解佛陀的教法。札西丹增喇嘛是西藏薩迦寺（Sakya Monastery）密宗學院的校長，並成為該學會在新加坡的第一位常駐僧人。

在此期間，會員人數不斷增加，在九十年代初期，決定尋找更永久的活動場所，計畫建造一種融合中國和西藏風格的外部建築，達到最佳的弘法功能[31]。

3.噶瑪迦如佛教中心（Karma Kagyud Buddhist Center），是新加坡少數幾個藏傳佛教金剛乘佛教中心之一，一九七九年，藏傳佛教界公認最有成就的前輩大師之一薩傑仁波切（Saljay Rinpoche）應邀前往新加坡弘法，加上夏瑪仁波切到訪，並指示此間信徒成立噶瑪迦如佛教中心。一九八〇年，第十六世噶瑪巴．讓炯日佩多傑到訪，促成佛教中心正式成立，並指派香巴仁波切（Venerable Shangpa Rinpoche）擔任指導，後受請為住持至今。二〇一四年，啟建新的中心建築，二〇一七年完工，開展五大弘法計畫[32]。

4.觀世音藏傳佛教中心（新加坡）（Land of Compassion Buddha〔Singapore〕），以藏傳佛教格魯派宗喀巴的教法為基礎。中心自二〇〇二年成立以來，每年中心都恭請中心的精神導師堪梭仁波切洛桑才培上師（Kensor Rinpoche Guru Lobsang Tsephel）和多位具格的僧眾從美國中心（the American center）或印度甘丹寺（Ganden Monastery in India）親臨新加坡開示佛法，主持灌頂和引入弟子閉關等修習佛法的活動。由於信徒日增，現有的租賃會所已不敷使用，上師和弟子們祈望有一個永久寬敞的道場共同研習佛法[33]。

5.阿彌陀佛佛教中心，成立於一九八九年，隸屬於圖敦．梭巴仁波切（Thubten Zopa Rinpoche，一九四六—）和耶喜喇嘛（Lama Thubten Yeshe，一九三五—一九八四）創立的全球組織——護持大乘法脈基金會（FPMT）。一九九九年開始擔任住持的堪波仁波切（Khenpo Rinpoche，一九六二—），擁有格魯派拉讓巴格西最高學位。他同時也是尼泊爾柯槃寺的住持。堪波仁波切持續為信眾們開設教授各級佛法課程，落實佛法教育工作。

6.甘丹東頂渡悲林（Gaden Shartse Dro-Phen Ling），屬格魯派，由拉提仁波切（Lati Rinpoche，一九二二—二〇一〇）創立於二〇〇二年，是位於印度達蘭薩拉的加登修道院沙爾特林學院的附屬機構。

7.藏傳寧瑪巴噶陀佛學會（Nyingma Kathok Buddhist Centre），成立於一九九八年，學會的精神導師是洛嘎仁波切。宗旨是通過弘揚佛法利益眾生；尤其推廣以藏傳佛教寧瑪巴傳承為主的法脈。

8.寧瑪巴白玉佛教中心（Palyul Nyingma Buddhist Association），成立於一九九三年，該中心的設立是為了通過學習和實踐，傳承白玉寧瑪世系的教義，以造福新加坡的學生。隸屬位於印度藏傳佛教寧瑪派最大的教學中心——寧瑪巴白玉南卓林寺。

9.圓滿法林佛教中心，一九九五年成立於新加坡，時常邀請世界各地傑出的佛學老師教授佛學，並舉辦義診施藥等慈善事業。

10.新加坡噶當巴禪修中心（Kadampa Meditation Centre Singapore）[34]，屬格西格桑嘉措（Kelsang Gyatso，一九三一—）於一九九一年在英國創立的噶當巴傳承，主張保存古代釋迦牟尼佛的教誨，並讓它適用於現代社會。噶當巴禪修中心提供廣泛的課程，以適應每一個層面，從一些簡單希望放鬆與禪修，經過訓練，精神獲得真正的提昇。

新加坡藏傳佛教僧侶大多來自西藏、青海、印度、尼泊爾、不丹等地，有些居住了一段日子，沒什麼發展就離開了。他們的來去，沒有詳細的紀錄。近十多年，藏傳佛教在新加坡出現較多的道場。

---

❶ 出處：https://www.kmspks.org/about-kmspks/master-ven-hong-choon/。

❷ 宏船法師對佛教貢獻，參考許源泰著：《沿革與模式：新加坡道教和佛教傳播研究》，第一三七頁。

❸ 釋能度主編：《新加坡漢傳佛教發展概述》，第二五六——二五七頁。

❹ 出處：https://www.sbfc.org.sg/LG-cn/history。

❺ 常凱法師對佛教貢獻，參考許源泰著：《沿革與模式：新加坡道教和佛教傳播研究》，第一三九——一四一頁。

❻ 出處：http://big5.xuefo.tw/nr/article62/621558.html。

❼ 廣洽法師對佛教貢獻，參考許源泰著：《沿革與模式：新加坡道教和佛教傳播研究》，第一四一——

一四三頁。

❽出處：http://www.foryou.sg/wbn/slot/u401/ForYouPDF/332P16.pdf。

❾釋能度主編：《新加坡漢傳佛教發展概述》，第二四五—二四六頁。

❿釋能度主編：《新加坡漢傳佛教發展概述》，第九十三頁。

⓫釋能度主編：《新加坡漢傳佛教發展概述》，第九十四頁。

⓬出處：https://zh.wikipedia.org/zh-tw/%20%E6%96%B0%E5%8A%A0%E5%9D%A1。

⓭出處：https://zh.wikipedia.org/wiki/%E6%96%B0%E5%8A%A0%E5%9D%A1%E5%AE%97%E6%95%99。

⓮出處：https://www.bcs.edu.sg/zh/admissions/ba/。

⓯釋能度主編：《新加坡漢傳佛教發展概述》，第三五二—三五三頁。

⓰參考海印學佛會網站：https://www.sagaramudra.org.sg/webpages/Home.aspx。

⓱出處：https://www.btrts.org.sg/。

⓲許源泰著：《沿革與模式：新加坡道教和佛教傳播研究》，第一五四—一五五頁。

⓳取材自英文〈Burmese Buddhist Temple〉（新加坡緬甸玉佛寺簡介）。

⓴出處：https://ssba.org.sg/a-brief-history/。

㉑出處：http://mv.org.sg/home/founder/。

㉒ 出處：https://www.tisarana.sg/history/。

㉓ 取材自英文〈Singapore Buddhist Mission〉（新加坡佛教傳道會簡介）。

㉔ 出處：http://watananda.org.sg/about-us/history/。

㉕ 潘國駒主編：《新加坡華社五十年》，第一六九頁。

㉖ 取材自（新加坡）〈巴禮萊佛寺戒壇〉英文、中文小冊子。

㉗ 呼達嘛嚴牟尼泰寺：https://www.uttamayanmuni.org/。

㉘ 出處：https://dhammakaya.sg/about-us/。

㉙ 許源泰著：《沿革與模式：新加坡道教和佛教傳播研究》，第二二四—二二五頁。

㉚ 出處：http://www.thekchencholing.org/page/thekchen-choling-story。

㉛ 出處：http://www.sakyatenphelling.org/page18/index.html。

㉜ 出處：https://www.karma-kagyud.org.sg/pages-2/karma-kagyud-buddhist-centre。

㉝ 出處：http://www.compassionbuddha.sg/index.html。

㉞ 出處：https://nkt-kmc-singapore.org/。

第四章　新加坡佛教教育、文化、慈善事業

一、興辦學校培育人才

（一）佛教社會教育

1. 菩提學校（Maha Bodhi School）：菩提學校是新加坡第一所由佛教團體創建的學校。一九四六年，駐錫於南洋的慈航大師有感佛教的傳播必先從教育著手，遂勸其弟子畢俊輝居士在新加坡推動佛教教育。經畢居士多方奔走，終於租得芽籠路七四三號的店屋為臨時校舍，一九四八年元月十二日，菩提學校正式開辦。創校初期，學校經濟十分拮据，所以經常舉行義演或學生遊藝會來籌募運作基金。學校創辦一年後，學生人數由四十名增至一百多名。一九五〇年，董事會決定將菩提學校交由新加坡佛教總會主辦，學生人數又進一步激增，原來的校舍已容納不下過多的學生，所以決定在芽籠三十四巷地段建設新校舍。建校計畫在當時佛總主席李俊承居士的領導籌募下，新校舍於一九五一年順利完成。在菩提學校慶祝創校四週年及新校舍落成典禮前夕，學生人數已經增至三百多名。至一九六六年時，學生人數增長了四倍，約有一千三百多名，菩提學校再度

面臨課室不敷應用的問題，於是將禮堂及課室改建為五層樓的建築。菩提學校於一九七〇年開始，實行中、英雙語教學，並於一九七四年獲政府評為十所最好的英語教學學校之一。在一九八五年之後，菩提學校便改以英語教學。菩提學校由於歷年政府會考成績優異，被教育部列為特選小學之一，每年招收新生的數目也逐漸增加。

一九九一年，由於校舍不敷使用，佛總會接受將原校舍與政府交換位於烏美一道一點八公頃的土地，重新興建新校舍。一九九五年，學校遷入設計新穎，配備現代化的新大樓。二〇〇六年，再度擴建校舍，包括一棟四層樓的演藝中心和一座相等於七層樓高的室內體育館，於二〇〇九年竣工。此時菩提學校的學生人數，已從最初的四十名學生，增加到兩千名學生，也從寂寂無名到譽滿獅城的特選學校❶。

2.彌陀學校（Mee Toh School）：二十世紀五十年代，廣洽法師住持的龍山寺旁邊有一塊土地，原是計畫興建彌陀寺的，但為了能讓更多的孩童能上學讀書，廣洽法師把這片土地捐出來，改為興建彌陀學校。一九五四年，彌陀學校動土開工。彌陀學校起初是一所自主華校，僅開四班，學生約一百人。廣洽法師邀請莊丕唐居士為董事長，自任監理員，林瑞鼎先生任校長。一九五一年，三層樓的新校舍建成，一九五七年，彌陀學校成為政府資助學校，學生人數一千二百多名。一九六〇年，校方又增建圖書館及學校第四層樓。之後因受發展空間限制，師生人數逐年略有縮減。二〇〇四年董事會通過遷校決議，新校舍位於榜鵝新鎮的臨谷坪（Edgedale Plains）二十一號，校舍為三棟四層樓的建築，包括四十間課室、會議室、圖書館，以及其他內外種種設備。彌陀學校創辦人廣洽法師熱心教育，於一九九〇年，曾獲新加坡教育部頒發優異獎章❷。

3.文殊中學（Manjusri Secondary School）：文殊中學是新加坡唯一由佛教機構主辦的中學。一九七四年，新加坡佛教總會決定在教育部提供的芽籠西區沈氏通道九英畝的一塊土地上，設立一所佛教中學，並將學校命名為文殊中學。由於資金的問題，從籌備到校舍落成，長達八年，幸得當時的常凱法師與宏船法師不辭勞苦，排除萬難終於完成建校的使命。創辦一間規模較大的中學所需金額不菲，佛總經過開會再三討論，議決出售佛教總會當時位於蒙巴登路的會所，將售地的款項撥入創辦中學基金。一九七六年成立建校委員會，由常凱擔任總務，所幸籌募建校資金期間，獲得新加坡各個佛教寺院團體及僑界的熱烈支持，文殊中學終於在一九七八年動工興建，一九八一年底竣工，並於一九八二年一月四日舉行了隆重的開學典禮，為新加坡佛教教育史掀開嶄新的一頁。二〇〇七年，為了配合時代的教育需求，文殊中學於菩提學校隔鄰購地興建新校舍，於二〇〇九年一月落成開始啟用。文殊中學與菩提學校（小學）緊鄰，更方便兩所學校的教學合作❸。

（二）佛學院教育

1.新加坡女子佛學院：新加坡女子佛學院於一九六二年成立，由新加坡的妙理、覺真、慧圓、慧平、永兆、永空諸尼師及林達堅、李慈靈諸居士共同創辦，畢俊輝居士也參與擔任董事。聘請陳心平居士（後來出家，即遠行法師）擔任首任院長及兼教佛學。創校緣起是因為那個年代，有些孤兒或家境貧困的小孩，被送到寺院由尼師們照顧，為了這些小孩的教育，經教育部批准，創建了新加坡女子佛學院，招收女眾學生。課程以佛學為主，世學為輔，中、英文並重。學院共辦了四屆，分初、中、高三級，就讀學生百餘位，畢業生有四十多位。至一九七五年，因招收不到足夠的學生而停辦，改辦夜間佛學班及普賢幼稚園服務社會大眾。新加坡佛教界的女眾法師如自度庵的賢祥、佛教施診所的賢通、佛總的文靜和慧光等法師就是畢業於此學院。

2.新加坡佛學院（Buddhist College of Singapore）：新加坡佛學院由光明山普覺禪寺現任方丈廣聲法師於二〇〇五年創辦，是經新加坡教育部批准的佛教高等學府。位於普覺禪寺內的新加坡佛學院以華、英語授課提供學士和碩士學位。創辦佛學院的意向，是為了培養能雙語並用的僧侶，助於延續發展漢傳佛教在講英語的環境裡的傳播。課程包括南傳佛教、北傳佛教、比較與應用佛教、人文與社會科學及禪修。佛學院於二〇〇八年，先後與斯里蘭卡克拉尼亞大學及泰國朱拉隆功佛教大學簽訂了合作辦學的契約，分別合辦英語佛學學士課程和華語佛學學士課程。

新加坡佛學院於二〇一二年，在原光明山修身院的舊址上修建了一座綜合大樓，二〇一六年落成啟用。此綜合大樓為集教學、研究、運動、住宿等配套的一組現代化建築，占地總面積一〇二七二平方公尺。學生們住在學校，過著類似寺院叢林作息的生活。教學樓內除上課之教室外，尚備有圖書館、討論室、會議室、研讀室、語言室、電腦室等設施以供學生日常學習研究之用。除此以外，為照顧學生們的健康運動，還設有籃球場、羽毛球場、乒乓球室等設施。二〇一九年五月三十一日，新加坡佛學院舉辦了第二屆中、英文碩士班的畢業典禮❹。

（三）佛青園地

1.新加坡佛教青年弘法團：新加坡佛教青年弘法團於一九六五年，由一群居士在宏船法師的鼓勵下發起成立。起初，團所附設於普覺禪寺藏經樓。之後，幾經搬遷，於一九七二年，購地自建團所，推動各項弘法利生的活動，引導青年男女信仰佛法，激發佛教青年獻身社會工作。二〇〇二年，位於金文泰服務路的新加坡佛教青年弘法團，擴建竣工，舉行落成典禮。青年弘法團數十年來，皆以誦經禮懺及舉辦佛學講座為主要活動，同時舉辦兒童的週日學校及贊助佛教福利社會慈善事業❺。

2.新加坡國立大學佛學會（NUS Buddhist Society）：成立於一九七九年，每年邀請漢傳、南傳、藏傳三大傳承的法師，來會指導學生修學。新加坡國立大學佛學會非常活躍，周而復始地舉辦初級佛學班、靜坐班、探訪福利機構等。常年活動則有新生佛學營、佛學生活營、佛學認識週、佛學會之夜、中秋節慶祝活動、八關齋戒、禪修、佛友培訓工作坊等。

3.南洋理工大學佛學會（NTU Buddhist Society，原為南洋大學佛學會）：南洋大學成立於一九五五年，已經過三次改制，值得慶幸的是一直都有佛學會的存在。南洋大學佛學會成立於一九六三年下半年，一群對佛學有興趣的同學，請求校方聯繫佛教界，尋求支持，向政府申請註冊，一九六四年六月獲得批准。佛學會以佛學研究為主，經常邀請法師開辦專題講演、參觀佛寺、參與社會福利工作，實踐佛教慈悲精神。一九六七年出版《貝葉》、組團到泰國訪問，做佛教交流；一九七四年再次到馬來西亞、泰國訪問，做佛學交流。

由於新加坡教育改革，一九八一年，南洋理工學院在南洋大學原址成立，南大佛學會亦改稱南洋理工學院佛學會。一九九一年南洋理工學院更名為南洋理工大學。學校的佛學會一直存在，活動頻繁，也常聯合其他大學大專院校舉辦佛學。一九八四年，佛學會出版雙月會訊《正道》（*The Way*），隔年刊物改名為《般若》（*Prajna*）。根據學會二〇一三年出版的《般若》[6]，可以知道南洋理工大學佛學會，非常有組織，有活動力，對佛教青年的培育，發揮了很大的作用。

4.新加坡理工學院佛學會（Singapore Polytechnic Buddhist Society〔SPBS〕）：一九六六年成立，由一群有志於分享佛法的學生發起，希望通過對佛法的理解，提昇精神生活，分享真理的智慧。喜戒法師、法寶法師（Ven. Dhammaratanna）、德寶法師（Ven. Henepola Gunaratana Maha Nayaka Thera）、Ven. Thubten Chodron、厚宗法師、廣品法師都曾應邀擔任學會的導師。佛學會活動多元化，如禪修班、生活營、佛法講座、布施供僧、短期出家、八關齋戒、慶祝佛教節日、郊遊等。

其他還有義安理工學院佛學會、新加坡管理學院內觀佛學會等。

二、般若文字傳播法音

漢傳佛教在十九世紀已經傳入新加坡，傳播初期，沒有保存什麼紀錄。二十世紀初，當時很少有書報雜誌記錄佛教動態，及刊載解說佛法義理的文章，到一九六〇年代以後，才有佛教雜誌、佛教書局、佛教圖書館的出現。

（一）佛教雜誌

新加坡的佛教刊物，早在一九二七年曾由中華佛教會出版過《覺華》週刊等幾份刊物，以及一九四三年至一九四八年慈航法師駐新加坡期間，也曾出版過《中國佛學》與

《人間佛教》月刊，但都不能持久。一九六九年五月創辦的《南洋佛教》發行至今，已超過五十年的歷史，堪稱新加坡「壽命最長」的佛教雜誌。

1.《南洋佛教》：一九六九年五月創刊，宏船法師任社長，常凱法師任發行人，妙燈法師任財務，社址設在伽陀精舍，發行部在南洋佛教書局。《南洋佛教》月刊每期出版後，分銷遍布海內外各寺院。《南洋佛教》在法師大德們的努力耕耘下，期期出刊。一九九〇年開始，為解決經費不足的困境，《南洋佛教》雜誌移交給新加坡佛教總會負責，從第二五〇期起，成為新加坡佛教總會的會刊，但是還是秉持著以往的編採原則，以「弘揚佛教文化、福利社會人群」為宗旨，發揮傳播法音的任務。雜誌除了報導佛教總會的活動，也刊登東南亞一帶的佛教活動資訊，做為連接南洋與中國、世界佛教的一道橋樑。《南洋佛教》曾有多位法師擔任編輯，發行至今已超過五十年。九十年代中期，由於網路科技的普及，《南洋佛教》跟進時代，從第三六一期開始，出版了網路數位版，讓讀者可直接在網上閱讀❼。

2.《佛友資訊》：一九八九年由廣超法師與黃國建居士倡議創辦，宗旨是報導新加坡佛教資訊，促進各項活動的推廣和開展，刊載佛教經典、論著和文章，希望通過南傳、北傳、藏傳佛教的思想，弘揚佛陀教法，宣揚正知正見，增加對佛法的了解，啟發智慧。《佛友資訊》的內容，中、英並重，涵蓋教義發揚、專題講座、人物專訪、生活小品、素食烹飪、保健養生、漫畫插圖等，園地公開，來稿一經採用，奉給稿酬。多年來編輯、排版、校對、業務等工作，都是聘請專業人士執行，他們擅用時代科技，務求精美，圖文並茂。《佛友資訊》竭力服務佛教界，與大家分享交流訊息，經年累月詳盡記載活動內容的團體有一百五十多個，佛教慈善與社區服務中心有七十多家，時經二十一年而停刊。

（二）南洋佛學書局

一九六三年，為解決在新馬地區請購佛教書籍的困難，隆根、竺摩、廣餘、清亮四位法師合資在馬來西亞檳城開設佛教書局，實際負責人為隆根法師。一年後隆師移居新加坡，其他三位法師皆因道場事忙，無暇兼顧，就由隆根法師獨自經營，將書局南遷至新加坡。南洋佛學書局的業務，包括經書銷售、流通佛像、法物、衣服，也致力於出版各類佛經、論著、錄製佛曲梵唄唱片等。隆根法師服務直至二〇〇五年，才御下所有公職，將書局轉手於有志發揚佛教文化者接辦，繼續營業。南洋佛學書局經歷了將近五十年的時光，對於新馬佛教文化的傳播，有不可埋沒的貢獻。

其他還有長青佛教文化服務社、菩提迦耶佛書局、臺灣千佛山白雲書坊等，宗旨也都是為了銷售佛教經典法物，方便服務大眾。

（三）佛教圖書館

一九八三年，由來自斯里蘭卡的法寶法師（Venerable Bellanwila Dhammaratan）創辦，是新加坡第一所佛教圖書館。法寶法師認為圖書館能對社區提供精神層面的社會服務，他曾說：「在新加坡開辦佛教圖書館，勝過開辦十座寺廟。」這不是因為他不相信擁有寺廟的好處，而是因為他認為教育具有長遠的利益，更有助於人們提昇生命的意義和生活的品質。成立時的贊助者，以學者和研究員居多。佛教圖書館藏書豐富，還經常開辦佛學課程，包括理論與修行教學。初成立時，館內藏書收集了佛教各宗各派華文、英文書籍五千餘冊，也印行佛教書刊分發給大眾閱讀，會員人數有三百多位。數年後，會員增至一千五百人。佛教圖書館經兩次搬遷，仍不敷應用，當會員發展至三千人時，於一九九五年覓得芽籠（Geylang）二十四 A 巷兩間比鄰店屋，總面積約八千平方尺，耗資約五百萬元，經過裝修擴建，一樓是圖書陳列室和閱讀室，室內一側設立佛教文物館，中央供奉佛像，供信徒靜坐之用，二樓設有大殿、研討室、兒童圖書活動中心，及禪修室。後方建築則加建至五層樓，第三樓為大廳，第四層樓為接待外賓及法師休息室，第五層樓為儲藏室。新建築落成後，佛教圖書館內的藏書已超過一萬六千冊，館內的其他設施，提供了更多佛教教育的功能[8]。

三、慈善安養施醫贈藥

新加坡佛教界致力醫療及慈善服務，與福建傳統佛教僧人是分不開的。據不完全統計，自一九一三年以來，福建約有二十多位僧人南來至新加坡弘法，其中就有多位高僧親身兼做行醫工作，如轉道法師、轉武法師、常凱法師、廣樹法師等，他們都精於中醫和拳術，這一傳統沿襲，發揚而光大。其中轉道法師有「兒童活佛」之稱，常凱法師有「骨科聖手」之譽。尤其新加坡早期和二戰時期，新加坡與外界隔絕，物資缺乏，醫藥衛生等設備不足，佛教對社會做出很大的貢獻。

（一）新加坡佛教施診所

最先由宏船法師與常凱法師發起，佛教四眾支持，一九六九年政府獲得批准及正式開設，借用普陀寺右側二樓房，組織董事會，選舉職員，開始服務人群，施醫贈藥，深得社會好評。一九七二年，施診所鑒於貧病者與遠道求診者，遂尋找適當地點，增設第一分所。一九七五年，於芽蘢二十三巷寶勝寺增設第二分所，後來又增設第三、第四分所。新加坡佛教施診所自開設以來，為中下階層民眾，提供醫療保健服務，對新加坡社會之貢獻頗為卓越，迭受政府及各界人士之讚揚❾。

一九七五年，芽蘢的寶勝寺住持宗道法師圓寂後，因無人管理，經信託人之一的慧平尼師，以十萬元轉讓予施診所，款項悉數交給宗道法師後人。於是發動興建了三層半樓的大廈，耗資百萬餘元，於一九七九年落成。一九九六年，新加坡佛教施診所斥資二百三十五萬餘元在克力路（Graig Road）四十四號購置產業，這是一間兩層半的保留式店屋，經裝修後，次年施診所就遷出彌陀寺，移到新址。二〇〇五年，新加坡佛教施診所將舊樓拆除，重建七層大廈，耗資四百多萬，歷時二年完成，於二〇〇八年九月，舉行新大廈落成典禮❿。

（二）觀音救苦會

一九七五年創立，由林義豐居士聯合一群中醫界人士共同發起，主要成員有林惠生、楊健舒、沈育枝等。成立宗旨有三，即宣揚佛教慈悲、施醫贈藥、扶危濟貧。最先借直落古樓（Telok Kurau）大覺寺一隅做為辦事處，並首創以流動醫療車的形式，到組屋區為民眾服務，在車內設有診察室，備有藥物、針灸、醫療儀器等。在許多熱心的醫護人員義務參與義診下，一九八五年流動醫療車隊增至七輛，但由於固定醫療車停泊處不足，後來只保留三輛。一九八七年購得惹蘭友諾士（Jalan Eunos）三十四號地皮一塊，興建了三層樓的「觀音慈善醫療院」，樓下一層為義診室，二樓為圖書館與辦事處，三樓是講堂和靜坐中心，一九九五年五月隆重落成開幕。

（三）廣化醫療服務隊

英文名「CODE 4 Medical Serice」，CODE代表Care of Disable Elders，意即照顧行動不便的年長者，4代表慈、悲、喜、捨四無量心，由廣化寺學航法師於一九九二年創立，是西醫服務，免費協助載送家境清寒、不良於行的五十五歲以上病人到醫院或診所診察，也協助殘障和樂齡人士進行戶外活動。起初，該服務隊僅有一輛救護車，學航法師親自駕駛，受到貧病患者的歡迎，後來增加到三輛救護車。之後隨著人口老化問題日益嚴重，老人癡呆症與腫瘤等疾病等，許多悲慘無助的個案，家屬面臨親人死亡的彷徨無助，因此增加登門服務，照顧殘障、年老貧病和末期病患。

（四）仁慈醫院

是新加坡第一所佛教醫院，服務宗旨是關懷護理貧病人士，以及長期臥床病人。一九九四年由福海禪院接管位於萬國景（Buangkok View）第九座板橋醫院慢性病部門，易名仁慈醫院，明義法師任院監。後來，仁慈醫院長期照顧四百多名患者，只向病人收取象徵性住院費，院方承擔龐大的醫藥費、護理費和伙食費等每年支出逾一千二百萬元，半數由衛生部津貼，其餘由醫院自籌。

（五）新加坡佛教福利協會

一九八一年，由演培法師及其弟子寬嚴法師成立，宗旨在鼓勵和發動志願福利服務，籌募慈善基金，以便推廣福利工作，救濟年老無依，殘缺貧病者。又設立「慈恩林」，托養老人。演培法師圓寂後，弟子寬嚴法師於一九九九年秉承師志更創建了「觀明綜合醫院」，專為老弱病患而設立的醫院，採用全素食，建築五層高樓，有多間診察室、康復中心、牙醫中心、資料中心、靜修室、多用途禮堂、會議室。設有三百零二床病人床位。每年經費龐大，政府根據每個病人的經濟情況給予津貼，其他則由觀明綜合醫院籌募。

（六）其他佛教慈善機構

有佛教福利協會洗腎中心、釋迦善女洗腎中心、觀音堂佛祖廟洗腎中心、龍華禪寺洗腎中心、頤年療養、大悲安老院、萬佛林敬老院、善友輔導中心、輕安村、甘露關懷協會等，在一九八〇年代以後，新加坡佛教應社會需要，成立了多間更加多元化佛教慈善機構，發揚自度度人的菩薩精神。

---

❶ 出處：https://www.mahabodhi.moe.edu.sg/about-mbs/history/。

❷ 出處：https://meetoh.moe.edu.sg/about-us/our-identity/school-history。

❸ 出處：https://manjusrisec.moe.edu.sg/discover-manjusri/our-history-crest-n-songs。

❹ 新加坡佛學院：https://www.bcs.edu.sg/zh/。

❺ 出處：http://www.sbym.org.sg/。

❻ 出處：https://issuu.com/ntubs/docs/prajna_2013。

❼ 出處：http://www.buddhist.org.sg/wp-content/uploads/2019/08/507%E6%9C%9F%E5%8D%97%E6%B4%8B%E4%BD%9B%E6%95%99.pdf。

❽ 參考佛教圖書館網站：https://buddhlib.org.sg/about-us/。

❾ 釋傳發著：《新加坡佛教發展史》，第一三〇—一三一頁。

❿ 釋能度主編：《新加坡漢傳佛教發展概述》，第四四五—四四九頁。

第四篇
菲律賓佛教史

概述

菲律賓（Philippines）位於亞洲東南部，處於西太平洋，由七千一百零七個島嶼組成，面積二十九萬九千七百平方公里，首都馬尼拉，北隔巴士海峽與臺灣相望，南隔西里伯斯海與印度尼西亞相望，西隔中國南海與越南相望。二〇一〇年統計，菲律賓人口約九千三百萬，加上約一千一百萬海外菲律賓人，已超過一億人口。

菲律賓全國大約可分為五個群島，北部是呂宋島（Luzon Island），中部是未獅耶群島（Visayas Island），南部的民答那峨島（Mindanao Island），西部的巴佬灣（Palawan Island）以及西南的蘇祿（Sulu Island），其中以北部呂宋島最大，各島嶼上有著不同的民族和文化共存。

菲律賓的歷史，可分為七個時期：史前時代，殖民前時代（九〇〇－一五二一年），西班牙殖民統治（一五二一－一八九八年），美國統治（一八九八－一九四六年），獨立和第三共和國（一九四六－一九六五年），馬可仕統治（一九六五－一九八六年），第五共和國（一九八六年至今）。由於過去受到外國殖民統治的影響，加上近百個不同族群的國民，包括馬來人、中國人、美國人、西班牙人與阿拉伯人的血統，形成了如今菲律賓獨特的文化。

菲律賓的宗教，天主教徒占菲律賓人口的百分之八十三，從西班牙傳入五百年來一直對菲律賓的政治和社會產生巨大影響。基督新教信徒占人口的百分之九，乃是菲律賓信徒人口成長率最高的宗教。伊斯蘭教信徒占人口的百分之五點五，集中在南部的民答那峨島。佛教徒約占百分之二，主要信徒為華人、日本人、泰國人、越南人、緬甸人、斯里蘭卡人及西藏人社群，也有少數菲律賓本地人信佛，佛教宗派有大乘、金剛乘、上座部及創價學會。當地的華人多信奉佛教，土著民族信仰原始宗教，都是屬於少數宗教❶。

---

❶ 出處：https://zh.wikipedia.org/wiki/%E8%8F%B2%E5%BE%8B%E8%B3%93%E5%AE%97%E6%95%99。

第一章　殖民前時代的菲律賓

二十一世紀初，考古學家在呂宋島東北部的卡加延河谷（Cagayan Valley）發掘到一百多處的考古遺址，改寫了對菲律賓早期歷史的看法。考古遺址的出土文物提供了從舊石器時代、新石器時代和過渡到鐵器時代的發現❶。挖掘結果顯示，菲律賓群島並非像以前想像的與世隔絕，其實菲律賓人民一直與東南亞其他人民和國家進行貿易往來。

古代菲律賓佛教的出現和消失

菲律賓是海島國家，早期應屬許多諸侯小國，沒有統一的國家組織。八至十三世紀之間，建都於今印尼蘇門答臘之佛教大帝國室利佛逝（Srivijaya），曾擴張其勢力至菲律賓南部蘇祿（古代以現在菲律賓蘇祿群島為統治中心，區域有時包括蘇祿群島、巴拉望島等和馬來西亞沙巴州東北部的一個信奉伊斯蘭教的酋長國）和民答那峨島。雖然沒有關於菲律賓早期佛教的書面紀錄，然而，最近的考古發現和其他國家歷史紀錄中，參考比對資料，發現這些島嶼從九世紀開始就有佛教存在。而且，今日菲律賓土語中仍保留有一些梵語成分，例如菲語 Kalma（命運），來自梵文 Karma，菲語 Damla（神聖法）來自梵文 Dharma，菲語 Dukha（受苦），來自梵文 Dukkha，還有菲語 Sarong（裙子），來自梵文 Sarōṅga 等。

從菲律賓考古學家發現許多屬於九世紀前後的佛教文物，反映出室利佛逝王朝的金剛乘佛教對菲律賓早期的影響[2]。其中，拉古納銅版銘文（The Laguna copperplate inscription）是菲律賓最重要的考古發現，目前存放在馬尼拉國家人類學博物館。該銅版於一九八九年，由一名工人在菲律賓拉古納倫班省瓦瓦的倫邦河（Lumbang River in Wawa, Lumban, Laguna）河口附近發現。銘文是用古馬來語寫的，使用受梵文和古爪哇語影響的 Kawi 文字。拉古納銅版銘文是一份官方文件，更準確地說是一份無罪判決書，刻於沙卡八二二年（九〇〇），內容中提到在衛塞節後第四天執行，被視為是有關佛教在菲律賓與菲律賓行政的第一個書面紀錄。最早翻譯拉古納銅版銘文的波斯特瑪（Antoon Postma）建議學者們需要仔細研究銘文中的地名和人名，因為他們提供了關於當時國家疆域、鄰近的王國地名和行政的重要線索[3]。另外，二十世紀初，在民答那峨島掘出一尊金質的雕像，現收藏於美國芝加哥菲爾德自然歷史博物館。該尊純金的雕像是在一九一七年，被一位莫諾波族（Monobo）的婦女，在民答那峨島南阿古桑省埃斯佩蘭薩附近的瓦瓦河（Wawa River near Esperanza）岸邊發現，所以被稱為「阿古桑雕像」（Augusan image）❹，亦稱「The Golden Tārā of Agusan（阿古桑金度母）」。Tārā音譯為多羅，意譯救度母，為觀世音菩薩所變現之身。菲律賓人類學家、考古學家亨利・奧特利・拜爾（Henry Otley Beyer）和一些專家考據此出土雕像，屬於九到十世紀，推測應與室利佛逝王朝有關。此阿古桑雕像盤腿而坐，身體各部位佩戴裝飾華麗的頭飾和其他飾物，被認為可能是印度教的女神或佛教的度母，或是密宗的金剛杵女神。

另外，據中國史料記載，二二六年（東吳黃武五年）時，東吳官員宣化從事朱應、中郎康泰浮海巡撫，也曾到過今天菲律賓境內的臣延、耽蘭和杜薄。事實上，菲律賓也曾出土過三世紀的中國瓷器。唐、宋時期，漢人與菲律賓各地有貿易往來。

宋代的趙汝適在《諸蕃志》中也有記錄：「麻逸國在渤泥之北；團聚千餘家，夾溪而居。土人披布如被，或腰布蔽體。有銅佛像，散布草野，不知所自❺。」中國史籍中所提及的呂宋、蘇祿、麻逸、古麻剌朗等國皆於今日菲律賓國內。康泰著有《吳時外國記》（《扶南傳》），裴松之注《三國志》與《晉書》中也有提及。

以上的紀錄，說明菲律賓在淪為西班牙的殖民之前，與帝國室利佛逝及中國曾有密切關係，也曾有佛教的信仰，只是尚未發現有佛教古代建築的遺址。

❶ 出處：https://de.wikipedia.org/wiki/Arch%C3%A4ologische_Ausgrabungsst%C3%A4tten_im_Cagayan_Valley。

❷ 出處：https://philippinebuddhism.wordpress.com/2014/11/09/early-buddhism-in-the-philippines/。

❸ 出處：https://en.wikipedia.org/wiki/Laguna_Copperplate_Inscription。

❹ 出處：https://en.wikipedia.org/wiki/Agusan_image。

❺ 趙汝適著：《諸蕃志》上卷〈麻逸國〉條。

第二章　西班牙、美國殖民地時期（一五二一至一九四六年）

一三八〇年，伊斯蘭傳教士阿爾・馬卡敦首先將伊斯蘭教傳入菲律賓的蘇祿。一三九〇年，來自蘇門答臘的米南加保人在菲律賓建立了蘇祿蘇丹國。一四〇五年（明永樂三年），鄭和下西洋，巡蒞菲律賓群島。鄭和奉永樂帝詔書封旅菲僑領許柴佬為呂宋總督，統攬該地區的財、軍、文大權二十年之久。一四一七年（明永樂十五年），蘇祿王親自率使臣到中國拜見明成祖，回程路上病死於山東德州。只有長子都馬含回菲律賓國嗣位。一四五〇至一五二〇年間，有多位阿拉伯人到菲律賓南部各地傳教，並建立多個蘇丹政權。

一五二一年，麥哲倫率領西班牙探險隊於地理大發現首次環球航海時抵達此地，麥哲倫亦在此地被土著砍死。翌年，西班牙人以王子腓力（腓力二世）之名，將此群島命名為「Las Filipinas」，成為「菲律賓」名稱的由來。一五六五年，宿霧島被西班牙人所占領。一五七一年，西班牙人侵占呂宋島，建馬尼拉城。一五九四年，西班牙人公告馬尼拉成為菲律賓群島的首都，自此西班牙開始統治菲律賓，直至一八九八年，長達三百年。三個世紀的西班牙殖民孕育了西班牙「亞洲文化」，菲律賓的藝術、音樂、美食和習俗，都受到西班牙的影響，尤其是天主教的傳播及教堂和殖民風格的房屋。目前，僅次於巴西和墨西哥，菲律賓與東帝汶一起，是世界第三大天主教人口的區域。

一八九八年十二月十日，爆發美西戰爭，西班牙被美國打敗，簽署「巴黎和約」。美國政府給西班牙二千萬美元購買菲律賓主權，開始統治菲律賓，菲律賓成為美國的殖民地，也成為美國在亞太補給的軍事基地。

一九四二至一九四五年，第二次世界大戰期間日本占領菲律賓，一九四三年六月日本要求菲律賓召開新的制憲會議，研擬殖民政府的新憲法草案。

一九四六年七月四日，菲律賓共和國完全獨立，惟美國仍在菲律賓保留軍事基地。

一九六五年，費迪南・馬可仕（Ferdinand Marcos）當選總統。

一、近代由華人移民帶入佛教信仰

當西班牙人於十六世紀抵達菲律賓時，由於呂宋島與明朝朝廷的關係，已經有大量來自中國閩南地區（以福建為主）的移民。西班牙在菲律賓統治初期，由於當時的經貿發展仰賴華人的努力與貿易，所以對前往菲律賓的華人採取懷柔政策。但是隨著華人影響力的提昇，最終導致在十七世紀前後，對華人進行了幾次的大屠殺。據美國歷史學家奧斯汀．克雷格（Austin Craig）的研究報告顯示，美國在一九一五年針對菲律賓各種族的調查，純粹的華人的數量約為兩萬人。菲律賓從十四世紀之後，由於伊斯蘭教的傳入與西班牙殖民統治期間，天主教積極地傳教，佛教信仰在菲律賓已不存在，直到十九世紀末，菲律賓的佛教才又隨著華人移民傳入，主要是中國福建閩南的華僑，他們大多數集中在菲律賓較大的城市。

十九世紀中，第二次鴉片戰爭後，清朝的國門被迫打開，加上航海技術也比古代提高了不少，華人人口開始較大規模地遷徙到世界各地，閩粵沿海的居民，多向東南亞移民，十九世紀末菲律賓的華僑估計有十萬人❶。以閩南人為主的移民，同時也將他們信仰的佛教、道教及民間信仰帶到菲律賓。相傳在一八九二年，有僧人自泉州到菲律賓弘法，隨身帶來觀音聖像供奉在私人家中。多數華僑信奉觀音菩薩，便經常前往頂禮膜拜，燒香磕頭，求籤問事，這裡便形成一個香火中心。由於位處於路夏義街，故稱「路夏義佛祖」，另還有怡幹洛街的觀音堂和三寶顏市的福泉寺，這三處是菲律賓最早的華人佛教信仰所在❷。這類佛堂，大多由在家信眾主持，缺乏積極籌畫的弘法活動，僅能視為菲律賓初期的華僑信仰場所。

二十世紀初，最早南渡菲律賓的僧人是泉州崇福寺住持妙月法師（一八八三——一九四四），福建晉江人。妙月法師因為喜好拳術，曾於寺中苦練武功，尤其是輕身術與鐵砂掌，造詣極深。他又自學岐黃術，採藥為人治病，擅長處理跌打損傷，移輪接骨，舒筋矯形，因而聞名於閩南和東南亞地區。一九二六年，應旅菲華僑福記船務公司吳阿雲之邀，東渡菲律賓行醫募化，僑胞景仰其醫德與醫術，求醫者絡繹不絕，受其惠者，多布施重金以植福。妙月法師因為急於返回泉州重建崇福寺，未能在菲久留❸。

一九三一年，菲律賓僑界組織「旅菲中華佛學研究會」（後來改組為旅菲中華佛學會，再改名為中華佛教會），會員不多，以吳江流、翁振華等居士為核心分子。翌年，發行《海國伽音》一期。一九三六年奠基啟建大乘信願寺，那時還沒有出家人，直到對日抗戰期間，一九三七年才從泉州請得性願老法師，蒞菲擔任該寺住持，並領導菲律賓的佛教❹，信願寺成為菲律賓弘揚正法而興建的第一座寺院。性願老法師繼續擘畫經營，增建堂舍，購置藏經及法器，舉辦講經、念佛共修等活動，不久就成為僑界佛教徒雲集的信仰中心，促成菲律賓佛教界，佛、法、僧三寶具足。

一九三八年，華人佛教徒又在馬尼拉北部城市甲萬那端創建靈峰精舍，做為佛教徒念佛之處，並禮請性願老法師為華人舉行佛法講座。

二、閩南高僧蒞菲初期推動正信佛教

佛化老和尚於一八九〇年，住持閩南南安雪峰禪寺，廣收門徒，培養了很多弟子，送到東南亞的國家去弘法，使雪峰禪法大興。二十世紀初，閩南赴東南亞菲律賓、新加坡及馬來西亞弘法之諸位高僧，多出自其門下。而雪峰禪寺儼然成為閩南禪宗祖庭，亦成為東南亞禪法之源。

一九三七年，時任閩南南普陀寺方丈的性願老法師，應旅菲中華佛學研究會禮請，赴菲律賓住持信願寺。老法師遂以信願寺為基礎，於一九三八年，召請弟子覺定法師，與南普陀寺的副監院如滿法師來菲協助弘法；一九四六年，又聘請瑞今和善契二位法師赴菲；一九四九年，再邀請妙欽法師到信願寺弘法。至此僧眾日多，擴大推展信願寺法務。

分布在菲律賓其他的群島，較大的都市也有華人定居，信仰佛教的佛教徒，如早期南部民答那峨島三寶顏的福泉寺，中部宿霧建築的普賢寺等。至此三大群島，都有了佛寺或佛教會的成立，致力弘揚漢傳佛教。

❶ 波乃耶（James Dyer Ball）著：《中國風土人民事物記》，一五二頁。

❷ 傳印法師著：《大乘信願寺簡介——附菲律賓佛教概況》，第三十三頁。

❸ 出處：《妙月和尚紀念集》。

❹ 印順導師著：《佛法是救世之光》，第三四三頁。及參考于凌波著：《中國佛教海外弘法人物誌》，第一五五——一五六頁。

第三章 菲律賓獨立後佛教的發展（一九四六年至今）

一、漢傳佛教寺院及弘法者的傳承

（一）寺院及弘法者的分布

自一九三七年，閩南高僧性願老法師應邀駐錫新落成的信願寺，擔任首任住持，在菲律賓樹起漢傳佛教的法幢。經過近百年的開展，在菲律賓的北部、中部、南部一些大城市，到二〇〇八年截止，共建有大小寺院三十九座。

呂宋島是菲律賓位於北端的一個大島，首都馬尼拉就在西南部的馬尼拉灣，海上交通繁榮，與中國大陸接近，所以早期華人移民大多數居於此島，馬尼拉市內的岷倫洛區（Binondo），號稱是世界上最早的華埠，菲律賓漢傳佛教的弘傳，也開始於此。馬尼拉及周邊繁華地區，已有大規模的叢林及公寓大樓之間小精舍共二十八處，其中有九座由比丘住持，九座由比丘尼住持，五座由清姑住持；三座由在家男居士自建主持，二座寺院則無人住持。在中部未獅群島有七座寺院，三座比丘住持，四座比丘尼住持。在南部民答那峨島有四座寺院，三座比丘住持，一座女居士主持。今製一簡表如下：

菲律賓漢傳佛教寺院之分布（二〇〇八年）❶

群島	城市	序列	寺院名稱	創建者	成立年	現任住持
北部呂宋島	馬尼拉	1	信願寺	旅菲中華佛教會	一九三六	比丘
		2	馬尼拉普陀寺	如滿法師	一九五一	比丘
		3	華藏寺	性願老法師	一九五三	比丘
		4	隱秀寺	清和姑	一九五六	比丘
		5	崇福寺	元果法師	一九七八	比丘
	碧瑤市	6	碧瑤普陀寺	如滿法師	一九七八	比丘
		7	普濟禪寺	廣純法師	一九八〇	比丘
		8	文殊寺	真源姑	一九九〇	比丘
		9	安寶精舍	遠光法師	一九九〇	比丘
		10	寶藏寺	修因姑	一九四八	比丘尼

	馬尼拉	11	宿燕寺	文蓮姑	一九五二	比丘尼
		12	觀音寺	桑蓮姑	一九七五	比丘尼
		13	蓮華寺	覺定法師	一九七六	比丘尼
		14	天蓮寺	秀琴姑	一九七七	比丘尼
		15	馬尼拉佛光山	永光法師	一九九三	比丘尼
		16	紫竹林精舍	永霖法師	二〇〇〇	比丘尼
		17	海天禪寺	惟覺法師	二〇〇二	比丘尼
		18	妙德禪寺	淨平法師	二〇〇六	比丘尼
		19	靈峰寺	性願老法師	一九三八	清姑
		20	靈鷲寺	瑞妙法師	一九六五	清姑
		21	海印寺	元敬姑	一九七六	清姑
		22	馬尼拉圓通寺	瑞今法師	一九八三	清姑
		23	天竺庵	天竺庵董事會	一九八四	清姑

		24	金沙寺	施侯錦鳳居士	一九九〇	男居士
		25	清香寺	楊秀水居士	一九八八	男居士
		26	正法明佛堂	蔡科保居士	二〇〇〇	男居士
		27	羅漢寺	蔡文華居士	一九八二	無人住持
		28	丹轆普濟寺	許書供居士	一九八九	無人住持
中部 未獅耶群島	宿霧市	1	佛光寺	善契法師	一九七〇	比丘
		2	普賢寺	唯慈法師	一九七九	比丘
		3	慈恩寺	呂希宗居士	一九八二	比丘
	獨魯萬市	4	南華寺	慧永法師	一九八二	比丘
	描戈律市	5	描戈律法藏寺	西黑省佛教會	一九七二	比丘尼
		6	圓通寺	陳素珍居士	一九九一	比丘尼
	怡朗市	7	怡朗佛光緣	永光法師	一九九九	比丘尼
	三寶顏市	1	福泉寺	福泉寺	一九五〇	比丘
		2	三寶寺	三寶寺董事會	不詳	比丘

南部民答那峨島	納卯市	3	龍華寺	廣範法師	一九六八	比丘
		4	寶蓮寺	林平居士	一九五九	女居士

（二）比丘

菲律賓漢傳佛教開創者性願老法師（一八八九—一九六二），一九三七年應邀赴菲擔任馬尼拉信願寺第一任住持，隨即開始計畫各項弘法活動，為寺院塑造佛像、募集藏經，為信眾講經說法，接引很多僑胞加入中華佛學會，皈依三寶，虔誠信佛。領導僑界有力人士組織佛教居士會，加強僑胞之間的團結，又組織青年會，接引青年學佛。前後二十餘年，僑胞皈依三寶者十多萬人，促使菲律賓佛教走向正信和興盛。

老法師為了推動弘法，必須仰賴佛教優秀人才相助，自一九三九至一九四九年，前後多次邀請了福建的覺定、如滿、瑞今、善契、妙欽法師等到菲國相助弘法。性老認為欲發展佛教，須多建佛寺，所以一九五二年，性願老法師已將信願寺建設成頗具規模的弘法道場，就將信願寺交由瑞今法師住持，性老又於馬尼拉郊外開創做為修行用途的華藏寺，占地二萬六千平方公尺，之後又擴充到十餘萬平方公尺。

初期應性老邀請前來協助弘法的如滿法師，亦另建築馬尼拉普陀寺，閩南來馬尼拉的清姑❷們，亦開始創建道場，並且早期一般信仰的觀音寺，也轉為正信的比丘尼來主持，使馬尼拉佛教寺院日漸增多起來。後來在宿霧、三寶顏及其他一些省分，也興建了佛寺，推行佛法並邀請國內有能力的僧眾來菲協助弘化。

性願老法師，法名古志，號棲蓮，字性願。俗姓洪，福建南安人，世代務農。一九〇〇年，十二歲時在南安石井的東庵，依德山法師出家，翌年到南普陀受具足戒。十五歲到小雪峰親近佛化老和尚，聽聞講解宗乘法典，兼習儒學經史，佛化老和尚是近代閩南佛教復興的功臣，教化一方，門下興盛，與轉逢、轉解、轉岸、轉物、會泉同學，然後在江浙等地參訪十餘年。一九二四年，性願老和尚在南普陀寺設佛學研究社，學僧數十人。一九二五年，泉州承天寺創設東方佛學研究社，緇素兼收，聘性願老法師講授佛學。一九二六年出任承天寺監院，開講《楞嚴經》及《金剛經》。一九二七年春，他與轉物、轉解二師同赴新加坡弘法，會晤在光明山興建普覺寺的轉道法師，七月回國，在廈門南普陀寺任監院。一九二八年冬，弘一大師第一次南遊，住南普陀寺，性願殷勤接待，次年弘一大師第二次南遊，翌年正月，到泉州承天寺掛單，與性老同住，數年以後，二人建立了深厚的因緣。弘一大師晚年長住閩南，得性老之照應尤多。一九四二年，弘一大師圓寂後，性老發起籌印大師遺著《南山律在家備覽》、《四分律比丘戒相表記》、《晚晴山房書簡》及大師手書《金剛經》、《藥師經》、《阿彌陀經》等佛典多種。

性願老法師在菲律賓弘法的成就，獲得僑胞們普遍的尊敬，著名的僑領如蔡文華、蔡金鎗、施性水、施性統、蘇行三、姚迺崑等，都皈依他為弟子，而僑界對佛教供養也十分豐厚。性老除了發展菲國佛教外，在國內抗日戰爭後，對閩南的大小佛寺，及江浙著名道場，如寧波的天童寺、鎮江金山寺、揚州高旻寺，亦多給予經濟的護持。

一九五八年，性願老法師七十壽辰，四眾弟子及全菲佛教團體成立性願老法師七十大壽慶祝委員會，在華藏寺啟建祝壽法會，印行《法華經》贈送信眾結緣，並編印《性願老法師七十紀念集》祝壽。此時，印順導師亦由臺灣至菲為性老祝壽，瑞今向性老辭退信願寺住持，就共推印順導師陞任信願寺與華藏寺聯合上座（住持）。三年期滿辭退，性老仍就任二寺上座，直至一九六二年因病在華藏寺捨壽圓寂。

瑞今法師（一九〇五—二〇〇五），生於福建晉江東石東埕村，字寂聲。幼年時入私塾，熟讀四書五經，反覆背讀爛熟。他的母親奉佛甚虔，禮佛誦經以為常課。時有佛堂舉行法會，常帶往參加，目濡耳染，對清淨雄偉之寺院，相好莊嚴之佛像，欣慕之念油然而生，遂萌離俗之志。十二歲禮南安雪峰寺轉敬上人剃度，賜名瑞今，一九二一年於莆田光孝寺受具足戒。

一九二二年，與學友廣箴等結伴赴安徽安慶迎江寺迎江佛學院就讀，院長為著名高僧常惺法師，在院受學二年，瑞師深為常惺法師器重，成為入室弟子，可惜尚餘一年，就可畢業，而學院以經費困難，即將停辦。瑞師與廣箴商議，廈門南普陀寺環境幽美，經費充足，如能請常惺法師至廈門辦學，現有未畢業的同學，就可繼續學業。二人先請得常惺法師的同意，再由廣箴法師返回廈門，到南普陀寺向住持會泉法師報告。南普陀寺原是子孫寺院，轉逢和尚繼任住持後，一九二四年改為十方叢林，並依照新訂的規章，選出會泉法師為改制後的首任住持。會泉法師熱心僧伽教育，聽了廣箴法師的報告，非常歡喜，寫了親筆信，要瑞今、廣箴二人先請常惺法師來看看，了解情況。由於瑞、廣二師居中的聯絡，而有閩南佛學院的誕生。一九二五年八月，閩院成立開學，會泉法師任院長，常惺法師任副院長，並請得蕙庭法師為主講，學僧有七、八十名，半數學僧是由迎江佛學院轉來。閩院設有專修科和普通科，瑞師編入專修科。

一九三二年，弘一大師住廈門妙釋寺，瑞今、廣洽二師結伴前往親近，懇請弘一大師講授《四分律含注戒本》。一九三三年五月，弘一大師應泉州開元寺轉物法師邀請，帶著瑞今、廣洽、性常、本妙等學律弟子十餘人，到泉州開元寺尊勝院駐錫，開設南山律苑，為十餘名弟子講律，瑞今在大師身邊品學兼優，受器重譽為閩南傑出僧人。一九三三年，弘一大師有感沙彌少有受教育的機會，勸瑞今乃在南普陀寺創辦養正教養院，並擔任教務主任，盡力於沙彌教育。一九三六年，又與廣洽、慧雲二法師創辦《佛教公論》雜誌，弘揚佛法。一九三七年，中日戰爭爆發，南普陀寺被強占駐兵，瑞師不得已解散養正院，回到晉江避亂。在八年抗戰期間，瑞師在泉州等地，講經弘法。

一九四五年大戰結束，菲律賓馬尼拉信願寺性願老法師先後約請瑞今、善契、妙欽、常勤諸位法師到菲律賓相助。一九四六年，瑞今與善契法師抵達馬尼拉，性願老法師退位，推請瑞今法師出任大乘信願寺第二任住持，善契法師任監院。性願老法師則到馬尼拉市郊的瑪拉向北山，另建築華藏寺。

一九四九年四月，瑞今法師住持的第二年，馬尼拉華埠發生大火，當時華僑中學、華僑商報社及許多民房都付之一炬，信願寺右廂及後樓毗鄰其間亦被燒毀，損失慘重。由於寺院被燒毀時，大火延燒至佛殿佛龕而止，佛像無恙，這使菲邦人士及華人僑胞認為是奇蹟。性願老法師由華藏寺趕回，與瑞今、善契、妙欽、如滿諸法師，共商重建計畫。信願寺經過重建後，全部改為鋼筋水泥建築，並且增建講堂、藏經樓、五觀堂、寮房等，煥然一新，這樣一來較先前更為壯觀，香火更盛，信徒日增。因為信願寺在僑區中心，交通便利，更成為僑胞信仰皈依的中心。於是在瑞師的策畫下，寺中開辦佛學班、暑期佛教兒童班，輪派法師至監獄為犯人說法，也繼承過去的傳統，拯濟社會福利事業。

一九五二年，世界佛教徒聯誼會第二屆大會在日本東京的本願寺召開，瑞今法師與蘇行三居士出席參加，會後返回馬尼拉，即著手推動組織成立世界佛教徒聯誼會菲律賓分會，被推為擔任分會會長。一九五六年，瑞今法師率領菲國佛教徒，組團赴印度朝禮佛陀聖跡。是年正逢佛曆二千五百年紀念，世界佛教徒聯誼會第四屆大會十一月在尼泊爾加德滿都召開，瑞今法師率分會人員參加。一九五八年，瑞今法師連任信願寺住持已滿三屆，乃向性願老法師辭退，是年適為性願老法師七十壽誕，緇素四眾弟子共為慶祝。

一九五九年，瑞今法師又與性願老法師、印順導師、妙欽法師等，共議信願寺為適應社會需要，推動創辦能仁學校。一九六〇年學校成立，推選印順導師任校長，妙欽法師代理校務。初辦學校時只有小學，十年後，學生增至千人以上，增設了中學。

二〇〇五年，瑞今法師歷任菲律賓大乘信願寺、新加坡光明山普覺寺住持，不僅對佛教教育，廣傳戒法，傳播中華文化，殫心竭慮，而且對於救災、拯疾、解厄、濟貧，往監獄教化犯罪人，引導群力以助公益，盡力而為數十年如一日。創立菲律賓佛教慈贈會，捐助故鄉僑聲中學及龍江吟社。又瑞今法師嫻熟詩文書法，常應海內外各地佛寺之請，開光說法，演講開示，為寺院撰題聯句，累積文稿頗豐，傳印法師整理編輯成書，名為《華嚴室叢稿》出版紀念。瑞師一生功德圓滿，二〇〇五年捨報圓寂，世壽一〇一歲。

如滿法師（一九一〇—一九八三），福建南安人，俗姓蔡。祖父及父親在菲律賓經商，母楊氏，信佛持齋。幼隨父母居菲，受小學教育，十四歲喪父，隨母返閩南，寄居廈門。〈如滿禪師舍利塔記〉上說：「時奉母往佛寺禮佛聞法，省悟人生無常，漸萌出世之想。」一九二五年十六歲時，到泉州紫帽山金粟寺，禮真常上人為師，剃度出家，不久在莆田梅峰光孝寺受具足戒，後往江浙道風叢林行腳參學。一九三八年，性願老法師任南普陀寺代理方丈，約他到廈門任南普陀寺副監院。

一九三八年深秋，如滿法師到了菲律賓，在信願寺任執事協助法務，教導信眾梵唄。後來他的師弟如意法師也到了菲律賓，他與師弟乃在馬尼拉市內雙解街創建普陀寺。滿師長於梵唄唱誦，在寺中組織佛教歌詠團及兒童法會，推廣佛教音樂。一九五四年，得到鄭廣德和龔詩堯二居士協助，普陀寺予以擴充重建。一九七〇年，如滿法師感於碧瑤地區沒有弘法道場，於是便計畫在碧瑤也建一座普陀寺，經過數年規畫和施工，殿堂與僧寮於一九七八年建成，舉行開光典禮，極一時之盛。華人在碧瑤就學的子弟，有在普陀寺寄住者皆免費供給食住。如滿法師生平熱心公益，隨時協助孤兒入學，幫助窮困學生，捐資支持普賢、能仁等佛教學校。一九八三年，因健康衰退而示寂。

妙抉法師（一九一八—一九九〇），俗姓王名邦駒，福建福清漁溪鎮人。他的上一代僑居印尼，一九一八年出生在印尼。妙抉年十七歲，回國探視親族，初冬一日，四處閒遊，由福清乘車至南安，在蓮花峰不老亭，遇到一位覺空法師，覺空法師與他談論佛法，告訴他人生如夢，苦空無常，一切都是虛幻不實的。他愈聽愈有興趣，就隨法師帶他到寺院中住下來，數日後，又要求法師收他剃度出家。覺空法師見他出自誠心，就收他為徒，剃度出家，取法名騰捷，字妙抉。他在寺中跟著師父學習日常經文朝暮課誦，一九一九年奉師命至泉州承天寺受具足戒，並留在承天寺學習。

一九三六年，性願老法師來到承天寺，見到妙抉法師，在輩分上性老是妙師的師公，見妙師是可造之才，對他師父覺空說，讓他到南普陀寺的養正教養院讀書，那時瑞今法師在教養院任教務主任，也喜歡妙師勤於讀書，對他時加照顧。不久他被家中偵知，找到南普陀寺，妙師不堪其擾，便與同學搭船赴上海，轉往常州天寧寺佛學院就讀，不到一年，七七事變爆發，天寧寺佛學院遷到馬蹟山祥符寺的下院上課。未幾，戰爭逼近京滬，他回到閩南，在永春毗峰普濟寺掛單。一九三九年，弘一大師自泉州到永春，駐錫普濟寺，使他有機會親近大師，學習戒律，自此他養成終生持午。後來性願老法師要他到菲律賓華藏寺任職，於一九五七年到達馬尼拉。這時性願老法師年紀已老，身體不好，委任妙師擔任華藏寺當家師，以後寺中一切大小事，交由他全權管理。

妙抉法師初接任華藏寺管理時，空曠的寺院中只有一座大殿，之後的二、三十年，經過妙師不斷地收購土地，增加建築，一幢又一幢的殿宇庭堂蓋了起來。一九六〇年，興建僧伽宿舍，命名祇園樓，先裝飾出兩間，供性願老人休養。老人圓寂於一九六二年，並為老人治喪，一九六五年建老人紀念塔，供奉靈骨入塔。又於一九六六、六七年興建藏經樓及功德堂，一九六九年興建帝釋殿和鐘鼓樓，一九七一年建築乘願紀念學院，次年正式招生開學。一九七七至一九七九年，興建最大的齋堂，可容納一千人座位。

一九八〇年後，中國大陸改革開放，落實宗教政策，在文化大革命期間，為紅衛兵侵占的寺院可以發還，早期性願老法師在福建南安所建的大慈林寺、泉州重建的銅佛寺，在妙抉法師托居士或親自連番奔波交涉下，得到政府發還重建，復興祖庭。一九九〇年，這位辛勞一生的妙師，在馬尼拉華藏寺祇園樓安詳圓寂，世壽七十三，僧臘五十六年。

傳貫法師（一九〇五—一九九三），福建惠安人，生於惠安東嶺龍村，家務農，母親早逝，他為家中獨子，上有一姊、下有一妹，都由父親撫育成人。父親曾讀過書，信佛虔誠。傳貫幼年亦在私塾讀書四年，後隨父下田工作。傳師因受到醒世詩影響，一心想出家修道。在他二十一歲時，父子二人一同出家，父親出家後，法名廣謙，字照讓。傳師投晉江靈鷲寺依廣空長老剃度，法名傳貫，字普一。一九三一年在泉州開元寺受戒，而留在寺中任執事。

一九三三年五月，弘一大師應開元寺住持轉物和尚之請，自廈門萬壽巖抵達泉州，住在開元寺尊勝院，從事圈點《南山鈔記》。時在廈門隨大師學律的僧人十餘位：性常、廣洽、瑞今等，隨著大師到了開元寺，跟大師學律，尊勝院就改稱「南山律苑」。轉物命傳貫侍奉大師起居，亦得預聞講席。當年十一月，大師應石獅草庵之請，到草庵過冬，傳貫自此就隨侍在大師身邊。一九三五年四月，傳貫與廣洽二人隨侍大師由泉州乘帆船到惠安淨峰寺，此寺位於重山疊翠之間，景物殊勝，弘一大師曾寫信給友人說：「今歲來淨峰，見其峰巒蒼古，頗適幽居，遂於四月十二日入山，將終於是矣。」到了十一月，應泉州承天寺傳戒法會禮請，於戒期中講《律學要略》，戒期後移居溫陵養老院。十二月移居草庵，未幾臥病，十分嚴重，《弘一大師新譜》中記載：「旋即臥病草庵，病中書〈遺囑〉一紙付侍者傳貫，吩咐身後諸事。」傳貫隨侍大師期間，曾撰有《隨侍音公日誌》一冊，於大師日常起居記述頗詳[3]。

一九五六年，傳貫、傳海、道津三人受菲律賓三寶顏福泉寺董事會聘請，赴菲弘法。先抵香港，掛單九龍大佛寺，一九五八年抵菲。不久，傳貫出任福泉寺住持，傳海、道津二師協助事務。經過慘淡經營，十年有成，信眾日多。一九六八年，為加強對社會弘化，創辦了「觀音學校」，由幼稚園到小學、中學俱全。接著改建福泉寺老舊房屋，與董事會商議，鳩工興建。一九九一年竣工，新建三門圍牆，庭園廣闊，佛殿莊嚴堂皇，功德堂、五觀堂、客堂、寮房一應俱全，具叢林規模。貫師年近九旬，體力日衰，於一九九三年五月示寂，世壽八十九歲，僧臘六十八夏。

善契法師（一九〇二—一九七四），俗姓林，福建南安人。一九二二年，善契二十一歲時，禮廈門鼓浪嶼日光巖清智法師為師，剃度出家，二十四歲受具足戒，以後在廈門中山公園內的妙釋寺任執事。一九三二年十月，弘一大師第三度遊閩南，亦到妙釋寺小住，以此因緣，善師得以親近弘一大師。一九三三年正月，大師在妙釋寺開講《四分律含注戒本》，同席受學者，有瑞今、廣洽、善契、本妙、廣信諸師。之後善契在妙釋寺主持每週念佛法會，參加者數百人。

一九四六年四月，應菲律賓馬尼拉大乘信願寺住持性願老法師之邀請，與瑞今法師同抵達馬尼拉，性願老法師自信願寺退位，推請瑞今法師繼任住持，善師出任監院，綜理寺務，任事盡心，獲得常住一致的讚揚。一九四九年，信願寺受鄰居火災波及，寺毀大半，大殿亦毀，惟三尊大佛像幸好無殃，信眾莫不稱奇，益增信心，火災過後，性願老法師領導予以重建，善師身為監院，負責所有工程雜務，經過三年於一九五一年重建完成，殿堂改為鋼筋水泥建築，比以前更為莊嚴壯觀。

一九五二年，性願老法師在馬尼拉市郊區北山大學崗興建華藏寺，一九五五年初具規模，一九五八年，性老改信願、華藏二寺為聯合上座部，禮請印順導師為聯合上座

（住持），而請善契法師一身主持兩寺事務。不久，善師亦應菲島中部宿霧市信眾請求，到宿霧弘法。善師在宿霧又創建了一座全部鋼筋水泥莊嚴宏偉的佛光寺，前後歷經十年。直至一九七四年十二月安詳捨報，世壽七十二歲，僧臘五十三夏。

妙欽法師（一九二一—一九七六），法名騰莊，字妙欽，別號白雲，又號慧菴，福建惠安人。俗家姓黃，為家中獨子，五歲時一家三口同時出家，父親帶他到廈門白鹿洞，依覺斌法師剃度為沙彌，法號覺徹。在寺中依師父讀書識字，誦經禮佛，十五歲到泉州承天受具足戒。戒期後到廈門南普陀寺，入佛教養正院受學。當時瑞今法師任教務主任，負責院務。妙師因成績優異，升入閩南佛學院。一九三七年初，與演培、達居二師同赴江蘇淮陰覺津寺，入覺津佛學院，依大醒法師受學。

同年七月，七七盧溝橋事變，佛教界組織僧侶救護隊，妙師參加救護訓練，然後到上海參加戰地救護工作，出入於槍林彈雨，搶救傷患。後來戰事逆轉，上海淪陷，救護隊隨軍撤退到武漢。一九三八年，武漢外圍發生戰爭，僧侶救護隊解散，妙師脫下戎裝，穿上袈裟，輾轉到了香港。當時太虛大師在重慶創辦漢藏教理院，教師都是學德俱優的法師，於是約同了一些同學，再輾轉抵達重慶，到北碚漢藏教理院入學就讀。他們在院中旁聽法尊法師的《菩提道次第廣論》、法舫法師的《俱舍論》等課程。一九四〇年冬，印順導師也到了漢院，印師就專為妙欽、演培、文慧三人講授《攝大乘論》，由他三人記錄下來，成為《妙雲集》中的《攝大乘論講記》。之後，妙師被漢藏教理院聘為教師，在教課之餘，寫成《中國佛教史略》一書。另有《妙欽法師文集》，是由臺灣正聞出版社將妙欽法師生前之著作，加以整理編輯而成。前四章為〈初機佛學讀本〉第一冊至第四冊（一九五二），做為普賢學校之用。

一九四九年，妙師應菲律賓性願老法師之函召，赴馬尼拉襄助法務，在信願寺協助性願、瑞今弘揚佛法，使菲律賓佛教得以蓬勃發展，信佛之人日漸增加，得力於妙師之弘揚。一九五三年，有感東南亞上座部佛教之盛行，為求了解真相，遠赴斯里蘭卡佛教大學攻讀四年，對上座部教義深有心得，然後仍回到馬尼拉信願寺擔任弘法部主任，講經說法，法筵盛開。早在性願老法師擔任信願寺住持，一九四七年曾協助劉梅生居士創辦普賢學校，辦得很有成績，妙師曾在普賢學校任教並為學生編著了一套四冊的《初級佛學課本》。一九六〇年，性願、瑞今二老感於社會教育的需要，由信願、華藏二寺出面，約邀普陀寺、寶藏寺、宿燕寺、觀音堂等共議，決定創辦一所包括中學、小學在內的「能仁學校」。敦請印順導師為校長，實際上是妙欽法師以副校長名義負責校務。自此妙師把全部精力時間奉獻在能仁學校，使這所學校，由小學部開始，增設幼稚園、初中部、高中部，由二百人逐漸增加二、三百人，數年後增加到一千數百人。妙師在能仁學校服務先後十六年，學校日益成長茁壯。

一九七五年，妙師感到身體不適，到醫院檢查，醫生告知他是肝病，這是保留的說法，實是肝硬化，控制得好，可活三、五年，控制不好就很難說了。結果，一九七六年三月三十日就捨壽圓寂了，世壽五十六歲，出家五十一年，後來，信願寺、華藏寺為建墓塔奉安。

唯慈法師（一九二五—二〇一九），號日照，江蘇高郵人。父親務農，由於家貧子女多，唯慈九歲時，因舅父在高郵北鄉三覺庵服務，就把他帶到庵中，依宗恆和尚出家，成為一名沙彌。十四歲時，師父送他進私熟讀書一年。一九四四年，唯慈二十歲，奉師命到南京寶華山受具足戒。戒期後至常州天寧寺進禪堂參禪一年，後轉入天寧寺佛學院就讀，刻苦學習三年。一九四七年到杭州進武林佛學院，當時院長是會覺法師，為太虛大師的弟子，教師也是一時之選，如演培、妙欽、仁俊諸法師。一九四八年秋，國共戰爭激烈，時局日益惡化，佛學院學僧大部分離院而停課。

一九四九年二月，唯慈與自立、幻生同學三人從上海搭乘中興輪抵達臺灣基隆港（正逢農曆一月十五日元宵節），到中壢圓光寺投奔親近慈航法師，進入初創的「臺灣佛學院」讀書。之後，三、四月中，大陸繼續逃難到臺灣青年學僧約二十多人，都由慈航法師收留。臺灣佛學院辦了半年多，到了七、八月，圓光寺住持妙果老和尚，認為大陸來的學僧太多，常住經濟難以支持，決定停止繼續辦下去。本省學生可以回到原來的寺院，大陸來臺的學僧就沒有地方可去了。慈航法師與妙果老和尚商洽，要求圓光寺收留十個大陸學僧，唯慈、自立、幻生等十人留在圓光寺，其餘十多人，都由慈師帶往新竹靈隱寺，得到無上法師的照顧。一九四〇年秋，慈航法師得到達心、玄光二位尼師的護持，在汐止建築了「彌勒內院」，大陸來臺的學僧，又都集中在彌勒內院上課，這樣才有一段雖然清苦卻安定的生活。一九五四年夏，慈航法師圓寂後，學僧也都逐漸離開。之後，唯慈法師至福嚴精舍，親近印順導師。一九五六年，唯師又回到汐止彌勒內院，禁足自修一年多。

一九五七年，唯慈、自立二師，受到菲律賓創辦普賢中學的劉梅生居士邀請至菲任教，自立法師留在馬尼拉普賢中學，唯慈法師則到菲律賓中部的宿霧，任教於普賢中學宿霧分校，住在一座不大的定慧寺，只有他一人獨住。雖然只有他一人，他一切按照佛門儀規，早晚課誦，依法行持，每星期日領導青年禮佛，領導信眾共修，開示佛法，引導大家走向正信。一九六八年，普賢學校因管理不善，欠下大筆債務，在董事會一再敦請下，唯慈法師出任普賢學校校長，經過兩、三年艱苦整頓，終還清了債務，也使普賢學校的校譽日隆。法師所住的定慧寺附近由於人口劇增，漸成鬧區，煩擾日甚，而且時常淹水。唯師與僑界護法居士共商，大家都主張遷址重建。經過多時勘察，選定市郊半山區坡，風景優美。由於信眾對法師的信心與尊敬，大家踴躍捐獻，一九七八年動工興建，到次年八月，一座三層樓的大雄寶殿及附屬建築物全部完成，定名普賢寺。此時唯師的聲譽日高，更擴充到菲南各大城市，都邀請法師前往弘法，如描戈律市、三寶顏市等。唯慈法師在菲學校任教及弘法四十餘年，自己一生好學深思，精勤不息，手不釋卷，著有《浮雲集》十巨冊，包括佛學論文、釋經、演講、詩詞等達百餘萬言。

自立法師（一九二七—二〇一〇），江蘇泰縣人，法名傳心，字乘如，一九三五年，九歲在泰州東鄉觀音庵依沛霖法師出家，先在庵中學習禮佛誦經、佛門儀規，後至光孝寺在佛學研究社就學。一九四七年，至寶華山受具足戒。因受國內戰爭影響，後來到杭州武林佛學院讀書，感到逃難在異鄉，須自立才能生存，而取名「自立」。之後，因知道和通信在新馬弘法的慈航法師，受到臺灣中壢圓光寺住持妙果老和尚的邀請，在臺灣籌辦一所佛學院，於是在一九四九年二月與同學唯慈、幻生三人乘中興輪赴臺，到了中壢圓光寺親近慈航老法師。一九五〇年秋，慈航法師在汐止建築了彌勒內院，大陸來臺的二十多位青年學僧又都集中在內院上課，依慈師受學，直至一九五四年五月慈航法師圓寂。自立法師在彌勒內院受學期間，深受慈師器重、同學們的敬愛。

一九五七年秋，菲律賓馬尼拉的佛教普賢中學，校長劉梅生居士禮請自立、唯慈赴菲律賓任教。自師在普賢中學擔任佛學導師，教學二十年間，對學生循循誘化，講解佛法，引導他們信佛，他對於這份工作，非常有興趣，勤奮努力。每年學期結束，率領應屆畢業生，先後請性願、印順、瑞今等長老，為他們授三皈依。並常常帶領學生朝禮拜訪各寺院道場，培養福德善根。

一九五七年應菲律賓馬尼拉隱秀寺清和姑之請，擔任該寺導師，教化信眾。自師在寺內成立「太虛講堂」，於每月初一、十五、二十三日定期舉行佛法講座，或邀請國內外高僧大德開示佛法，編輯文稿為《法雨繽紛錄》流通。在異國弘法四十餘年，廣受信眾愛戴。自立法師於一九六三年創辦《慈航》季刊綜合性佛教雜誌，邀請佛教耆宿大德，及臺、菲文教界名家執筆寫稿，發行之後，風行臺、菲及東南亞各國，廣受重視和好評。這份刊物發行十年，後因菲國實施軍事統治，禁止中文報刊發行，因而停刊。

一九八〇年，隱秀寺住持清和姑高齡九十一歲去世，自立法師繼任住持後，為了積極和適應弘法需要，將大雄寶殿加寬擴大，更增建觀音殿、報恩堂、功德堂、鐘鼓樓等，使隱秀寺煥然一新，規模更為莊嚴壯觀。自師年輕在臺灣時，曾注意學習文藝，以「若水」筆名，經常在報刊上發表新詩、散文、小品等，文筆練達，清新流暢，簡明易懂。自六十歲後，更勤於講經弘法，由信眾們錄音記錄整理下來，再由自師刪改和補充而成鉅著，計有《佛說阿彌陀經講記》、《八大人覺經講記》、《四十二章經講記》、《佛遺教經講記》、《普賢行願品講記》等，出版流通，廣受佛教信眾的喜愛和讚揚。

廣範法師（一九二七—二〇〇四），福建泉州人，俗姓楊，十七歲依南安小雪峰寺瑞今法師出家，二十歲受具足戒，旋赴杭州武林佛學院就讀。一九四九年夏，隨印順導師、續明、常覺諸師赴香港，掛單於鹿野苑。一九五八年赴菲律賓馬尼拉，住在大乘信願寺，受任監院，綜理寺務，後來陞任副住持。廣師曾朝遍中國名山，曾赴印度、尼泊爾瞻仰佛陀聖跡，於歐洲古典建築亦細心考察，對建築設計及雕塑藝術造詣甚高，馬尼拉信願寺殿堂之修造，能仁中學校之遷建，皆得師運籌而成。

一九六五年，廣範法師遊化菲島南部民答那峨，初結法緣，翌年因護法檀信獻地，為滿南島信眾之願，遂於納卯市創建龍華寺。而龍華寺造型之策畫設計，更展現其超凡見解。期間更請到義大利著名雕塑家雷那多・卡比為寺院塑造一佛二弟子及地藏菩薩大理石雕像，寶相莊嚴，故龍華寺能融中西文化於一體，被佛教界譽為「南天首剎」，為目前民答那峨島建構最巨之中國式漢傳佛教寺院，其構思之新穎，深受各方禮讚。為進一步推展佛教利生事業，引導信眾學佛，教育菲華子弟，廣師又於一九七八年發起籌建龍華學校，不遺餘力，苦心經營，令龍華學校教學設施與建制日益完善。初為幼稚園，後漸次發展至小學、中學，迄今規模日盛，師生逾三百，已成為當地頗具影響之華文學校。二〇〇二年，廣師遂將自己一生所創辦之龍華寺及學校託付與宿有深緣的能振法師。能振法師為緬懷廣範法師建寺興學之洪恩，培育僑社子弟認識中華文化，帶動更多善信，於二〇〇四年藉龍華學校十週年校慶之際，再度為學校擴建募集善款。工夫不負有心人，二〇〇六年如願購得擴建校舍之地。同年四月更發起成立「廣範老和尚教育基金會」。此後龍華寺又相繼舉辦了五次義診救濟活動，足跡遍布老人院、孤兒院、殘疾人院，得到了社會各界人士的肯定與讚揚。

一九九〇年，廣範法師鼓勵並協助曾應聘至菲律賓納卯龍華寺負責寺院及弘法的淨華尼師，在美國洛杉磯蒙特利公園覓得興建寺院的地點，雪峰精舍於一九九三年落成。廣範法師晚年因感身體有些不適，在洛杉磯雪峰精舍靜養，不意二〇〇四年四月二十七日忽爾示寂。綜觀廣範法師，一生淡泊名利，致力弘揚佛法，尊師重道，為人熱情重義，待人接物，行事瀟脫。二〇一二年，淨華尼師擴建雪峰精舍，安置地藏殿，為報師恩，並興建模範堂，紀念他曾親近過的印順導師、演培法師及廣範法師。

傳印法師（一九五二—）福建晉江人。一九六九年十八歲，於香港禮廣純法師出家，法名普心，字號傳印。是年至臺灣，就讀白聖法師於臺北臨濟寺所創辦的中國佛教研究院就讀。一九七一年，隨廣純上人同住香港慈音蓮社。一九七三年，至香港就讀能仁書院社會教育系。一九七四年，於香港弘法精舍求受具足戒。一九七五年，能仁書院畢業，並留香港任教兩年。一九七七年，赴菲律賓進駐信願寺，並協助廣純上人建設坐落於計順市的普濟禪寺。一九八六年，任信願寺監院，協助師公瑞今上人管理寺務。一九九四年，回福建東石家鄉建立大覺寺。二〇〇五年二月，瑞今上人示寂，接任管理信願寺住持。傳印法師著作有三種：《大乘信願寺簡介——附菲律賓佛教概況》（一九八九），前半是對信願寺的簡介，後半是對菲律賓佛教之傳入與發展的概述。《覺園文集》（一九九九），是小品文稿，加以整理編輯成書。《鏡影叢稿》（二〇〇二），第一〈文稿講詞〉集十八篇，第二〈碑記序跋〉有九篇，第三〈法語聯偈〉有九篇。

一九五八年抵菲律賓轉赴三寶顏的傳貫、傳海、道津三位法師，傳貫法師（一九〇五—一九九三）出任福泉寺住持，傳海、道津二師協助事務。於一九六八年，為加強對社會弘化，創辦「觀音學校」，由幼稚園到小學和中學。

（三）比丘尼

瑞妙尼師（一九二四—一九九八）福建晉江人，一九四八年時，在廈門南普陀寺性願老法師座下受菩薩戒，就讀於性願老法師創辦的覺華女子佛學苑。後赴香港在慈航淨苑道場落髮為尼，受比丘尼戒後，瑞妙尼師於一九五四年，應聘赴菲律賓馬尼拉市寶藏寺弘法，成為中國的比丘尼僧中最早赴菲的弘法者。在弘法期間協助該寺建築大雄寶殿，後又應民答那峨島三寶顏市的信眾邀請，前往弘法，並協助辦理閩南籍僧侶傳貫法師等人入境主持福泉寺法務事宜，並且常在佛教居士林所設的電台宣傳佛陀之音，又為《甘露》副刊撰稿。除了傳播佛陀之音於馬尼拉市，菲國南部各大都市皆留下其足跡。一九六五年，瑞妙尼師與心蓮姑一同在馬尼拉市興建靈鷲寺，做為立足菲國弘揚漢傳佛教的基地。之後，瑞師亦轉往美國夏威夷弘法。又有廣仁尼師，於一九五八年南渡菲律賓，協助其表姊文蓮姑在菲島拓展宿燕寺法務。

到了二十世紀七十年代末，有些在清姑寺院裡長大的年輕女子，到臺灣參加院校受教育或短期培訓學習，然後隨著臺灣比丘尼到菲島弘法，加強雙方關係。例如，瑞妙的弟子淨平，於一九九八年回到菲律賓，將佛法傳播到菲律賓本土。又如佛光山有四位比丘尼赴菲島分別在不同的城市建道場弘法。

（四）清姑、居士

閩南佛教特有的清姑（女眾帶髮出家者，弘一大師稱她們為梵行清信女，或梵行優婆夷，臺灣一般稱菜姑、齋姑），是閩南地區帶髮出家信佛女眾的俗稱。依戒律規定，女子出家時都要剔除髮絲，一生奉獻佛教。而閩南清姑由於帶髮出家不符合佛教規制，其出家所遵照的儀式也較為簡單，投拜比丘僧或比丘尼，踐諾皈依三寶，接受《梵網戒》受菩薩戒，即可入住寺院，緇衣素食一生奉佛，她們體現了女性在宗教界不可替代的作用。清姑通常視自己為「帶髮的出家人」，有自己獨立的寺院，且組織職責的分配也同一般寺院相似，清姑也可以住持寺院，收帶髮出家的女眾為徒。大部分清姑道場都有收養小女嬰或小女孩，而這些小女孩則從小過著出家生活，耳濡目染。她們稱清姑為「阿姑」。但在閩南地區之外，則將她們視為在家的優婆夷，不承認她們是出家人的身分。

菲律賓佛教的許多女眾道場幾乎都是閩籍清姑開創的。這些清姑，許多是應在菲律賓弘法僧伽的邀請，一起到菲律賓幫助管理寺院。後來有些人建立了自己的寺院，有些到臺灣或其他地方進修和學習，正式剃度出家成為比丘尼。最早到菲律賓的清姑是惠安的修因姑，她在馬尼拉創建寶藏寺，繼而桑蓮姑建立觀音寺，收容窮苦的女性。元敬姑和正義姑興建海印寺，培養出曾任馬尼拉能仁中學校長的崇誠姑。還有，創建蓮華寺的妙宗和妙樹，創建天蓮寺的淨音姑，圓通寺的烏髻姑等。她們在菲律賓開展佛教事業，修學有素，任勞任怨，很多人還成為佛教教育界的中堅人物[4]。

修因姑（一九一〇—一九六七），俗姓陳，福建惠安人，幼年喪父，八歲即隨母至晉江縣的觀音堂帶髮修行。一九二九年，修因姑隨眾前往菲律賓，受聘於靈峰精舍協助寺務。一九四七年，於馬尼拉計順市購地創建寶藏寺，屬最早的女眾修行道場。修因姑於一九六七年往生，由淑珍姑主持寺務，一九七七年，淑珍姑發心剃度出家，法名賢修，號正道。一九八四年，正道法師翻修寶藏寺的殿宇，耗時十年，兩層樓的莊嚴道場終於落成。

清和姑（一八九〇—一九八〇），她在二次大戰前即抵菲律賓，以後成為菲律賓僑界家喻戶曉佛教的傳奇人物。清和姑俗姓陳，福建南安人，出生農村家庭。她沒有高深的學識，也沒學習專門的技術，但很能吃苦耐勞，不畏任何困難。鄉人信佛的風氣濃厚，陳家人也都信佛，清和姑自幼就禮佛持齋，十四歲入三慧庵帶髮修行，閩南人這種風氣很盛行，反而落髮的尼眾較為稀少。一九一七年，清和姑二十八歲，隻身南渡菲律賓馬尼拉，最初目的是想募化一些錢回國供養三寶，但到了菲律賓後，她改變了主意，想留下來弘法。於是她在馬尼拉為人幫傭，洗衣燒飯，打雜掃地，什麼都做，過著最節儉的生活，把賺到的錢，一部分供養在南洋弘法的轉逢法師，一部分積蓄起來。

一九四六年，第二世界大戰後，菲律賓獲得獨立建國，清和姑五十七歲，數十年的節儉積蓄，已有建立大寺院的力量，她在馬尼拉北面的加洛干市，購得一片土地，於一九四九年十二月奠基建寺。一九五三年竣工，一九五六年三月安裝佛像，在將落成前，不幸鄰居失火，波及已建好的殿堂房舍被燒毀一部分。清和姑毫不氣餒，以堅強的意志重新加建，經過年餘的努力，一向默默無聞的齋姑，一座清淨莊嚴的「隱秀寺」重建完成，塑造佛像裝金。佛像開光之日，轟動馬尼拉華僑界，各地諸山長老、法師、無數華人信徒，前往參加祝賀，盛況空前。

一九六二年，清和姑禮請時在普賢中學任教的佛學導師自立法師，擔任隱秀寺的導師，在寺中開設佛學講座，說法度眾，實現清和姑最初弘法的願望，並創辦《慈航》季刊，以文字般若宣揚佛法，清和姑任董事長，自立法師任發行人，日照（唯慈）法師任主編。該刊為二十四開的綜合性刊物，佛理與藝文並重，文字通俗，編排活潑生動，發行遍及菲律賓、臺灣及東南亞。至一九七二年，發行十年，因菲律賓實行軍事統治，禁止華文報刊發行，才被迫停刊。清和姑個人一生，為人樸實。自奉儉約，布衣粗食，而對社會公益事業，慷慨捐施，本著取之於社會也用之於社會，造福大眾。一九八〇年以九十一歲高齡捨報往生。

文蓮姑（一九一一—一九五九），俗姓張，福建晉江人，法名妙修，三歲喪父，隨母至烏石山宿燕寺，依外祖母楊嘉姑，自幼禮佛誦經，淨修梵行。一九三九年，其母英姑往生，葬母於外祖母喜姑側，繼承住持宿燕寺。在八年抗日戰爭期間，四鄉居民，避難山中者極多，文蓮姑盡力救濟。日久糧食不足，文蓮姑至廈門，轉赴菲律賓馬尼拉，求助於海外信眾。未幾第二次世界大戰爆發，日軍占領菲律賓，文蓮姑滯留異鄉，有家歸不得，在馬尼拉幸遇同鄉梵行清信女團姑，二人共租小屋居住，經團姑的介紹，結識了信佛虔誠的留文格居士，三人志同道合，創立道場弘法，接引僑界婦女學佛。她們初創蘭若，地方狹小，信徒日增，第二次世界大戰結束後，在馬尼拉藝禮羅街購得土地，興建寺院同家鄉之名的宿燕寺，三年完工，殿宇堂皇，美奐美輪。

文蓮姑幼年，在晉江烏石山宿燕寺依外祖母楊嘉姑時，她的姨母林畔治（是楊嘉姑的次女），也在宿燕寺依母修行。林畔治有次女名黃吉姑，與文蓮為表妹，童年也隨母在寺中帶髮修行，法名慧清。一九五二年馬尼拉宿燕寺落成後，文蓮姑促其表妹慧清姑南渡菲律賓輔助寺院法務，直至一九五六年才申請到菲國入境居留。一九五九年，文蓮姑忽然患腦溢血去世，世壽四十九歲，於是宿燕寺的管理責務就落在慧清姑肩上。之後，慧清姑禮請瑞今法師出任宿燕寺住持，她以代監院名義綜理寺務。一九六七年，擔任宿燕寺監院以後，加建了地藏殿、說法堂、藏經樓，並重修大殿。同時，為實現文蓮姑救濟貧病之遺願，蒙瑞今法師、如滿法師、妙欽法師的指導，並獲蘇滿治居士的護持，在眾善信的資助下，購地創辦「文蓮施診所」。一九七八年四層樓高的施診所落成，每週施診兩次，開菲華社會施診之先河。慧清姑於一九八三年發心圓頂，禮瑞今長老座下披剃出家，受具足戒，法名廣仁。二〇〇五年，瑞今長老圓寂，廣仁尼師接任宿燕寺住持。二〇一一年，廣仁尼師往生。廣仁尼師在菲國弘法逾一甲子，無論在文化、慈善、教育皆有卓越貢獻，尤以創設文蓮施診所，救濟貧病者無數，故得各方崇敬。

桑蓮姑俗姓陳，原籍福建廈門市，早年信仰先天教派，後來棄先天而皈依三寶，做為一位釋教的虔誠弟子，抗戰勝利後，負責主理觀音寺寺務，故改觀音堂為觀音寺。寺中供奉一尊二百多年前，一位廣東省僑胞迎請的南海觀世音菩薩聖像。初創建觀音堂於岷市望戈獅海邊地區，其後經歷施姓華僑、戴養瞻居士及拈姑數人主理寺務，僅屬於一般信仰，香火頗盛。光復後百業待興，菜市口堂址的業主欲拆屋重建，寺廟被迫搬遷，直至一九五六年，終於在計順市龜卯區羅明敖街現址自購一地，歷盡艱辛，得於一九七三年鳩工興建，兩年後竣工，一座莊嚴堂皇之梵宇屹立於計順市，改名為觀音寺❺。一九八八年，桑蓮姑生西，由妙真姑繼承監院之職。一九五二年生於菲律賓的妙真姑為人慈悲善良，緬懷祖母桑蓮姑，為報慈恩，在觀音寺擴建桑蓮紀念堂，並設立蓮華慈善中心，每月施診兩次，給貧病交困的患者帶來希望，也提高觀音寺在菲律賓的聲望。妙真姑於一九九三年遠渡重洋，赴美國舊金山萬佛城依宣化長老披剃，法號恆繼。她於一九九五年在美受具足戒後，即回菲國重振祖庭觀音寺，又於殿後擴建寮房，增設報恩堂。發展至今，觀音寺已成為菲律賓最莊嚴的女眾道場之一。

綜觀二十世紀中期，許多從福建到菲律賓的清姑，悉來自性願老法師於一九四八年，在廈門太平岩獨資創辦，招收閩南帶髮的梵行清信女的「覺華女子佛學苑」。她們遠渡異鄉弘揚佛法，刻苦堅毅，創建道場，興辦慈善救濟，對佛教在菲律賓的傳布，貢獻卓越。菲律賓的寶藏寺（一九四八）、宿燕寺（一九五二）、隱秀寺（一九五七）、靈鷲寺（一九六五）、海印寺（一九七六）、蓮華寺（一九七六）、天蓮寺（一九七七）、圓通寺（一九八三）、天竺庵（一九八四）、文殊寺（一九九〇）、紫竹林精舍（二〇〇〇）等寺院，都是由閩南來的清姑所創建。

劉梅生居士（一九一〇—一九九三），福建晉江人，出生於晉江金埭頭鄉，家有兄妹三人，他居長，下有一弟一妹。九歲時隨家人坐船南渡菲律賓，僑居馬尼拉。劉梅生自幼入天主教學校受教育，曾立志要做神職人員。中學畢業後，父母希望他多了解中國傳統文化，因此要他回到福建，考入廈門大學。在校讀教育系，兼修新聞系學分。廈門大學的宿舍在南普陀寺附近，南普陀寺齋堂供外人用餐，劉梅生歡喜吃寺中的炒米粉，使他有因緣遇到弘一大師，接觸次數日多，受到大師潛移默化的影響，逐漸傾心於佛教。劉梅生大學教育受完，回到菲律賓，白天工作教書，晚上在報館擔任編輯。那時馬尼拉華僑界有個旅菲中華佛教會組織，是吳江流、翁振文等居士發起成立的，雖然人數不多，而都是篤信佛教的熱心人士。一九三六年，佛教會籌畫建築信願寺，到報社找劉梅生幫忙宣傳，他不便答應，就藉故推辭了。不過佛教如有活動，他還是有請必到。當信願寺初步工程完成後，當時菲律賓尚沒有僧寶，中華佛教會居士們開會決議，要邀請有閩南三位高僧（圓瑛、會泉、性願）之一，時任廈門南普陀寺方丈的性願老法師，於是再找到劉梅生寫一份英文格式的聘書，向政府提出申請。因為他與天主教還有些關係，神父知道了非常反對，拖延了三、四個月，最終還是幫忙寫好了英文聘書的樣本。性願老法師在廈門時，和弘一大師道誼深厚，性師抵菲時，帶了一紙便箋交給劉梅生，大師在便箋上說，性願老法師是一位有修持、有德行的大德，要劉梅生時常親近性願老法師。劉梅生要求性老單獨講解《普賢行願品》，為時一個多月。這時劉梅生才決定皈依佛教，性願老法師為他舉行了三皈依儀式，法名覺生。所以劉梅生信佛，是弘一大師的接引，而皈依性願老法師。一九三九年，劉居士依弘一大師受菩薩戒❻。

劉梅生皈依佛教後，很熱心參加佛教各項活動，他對家人感化了三十七口，前後都皈依佛教。一九四一年，第二次世界大戰，菲律賓被日軍占領，他侍奉父母到郊外避難，弟弟松生遭日軍殺害，悲痛萬分。戰後一九四七年，在他父親劉智龍老居士及信願寺性願老法師支持下，在馬尼拉創辦佛教普賢學校，先後獲得菲國和南京國民政府僑務委員會的立案。普賢學校創立之初，是所小學，分為中、英文兩部。經過數年，校譽日隆，基礎穩固，劉梅生居士乃於一九五九年，在僑領蔡文華、姚迺崑等人協助下，在馬尼拉推行創建文殊中學。普賢學校新校舍，也於一九六〇年開工興建，一幢四層樓的鋼筋水泥大樓落成，普賢學校和文殊中學都遷入新校舍，二校合併，改名為菲律賓普賢中學及附屬小學，也獲得菲國政府的立案。

一九五五年五月，劉梅生與施性統、施性儀、何明懷諸居士，為宣揚佛法，特禮請臺灣的印順導師到菲國弘法，他們都親自追隨協助，到了菲國中部宿霧，在當地佛教護法陳慧華居士的協助下，成立了宿霧普賢學校，初由劉梅生任校長，兩年後由何明懷繼任。普賢學校與一般學校不同，設有佛學課程，並聘有專任佛學教師。馬尼拉普賢學校創立之初，曾請到信願寺的妙欽法師教授佛學，妙師曾為學生編印《初級佛學讀本》四冊，由淺入深，供學生循序學習。一九五七年，劉梅生居士自臺灣禮請慈航法師的高足自立、唯慈二法師至菲任教，自立法師在馬尼拉普賢學校，唯慈法師在宿霧普賢分校。二師在菲任教及弘化已達四十多年，深受當地華人教育界及信眾敬仰。

此後劉梅生居士並經常往返中國大陸、臺灣、香港、美國等地參加佛教活動，前往大專院校佛學社做佛學演講，接引青年學生信佛。一九八四年，劉梅生居士已七十四歲，決心出家，由信願寺瑞今法師代理性願老法師為剃度師，法名覺生，同時受三壇大戒。受戒後，仍不辭辛勞，到臺灣、美國等地弘法。一九九三年，健康漸惡化，八十四歲圓寂，僧臘十載。

經過海外華人社會各界熱心信徒共同多年的努力，佛教寺院已遍布菲律賓各主要省市。截至二〇〇八年的統計資料，菲律賓佛教的寺院在大都市，建基於大街小巷中[7]。又根據二〇一六年菲律賓統計局官方資料顯示，菲律賓當地信仰佛教的人數約有四萬六千人，占具有宗教信仰的國民總數的比例為百分之零點零五，已然成為一支擁有信眾不容小覷的群體，能保持穩定的數量成長。

根據倫敦大學二〇一三年出版，Aristotlec Dy: *"Marginal Buddhits: religion and identity of a Chinese minority in the Philippinse"*，第十九至二十八頁的紀錄，菲律賓在十二個省市，以馬尼為中心，向四周邊逐漸輻射傳播，共有二十七座華人寺院。

菲律賓各地區漢傳佛教寺院統計❽

省市	寺院數
馬尼拉 Manila	21
巴科洛德市，亦稱描戈律市 Bacolod	2
宿霧市 Cebu	3
碧瑤市 Baguio	1
三寶顏市 Zamboanga	2
甲萬那端市 Cabanatuan	1
達沃市 Davao	2
塔克洛班市 Tacloban	1
安蒂波洛市 Antipolo	1
伊洛伊洛省 Lloilo	1
塔蓋泰市 Tagaytay	1

巴拉望 Palawan	1
合　計	37

二、佛教社團組織

（一）旅菲中華佛教會

一九三一年，由馬尼拉華僑界佛教信徒吳江流、翁振文等人發起成立「旅菲中華佛學研究會」，後改名為「旅菲中華佛學會」，再改名為「旅菲中華佛教會」，出版《海國伽音》期刊，此為菲律賓最早的漢傳佛教團體組織。創會之初，成員人數不多，但都是僑界的有識之士，吳江流居士被推選為首任會長。當時，沒有出家僧人，都靠信徒自發組織，時常借觀音堂為聚會場所，共同學習佛法。幾年過後，佛教會籌畫興建佛寺，以做為學佛修行的道場。一九三六年，終於在馬尼拉的拉那街購置土地，建造菲律賓第一座漢傳佛教道場——信願寺。一九三七年，會長吳江流居士派林省余居士前往廈門南普陀寺，禮請性願老法師抵菲駐錫，促成三寶具足。可惜因為二次大戰爆發，導致旅菲中華佛教會的解散，但信願寺的興建與性願老法師的駐錫，已為漢傳佛教在菲律賓的開展奠定了基礎。

（二）菲律賓佛教居士林

馬尼拉地區最早成立的旅菲中華佛教會，二次世界大戰後，漸少活動，一九四五年，劉梅生居士聯絡同人，組織旅菲中華佛教三皈正信會，不久再與僑界佛教居士施性統、蘇行三等多人，另組菲律賓佛教居士林，然後自建四層大樓，經常舉辦佛教活動。接著成立甲萬那端念佛班、宿霧居士林分林。一九五七年菲律賓佛教居士林在林長施性統居士的帶領下，組團訪問臺灣佛教界。並在一九五八年成立了佛教居士林青年團，旨在服務佛教事業，促進青年精進學習佛法。

創林幾十年來，仍然保持著各項主要活動的開展，如每逢週日，念佛共修；不定期邀請法師與大德來講經弘法，瑞今、印順、廣純、廣範、自立、傳印等法師和何明懷、施金煥等居士都曾開示佛法；每月農曆二十五日舉行藥師法會，禮請法師宣講《藥師經》；每年的清明節、盂蘭盆節與亡人節（菲律賓的傳統節日，與中國的清明節相似），請馬尼拉的寺院法師、清姑到華僑義山做超度法會；及其每年歲末時節，與其他寺院一同集結冬季的救濟財物等。

（三）世界佛教徒聯誼會菲律賓分會

世界佛教徒聯誼會在一九五〇年，通過斯里蘭卡和泰國共同發起創立，於當年五月，在斯里蘭卡可倫坡召開第一次世界佛教徒聯誼會議。世界佛教徒聯誼會成立，共有四十餘國及地區的的一百個分會。一九五二年，由瑞今法師率團出席在日本東京本願寺召開第二屆世界佛教徒聯誼會，返回菲律賓後即成立「世界佛教徒聯誼會菲律賓分會」，並曾先後多次出席在世界各地召開的世界佛教徒聯誼會，隨後多屆由信願寺廣範法師和傳印法師代表參加，對促進國際性的佛教文化交流，不但熱心回應推行，且貢獻良多。

（四）菲律賓佛學社

一九八〇年，由大乘信願寺的信眾組織成立菲律賓佛學社，社址設在信願寺，其前身為信願合唱團。最初，社團稱作菲律賓青年佛學社，後由於成員持續增加，青年、中年、老年都有，則在一九九六年更名為菲律賓佛學社。創立的宗旨是為了鼓勵菲華的後代可以認識佛教，指導青少年具備正確的學佛觀念，促進成年人研習佛法。菲律賓佛學社常年堅持慈善公益活動，例如，不定期到華僑養老院、婦女養老院、孤兒院、難民營慰問，捐贈物資，且給予一定的經濟支持。佛學社還特別設立清寒學生獎學金，每年資助一百位學生，每位一千菲幣。現今，菲律賓佛學社由傳印法師擔任導師、莊麗桑為社長，及其各組主任組成，主要活動包括：兒童學佛班、少年學佛班、成年學佛班、佛學講座、布法音、青少年夏令營等。

（五）妙法基金會

妙法基金會（Universal Wisdom Foundation, Inc），位於計順市吉爾摩大道角落的奧羅拉大道（Gilmore Avenue corner Aurora Blvd），成立發起人為 Dr. Mariano S. Yupitun，亦是現今基金會之負責人。而基金會的會員，皆是與發起人有著共同理念的高級知識分子。他們希望透過妙法基金會，協助佛法在菲律賓弘揚，不分派別、宗門與大、小乘。以佛法來教育眾生的心靈，讓大家知道人的價值與美德的重要，也藉此來印證佛陀的教法。妙法基金會，在一九八九年向菲律賓政府註冊，為政府所認證的佛教組織團體。

妙法基金會對菲律賓佛教有一最大貢獻，即是基金會負責人 Dr. Mariano S. Yupitun 於二〇〇一年，至斯里蘭卡找外交部人員聯署，回國後向菲國政府申請，希望將每年五月的月圓日（聯合國正式簽署公認的「世界佛教衛塞節」），定為「菲律賓佛教日」。但第一次把文件送至總統府時，被政府退件，但負責人並不灰心，第二次再申請文件送進總統府未久，總統府官員遂主動聯絡，告知申請的案子可以通過。菲律賓總統亞羅育並於是年三月二十九日，簽發第二十四號頒發令，將每年五月的月圓日之「世界佛教衛塞節」定為「菲律賓佛教日」，能在全國有百分之八十三人口信奉天主教的國家，申請到「衛塞節」為「菲律賓佛教日」，妙法基金會實在功不可沒。

二〇〇六年，菲律賓佛教界為慶祝佛曆二五五〇年衛塞節，在馬尼拉灣畔奇里諾閱兵台舉行浴佛遊行祈福大法會，由隱秀寺住持自立法師主持，法師在致詞中闡釋了衛塞節的由來與意義，並勸示信徒應藉著浴佛的功德，淨化自身的煩惱塵垢，美化社會國土，轉五濁惡世為淨土，世界風調雨順、國泰民安。諸山長老、法師、與信徒千餘名菲律賓佛教徒誦經祝福，場面盛大莊嚴。這是菲律賓佛教界第一次聯合慶祝衛塞節。慶典以花車遊行揭開序幕，菲華志願消防隊的近三十部消防車，配合各寺院認領布置的十多輛花車，與千餘名信徒浩浩蕩蕩遊行到奇里諾閱兵台，也就是浴佛祈福大法會現場。這場菲律賓佛教界空前的盛事，吸引了馬尼拉佛光山、菲律賓慈濟以及各寺院的長老、法師、與信徒千餘人參加供燈、浴佛，包括馬尼拉市長亞典薩、斯里蘭卡、緬甸、越南、柬埔寨、臺灣等國駐菲使節，也都應邀共襄盛舉❾。

該基金會於二〇一二年，興建了一處莊嚴的道場——智慧園（Wisdom Park），定期舉辦講座及禪修課程。園區的主要活動包括佛教、科學、哲學、心理學、健康和環保方面的講座。智慧園內設備完善的多媒體配備，旨在持續開展與上述目標相關的活動，以及開展與各不同宗教團體間的對話，另外，教材豐富和設備現代化的圖書館，提供大眾免費使用❿。從基金會的成員組織，與三十年來的軟、硬體建設，可以感受到此基金會與時俱進，試著將佛法搭配現代科技，介紹給菲律賓的社會大眾。

三、外來漢傳佛教團體

（一）臺灣佛光山在菲各道場

一九八七年，佛光山在菲律賓的西黑省苗戈律市建立分院圓通寺。翌年，菲律賓宿霧市天主教徒呂希宗、林珠珠夫婦為感恩奉孝，在這天主教國家建立一座近千坪的寺院，命名為慈恩寺。一九八八年，建寺完成；一九八九年三月，由佛光山正式派遣慈容法師、永光法師等分任住持、監院。佛光山在此開始展開人間佛教的弘揚後，又在馬尼拉建立佛光講堂、設立佛光文教中心，並組成「菲律賓佛光協會」、「佛教青年會」，使菲律賓佛教更加朝氣蓬勃，把佛教的教育、文化、慈善、朝聖等事業更傳揚到國際上去。一九八七年，慈嘉法師應描戈律法藏寺邀請前往講經。

一九八九年佛光山法師於菲律賓宿霧、描戈律兩島弘法時，應首都馬尼拉信徒極力之邀，一九九二年十一月永光法師成立「馬尼拉禪淨中心」。經由半年努力弘法，信徒日益增多，場地不敷使用，並有感馬尼拉是菲律賓首都，未來很有發展前途，於一九九三年三月請海外都監院院長慈莊法師，前來勘察馬尼拉市中心一棟具有歷史價值的前蘇聯大使館，計畫把它接收下來，改建成萬年寺，設為「馬尼拉講堂」，為十層樓高的馬尼拉佛光山文教大樓。二〇一四年，又興辦了光明大學（Guang Ming College），為菲律賓第一所由佛教團體興辦的大學，學費食宿全免，提供獎助學金，嘉惠許多品學兼優的清寒學子。目前設立舞蹈系、戲劇系和佛教學系三學系，聘任當地和國際級的專業教授，讓學生達到世界級水準⓫。

（二）臺灣慈濟菲律賓分會

強烈颱風海燕（Typhoon Haiyan）於二〇一三年十一月八日凌晨四時四十分，以劇烈的強度在菲律賓東薩馬省吉萬沿海登陸，成為史上登陸強度最強的熱帶氣旋。由於海燕的風力太大，登陸路線附近一帶的風速計、氣壓計等氣象設備全數遭受摧毀，導致海燕的中心風力及氣壓沒有官方實測數據證明。颱風橫掃菲律賓期間，先後掠過薩馬島、雷伊泰島等多個菲律賓中部群島，為該區帶來極具破壞性的風力，並引發毀滅性的風暴潮，每小時二百公里以上的持續風速，連同十五至十九尺高的巨浪，摧毀菲律賓中部地區，造成超過六千三百人罹難⓬。

海燕颱風重創菲律賓，獨魯萬市直接被眼壁掃過，獨魯萬機場被夷平，重災區獨魯萬市被聯合國形容為「棄城」，慈濟基金會引用國際救災經驗，在菲國災區推動「以工代賑」，接引三十萬人次菲國災民用自己的雙手投入整建自己家園，慈濟帶領災民從求助到自助，短短一個月內讓「棄城」從廢墟中重生的改變，相較一個月前廢棄物堆積如山，如今站在獨魯萬市的街頭，放眼望去，街道乾淨整潔，商店開始營業，生活恢復秩序。除「以工代賑」外，慈濟國際人醫會結合慈濟醫院醫護、藥師，分別於獨魯萬舉行四場大型義診，並以行動義診方式，隨時為居民提供醫療服務。義診人數累計超過四千多人次。與此同時，慈濟國際人道援助會所開發之香積飯，在缺水、缺電的災區，亦發揮莫大的功能，每日提供熱食上萬人次，累計提供超過四十二萬份[13]。事後，獲聯合國人道救援網頁頭版、美國《華爾街日報》報導臺灣慈濟的賑災經驗。

其他還有當代高僧印順、道安、演培、超塵等法師，及臺灣的星雲、淨心、心定、海濤等法師曾多次前往弘法。

（三）其他佛教團體

日本安谷白雲禪師的三寶教團組織有三處：

1.菲律賓禪中心（Zen Center Philippines）成立於一九七六年。網址：https://zenphilippines.org.ph/。

2.碧瑤禪中心（Baguio Zen Center）成立於一九九二年。網址：https://baguiozencenter.wordpress.com/。

3.馬尼拉禪中心（Zen Center Manila），網址：https://zencentermanila.wordpress.c

om/。

源自日本佛教的新興宗教團體創價學會，於一九五九年在菲律賓成立菲律賓創價學會（SGI Philippines），目前總部設於奎松市。在菲律賓各處還設有其他六個文化中心：位於馬尼拉埃斯科塔的馬尼拉國際和平中心；位於甲美地省的大雅台市（Tagaytay City）大文化中心和西朗（Silang）青年文化中心；位於宿霧的拉普拉普市、達沃市和卡加延德奧羅市（Cagayan de Oro City）的文化中心。

馬尼拉佛教禪修中心（Manila Buddhist Meditation Center），俗稱韓國佛寺（Korean Temple），位於西朗，據說是菲律賓第一座韓國寺廟。另外，韓國的佛國寺也在菲律賓的帕拉納克市（Paranaque City）成立佛國寺菲律賓分院（Bul Kuk Sa Philippines Branch Temple）。

四、南傳和藏傳佛教

（一）南傳佛教團體

1. 菲律賓南傳上座部佛教聯誼會（Philippine Theravada Buddhist Fellowship）由一群對南傳上座部佛教有興趣的學員組成。

2.菲律賓內觀禪修中心（Philippine Insight Meditation Community）由一群喜歡內觀的成員，成立於二〇一一年，與美國靈石禪修中心的傑克・科恩菲爾德（Jack Kornfield）及聖地牙哥慈林寺的坦尼沙羅比丘有聯繫。網址：https://www.philippineinsight.org/。

3.菲律賓佛教網頁：https://philippinebuddhism.wordpress.com/category/sanghas/，可查看菲律賓的佛教活動，和點擊查詢現有的佛教團體。

（二）藏傳佛教組織

一九九〇年之後，藏傳佛教的組織也開始出現在菲律賓。

1.馬尼拉噶當派佛教中心（Manila Kadampa Buddhist Centre）位於菲律賓馬卡蒂市。它是國際噶當派佛教聯盟的成員。網站：http://www.meditationmanila.org。

2.菲律賓藏傳寧瑪派白玉佛寺（Philippine Palyul Buddhist Temple），於一九九二年在馬尼拉成立。二〇〇二年，新建的三層樓道場落成。例常設有共修祈福法會、佛教課程、靜修禪坐及其他活動，以向馬尼拉和菲律賓其他地區的人民傳播佛教知識。中心除了弘法外，也積極參與社會救濟。網站：http://palyulph.org/。

3.菲律賓噶舉菩提達摩基金會（Philippine Nedo Kagyu Bodhi Dharma Foundation, Inc），是於一九九五年由喇嘛 Lama Choyeng 成立的噶瑪噶舉派組織，該組織於二〇〇一年，在馬尼拉興建第一個藏傳佛教金剛乘中心。中心定期舉辦法會，並加入社會慈善救濟的行列。網站：http://www.nedobodhicenter.org/。

4. 菲律賓佛教密乘噶瑪迦舉總會（Philippine Karma Kagyu Buddhist Society），位於馬尼拉的三層樓道場，以第十七世大寶法王噶瑪巴鄔金欽列多傑為領導的寺院，定期舉辦各項佛學講座及修行活動。網站：https://www.facebook.com/karmakagyuphilippines/。

❶ 表格中主要內容是參考釋傳妙著：《菲律賓佛教之傳入與發展（一九三七—二〇〇八）》，玄奘大學宗教學研究所碩士論文製成，傳妙法師原分三個表格，今簡化為一個表格，只在表格右邊多上二欄（北、中、南三群島加城市名稱），減少「歷任住持與任期年代」一欄。編者特在此做出說明，以示對傳妙法師的尊重。

❷ 弘一大師在〈梵行清信女講習會規則並序〉說：「南閩女眾習佛法者，恆受三皈五戒，為清信女。亦有併斷正淫者，別居精舍，有如僧寺，俗云菜堂，稱女眾曰菜姑。奈其貞節苦行，精勤課誦，視比丘尼殆有過之。」所以菲島佛教徒後來改稱「清姑」。

❸ 于凌波著：《中國佛教海外弘法人物誌》，第二四二—二四三頁。

❹ 王瀌洱著：〈二十世紀以來菲律賓的漢傳佛教研究〉，二〇一九年廣西民族大學碩士論文，第三十頁。

❺ 陳珍珍著：〈菲律賓計順市觀音寺沿革〉，《菲島佛教》第二十二期。

❻ 于凌波著：《中國佛教海外弘法人物誌》，第一九一—一九六頁。

❼ 王漉洱著：〈二十世紀以來菲律賓的漢傳佛教研究〉，二〇一九年廣西民族大學碩士論文，第二十三頁。

❽ 同上，第二十四頁。

❾ 出處：http://www.epochtimes.com/b5/6/5/7/n1310690.htm。

❿ 出處：https://wisdomparkph.com/。

⓫ 出處：http://www.fgsfgc.org/university-philippines.php。

⓬ 出處：https://zh.wikipedia.org/wiki/%E9%A2%B1%E9%A2%A8%E6%B5%B7%E7%87%95_(2013%E5%B9%B4)。

⓭ 出處：https://www.scooptw.com/popular/thematic/12078。

第四章　菲律賓佛教多元化事業

菲律賓華人是外來的移民，華人佛教徒在致力推行漢傳佛教同時，不論是從教育、文化、慈善等事業，都給予巨大的幫助，扮演重要的角色。瑞今長老曾對座下披剃出家弟子廣仁尼師，創辦文蓮診所時鼓勵說：「教育、文化、慈善，是宗教發展的三鼎足，缺一而不圓滿。診所的目的在慈濟貧病，正好表達佛教慈悲的一面，與培育智慧的教育，文化工作並立，足可發揮佛陀的悲天憫人的精神，應好自為之，精進不息❶。」下面將以教育、文化、慈善三個方面，闡述華人佛教徒對菲律賓所做出的貢獻。

一、佛教教育事業

菲律賓自一九三七年有佛教以來，先後有過七所佛教創辦的學校，其中有三所是劉梅生居士創辦的。以下將依創辦年序做一簡單的介紹。

（一）菲律賓普賢中學及附屬小學（Samantabhadra Institute）

菲律賓普賢中學及附屬小學，位於馬尼拉描東牙示街（Batangas St.），一九六一年由菲律賓首創的佛教普賢學校（小學），與文殊中學合併後所改制而成，二校以前皆由性願老法師和劉梅生居士等共同發起創辦。

劉梅生居士，福建省晉江縣人，九歲時隨家人僑居菲律賓。稍長，回廈門受教育，巧遇當時在南普陀寺駐錫的弘一大師，改變了他原為天主教的信仰。一九四七年，劉梅生居士在父親智龍老居士及大乘信願寺性願老和尚的支持下，在馬尼拉創辦第一所佛教學校——普賢學校，兩年之後，學生增加到五百人左右，租賃的處所已不敷使用，乃購地自建校舍。普賢學校創辦之初，只是小學，分為中、英文兩部。數年之後，普賢學校校譽日隆，基礎穩固，劉梅生居士乃於一九五八年，在僑領蔡文華、姚迺崑等人協助下，在馬尼拉另行創設文殊中學。一九六〇年，普賢學校位於描東牙示街一幢四層樓的鋼筋水泥大樓的新校舍落成，普賢學校和文殊中學都遷入新校舍，兩校合併，改名為菲律賓普賢中學及附屬小學，也獲得菲國政府的立案❷。

自創校以來，為了推動佛法的傳播，先後聘請性願、印順、妙欽、自立諸法師繼續教授佛學課程。並請妙欽法師為學生編著一套共四冊的《初級佛學讀本》，做為教材，由淺入深循序漸進引導學生了解佛法。

（二）宿霧普賢中學（Cebu Samantabhadra Institute）

一九四七年春季，劉梅生居士在馬尼拉創辦了佛教普賢學校。一九五五年，又於宿霧成立了分校，在當時人力物力維艱的菲華佛教社會，確是非常令人驚喜的事情。

分校成立，最初租借了未獅耶大學內部的體育館，做為臨時的校舍，設備極為簡陋，但劉梅生居士自任校長，一肩扛下艱辛的任務。一九五六年，校舍遷至波羅米要（Borromeo）街，租賃了宿霧南島中學的舊校舍一座。一九五八年向菲教育局及中國大使館，申請增辦英漢文中學；同年劉梅生居士為實現佛教教育，從臺灣聘請了自立與唯慈兩位法師，專教佛學課程。一九六五年暑假，宿霧普賢中學遷入馬里納（Banilad）路新址。一九六八年後，唯慈法師曾多次被選任校長，帶領學校走出財務及學務的困境，並建築了一座三層樓的宿舍與佛堂。唯慈法師主持校務三十年期間，在原校舍的東側，加建了十間教室，後又於西側，也加建了十間教室，另外還建立了圖書館、視聽室、電腦室、打字室，及室內籃球場以及劇台。

一九九九年，恆繼法師與淨平法師到宿霧拜訪唯慈長老，得知普賢學校無人主持，淨平法師自告奮勇，願意負責普賢的行政校務。二〇〇五年，宿霧普賢中學慶祝五十週年校慶，在淨平法師的領導下，校務與學務都有長足進步。現任校長為林乘福居士❸。

（三）能仁中學（Philippine Academy of Sakya）

一九五九年，印順與性願、瑞今、妙欽法師共議，為引導幼童和青少年來學佛，以及因應社會需要，計畫創辦一所佛教學校。一九六〇年春，能仁中學正式開辦，推選導師擔任首屆校長，實際的校務全由代校長的妙欽法師負責。創辦之初，報名入學的有兩百餘人。當時以信願寺齋堂為臨時教室。一年以後，將岷市民那美禮示街一棟占地九百餘平方米的舊木屋改建為校舍。後因學生遽增，決定購置馬雙解近蚊蚊市場一塊五千餘平方米的空地，做為興建新校舍之用。校舍建築工程，分兩期進行，歷經十餘年才完成。七層樓的鋼骨水泥大廈，宏偉堂皇，聳立於馬尼拉華人區。校舍包括教室、辦公室、語音室、微機室、運動場、大禮堂等，設備完善，一應俱全。兩期工程均由廣範法師負責籌畫，辛勞備嘗，功不可沒。

一九六八年，再購置近於蚊蚊市場一塊占有三千七百餘平方公尺空地。一九八〇年冬，新建校舍為四層大樓，分做教室及教師辦公室。一九八二年，新校建築完成，共有教室五十多間，全校由舊校舍遷入新校區。數年後，又在四層校舍上加蓋三層，做為大禮堂、運動場及特別教室，整座樓高七層，可容納兩、三千名學生。

主理校政的妙欽法師，從一九六〇年到一九七三年為覓校址建校舍、聘教師，主管日常校務，終因積勞成疾，醫治無效與世長辭。一九七六年，修學有素的崇誠姑承瑞今上人急召，自臺返校擔任校監，任勞任怨，為佛教教育界之中堅人物。經過三十多年的苦心經營，獲菲教育當局第二級優等學校。現任校長為許普華博士[4]。

（四）三寶顏福泉寺觀音學校（Zamboanga Avalokitesvara School）

三寶顏福泉寺觀音學校由已故住持傳貫法師於一九六八年創辦，傳貫法師自任校長。校址原先利用三寶顏福泉寺的後院，先招收幼稚園學童上課，次年招收小學第一年級學生。到一九七一年，由於學生驟增，教室不敷使用，傳貫法師在寺後增購建地，策畫建築三層樓高的鋼筋水泥新校舍，分別設有教室、教師辦公室、圖書館、實驗室、禮堂，及戶外運動場。一九七五年，第一屆小學生畢業後，又增辦中學，使學校成為一完整的教學體系，校長之下有中文部、英文部主任協助校務。傳貫法師圓寂後，校務由寺院的董事會管理。至一九九五年，傳禪法師接任寺院住持及任學校管理人，又增建一座二層樓建築，添加多功能廳堂，容納學生一百三十多人，教職人員十多位。

其課程安排，除了符合菲律賓教育制度的各項要求之外，致力於傳播中華文化的同時，還特別開設佛教教義的課程，每週每班一節佛學課，為每個學生的必修課程。現任校長為吳美蘭女士[5]。

（五）佛教乘願紀念學院（Philippines Buddhist Seng Guan Memorial Institute）

佛教乘願紀念學院為妙抉法師所創辦，為了紀念華藏寺開山性願老法師而於一九七一年創立。起初是在華藏寺附近的一間小房間開辦簡樸的幼兒園，後來因為學生日漸增加，同時要符合菲教育局的條件，將華藏寺附近的宿舍改建為教室，由托兒班增設幼稚園，以至成為完整的小學部。

一九九二年，由於學生人數不斷增加，決定在華藏寺後面一塊約有兩公頃的空地建立校舍。兩座三層樓鋼骨水泥之乘願校舍，巍巍建立於此，成為一獨立校區。從創校至一九九一年，由妙抉法師擔任院長，之後由真意法師繼承擔任第二任院長。二〇〇二年，增設中學部，具體校務由副院長真忠法師負責[6]。

（六）納卯佛教龍華學校（Philippine Academy of Sakya）

納卯佛教龍華學校位於納卯龍華寺內，由廣範法師發起創辦，一九九四年，正式舉行開學典禮，初辦時僅有幼兒班三十幾位學生。一九九九年增招小學學生，因校舍不足，在兩年內又開始增建樓高三層之教室及禮堂。二〇〇六年，再購置學校對面一塊空地，約一千多公尺，用於擴建校舍，可容納十三個班級，有學生二百多名。至今，學校在各師長努力下，學生從幼兒班到中學，師資雄厚，軟硬體設施齊全。校長為能振法師[7]。

（七）菲律賓佛教普濟學院（Philippine Buddhacare Academy）

佛教普濟學院位於馬尼拉計順市唐背背街（Don Pepe St.）普濟寺正對面，為住持廣純於一九九四年所創辦。學校占地約有九千平方公尺，分三期工程建成，共有三棟教學大樓。一九九七年，首期學校工程完成，為五層樓高教學大樓，正式招收幼稚園及小學新生上課。一九九八年，完成第二工程建築，同樣是五層大樓，增加中學部招生上課。二〇〇〇年，再於學校左側買下三千餘平方公尺土地，興建第三期工程，也是五層樓建築，第一層戶外設有籃球場、停車場、圖書館及新設義診所中心。二、三樓為電腦室、展覽室、科學室、舞蹈室等，四樓為挑高的綜合型室內體育活動中心。以上這些完整的硬體建築與優秀的師資，使普濟學院成為一座頗具規模的青少年培育基地，學校集中文和英文兩個教學系統，從幼稚園、小學、中學三個教育層次於一身的學院，奠定了良好的聲譽。

近幾年來，在菲律賓的華文學校，皆出現學生人數日漸減少的趨勢。從上列佛教所辦七所華文學校看來，也有隨著時間前後變遷的情況。推其原因，有下列幾種因素：⑴華人來菲律賓的移民減少；⑵華人家庭少子化；⑶父母不重華語教育，小孩不會講華語；⑷菲國經濟不景氣，而華人學校皆為私校，學費較高。華人佛教徒創辦的佛教學校，除了發揚中國文化，教授華語，也以華文來學習佛法，並致力於傳播漢傳佛教。

二十一世紀初，妙德禪寺暨佛學院的興建，緣起於瑞妙法師住世之時發起創建的。瑞妙法師認為培養具有正知正見之青年弘法人才，乃當前之急務，希望能在菲律賓創辦佛學院。淨平法師秉承師志，於一九九九年六月集資，在大雅台市（Tagaytay City）購地六千平方公尺做為寺基，於二〇〇四年農曆二月十九日動土興建，二〇〇六年十二月十七日落成。妙德禪寺佛學院，每年四月、五月定期舉辦暑期大學生佛學進修班，讓有志參與靜修的青年有機會體驗道場生活；教學重點以啟發學員的菩提心，效法菩薩道的精神為主。

二、佛教文化事業

菲律賓佛教的文化事業，因是處於海外僑居地，佛法的需求較不普及之外，佛教界人士想以文字弘揚佛法，除了幾位長老與法師外，為數不多。此處所介紹的佛教文化事業，則以佛教發行的刊物與法師的著作為主，但後者（法師著作）多為已出版之佛學書籍，為長篇大論，種類繁瑣，無法多做介紹，僅能在前面著者履歷小傳中列出。

（一）《海國伽音》

馬尼拉華人佛教徒發起組成的「旅菲中華佛學研究會」，於一九三二年，曾出版過《海國伽音》特刊一期，是為該研究會成立週年紀念，其內容刊有：佛經講解、專題論文，及佛學詩文之作品等。

（二）《甘露》雙週刊

是在一九三〇年代由菲律賓佛教居士林所編輯，是在當時《公理報》副刊中，兩週發行一次，宣揚佛法，但不久就停刊了。

（三）《慈航》季刊雜誌

一九六二年，在隱秀寺清和姑出資支持下，自立法師與唯慈法師主編的《慈航》季刊問世，這份雜誌以通俗優美的文字闡釋佛理，配以新穎藝文，編排也十分活潑生動，發行以後，風行臺、菲及東南亞，深為佛教人士所喜愛。後因菲政府實行軍事統治，禁止華人報刊出版，發行將近十年而被迫停刊。後來軍統解禁了，有華人創辦《商報》，曾闢有佛教版〈覺園〉副刊欄，由王勇居士主編。

（四）《普賢》雙月刊

是由宿霧普賢寺所編印，從一九九九年十一月三十日開始，每兩月發行一次。同時在期刊中，以中、英兩種語文刊出，除便利華人閱讀外，也能讓菲律賓人有認識佛法的機會。內容包含法語、菲島各地寺院簡介、唯慈法師的靜修小語、阿姜查的譬喻選集等，蘊涵著教育性和趣味性的佛法知識。但因編輯人員的不足，至二〇〇二年十二月三十一日出刊後即停刊。

（五）《普賢》半月刊

於二〇〇〇年一月二十五日創刊，由唯慈法師基金會編輯發行。從首期至第四期，原本每月發行一次，但因響應熱絡，所以從第五期後改為半月發行一次，每月國曆十五、三十日隨《世界日報》特刊中刊出。主題內容皆以佛法為主，如選錄自立法師《觀世音普門品講記》、聖嚴法師《正信的佛教》、唯慈法師《鼓勵自我》，以及僧俗古德的著作等，內容豐富頗受讀者大眾的喜愛。

（六）《菲島佛教》

於二〇〇六年一月創刊，為福泉寺傳禪法師和普陀寺道元兩位法師提議，經一些寺院、清姑認同而創辦，宿霧普賢寺唯慈法師為創辦人，編輯為普陀寺道元法師，由「菲律賓佛教文化促進會」出版。創刊初期原為三個月的季刊，到第五期後改為雙月刊。

唯慈法師在《菲島佛教》創刊詞曾說：「向橫的方面看，菲律濱從南到北的三個大島上，都興建了佛教的道場，可以說：來菲弘法的出家人，已打出了新的局面，雖無轟轟烈烈的事業，但大多數的道場中，都有領導善友們的共修會，向華僑社會傳播了佛法，唯一遺憾的並未能走進菲人的環境，只在中國人的社會裡轉動。故幾十年來，大部分的出家人，仍以傳統的誦念活動為主流。……故中國佛教，我認為：受了宗法文化的影響太深，一座寺院，也像社會的一個家庭。從整個佛教的外表看，很是平安；若從佛教發展的層面看，就覺得過於沉寂，看不出發展活躍的生動氣象。」

唯慈法師期望：《菲島佛教》問世，對外希望能激起一點浪花，發出一點宏亮的聲音，讓外界知道菲律賓也有中國佛教的發展；對內，希望每座道場，每一家佛教學校，每一座義診所裡面的活動，請將消息傳到《菲島佛教》雜誌社，願為大家忠忱的服務，故《菲島佛教》出版，成為菲島各道場相互聯繫的橋樑，也是每座道場發表消息的平台。

三、佛教慈善事業

菲律賓漢傳佛教的慈善事業，一向辦得很有效果，幾乎全國每個寺院都有組織慈善會。慈善事業的內容，包括義診施藥、對老人院和孤兒院的關懷、緊急災難救濟、年終米物發放、難民區振濟等。但較普遍的仍屬於義診施藥，因菲律賓國家的百姓家庭經濟方面差別很大，病診的對象大多為菲律賓人，有些寺院做得特別有成績，尤其在首都大馬尼拉區，發揮了佛教慈悲救苦的精神。

（一）佛教歲暮慈贈會

早在信願寺建造之初，僑界就有濟助同鄉的傳統，都在信願寺舉辦。一九五六年，信願寺熱心社會公益的佛教居士們，組織了「佛教歲暮慈贈會」，附屬在世界佛教徒聯誼會菲律賓分會。由會員捐款，籌集慈善基金，於每年歲暮時，前往養老院、孤兒院、醫院、精神病院、貧民區等，做訪探與慰問，捐贈物品或分發慰問金。

（二）乘願安老院

一九七三年，華藏寺妙抉法師籌建乘願安老院，占地有三千多平方公尺，建築樓高四層，大小房間一百三十餘間，可收養孤苦無依的老人一百零八位，靜養堂六間、大通鋪房六間、會客室四間、辦公室十間、廚房、餐廳、盥洗室、涅槃堂安養堂二間。一九七七年，於乘願安老院內，設有施診所，設置有醫療器材及藥品，請有醫師、護理人員為病患者服務。另外於每星期的一、三、五，對外為貧苦的百姓做免費的義診和施藥。

乘願之名是為了紀念性願老法師，所以樓層中也設有共修佛堂、講堂、乘願紀念堂、佛學圖書館等。

（三）菩提念佛會與菩提福利會

菩提念佛會是由馬尼拉信願寺靜修班的居士，於一九八三年成立。他們於每個星期日早上至信願寺參加共修，共修結束後，則到華僑養老院、婦養院做探視、慰問和贈送物品，並為住院的老人做佛法開示，引導和鼓勵他們念佛。

菩提福利會是信願寺於一九八四年成立，宗旨是籌募福利基金，以對老人院、孤兒院、貧民區等，給予慰問及發放生活所需物品，並對社會貧困之人做福利與關懷等。

（四）文蓮施診所

文蓮施診所是菲律賓漢傳佛教所創辦的第一間施診所，位於馬尼拉那拉街，是廣仁尼師（一九一六—二〇一一）在一九七五年，為感恩和紀念她的表姊文蓮姑自幼培育長大。廣仁尼師於一九六七年擔任宿燕寺的監院，為了紀念文蓮姑一生為佛教的功績及其未了心願，於一九七七年創設「文蓮施診所」，為貧苦的病人服務，得到董事會及全體信眾的一致支持。購得那拉街土地後，興建一座五層樓建築，一九七八年啟用，由蘇榮章醫師出任醫務主任，醫生護士十餘人。每星期門診二次，每次診療病患者二百人左右，開菲國義診之先河。施診所不分國籍、種族、宗教信仰，來診療的以當地貧苦菲人為多，施診贈藥，完全免費。到二〇〇〇年時，受惠貧民已逾二十萬人次，獲得當地政府的重視和社會的好評。有時也到外地七、八個小城市施診，都有文蓮施診所的醫護人員及志工的足跡。

（五）菲律賓慈航施診所中心

一九九〇年，隱秀寺在信徒王玉霞居士倡議，自立法師號召領導下，創立「菲律賓慈航施診所中心」，為報答慈航老法師之法乳深恩，於次年八月建築占地一百五十平方公尺的施診中心完成開幕，設有內科、小兒科、婦產科及肺病專科，有十多位術德兼備的醫師，多位經驗豐富的護理師，每星期六奉獻一天為貧苦華人、菲人義診施藥，每次就醫的病患，約在二百五十人至三百人。成立多年以來，受惠病患數十萬人次。

（六）觀音寺蓮華慈善中心

一九八七年，由王毓敏居士所發起，於觀音寺創立「蓮華慈善中心」，主要為紀念故住持桑蓮姑的功德。義診時間，定每月的第一和第三個星期日，看診醫生有八位，分為內科、小兒科、婦科、肺科等，另有義工分為登記、配藥、核藥、發藥四組。義診的目標，希望能拉近華人與菲人彼此之間的距離，並藉此讓菲人了解佛教。

（七）普濟禪寺義診所

普濟禪寺義診所是由住持廣純法師創設，感於部分菲律賓人民生艱難，疾病叢生，針對眾多貧病者為主要的對象。義診所創立之初，地點設於普濟禪寺內，待一九九七年，將義診所搬遷到已完成的普濟學院初期的校區。到二〇〇二年，學院第三期建築五層樓完工後，則在第一樓層中增設新設備的義診所。固定每月有兩次義診，分別於每月的第二、第四星期的星期二，為寺院附近的貧民做定期的義診施藥，每次義診病患人數都在一百二十人左右。每次義診有六位醫生看診，而義工除寺院法師、工友六、七人外，每次皆由普濟寺福慧婦女會的志工，來協助配藥和發藥等，每人皆樂在其中。

（八）妙德禪寺慈善事業

1.妙德菩薩學處：是妙德禪寺住持尼師瑞妙上人，於一九九八年所成立，以效法大乘佛教四大菩薩的悲智願行的精神為宗旨。其所做的慈善事業，是以獎助學金幫家境清寒學生完成社會教育，層級包括大學生、中學生、小學生。並鼓勵所受獎助學金的學生，於每月雙週的星期日來學習佛法課程。

2.妙德社區關懷中心：成立於二〇〇七年，關懷的對象以妙德禪寺大雅台附近的社區居民、學生為主，而以關懷貧戶和教育為慈善內容，不定期至社區發放家庭用品、食物，或學生的文具用品及制服等。並以曾受獎助學金且受過佛法教育之學生為師資，教導居民因果觀念，並學習《弟子規》。

（九）菲律賓中部普賢寺慈善事業

菲律賓中部未獅耶群島七座佛教寺院中，都不定期的舉辦慈善救濟活動。但較有規模與組織的，可算只有普賢寺。普賢寺唯慈法師於一九九九年原創有「普賢弘法基金會」，以推動佛教文化、教育、慈善三大事業。此基金會到二〇〇七年時，經信眾與唯慈法師之認同，改名「唯慈導師基金會」，而所執行的工作內容不變。

1.普賢施診所：一九八四年唯慈法師所創辦，後來設在普賢中學內，有西醫、中醫、牙醫三個部門。後由普賢寺佛教婦女會慈善組陳秀保醫師負責，診所內有醫護人員十多位，每週於星期二、六對外開放義診二次，嘉惠病患者約有二百六十人次，施診所除看診施藥外，若有貧苦之百姓在醫療上有裝義肢之需求者，診所也提供義肢贈送。

2.慈善事業：設在「唯慈導師基金會」屬下，由佛教婦女會執行，設有會長一人，另有文書組、財務組、總務組、慈善組、聯絡組、康樂組、誦經組、助唱組等。慈善事業主要由慈善組負責，慈善工作內容是：(1)每年年終之濟貧發放，包括食用品、衣物等；(2)災難振濟；(3)獎助學金，由各大學教育系學生申請等。

（十）菲律賓南部佛教慈善事業

1.福泉寺義診中心：一九九五年，由福寺泉寺住持傳禪法師與信眾合力創辦。義診中心每兩星期請醫師和護士至中心義診一次，為病人免費診病施藥，主要以當地菲律賓人居多，不分種族和宗教信仰。

2.龍華義診會：二〇〇六年七月，由納卯龍華寺住持能振法師創立，曾經舉辦過五次大型義診活動。後來維持每三個月舉辦一次義診活動，嘉惠當地不少的貧病居民。

綜上本章總結，菲律賓漢傳佛教華人緇素大德興辦佛教教育、文化、慈善三大事業，都盡心盡力地做了最大的貢獻。在教育與文化兩大事業方面，對發揚中國文化、華語、漢傳佛教的傳承，促使在菲律賓的華族移民，能團結合作，安居樂業，維持佛教的多數人信仰；特別是慈善事業方面，診療治病一事，既嘉惠華人病患者，更多嘉惠菲律賓貧苦百姓患者，同時也使他們能了解佛教。

四、結語

近代的菲律賓佛教，在二十世紀初期，由於旅菲華僑的虔誠信仰，前往中國禮請高僧駐錫弘法，在一九三七年終於有三寶具足的佛教道場。經過早期許多來自閩南的法師及清姑們的努力耕耘，配合當時的社會需要，開展出法會共修、佛學講座；同時，也積極投入社會救濟及醫療服務；又因觀察到當時華文教育的欠缺，而辦學興教。法師們的領導，華僑信眾們的大力護持，菲律賓的漢傳佛教在二十世紀後葉，已經傳遍各大島嶼的主要城市，一座座莊嚴的佛教道場紛紛成立。此番成就，在以天主教為主的菲律賓，實屬不易，令人讚歎。

二十一世紀初，由於網絡科技日新月異，也很大程度地改變了人們生活的方式，加上菲僑的第二代、第三代都是以英語為主要語言，所以傳統的佛教法會是否可以吸引年輕人，如何開發現代化的弘法方式，將會是一個很大的課題。例如有些早期的菲律賓漢傳佛寺，到現在仍未設置網際網絡，未重視英語弘法的需要，若不能快速改善，漢傳佛教道場可能會面臨沒有信徒的窘態，因為以後講華語的華人在菲律賓畢竟是少數，而漸形成佛教無法延續下去的困境。因此，需要以新弘法管道接引更多的新生代加入佛教行列，才能薪火相傳。

❶釋傳妙著：《菲律賓佛教之傳入與發展（一九三七—二〇〇八）》，玄奘大學宗教學研究所碩士論文，第二十七頁。

❷出處：https://www.facebook.com/samantabhadra.1947/。

❸出處：http://www.pcerc.org/Schools/P17.htm。

❹出處：http://www.pcerc.org/Schools/M28.htm。

❺出處：http://www.pcerc.org/Schools/Q16.htm。

❻出處：http://www.pcerc.org/Schools/M34.htm。

❼出處：http://www.pcerc.org/Schools/Q20.htm。

參考文獻

一、中文書刊

（一）佛教藏經或原典古籍

《大正藏》第四冊、第二十四冊、第五十冊、第五十一冊、第五十四冊。

《大正藏》第五十四冊，〈齋供規則〉條。

《佛祖統紀・法遇傳》卷四十三，《大正藏》第四十九冊。

《佛說十二遊經》，《大正藏》第四冊，第一九五號。

《宋史・天竺傳》卷四九〇。

《宋高僧傳》卷一〈金剛智傳〉、〈不空傳〉，《大正藏》第五十冊。

《後漢書》卷六。

《梁書・狼牙脩國傳》卷五十四。

《梁書・婆利國傳》卷五十四。

義淨著：《大唐西域求法高僧傳》卷下，《大正藏》第五十一冊。

義淨著：《南海寄歸內法傳》，《大正藏》第五十四冊。

趙汝適著：《諸蕃志》上卷，〈麻逸國〉條。
《舊唐書．訶陵傳》卷一九七。

（二）專書

D. G. E. 霍爾著、中山大學東亞歷史研究所譯：《東南亞史》上、下冊，北京：商務印書館，一九八二年。
于凌波著：《中國佛教海外弘法人物誌》，臺北：慧炬出版社，一九八六年。
《中華佛學百科全書》4〈印尼佛教〉條。
王任叔著：《印度尼西亞古代史》上、下冊，北京：中國社會科學出版社，一九八七年。
印順導師著：《佛法是救世之光》，臺北：正聞出版社，一九九二年。
吳世璜編：《印尼史話》，雅加達：椰城世界出版社，一九五一年。
吳虛領著：《東南亞美術》，北京：中國人民大學出版社，二〇一〇年。
《妙月和尚紀念集》，泉州崇福寺。
宋立道編著：《世界佛教》，河北：河北省佛學院，二〇〇〇年。
岑學呂編：《虛雲和尚年譜》，臺北：天華出版事業股份有限公司，一九七八年。

芭芭拉．沃森．安達婭、倫納德．安達婭著、黃秋迪譯：《馬來西亞史》，北京：中國出版集團，二〇一〇年。
姚枬、許鈺編譯：《古代南洋史地叢考》，香港商務印書館，一九五八年。
范若蘭等著：《伊斯蘭教與東南亞現代進程》，北京：中國社會科學出版社，二〇〇九年。
馬燕冰、張學剛、駱永昆編著：《列國志．馬來西亞》，北京：社會科學文獻出版社，二〇一〇年。
崔貴強著：《東南亞史》，新加坡聯營出版有限公司，一九六五年。
張尊禎著：《世界遺產之旅1　印尼：神佛的天堂》，臺北：國立臺北藝術大學，二〇一〇年。
淨海法師著：《南傳佛教史》，臺北：法鼓文化出版，二〇一四年。
淨海法師譯：《佛教史叢談散集》，臺北：法鼓文化出版，二〇一六年。
許雲樵著：《馬來亞史》上冊，新加坡青年書局，一九六一年。
許雲樵譯註：《馬來紀年》增訂本，新加坡青年書局，一九六六年。
許源泰著：《沿革與模式：新加坡道教和佛教傳播研究》，新加坡國立大學、八方文化創作室，二〇一三年。

陳秀蓮中文主編：《世界遺蹟大觀11　吾哥與波羅浮屠》，臺北：華園出版社，一九八八年。
陳鴻瑜著：《馬來西亞史》，國家教育研究院，臺北：蘭臺出版社，二〇一二年。
陳鴻瑜著：《新加坡史》增訂本，臺北：臺灣商務印書館，二〇一七年。
賀聖達著：《東南亞文化發展史》，昆明：雲南人民出版社，一九九八年。
開諦法師編著：《南遊雲水情——佛教大德弘化星馬記事（續篇）》，檳城：寶譽堂教育推廣中心，二〇一三年。
開諦法師編著：《南遊雲水情——佛教大德弘化星馬記事》，檳城：寶譽堂教育推廣中心，二〇一〇年。
隆根法師著：《無聲話集——〈古寺鐘聲話雙林〉》，新加坡南洋佛學書局，一九八四年。
馮承鈞著：《中國南洋交通史》，臺北：臺灣商務印書館，一九九三年。
馮承鈞譯：《占婆史》，臺北：臺灣商務印書館，一九七三年。
傳印法師著：《大乘信願寺簡介——附菲律賓佛教概況》，一九八九年。
慈怡主編：《佛光大辭典》上、中、下冊，高雄：佛光山出版社，一九八八年。
劉必權著：《世界列國誌・馬來西亞》，臺北：川流出版社，二〇〇八年。

劉必權著：《印尼、東帝汶》，臺北：川流出版社，二〇〇八年。

潘國駒主編：《新加坡華社五十年》，新加坡：八方文化創作室，二〇一六年。

鄭筱筠著：《斯里蘭卡與東南亞佛教》，收錄於魏道儒主編：《世界佛教通史》第十二卷，北京：中國社會科學出版社，二〇一五年。

聯營出版公司編譯：《東南亞簡史》，新加坡聯營出版有限公司，一九五九年。

《簡明不列顛百科全書》中譯本，第九卷，北京：中國大百科全書出版社，一九八五年。

釋能度主編，釋賢通、何秀娟、許源泰編撰：《新加坡漢傳佛教發展概述》，新加坡藥師行願會，二〇一〇年。

釋傳發著：《新加坡佛教發展史》，新加坡薝蔔院，一九九七年。

（三）期刊論文

Caitlin Dwyer：〈在印尼復興比丘尼受戒傳統——專訪 Ayya Santini〉，《佛門網》，二〇一六年十二月二十五日。出處：https://www.buddhistdoor.org/tc/mingkok/ 在印尼復興比丘尼受戒傳統專訪 ayya-santini。

于凌波著：〈當代馬來西亞佛教〉，《無盡燈》第三十五期。

〈千島澍甘露，萬里結勝因〉，《法音》，一九九四年第十二期（總一二四期）。
〈大馬佛教二千年〉上篇：〈拼湊史實追尋法跡〉，資料來源：《普門》雜誌，整理：（馬來西亞）普陀書軒緣。
〈大馬佛教二千年〉下篇：〈吉打布秧河谷　我國考古界的佛教聖地〉，資料來源：《普門》雜誌，整理：（馬來西亞）普陀書軒緣。
王琛發著：〈日本佛教在馬來西亞的曲折命運〉，收錄於梁秋梅主編：《多元的傳承：馬來西亞佛教的實踐》（第二屆馬來西亞佛教國際研討會論文集），八打靈：馬來西亞佛教學術研究學會，二〇一七年。
王琛發著：〈換取「香資」度眾生——從文物碑銘探討十八、十九世紀麻六甲海峽三市的華僧活動〉，收錄於開諦法師編著：《南遊雲水情——佛教大德弘化星馬記事》，檳城：寶譽堂教育推廣中心，二〇一〇年。
王琛發著：〈遠去的菩薩身影：論清代馬來亞漢傳佛教的歷史變遷〉，收錄於郭蓮花、梁秋梅主編：《回顧與前瞻：馬來西亞佛教》（第一屆馬來西亞佛教國際研討會論文集），八打靈：馬來西亞佛教學術研究學會，二〇一〇年。
王漉洱著：〈二十世紀以來菲律賓的漢傳佛教研究〉，南寧：廣西民族大學碩士論文，二〇一九年。

沈玲著：〈印尼華人家庭宗教信仰現狀分析〉，《華僑大學學報哲學社會科學版》二〇一七年五期。出處：www.fx361.com/page/2017/1130/2511372.shtml。

法隆法師所提供的資料：〈有關印尼佛教組織的參考〉。

波乃耶（James Dyer Ball）著：《中國風土人民事物記》，香港：Kelly & Walsh，一九〇三年。

侯坤宏著：〈馬來西亞漢傳佛教史料蒐尋記〉。出處：buddhism.lib.ntu.edu.tw/FULLTEXT/JR-BJ013/bj013570223.pdf。

星雲法師著：〈參學瑣憶　廣餘法師〉，《人間福報》，二〇一七年十二月九日。出處：https://www.merit-times.com/NewsPage.aspx?unid=494752。

〈馬來亞獨立大典紀念冊〉，出版者：張玉英，一九五七年。出處：http://kaiti64.blogspot.com/2018/03/blog-post_2.html。

馬覺姆達著、張慧偉譯：〈佛教在南亞各國的弘傳史話〉，收錄於張曼濤主編《現代佛教學術叢刊》第八十三冊《東南亞佛教研究》，臺北：大乘文化出版，一九七八年。

淡然居士著：〈中國與印尼的佛教關係〉（普度網路發表）。

莊國彬著：〈法光法師著作的書評〉，《中國文哲研究集刊》第三十三期。出處：https://www.douban.com/group/topic/15555494/。

陳明德著、淨海譯：〈泰國佛教史〉，載《海潮音》四十六卷，五至八期。又此篇中文翻譯收集在淨海法師著：《佛教史叢談散集》一書中，第三六三—四〇七頁，法鼓文化，二〇一六年。

陳珍珍著：〈菲律賓計順市觀音寺沿革〉，《菲島佛教》第二十二期。

陳秋平著：〈維摩手段．娑婆渡舟——馬來西亞居士佛教的形成與發展〉，《北京化工大學學報（社會科學版）》，北京：北京化工大學，二〇一六年第一期（總第九十四期）。

陳秋平著：《移民與佛教——英殖民時代的檳城佛教》（碩士論文），南方學院出版社，馬來西亞雪蘭峨，二〇〇四年。

陳秋平著：《獨立後的馬來西亞佛教研究》，南京：南京大學宗教學博士論文，二〇〇六年。

開印法師著：〈亞庇佛教的歷史發展〉。

開印法師著：〈亞庇佛教的歷史發展〉（二〇一八年增訂）。出處：https://santavana.org/abbotkaiyinkkbuddhisthistorybooks。

黃火龍著，張開勤譯：〈馬來西亞佛教〉，《法音》，一九九九年第八期（總一八〇）。出處：https://www.chinabuddhism.com.cn/fayin/dharma/9908/g9908f15.htm。

黃秀娟採訪：〈千年遺跡布章谷　大馬佛教發源地〉，資料來源：《福報》。出處：http://www.mybuddhist.net/cms/damafojiao/shengdi/guji/2239.html。

黃昆章著：〈印尼華人的佛教信仰〉，載於《東南亞縱橫》二〇〇三年六期，南寧：廣西社會科學院東南亞研究所，二〇〇三年。出處：https://mall.cnki.net/magazine/article/dlyz200306011.htm。

廈門市佛教協會編：《廈門佛教誌》，廈門：廈門大學出版社，二〇〇六年。

〈新加坡佛教總會七十周年〉，《南洋佛教》第五〇七期，二〇一九年七—九月。

楊嘉儀著：〈早期馬來西亞佛教〉，載於《佛教文摘》季刊第九十六期，馬佛青總會佛教，二〇〇〇年。

廖建裕著：《現階段的印尼華人族群》，新加坡國立大學中文系、八方文化企業公司，二〇〇二年。

劉宇光著：〈現代漢傳佛教宗教教育：觀察與反思〉，收錄於《開拓大馬佛教教育之路》（第三屆馬來西亞佛教國際研討會論文集）。

蔡明田著：〈佛教在馬來西亞〉，出處：www.kbs.org.my（砂拉越古晉佛教居士林）。

鄭文泉著：〈室利佛逝佛學對藏傳佛學的影響：金洲法稱、阿底峽與空有之爭〉，收錄於郭蓮花、梁秋梅主編：《回顧與前瞻：馬來西亞佛教》（第一屆馬來西亞佛教國際研討會論文集），八打靈：馬來西亞佛教學術研究學會，二〇一〇年。
鄭文泉著：〈從文獻學的角度重建古代大馬佛學史〉，第二屆馬鳴菩薩文學獎公開組小說組。
禪慧法師著：〈在阿拉之國樹立法幢——永懷大馬佛總主席寂晃長老〉一文。
釋傳妙著：《菲律賓佛教之傳入與發展（一九三七—二〇〇八）》，玄奘大學宗教學研究所碩士論文，二〇〇八年。
釋慧海著：〈印尼之佛教〉，收錄於張曼濤主編《現代佛教學術叢刊》第八十三冊《東南亞佛教研究》，臺北：大乘文化，一九七八年。
顧時宏著：〈印尼占碑千年佛塔出土一批中國文物〉，《中國新聞網》，二〇一一年九月十一日。出處：http://www.chinanews.com/gj/2011/09-07/3312583.shtml。

二、英文

Aristotlec Dy: "Marginal Buddhits: religion and identity of a Chinese minority in the Philippinse". University of London, 2013.
B. Harrison: *South-East Asia.* 中譯本：《東南亞簡史》，新加坡聯營出版公司編譯及出版。

Burmese Buddhist Temple（新加坡緬甸玉佛寺簡介）。

Eliot, Sir Charles: *Hinduism and Buddhism*. New York: Barnes & Noble, 1954.

Hall, D.G.E.: *History of South-East Asia*. London: Macmillan, 1964.

Harrison, B.: *South-East Asia: a Short History*. London: Macmillan, 1966.

"Journal of the Malaysian Branch of the Royal Asiatic Society, "Vol. 66, No. 2 (265) (1993), p. 73. Published By: Malaysian Branch of the Royal Asiatic Society.

謝明達 Jack Meng-Tat Chia："Neither Māhayāna Nor Theravāda: Ashin Jinarakkhita And The Indonesian Buddhayāna Movement."

K. Don Premaseri: *Buddhism in Malaysia*.

Singapore Buddhist Mission（新加坡佛教傳道會簡介）。

（新加坡）〈巴禮萊佛寺戒壇〉英文、中文小冊子。

三、日文

中村元等編：《亞洲佛教史．印度編Ⅵ——東南亞佛教》（日文），東京：佼成出版社，昭和四十八年。

臺灣總督府外事部編：《東印度の佛教文化》，臺北：臺灣總督府外事部，一九四四年。
龍山章真著：《南方佛教の樣態》，東京：弘文堂，昭和十七年。
齋藤正雄著：《東印度の文化》，東京：寶雲舍，昭和十七年。

四、網際網路

Buddhism & Australia Association：http://www.buddhismandaustralia.com/ba/index.php/Buddhism_in_Indonesia,_Past_and_Present_by_Ven._Ditthisampanno。

Buddhism in the Philippines：https://philippinebuddhism.wordpress.com/2014/11/09/early-buddhism-in-the-philippines/。

《ETtoday 新聞雲》「印尼佛教衛塞節活動」報導：https://speed.ettoday.net/news/1187452。

Nalanda 佛教會：www.nalanda.org.my/buddhism-in-malaysia/。

Parami 佛教之家：http://www.parami.org/the-theravada-bhikkhu-sangha-in-indonesia/。

PT Taman Wisata Candi Borobudur Prambanan Ratu Boko（Persero）：https://borobudurpark.com/en/activity/lumbung-temple/。

三寶佛教會：https://www.tisarana.sg/history/。

三寶顏福泉寺觀音學校：http://www.pcerc.org/Schools/Q16.htm。
《千島日報》「法禪上人冥誕」報導：https://www.qiandaoribao.com/2020/10/26/%E6%B3%95%E7%A6%85%E4%B8%8A%E4%BA%BA%E5%86%A5%E8%AF%9E%E4%B8%80%E7%B3%BB%E5%88%97%E7%BA%AA%E5%BF%B5%E6%B4%BB%E5%8A%A8/。
《大公網》「華僑憶 98 年印尼排華噩夢：華人地位今非昔比」報導：news.takungpao.com.hk/history/redu/2014-01/2240259.html。
《大紀元》「菲佛教界盛大慶祝衛塞節」報導：http://www.epochtimes.com/b5/6/5/7/n1310690.htm。
大乘禪寺：http://www.thekchencholing.org/page/thekchen-choling-story。
大悲佛教中心：https://dabei.org.sg/founder-ven-sek-fatt-kuan/。
尤達摩長老：https://samaggi-phala.or.id/sangha-theravada-indonesia/uttamo-mahathera-2/。
巴杜特塔：https://southeastasiankingdoms.wordpress.com/tag/dinoyo/。
巴旺：https://en.wikipedia.org/wiki/Pawon。
文殊中學：https://manjusrisec.moe.edu.sg/discover-manjusri/our-history-crest-n-songs。
世界華人民間信仰文化研究中心：https://www.cbrc.org.tw/3-1-5/。
加里曼丹島：https://baike.baidu.hk/item/%E5%8A%A0%E9%87%8C%E6%9B%BC%E4%B8%B

9%E5%B3%B6/6131944。
卡加延山谷考古挖掘地點：https://de.wikipedia.org/wiki/Arch%C3%A4ologische_Ausgrabungsst%C3%A4tten_im_Cagayan_Valley。
卡拉山寺碑文：https://en.wikipedia.org/wiki/Kalasan_inscription。
光明大學：http://www.fgsfgc.org/university-philippines.php。
光明山普覺禪寺：https://www.kmspks.org/about-kmspks/history-milestones/。
印尼三法聯盟會：https://tridharma.or.id/menyongsong-hari-tridharma-9-organisasi-tridharma/。
印尼佛教：https://en.wikipedia.org/wiki/Buddhism_in_Indonesia。
印尼殖民地時期的佛教：https://bhagavant.com/buddhisme-di-indonesia-zaman-penjajahan。
印尼新秩序時期後的佛教：https://bhagavant.com/buddhisme-di-indonesia-zaman-wadah-tunggal。
印尼蘭琳網：http://www.lamrimnesia.org。
吉里比丘：https://samaggi-phala.or.id/sangha-theravada-indonesia/mengenang-bhikkhu-girirakkhito-mahathera-2/。
《光華日報》「昭坤博士長老圓寂」報導：http://archive.kwongwah.com.my/kwyp_news/

news_show_old.asp?n=76405&rlt=1&cls=104&txt=2007/2/25/bm2007225_76405。
《佛友資訊》：http://www.foryou.sg/wbn/slot/u401/ForYouPDF/332P16.pdf。
《佛門網》「印尼舉行上座部比丘尼戒」報導：https://www.buddhistdoor.net/news/theravada-bhikkhuni-order-revived-in-west-java-indonesia。
《佛教在線》「中國佛教代表團組團赴印尼傳授三壇大戒」報導：http://www.fjnet.com/jjdt/jjdtnr/200512/t20051210_18901.htm。
佛教乘願紀念學院：http://www.pcerc.org/Schools/M34.htm。
佛教會（新加坡）：https://thebuddhistunion.org/tracing-our-path/。
佛教圖書館（新加坡）：https://buddhlib.org.sg/about-us/。
坎加爾碑銘：https://id.wikipedia.org/wiki/Prasasti_Canggal。
宏船老和尚：https://www.kmspks.org/about-kmspks/master-ven-hong-choon/。
杜固銘文：https://en.wikipedia.org/wiki/Tugu_inscription。
那爛陀佛教學會（馬來西亞）：https://www.nalanda.org.my/buddhism-in-malaysia/。
呼達嘛嚴牟尼泰寺：https://www.uttamayanmuni.org/。
拉古納銅版銘文：https://en.wikipedia.org/wiki/Laguna_Copperplate_Inscription。
明妙法師：http://www.mybuddhist.net/cms/damafojiao/fojiaorenwu/fashi/583.html。

法鼓文化心靈網路書店：www.ddc.com.tw/author.php?id=62。

法輪寺（Dhammacakka Vihara）：http://www.dhammacakka.org/?channel=tentangkami&mode=sebuah_perjalanan&id=69。

舍利弗學校：https://harpin.wordpress.com/tag/sekolah-sariputra-jambi/。

阿古桑雕像：https://en.wikipedia.org/wiki/Agusan_image。

阿辛．差摩陀：https://id.wikipedia.org/wiki/Ashin_Kheminda。

阿難陀彌提雅拉瑪佛寺（Wat Ananda Metyarama Thai Buddhist Temple）：http://watananda.org.sg/about-us/history/。

《南洋佛教》：http://www.buddhist.org.sg/wp-content/uploads/2019/08/507%E6%9C%9F%E5%8D%97%E6%B4%8B%E4%BD%9B%E6%95%99.pdf。

洛坤銘文：https://en.wikipedia.org/wiki/Ligor_inscription。

海印學佛會：https://www.sagaramudra.org.sg/webpages/Home.aspx。

祝福寺（Mangala Vihara Buddhist Temple）：http://mv.org.sg/home/founder/。

納卯佛教龍華學校：http://www.pcerc.org/Schools/Q20.htm。

耆那鳩摩利比丘尼：https://www.wikiwand.com/id/Jinakumari。

能仁中學：http://www.pcerc.org/Schools/M28.htm。

《般若》雜誌：https://issuu.com/ntubs/docs/prajna_2013。
馬來西亞：https://zh.wikipedia.org/zh-tw/%E9%A9%AC%E6%9D%A5%E8%A5%BF%E4%BA%9A#%E5%AE%97%E6%95%99。
馬來西亞上座部佛教總會：http://www.tbcm.org.my/about-tbcm/。
馬來西亞佛教禪修中心：http://www.mbmcmalaysia.org/p/about-mbmc.html。
馬來西亞佛學院：http://mbi.edu.my/cms/?q=zh-hans。
國際佛教大學：www.ibc.ac.th/ch/。
國際佛學院：https://zh.wikipedia.org/zh-hant/ 國際佛學院。
宿霧普賢中學：http://www.pcerc.org/Schools/P17.htm。
強烈颱風海燕：https://zh.wikipedia.org/wiki/%E9%A2%B1%E9%A2%A8%E6%B5%B7%E7%87%95_(2013%E5%B9%B4)。
梵天寺：https://brahmaviharaarama.wordpress.com/2017/01/11/brahmavihara-arama/。
郭德懷：https://zh.wikipedia.org/wiki/ 郭德懷。
郭德懷作品列表：https://zh.wikipedia.org/wiki/ 郭德懷作品列表。
創價學會：https://www.sgi.org/cht/in-focus/2017/run-for-peace-in-malaysia.html。
智慧園：https://wisdomparkph.com/。

菩提學校：https://www.mahabodhi.moe.edu.sg/about-mbs/history/。

菲律賓普賢中學及附屬小學 Facebook：https://www.facebook.com/samantabhadra.1947/。

慈濟全球資訊網「慈濟在印尼」：https://www.tzuchi.org.tw/%E6%85%88%E6%BF%9F%E6%96%87%E5%8F%B2%E5%B0%88%E5%8D%80/%E5%9C%8B%E5%AE%B6%E5%9C%B0%E5%8D%80%E7%B0%A1%E5%8F%B2/item/21728-%E6%85%88%E6%BF%9F%E5%9C%A8%E5%8D%B0%E5%B0%BC。

新加坡：https://zh.wikipedia.org/zh-tw/%20%E6%96%B0%E5%8A%A0%E5%9D%A1。

新加坡佛牙寺：https://www.btrts.org.sg/。

新加坡佛教青年弘法團：http://www.sbym.org.sg/。

新加坡佛教施診所：https://www.sbfc.org.sg/LG-cn/history。

新加坡佛學研究會（釋迦寺）：http://www.sakyatenphelling.org/page18/index.html。

新加坡佛學院：https://www.bcs.edu.sg/zh/。

新加坡佛學院學士課程：https://www.bcs.edu.sg/zh/admissions/ba/。

新加坡宗教：https://zh.wikipedia.org/wiki/%E6%96%B0%E5%8A%A0%E5%9D%A1%E5%AE%97%E6%95%99。

新加坡法身寺：https://dhammakaya.sg/about-us/。

新加坡僧伽羅佛教協會：https://ssba.org.sg/a-brief-history/。

新加坡噶當巴禪修中心：https://nkt-kmc-singapore.org/。

頗波難村銘文：https://id.wikipedia.org/wiki/Prasasti_Plumpungan。

廣洽法師生平述略：http://big5.xuefo.tw/nr/article62/621558.html。

摩哂陀寺：www.mahindaramatemple.com。

蓮山雙林寺：https://www.shuanglin.sg/language/zh/%e8%b5%b7%e6%ba%90/。

魯乃佛教修行林部落格：http://buddhisthermitagelunas.blogspot.com/p/history-of-bhl.html。

曇彌迦佛寺：https://en.wikipedia.org/wiki/Dhammikarama_Burmese_Temple。

噶瑪迦如佛教中心：https://www.karma-kagyud.org.sg/pages-2/karma-kagyud-buddhist-centre。

《獨家報導》「深入菲國海燕災區　集結陸海空強力救災　慈濟以工代賑讓棄城重生」報導：https://www.scooptw.com/popular/thematic/12078。

穆阿拉塔庫斯塔寺群：https://whc.unesco.org/en/tentativelists/5464/。

彌陀學校：https://meetoh.moe.edu.sg/about-us/our-identity/school-history。

濕婆神廟銘文：https://en.wikipedia.org/wiki/Shivagrha_inscription。

蘇瓦諾法師：https://buddhistchannel.tv/index.php?id=56,3817,0,0,1,0。

釋迦院：https://ske.my/about-ske/。
護法苑：https://sasanarakkha.org/。
鶴鳴禪寺：https://www.hoehbeng.org/about-us。
體正法師：https://buddhayana.or.id/sukong。
體正法師：https://id.wikipedia.org/wiki/Ashin_Jinarakkhita。
觀世音藏傳佛教新加坡中心：http://www.compassionbuddha.sg/index.html。

智慧人 45

印尼、馬來西亞、新加坡、菲律賓四國佛教史

Buddhist History in Indonesia, Malaysia, Singapore and the Philippines

著者	淨海法師
出版	法鼓文化
總監	釋果賢
總編輯	陳重光
編輯	李金瑛
封面設計	化外設計
內頁美編	小工
地址	臺北市北投區公館路186號5樓
電話	(02)2893-4646
傳真	(02)2896-0731
網址	http://www.ddc.com.tw
E-mail	market@ddc.com.tw
讀者服務專線	(02)2896-1600
初版一刷	2022年4月
建議售價	新臺幣540元
郵撥帳號	50013371
戶名	財團法人法鼓山文教基金會—法鼓文化
北美經銷處	紐約東初禪寺 Chan Meditation Center (New York, USA) Tel: (718)592-6593 E-mail: chancenter@gmail.com

法鼓文化

國家圖書館出版品預行編目資料

印尼、馬來西亞、新加坡、菲律賓四國佛教史 / 淨海法師著. -- 初版. -- 臺北市 : 法鼓文化, 2022.04

面 ; 公分

ISBN 978-957-598-944-6 (平裝)

1.CST: 佛教史 2.CST: 東南亞

228.38　　111000945